静 岡 県

〈収録内容〉

便利な DL コンテンツは右の QR コードから

解答用紙　過去年度　リスニング ⇒

※データのダウンロードは 2025 年 3 月末日まで。
※データへのアクセスには、右記のパスワードの入力が必要となります。 ⇒ 477113

〈 各教科の受検者平均点 〉

	数 学	英 語	理 科	社 会	国 語
2024年度	24.16	30.26	25.64	27.19	33.81
2023年度	26.15	27.25	25.64	30.33	33.55
2022年度	24.64	31.92	26.98	29.41	34.90
2021年度	22.39	26.85	27.53	30.47	31.81
2020年度	25.39	27.47	28.41	30.67	33.66
2019年度	26.71	26.59	26.66	27.76	34.40

※各50点満点。

本書の特長

POINT 1　解答は全問を掲載、解説は全問に対応！

POINT 2　英語の長文は全訳を掲載！

POINT 3　リスニング音声の台本、英文の和訳を完全掲載！

POINT 4　出題傾向が一目でわかる「年度別出題分類表」は、約 10 年分を掲載！

実戦力がつく入試過去問題集

- ▶ 問題 …………… 実際の入試問題を見やすく再編集。
- ▶ 解答用紙 …… 実戦対応仕様で収録。
- ▶ 解答解説 …… 重要事項が太字で示された、詳しくわかりやすい解説。
  ※採点に便利な配点も掲載。

合格への対策、実力錬成のための内容が充実

- ▶ 各科目の出題傾向の分析、最新年度の出題状況の確認で、入試対策を強化！
- ▶ その他、志願状況、公立高校難易度一覧など、学習意欲を高める要素が満載！

解答用紙ダウンロード	解答用紙はプリントアウトしてご利用いただけます。弊社ＨＰの商品詳細ページよりダウンロードしてください。トビラのＱＲコードからアクセス可。
リスニング音声ダウンロード	英語のリスニング問題については、弊社オリジナル作成により音声を再現。弊社ＨＰの商品詳細ページで全収録年度分を配信対応しております。トビラのＱＲコードからアクセス可。
famima PRINT	原本とほぼ同じサイズの解答用紙は、全国のファミリーマートに設置しているマルチコピー機のファミマプリントで購入いただけます。※一部の店舗で取り扱いがない場合がございます。詳細はファミマプリント（http://fp.famima.com/）をご確認ください。
UD FONT	見やすく読みまちがえにくいユニバーサルデザインフォントを採用しています。

2024年度/静岡県公立高校入学者選抜志願状況(全日制)

学校名・学科名		募集定員	志願者数	倍率
下田	普通	120	126	1.05
	理数	40	14	0.35
(南伊豆分校)	園芸	40	26	0.65
松崎	普通	80	36	0.45
稲取	普通	80	79	0.99
伊豆伊東	普通	160	168	1.05
	ビジネスマネジメント	80	96	1.20
熱海	普通	40	34	0.85
伊豆総合	工業	40	56	1.40
	総合	80	77	0.96
(土肥分校)	普通	35	17	0.49
韮山	普通	240	260	1.08
	理数	40	53	1.33
伊豆中央	普通	160	151	0.94
田方農業	生産科学・園芸デザイン	80	65	0.81
	動物科学	40	43	1.08
	食品科学・ライフデザイン	80	83	1.04
三島南	普通	200	246	1.23
三島北	普通	280	355	1.27
御殿場	創造工学	40	42	1.05
	創造ビジネス	40	43	1.08
	生活創造デザイン	40	30	0.75
御殿場南	普通	160	162	1.01
小山	普通	120	136	1.13
裾野	総合	120	126	1.05
沼津東	普通	240	257	1.07
	理数	40	72	1.80
沼津西	普通	160	180	1.13
	芸術	40	39	0.98
沼津城北	普通	80	80	1.00
沼津工業	機械・電気・電子ロボット・建築・都市環境工学	200	184	0.92
沼津商業	総合ビジネス	120	102	0.85
	情報ビジネス	80	61	0.76
沼津市立沼津	普通	(145)	171	1.18
吉原	普通	120	148	1.23
	国際	40	33	0.83
吉原工業	機械工学 ロボット工学 電気情報工学 理数化学	160	141	0.88
富士	普通	240	252	1.05
	理数	40	28	0.70
富士東	普通	160	193	1.21
富士宮東	普通	120	120	1.00
	福祉	40	34	0.85
富士宮北	普通	120	126	1.05
	商業	80	71	0.89
富士宮西	普通	160	147	0.92
富岳館	総合	200	219	1.10
富士市立	ビジネス探究	80	81	1.01
	スポーツ探究	40	46	1.15
	総合探究	120	124	1.03
清水東	普通	240	249	1.04
	理数	40	48	1.20
清水西	普通	160	162	1.01
清水南	普通	(30)	9	0.30
	芸術	(29)	29	1.00
静岡市立清水桜が丘	普通	120	125	1.04
	商業	120	100	0.83
静岡	普通	320	378	1.18
静岡城北	普通	200	221	1.11
	グローバル	40	52	1.30
静岡東	普通	280	302	1.08
静岡西	普通	120	98	0.82
駿河総合	総合	200	216	1.08
静岡農業	生物生産・生産流通	80	84	1.05
	環境科学	40	49	1.23
	食品科学・生活科学	80	104	1.30
科学技術	機械工学	40	38	0.95
	ロボット工学	40	50	1.25
	電気工学	40	40	1.00
	情報システム	40	66	1.65
	建築デザイン	40	28	0.70
	都市基盤工学	40	39	0.98
	電子物質工学	40	39	0.98
	理工	40	51	1.28
静岡商業	商業	160	151	0.94
	情報処理	80	56	0.70
静岡市立	普通	280	283	1.01
	科学探究	40	25	0.63
焼津中央	普通	280	316	1.13
焼津水産	海洋科学	80	77	0.96
	栽培漁業	40	40	1.00
	食品科学	40	40	1.00
	流通情報	40	34	0.85
清流館	普通	160	180	1.13
	福祉	40	22	0.55
藤枝東	普通	280	309	1.10
藤枝西	普通	160	171	1.07
藤枝北	総合	160	188	1.18
島田	普通	160	169	1.06

学校名・学科名		募集定員	志願者数	倍率
島田工業	機械・電気・情報電子	120	91	0.76
	建築・都市工学	80	52	0.65
島田商業	商業	160	192	1.20
川根	普通	40	29	0.73
榛原	普通	120	122	1.02
	理数	40	28	0.70
相良	普通	80	81	1.01
	商業	40	38	0.95
掛川東	普通	200	223	1.12
掛川西	普通	280	272	0.97
	理数	40	84	2.10
掛川工業	機械工学	40	42	1.05
	電気電子工学	40	39	0.98
	情報工学	40	37	0.93
	建築設備工学	40	44	1.10
横須賀	普通	120	112	0.93
池新田	普通	120	101	0.84
小笠	総合	200	217	1.09
遠江総合	総合	200	189	0.95
袋井	普通	240	271	1.13
袋井商業	商業	120	129	1.08
磐田南	普通	280	258	0.92
	理数	40	87	2.18
磐田北	普通	160	196	1.23
	福祉	40	34	0.85
磐田農業	生産科学	40	40	1.00
	生産流通	40	41	1.03
	環境科学	40	48	1.20
	食品科学	40	38	0.95
	生活科学	40	67	1.68
磐田西	普通	120	152	1.27
	総合ビジネス	80	92	1.15
天竜	森林・環境	40	42	1.05
	福祉	20	10	0.50
	総合	120	82	0.68
（春野校舎）	普通	35	24	0.69
浜松北	普通	320	418	1.31
	国際	40	59	1.48
浜松西	普通	(85)	97	1.14
浜松南	普通	320	403	1.26
	理数	40	78	1.95
浜松湖東	普通	280	274	0.98
浜松湖南	普通	280	278	0.99
	英語	40	43	1.08
浜松江之島	普通	120	139	1.16
	芸術	40	24	0.60
浜松東	普通	160	169	1.06
	総合ビジネス	80	93	1.16
	情報ビジネス	40	39	0.98
浜松太平台	総合	160	178	1.11
浜松工業	機械	80	87	1.09
	電気	40	48	1.20
	情報技術	40	60	1.50
	建築	40	46	1.15
	土木	40	38	0.95
	システム化学	40	41	1.03
	デザイン	40	37	0.93
	理数工学	40	24	0.60
浜松城北工業	機械	80	71	0.89
	電子機械	40	56	1.40
	電気	40	39	0.98
	電子	80	77	0.96
浜松商業	商業	240	267	1.11
	情報処理	80	93	1.16
浜名	普通	360	352	0.98
浜北西	普通	280	293	1.05
浜松湖北	普通	120	125	1.04
	産業マネジメントⅠ	40	60	1.50
	産業マネジメントⅡ	80	67	0.84
	産業マネジメントⅢ	40	48	1.20
（佐久間分校）	普通	40	11	0.28
新居	普通	160	164	1.03
湖西	普通	120	124	1.03
浜松市立	普通	360	478	1.33

沼津市立沼津，清水南，浜松西の募集定員は，併設する中等部からの入学予定者数（沼津市立沼津普通科55人，清水南普通科90人，清水南芸術科11人，浜松西普通科155人）を除いて，（　）として示した。

静岡県公立高校難易度一覧

目安となる偏差値	公立高校名
75 ~ 73	
72 ~ 70	静岡，浜松北
69 ~ 67	清水東(理数)，沼津東(理数)，富士(理数) 磐田南(理数)，韮山(理数) 浜松北(国際)，浜松西，富士
66 ~ 64	韮山，沼津東，市浜松市立 磐田南，掛川西(理数)，清水東，藤枝東 静岡東，浜松南(理数)
63 ~ 61	榛原(理数) 掛川西，三島北 伊豆中央，市静岡市立(普／科学探究)，浜松南
60 ~ 58	下田(理数) 静岡城北，沼津西，榛原，浜松湖南(英語)，袋井，富士東
57 ~ 55	静岡城北(グローバル)，富士宮西，焼津中央 御殿場南，清水南 浜名
54 ~ 51	浜松湖南 科学技術(理工)，浜松工業(機械／電気／情報技術／建築／土木／システム化学／デザイン／理数工学) 島田，沼津西(芸術)，富士宮北，三島南，吉原 掛川東，市静岡市立清水桜が丘，静岡西，清水南(芸術)
50 ~ 47	磐田北，磐田西，科学技術(機械工学／ロボット工学／電気工学／情報システム／建築デザイン／都市基盤工学／電子物質工学)，市静岡市立清水桜が丘(商業)，浜松湖東，浜松商業(商業／情報処理)，藤枝西，吉原(国際) 伊豆伊東，静岡商業(商業／情報処理)，島田商業(商業)，沼津城北，市沼津市立沼津，市富士市立(総合探究) 小山，掛川工業(機械工学／電気電子工学／情報工学／建築設備工学)，下田，浜松城北工業(機械／電子機械／電気／電子) 磐田北(福祉)，清水西，清流館，沼津商業(総合ビジネス／情報ビジネス)，浜北西，富士宮北(商業)
46 ~ 43	静岡農業(生物生産・生産流通／環境科学／食品科学・生活科学)，市富士市立(ビジネス探究／スポーツ探究)，富士宮東(普／福祉) 島田工業(Ⅰ類／Ⅱ類)，沼津工業(機械・電気・電子ロボット・建築・都市環境工学)，浜松江之島(芸術) 磐田西(総合ビジネス)，磐田農業(生産科学／生産流通／環境科学／食品科学／生活科学)，湖西，駿河総合(総合)，清流館(福祉)，田方農業(動物科学)，浜松江之島，富岳館(総合)，袋井商業(商業)，吉原工業(機械工学・ロボット工学・電気情報工学・理数化学) 小笠(総合)，御殿場(生活創造デザイン)，田方農業(生産科学・園芸デザイン／食品科学・ライフデザイン) 浜松大平台(総合)，浜松東(普／総合ビジネス／情報ビジネス)，藤枝北(総合)
42 ~ 38	伊豆伊東(ビジネスマネジメント)，伊豆総合(工業／総合)，御殿場(創造ビジネス)，相良(普／商業)，天竜(総合)，浜松湖北 稲取，御殿場(創造工学)，裾野(総合)，天竜(森林・環境／福祉)，浜松湖北(産業マネジメントⅠ／産業マネジメントⅡ／産業マネジメントⅢ)，松崎 遠江総合(総合)，焼津水産(海洋科学／栽培漁業／食品科学／流通情報) 新居，池新田，伊東[城ケ崎分校]，浜松湖北[佐久間分校] 熱海，天竜[春野校舎]，横須賀
37 ~	伊豆総合[土肥分校]，川根，下田[南伊豆分校](園芸)

＊( )内は学科・コースを示します。特に示していないものは普通科(普通・一般コース)，または全学科(全コース)を表します。市は市立を表します。
＊データが不足している高校，または学科・コースなどにつきましては掲載していない場合があります。
＊公立高校の入学者は，「学力検査の得点」のほかに，「調査書点」や「面接点」などが大きく加味されて選抜されます。上記の内容は想定した目安ですので，ご注意ください。
＊公立高校入学者の選抜方法や制度は変更される場合があります。また，統廃合による閉校や学校名の変更，学科の変更などが行われる場合もあります。教育委員会などの関係機関が発表する最新の情報を確認してください。

数学

出題傾向の分析と合格への対策

出題傾向とその内容

〈最新年度の出題状況〉

今年度の出題数は，大問が7題，小問数にして20問と，ほぼ例年通りであった。

今年度の出題内容は，大問1が数・式，平方根に関する基本的計算問題4問と，式の値，二次方程式の計算問題のあわせて6問の小問群，大問2は作図，規則性，文字を使った式，確率で，大問1よりも少し応用力を必要とする小問群が3問，大問3は方程式と計算の過程を記述させる連立方程式の応用問題，大問4は直方体を題材として，空間内の2直線の位置関係，線分の長さと体積を計量させる空間図形の総合問題，大問5は資料の散らばり・代表値，大問6は図形と関数・グラフの融合問題，大問7は平面図形の総合問題で，円の性質を利用した図形の証明と角度の計量問題であった。

全体的に，基礎力を問う問題を中心に，各単元からまんべんなく出題されており，これも例年通りである。ただ，作図や証明，あるいは計算の過程を書かせる問題が多く含まれているので，時間配分に注意する必要がある。

〈出題傾向〉

問題の出題数は，ここ数年，大問数で6～7題，小問数で19問前後が定着している。

出題傾向に関して，大問1，大問2は，小問構成になっている。大問1は6問の小問群で，内4問が数・式，平方根に関する基本的計算問題，他の2問は，式の値と二次方程式の計算問題の出題が定着している。大問2は大問1よりも応用力を必要とする3～4問の小問群であり，文字式の立式や式による証明，比例関数，各種図形の計量，作図，確率，資料の散らばり・代表値など，中学数学全領域からまんべんなく出題されている。大問1，大問2は，日頃の授業に対する予習・復習をしっかり行い，確実に得点できるようにしよう。大問3以降は，方程式，関数，図形，資料の活用の中からテーマが選択され，大問数にして4～5題が出題されている。特に，動点と図形，関数・グラフをからめた問題や，円の性質を利用して証明や各種計量をする平面図形の総合問題は毎年といっていいほど出題されている。中学数学全般の基礎力がしっかり身についたら，図形の総合問題や図形と関数・グラフの融合問題への対策を立てよう。

来年度の予想と対策

来年度も，問題の量，難易度，解答形式に大きな変化はないと思われる。出題範囲は広く，中学数学のほぼ全領域にわたっているので，まずは，教科書を中心として各単元の基本事項をしっかりとおさえて，教科書を完全にマスターすることを心がけよう。わからないところをそのままにしておかないことが大切であり，苦手分野を残さないことが重要である。

基礎を固めたら，標準レベルの問題集で練習を重ね，応用力を養っていこう。特に図形の問題は，比較的難しいものが出されているので，より多くの問題にあたって図形的センスをつけておきたい。また，三平方の定理も使いこなせるようにしておくこと。証明は必要なことを順序よく整理して書けるように，練習をくり返すことが大切である。また，基本的な作図にも慣れておこう。

⇨学習のポイント

・授業や学校の教材を中心に全分野の基礎力をまんべんなく身につけよう。

・過去問や問題集を使って図形の計量問題や図形と関数・グラフの融合問題への対策を立てよう。

年度別出題内容の分析表　数学

出題内容			27年	28年	29年	30年	2019年	2020年	2021年	2022年	2023年	2024年
数と式		数の性質									○	
		数・式の計算	○	○	○	○	○	○	○	○	○	○
		因数分解										
		平方根	○	○	○	○	○	○	○	○	○	○
方程式・不等式		一次方程式	○	○	○	○	○	○	○	○	○	○
		二次方程式	○	○	○	○	○	○	○	○	○	○
		不等式										
		方程式の応用	○	○	○	○	○	○	○	○	○	○
関数		一次関数	○	○	○	○	○	○	○	○	○	○
		関数 $y=ax^2$	○	○	○	○	○	○	○	○	○	○
		比例関数	○	○	○	○		○				○
		関数とグラフ	○	○	○	○	○	○	○	○	○	○
		グラフの作成	○									
図形	平面図形	角度		○		○	○	○		○		○
		合同・相似	○	○	○	○	○	○	○	○	○	○
		三平方の定理				○	○	○	○	○	○	○
		円の性質	○	○	○	○	○	○	○	○	○	○
	空間図形	合同・相似	○									
		三平方の定理	○	○	○			○	○	○		○
		切断										
	計量	長さ	○	○	○	○	○	○	○	○	○	○
		面積		○	○	○	○	○	○	○	○	○
		体積	○	○	○	○	○	○		○		○
		証明	○	○	○	○	○	○	○	○	○	○
		作図	○	○	○	○	○	○	○	○	○	○
		動点		○			○			○		
データの活用		場合の数										
		確率	○	○	○	○	○	○	○	○	○	○
		資料の散らばり・代表値(箱ひげ図を含む)	○	○	○	○	○	○	○	○	○	○
		標本調査	○									
融合問題		図形と関数・グラフ	○	○	○	○	○	○	○	○	○	○
		図形と確率										
		関数・グラフと確率										
		その他										
その他												○

英語 ●●●・ 出題傾向の分析と合格への対策 ・●●●

出題傾向とその内容

〈最新年度の出題状況〉

本年度の問題構成は放送による問題，会話文読解，英作文，長文読解の計4題であった。

放送問題では，質問に対する答えとして適する絵などを選ぶもの，質問の答えとなる英文を完成させるものが出題された。

会話文および長文読解問題では，語句・文補充，内容真偽，英作文，英問英答などが出題された。いくつか見られる日本語記述問題では，問われている内容を正確につかみ，それを簡潔にまとめる力が要求される。

独立した英作文問題は，和文英訳としての出題であったが，読解問題の中にも英作文が含まれているので注意が必要である。

全体として難解なものは出題されておらず，英語の基本的な理解力と運用力が問われた。

〈出題傾向〉

放送問題は分量・難度ともに標準的なものである。

読解問題に関しても，英文の長さや設問の難しさは，公立高校入試として平均的なレベルである。高得点を目指す場合の鍵となるのは，英問英答と日本語記述問題であろう。いずれも，文章の流れをつかんだ上で，根拠となる英文を自分で見つけられるかがポイントとなる。

英作文について，状況に合わせて，的確な英文を書くことを念頭においてほしい。

来年度の予想と対策

特に難しい出題はないので，冷静に試験に臨んでほしい。

読解問題については，教科書レベルの英文の内容を正確に読み取れるようにしておこう。読解問題には，速読・熟読の双方が必要である。さらに問題集に多くあたることで「問題慣れ」しておくとよい。

放送による問題は，TV・ラジオなど実際の音声を通じて，日頃から耳を慣らしておくことが必要である。

本県の作文問題は条件作文でも，和文英訳に近い形式で出題されており，まずは基本的な文法・構文・熟語・単語を確実に覚えておきたい。その上で，自分なりに設定したテーマを短い英文で表現する訓練をしておけば，余裕を持って試験に臨めるだろう。

⇨学習のポイント

・ほとんどが標準的な設問なので，語句や文法・構文の基礎固めを第一にすること。
・高得点を目指すならば，日本語・英語双方の表現力を鍛えよう。

年度別出題内容の分析表　英語

出題内容			27年	28年	29年	30年	2019年	2020年	2021年	2022年	2023年	2024年
設問形式	リスニング	絵・図・表・グラフなどを用いた問題	○	○	○	○	○	○	○	○	○	○
		適文の挿入										
		英語の質問に答える問題	○	○	○	○	○	○	○	○	○	○
		英語によるメモ・要約文の完成							○	○		
		日本語で答える問題										
		書き取り										
	語い	単語の発音										
		文の区切り・強勢										
		語句の問題									○	○
	読解	語句補充・選択（読解）	○	○	○	○	○	○	○	○	○	○
		文の挿入・文の並べ換え	○	○	○	○			○	○	○	○
		語句の解釈・指示語	○	○	○	○	○	○				
		英問英答（選択・記述）	○	○	○	○	○	○	○	○	○	○
		日本語で答える問題	○	○	○	○	○	○	○	○	○	○
		内容真偽	○	○	○	○	○	○	○	○	○	○
		絵・図・表・グラフなどを用いた問題										
		広告・メール・メモ・手紙・要約文などを用いた問題							○	○	○	○
	文法	語句補充・選択（文法）	○	○	○	○	○	○	○			
		語形変化	○	○	○	○	○	○	○	○		
		語句の並べ換え	○	○	○	○	○	○	○	○	○	○
		言い換え・書き換え										
		英文和訳										
		和文英訳	○	○	○	○	○	○		○	○	○
		自由・条件英作文	○	○	○	○	○	○	○	○	○	○
文法事項		現在・過去・未来と進行形	○	○	○		○	○	○	○	○	○
		助動詞	○	○		○	○	○	○	○	○	○
		名詞・冠詞・代名詞				○	○					
		形容詞・副詞	○	○			○	○				
		不定詞				○		○	○	○	○	○
		動名詞		○	○				○	○	○	○
		文の構造（目的語と補語）									○	
		比較	○			○		○	○	○	○	○
		受け身		○		○			○		○	○
		現在完了			○				○			○
		付加疑問文										
		間接疑問文					○	○	○	○	○	○
		前置詞	○	○	○	○	○	○	○	○	○	○
		接続詞	○	○	○				○	○	○	○
		分詞の形容詞的用法				○				○	○	○
		関係代名詞	○						○	○	○	○
		感嘆文									○	
		仮定法										○

—静岡県公立高校—

理科 ●●••• 出題傾向の分析と合格への対策 •••●●

出題傾向とその内容

〈最新年度の出題状況〉

今年度は，大問6題の出題であった。1は第一分野・第二分野の基本問題，2は生物・環境分野総合，3は化学分野総合，4と5は地学分野，6は物理分野に関する問題である。

〈出題傾向〉

答えを選択する問題は少なく，文章を記述する問題や計算問題が多い。記述問題の内容は実験・観察の操作や注意点，実験・観察の解釈，さまざまな現象の原因や理由など幅広く出題されている。いずれも授業でふれたものからの出題が大半だが，総合的な思考力が要求される。幅広い範囲からの出題になるので，かたよりなく学習しておくこと。

物理的領域　しっかりした知識の土台の有無が，解答するスピードを左右したと思われる。問われる内容も思考力を要する。文章を的確に読み取り，結果と法則を結びつけて考える力や，分析力を鍛え，確かな知識を身につけることが，正しい解答を求められることにつながる。

化学的領域　確実な理解を見極めるための問題が目立つ。総合問題であるため，学年や単元を越えた知識や思考力が問われた。図表データから考えられる要素を分析しなければ解答できない出題も多いので，根本原理の把握に努めよう。

生物的領域　原理やしくみの考え方を理解できているかどうか問うため論述問題が多いが，比較的解きやすい。問われていることに対して，ポイントをおさえて説明する練習をしておこう。

地学的領域　地学における現象が起こるしくみを確実に理解し，分析，説明，応用できるかどうかを問うタイプの問題が多く出題されている。現象が起こる過程を確実にとらえ，考えを発展していけるよう，しっかりとした知識を身につけよう。

来年度の予想と対策

来年度も出題内容・大問数とも本年度とほぼ変わらないであろう。また，本県の特徴である記述式中心の解答形式もこのまま続くと思われる。論述・計算の問題数が多いため，時間配分に注意しなければならない。対策としては，教科書に記載されている実験や観察の図・グラフなどを十分理解すること。グラフの場合は，縦軸と横軸，直線の傾きが何を意味しているのか，しっかりと把握しながら理解しておこう。また，各現象をいろいろな視点からまとめていけば記述式問題の対策にもなる。実験・観察からの考察力が重視され，総合的な理解力が問われるので，丸暗記的な学習では対応できない。標準レベルの問題集をこなし，過去の入試問題にもあたっておこう。

⇨学習のポイント

- あらゆる語句について，その定義をしっかりと理解しておこう。
- 実験結果の原因を，的確に説明できるように，記述問題に力を入れよう。

年度別出題内容の分析表　理科

※★印は大問の中心となった単元

分野	学年	出題内容	27年	28年	29年	30年	2019年	2020年	2021年	2022年	2023年	2024年
第一分野	第1学年	身のまわりの物質とその性質		○			○					○
		気体の発生とその性質			○			○		○	○	
		水溶液	○	○	○	○	○	○	○	○	○	
		状態変化		○								
		力のはたらき(２力のつり合いを含む)					○				○	○
		光と音	○			★			○	○		
	第2学年	物質の成り立ち		○	○	○	○	○	○			
		化学変化，酸化と還元，発熱・吸熱反応	○		○			○	○	○	○	○
		化学変化と物質の質量			○	○	○	○	○		○	○
		電流(電力，熱量，静電気，放電，放射線を含む)	★	○	○	○	○			○	○	○
		電流と磁界			○			○	○	○		
	第3学年	水溶液とイオン，原子の成り立ちとイオン	○		○	○	○	○	○		○	○
		酸・アルカリとイオン，中和と塩		○	★		○			○		
		化学変化と電池，金属イオン	○				○				○	
		力のつり合いと合成・分解(水圧，浮力を含む)		★	○	○	○	○			○	
		力と物体の運動(慣性の法則を含む)		○			○	○			○	○
		力学的エネルギー，仕事とエネルギー			★		○	○	○		○	○
		エネルギーとその変換，エネルギー資源	○	○	○			○		○		
第二分野	第1学年	生物の観察と分類のしかた	○									
		植物の特徴と分類	○			○	○	○	○	○	○	
		動物の特徴と分類	○		○				○	○		○
		身近な地形や地層，岩石の観察	○			○					○	
		火山活動と火成岩		○				○			○	○
		地震と地球内部のはたらき			★		★		★			
		地層の重なりと過去の様子	★		○	★				★	○	
	第2学年	生物と細胞(顕微鏡観察のしかたを含む)	○				○	○			○	
		植物の体のつくりとはたらき		○	★	○	○	○			○	
		動物の体のつくりとはたらき		★	○	○		○		○		○
		気象要素の観測，大気圧と圧力	○	○		○	○	★	○		○	○
		天気の変化	★		○		○		○		○	○
		日本の気象		○				○	○	○		
	第3学年	生物の成長と生殖	○	○		○			★		○	
		遺伝の規則性と遺伝子	○			★						○
		生物の種類の多様性と進化				○	○					
		天体の動きと地球の自転・公転	○	○	★			○	○	○		★
		太陽系と恒星，月や金星の運動と見え方		○		★	○	★		★	○	
		自然界のつり合い			○		○	○		○		○
自然の環境調査と環境保全，自然災害						○					○	
科学技術の発展，様々な物質とその利用												
探究の過程を重視した出題			○	○	○	○	○	○	○	○	○	○

―静岡県公立高校―

社会 出題傾向の分析と合格への対策

出題傾向とその内容

〈最新年度の出題状況〉

本年度の出題数は，大問4題，小問35問である。解答形式は語句記入が11問，記号選択が14問，記述問題は10問となっている。大問数は，日本・世界地理2題，歴史１題，公民１題であり，小問数では地理・歴史分野のウエイトが高い構成と言える。各設問は細かい知識を問うものではなく，基礎・基本の定着と，資料を活用する力を試す問題が出題の中心となっている。また，記述形式が多いことから，思考力や表現力などが必要とされている。

地理的分野では，略地図・グラフ・地形図を読み取り，基礎知識と組み合わせて答える問題が中心となっている。歴史的分野では，略年表・写真・グラフなどをもとに，日本の歴史の流れに沿って，各時代の特色を問う内容となっている。公民的分野では，基礎知識を問う問題に加えて，複数の資料を読み取らせる出題であった。

〈出題傾向〉

地理的分野では，地図・グラフ・統計資料などをもとにして，諸地域の自然や産業などを問う問題が出されている。

歴史的分野では，略年表・資料などをもとにして，政治・経済・外交などの歴史を問う問題や，各分野の重要な語句を記述させる問題が出題されている。

公民的分野では，表やグラフなどが用いられ，金融・国際連合・地方自治についての問題が出題されている。

来年度の予想と対策

来年度も例年通りの出題が予想される。出題数には大きな変動はないと思われ，内容も基礎的なものが中心となるであろう。記述式問題が数多く出されることが予想されるので，基礎的事項を漢字で書けるようにしておくのはもちろんのこと，それらの事項について自分の言葉で簡潔に説明できるようにしておく必要がある。

地理的分野では，統計資料や地図帳などを活用しながら，自然や産業など諸地域の特色を，教科書の基礎事項を中心にまとめておこう。

歴史的分野では，教科書と年表を利用しながら，各時代の特色をまとめて，時代の流れを確実に把握しておこう。

公民的分野では，教科書の基本的な用語を確実に覚えるとともに，国政上の課題や問題点など現代の問題にも関心を持つようにしよう。

⇨学習のポイント

・地理では，地形図をマスターし，統計資料から諸地域の特色を読み取る力をつけよう！
・歴史では，教科書で基本的事項を整理し，略年表の問題に慣れておこう！
・公民では，政治・経済・新しい問題について，ニュースでも注目しておこう！

年度別出題内容の分析表　社会

出題内容			27年	28年	29年	30年	2019年	2020年	2021年	2022年	2023年	2024年
地理的分野	日本	地形図の見方	○	○	○	○	○	○	○	○	○	○
		日本の国土・地形・気候	○	○	○	○	○	○	○	○	○	○
		人口・都市	○	○	○				○	○	○	
		農林水産業				○	○	○	○	○	○	○
		工業		○		○		○	○	○		○
		交通・通信	○	○	○	○	○					
		資源・エネルギー	○					○		○	○	
		貿易							○			
	世界	人々のくらし・宗教	○		○	○		○		○	○	
		地形・気候	○	○	○	○	○	○	○	○	○	○
		人口・都市		○		○		○	○		○	
		産業			○	○	○		○		○	
		交通・貿易	○		○		○		○		○	○
		資源・エネルギー	○					○		○		
	地理総合											
歴史的分野	日本史―時代別	旧石器時代から弥生時代										
		古墳時代から平安時代	○	○	○	○	○	○	○	○	○	○
		鎌倉・室町時代	○	○	○	○	○	○	○	○	○	
		安土桃山・江戸時代	○	○	○	○	○	○	○	○	○	○
		明治時代から現代	○	○	○	○	○	○	○	○	○	○
	日本史―テーマ別	政治・法律	○	○	○	○	○	○	○	○	○	○
		経済・社会・技術		○	○	○	○	○	○	○		○
		文化・宗教・教育	○	○	○	○	○	○	○	○	○	
		外交	○	○	○	○	○	○	○	○	○	○
	世界史	政治・社会・経済史	○	○	○	○	○		○	○	○	○
		文化史										
		世界史総合										
	歴史総合											
公民的分野	憲法・基本的人権		○	○		○		○	○	○	○	○
	国の政治の仕組み・裁判		○	○	○	○	○	○	○	○	○	
	民主主義											
	地方自治					○				○		○
	国民生活・社会保障			○			○				○	
	経済一般		○	○	○	○	○		○	○	○	○
	財政・消費生活		○	○	○	○	○		○	○		
	公害・環境問題		○	○	○	○		○				
	国際社会との関わり		○									○
時事問題								○				
その他												

―静岡県公立高校―

国語 出題傾向の分析と合格への対策

出題傾向とその内容

〈最新年度の出題状況〉

本年度は，小説，随筆，発表原稿，古文，課題作文の大問5題が出題された。

現代文は比較的読みやすい文章が選ばれている。小説，随筆では，どちらも漢字などの国語の基礎を問うものがあり，またそれぞれ心情を読み取る問題，内容吟味を中心とした読解問題で，それぞれ40～50字の記述問題もあった。

発表原稿では，内容や発表のしかたに関する問題の他に，脱文・脱語補充や敬語の問題なども出題されている。

古文は，歴史的仮名遣いや主語の把握などの基礎事項の他に，文章の内容をとらえる記述問題が出題されている。難易度は高くなく，難しい語句や文には口語訳がついているので読み取りやすい。

課題作文は，俳句の一部の語句を，2つの選択肢から選び，その理由を150字以上180字以内で述べるものが出題された。

〈出題傾向〉

現代文の読解問題は，説明的文章と文学的文章の2題の出題だ。いずれも文章は読みやすいもので，心情理解や内容理解が中心に構成されている。表現の特徴や，文章の構成に関する問いも見られる。

古文は，歴史的仮名遣い，主語の把握が必出と言える。内容理解に関する記述の問いも見られるが，部分的に現代語訳がついているので，内容の把握はしやすいだろう。

会話や発表原稿の大問では，知識問題が多く含まれるが，内容に関する出題もある。話し方の工夫を問うものや，原稿の一部をよりよく修正するなどという問いが見られる。

課題作文は，グラフを読み取ったり，ある意見に対して賛成か反対かを選んだりしたうえで，自分の意見をまとめるという形式になっている。

漢字の読みと書き取りは，毎年必出。文法問題の出題も多く，文節，品詞，敬語など，幅広く出題されている。漢字の成り立ちや和語に関する出題も過去にあり，幅広い国語の知識が必要になる。

来年度の予想と対策

昨年度と同様，本年度も，現代文の文学的文章・説明的文章と古文の読解問題などに加えて，発表に関する問題，課題作文の出題があった。基礎的要素は変わらないものの，少し形式を変えた問題も予想される。記述式問題が多く表現力が重視されているので，毎日の学習で身につけておこう。

現代文の読解問題については，ふだんからさまざまな文章を読んで，慣れておくことが大切である。文学的文章は，小説，随筆ともに学習しておきたい。記述問題対策として，新聞の社説やコラムを読んで，内容を要約する練習なども試みてみよう。

古文は，教科書に載っているものは確実に理解できるようにしておき，さらに多くの作品に接して，慣れておくとよいだろう。

作文は毎年出題されている。グラフなどの資料を読み取る力と，自分の意見を的確な言葉でまとめる表現力を養おう。

会話や発表原稿を読む練習も必要だ。会話の流れを意識したり，発表する際の注意点を考えたりすることを心がけよう。

⇨学習のポイント

- 過去問を解いて，出題形式に慣れよう。
- さまざまな形式の読解問題に取り組もう。
- 資料を読み取り，自分の意見をまとめる練習をしよう。

年度別出題内容の分析表　国語

		出題内容	27年	28年	29年	30年	2019年	2020年	2021年	2022年	2023年	2024年
内容の分類	読解	主題・表題					○					
		大意・要旨	○	○	○	○	○	○	○	○	○	○
		情景・心情	○	○	○	○	○	○	○	○	○	○
		内容吟味	○	○	○	○	○	○	○	○	○	○
		文脈把握	○	○	○	○	○	○	○	○	○	○
		段落・文章構成	○				○	○	○			
		指示語の問題										
		接続語の問題		○						○	○	○
		脱文・脱語補充	○	○	○	○	○			○	○	○
	漢字・語句	漢字の読み書き	○	○	○	○	○	○	○	○	○	○
		筆順・画数・部首				○						
		語句の意味										
		同義語・対義語										
		熟語		○		○	○	○	○		○	○
		ことわざ・慣用句・四字熟語	○	○	○			○	○	○		
		仮名遣い	○	○	○	○	○	○	○	○	○	○
	表現	短文作成			○	○	○	○	○			
		作文(自由・課題)		○	○	○	○	○	○	○	○	○
		その他										
	文法	文と文節										
		品詞・用法	○	○	○	○	○	○	○	○	○	○
		敬語・その他	○	○	○		○	○	○	○	○	○
	古文の口語訳								○	○		○
	表現技法・形式		○	○	○	○	○				○	
	文学史											
	書写											
問題文の種類	散文	論説文・説明文	○	○	○	○	○	○	○		○	○
		記録文・実用文										
		小説・物語・伝記	○	○	○	○	○	○	○	○	○	○
		随筆・紀行・日記								○		
	韻文	詩										
		和歌(短歌)										
		俳句・川柳										
	古文		○	○	○	○	○	○	○	○	○	○
	漢文・漢詩											
	会話・議論・発表		○	○	○	○	○	○	○	○	○	○
	聞き取り											

MEMO

大切なことはメモしておこうネ！

静岡県公立高等学校

2024年度

★★★★★★★★★★★★★★★★★★★★★★★

入　試　問　題

2024年度

●くわしい解説……37ページ

＜数学＞　時間　50分　満点　50点

1　次の(1)～(3)の問いに答えなさい。（12点）

(1)　次の計算をしなさい。

ア　$9+3\times(-6)$　　　　**イ**　$(21ab-49b^2)\div 7b$

ウ　$\dfrac{x-y}{3}-\dfrac{x+2y}{5}$　　　　**エ**　$\sqrt{6}(8+\sqrt{42})+\sqrt{63}$

(2)　$a=\dfrac{3}{8}$のとき，$(2a-3)^2-4a(a-5)$ の式の値を求めなさい。

(3)　次の２次方程式を解きなさい。

$(x-8)(x-1)=x-13$

2　次の(1)～(3)の問いに答えなさい。（６点）

(1)　**図１**において，２点A，Bは円Oの円周上の点である。点Aを接点とする円Oの接線上にあり，２点O，Bから等しい距離にある点Pを作図しなさい。ただし，作図には定規とコンパスを使用し，作図に用いた線は残しておくこと。

図１

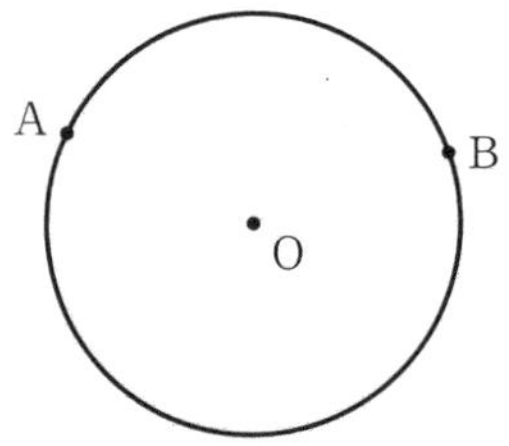

(2)　**表１**は，偶数を２から順に縦に４つずつ書き並べていったものである。この表で，上から３番目で左からn番目の数を，nを用いて表しなさい。

表１

2	10	18	…
4	12	20	…
6	14	22	…
8	16	24	…

(3)　２つの袋A，Bがある。袋Aには，赤玉３個，青玉２個，白玉１個の合計６個の玉が入っている。袋Bには，赤玉１個，青玉２個の合計３個の玉が入っている。２つの袋A，Bから，それぞれ１個の玉を取り出すとき，袋Aから取り出した玉の色と，袋Bから取り出した玉の色が異なる確率を求めなさい。ただし，袋Aから玉を取り出すとき，どの玉が取り出されることも同様に確からしいものとする。また，袋Bについても同じように考えるものとする。

3　ある中学校の２年生が職場体験を行うことになり，Ａさんは野菜の直売所で，きゅうりとなすの販売を行った。きゅうりとなすは合わせて360本用意されており，きゅうりは１袋に６本ずつ，なすは１袋に３本ずつで，余ることなくすべて袋詰めされていた。きゅうりは１袋200円，なすは１袋140円で販売したところ，閉店の１時間前に，きゅうりは売り切れ，なすは５袋売れ残っていた。そこで，売れ残っていたなすを１袋につき４割引きにして売ることになり，すべて売り切ることができた。その結果，用意されていたきゅうりとなすの売上金額の合計は13000円となった。

このとき，用意されていたきゅうりとなすは，それぞれ何本であったか。方程式をつくり，計算の過程を書き，答えを求めなさい。（５点）

4　**図２**の立体は，AB＝４㎝，AD＝４㎝，AE＝６㎝の直方体である。

このとき，次の⑴～⑶の問いに答えなさい。（７点）

図２

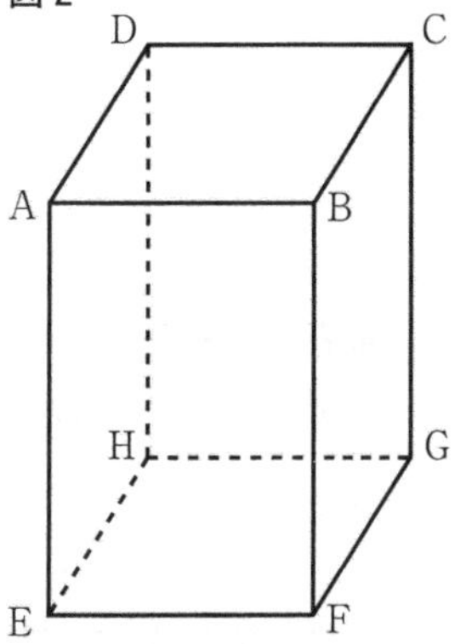

⑴　辺CDとねじれの位置にあり，面BFGCと平行である辺はどれか。すべて答えなさい。

⑵　この直方体において，**図３**のように，辺ADの中点をＫとし，辺CG上にCL＝２㎝となる点Ｌをとる。線分KLの長さを求めなさい。

図３

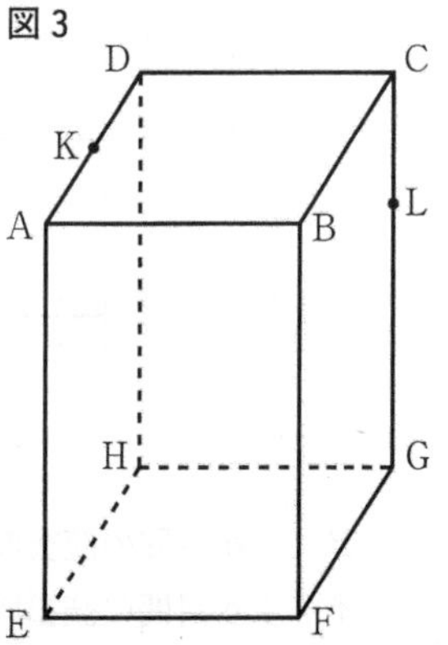

⑶　この直方体において，**図４**のように，辺EFの中点をＲとする。また，CS＝１㎝となる辺CD上の点をＳとし，SEとDFとの交点をＴとする。三角すいTHRGの体積を求めなさい。

図４

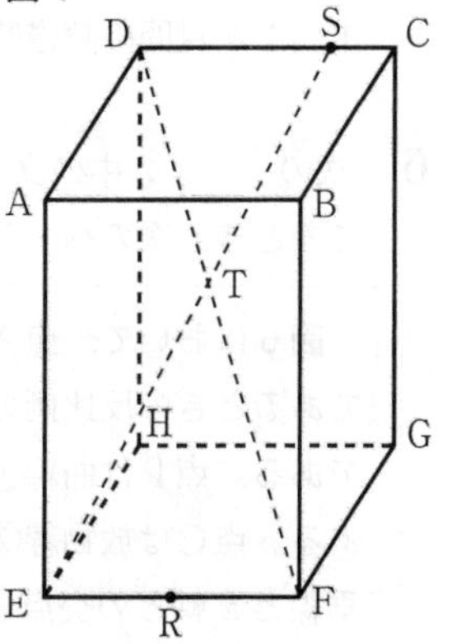

5　ある中学校の，２年１組の生徒35人，２年２組の生徒35人，２年３組の生徒35人の合計105人について，９月の１か月間の読書時間を調べた。
このとき，次の⑴，⑵の問いに答えなさい。（３点）

⑴　**表２**は，２年１組から２年３組までの生徒105人について調べた結果を，相対度数分布表にまとめたものである。**表２**について，度数が最も多い階級の累積相対度数を求めなさい。

表２

階級（時間）	相対度数
以上　未満 0 ～ 5	0.11
5 ～ 10	0.18
10 ～ 15	0.21
15 ～ 20	0.28
20 ～ 25	0.19
25 ～ 30	0.03
計	1.00

（注）　相対度数は小数第３位を四捨五入したものである。

⑵　**図５**は，２年１組から２年３組までの生徒105人について調べた結果を，組ごとに箱ひげ図に表したものである。下の**ア**～**エ**の中から，**図５**から読み取れることとして正しいものをすべて選び，記号で答えなさい。

図５

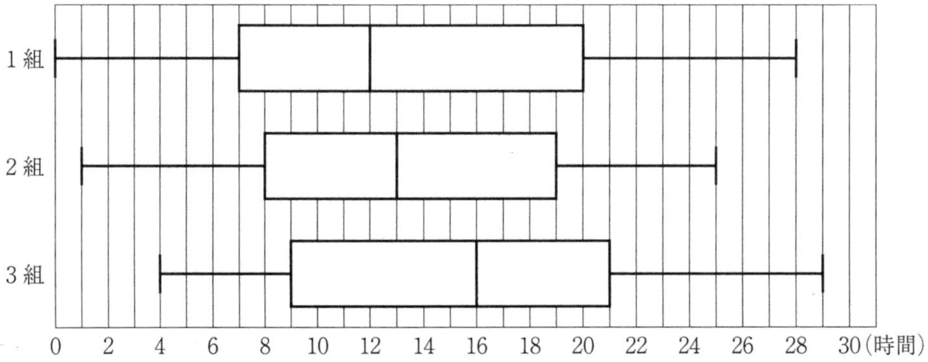

ア　１か月間の読書時回の範囲は，１組が最も大きい。
イ　１か月間の読書時間が８時間以下の生徒の人数は，３組より２組の方が多い。
ウ　１か月間の読書時間がちょうど20時間の生徒は，すべての組にいる。
エ　１か月間の読書時間の平均値は，１組より２組の方が大きい。

6　次の［　　］の中の文と**図６**（次のページ）は，授業で示された資料である。
このとき，次のページの⑴，⑵の問いに答えなさい。（８点）

図６において，点Aの座標は（-6，3）であり，①は，点Aを通り，xの変域が$x<0$であるときの反比例のグラフである。点Bは曲線①上の点であり，その座標は（-2，9）である。点Pは曲線①上を動く点であり，②は点Pを通る関数$y=ax^2$（$a>0$）のグラフである。点Cは放物線②上の点であり，そのx座標は4である。また，点Aからx軸に引いた垂線とx軸との交点をDとする。

図６

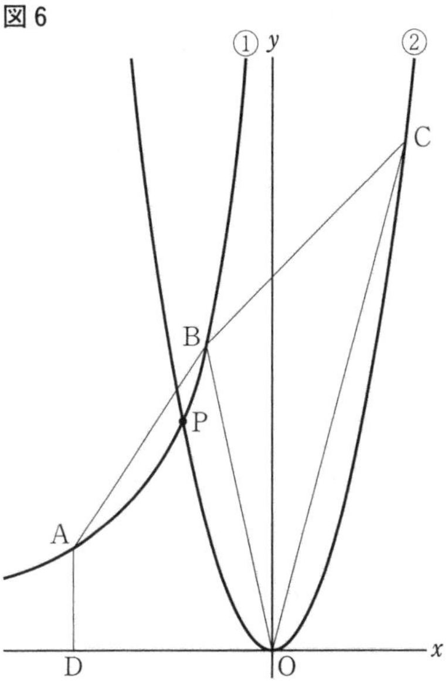

⑴　曲線①をグラフとする関数について，y を x の式で表しなさい。

⑵　ＲさんとＳさんは，タブレット型端末を使いながら，図６のグラフについて話している。

Ｒさん：点Ｐが動くと，②のグラフはどのように変化するのかな。 Ｓさん：点Ｐを動かして，変化のようすを見てみよう。 Ｒさん：②のグラフは点Ｐを通るから，点Ｐを動かすと，②のグラフの開き方が変化するね。 Ｓさん：つまり，aの値が変化しているということだね。

下線部に関するア，イの問いに答えなさい。

ア　点Ｐが点Ａから点Ｂまで動くとき，次の □ に当てはまる数を書き入れなさい。

a のとりうる値の範囲は，□ $\leqq a \leqq$ □ である。

イ　四角形ＡＤＯＢの面積と△ＢＯＣの面積が等しくなるときの，a の値を求めなさい。求める過程も書きなさい。

7　図７において，３点Ａ，Ｂ，Ｃは円Ｏの円周上の点である。 AC上にAB＝ADとなる点Ｄをとり，BDの延長と円Ｏとの交点をＥとする。また，点ＰはAE上を動く点であり，CPとBEとの交点をＦとする。ただし，点Ｐは点Ａ，Ｅと重ならないものとする。

このとき，次の⑴，⑵の問いに答えなさい。（９点）

（図７，図８，図９は次のページにあります。）

⑴　図８は，図７において，点Ｐを∠EFC＝∠ABCとなるように動かしたものである。

このとき，PA＝PCであることを証明しなさい。

(2) **図 9** は，**図 7** において，点 P を∠EPC＝90°となるように動かしたものである。
$\overset{\frown}{\mathrm{BC}}$ ： $\overset{\frown}{\mathrm{CE}}$ ＝ 4 ： 5，∠CFD＝49°のとき，∠ABEの大きさを求めなさい。

図 7

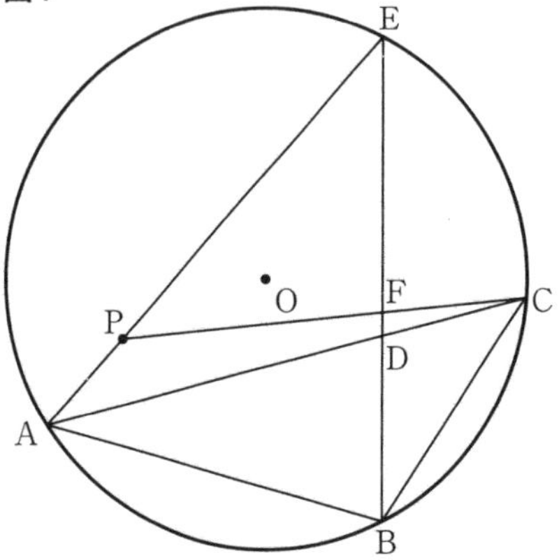

図 8

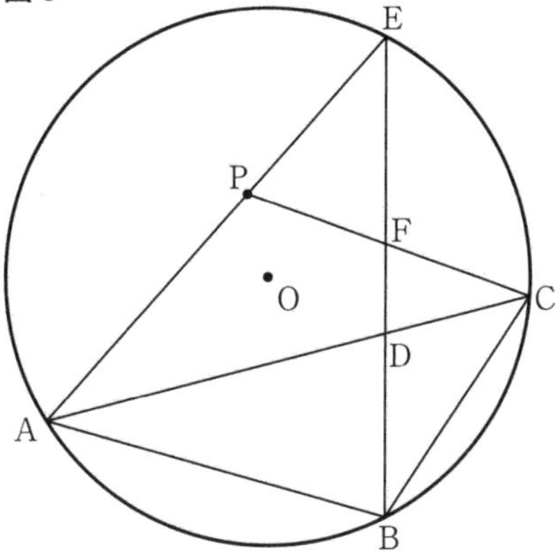

図 9

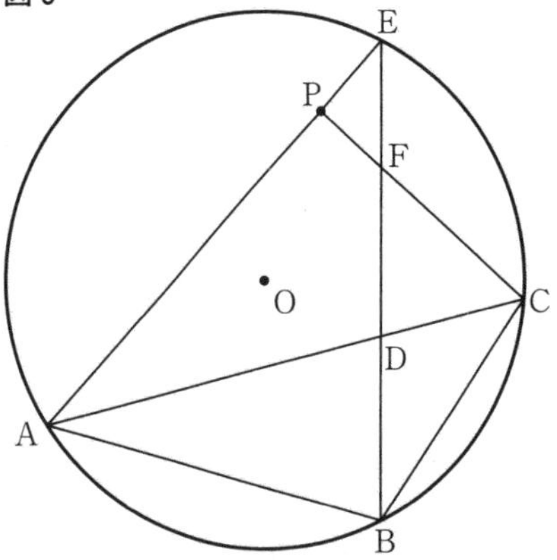

＜英語＞

時間　50分　　満点　50点

1　放送による問題（14点）

⑴　加奈（Kana）とマーク（Mark）の会話を聞いて，質問の答えとして最も適切なものを選びなさい。

Ａ

ア　　イ　　ウ　　エ

Ｂ

ア　　イ　　ウ　　エ

Ｃ

ア　　イ　　ウ　　エ

Ｄ

ア　　イ

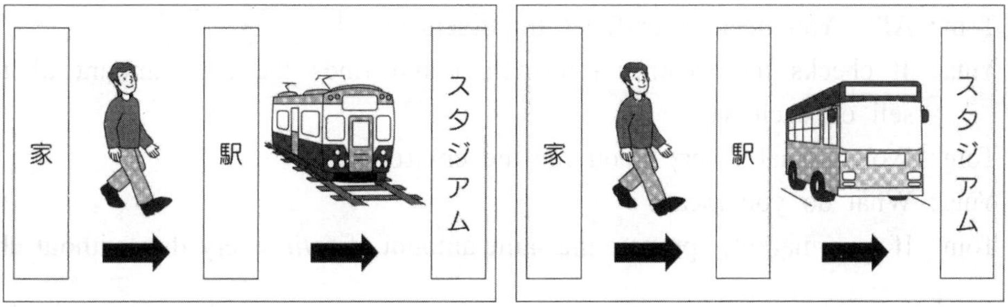

ウ

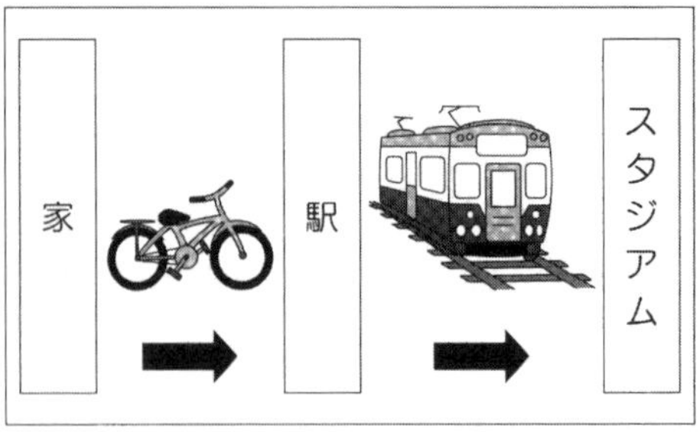

エ

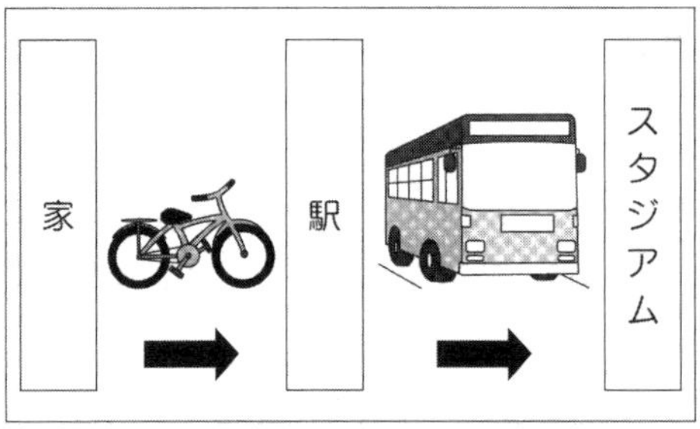

(2) 加奈の話を聞いて，質問に対する正しい答えとなるように，（　）の中に適切な語や語句を記入しなさい。

質問1　Which country does Kana's uncle live in now, New Zealand or Japan?

He lives in (　　　　　　).

質問2　What did Kana's uncle make last year?

He made a short (　ⓐ　) about many kinds of (　ⓑ　).

質問3　Next summer, what will Kana do with her uncle in the village?

(＿＿＿＿＿＿＿＿＿＿＿＿＿＿＿＿＿＿＿＿) in the village.

2　次の英文は，勇太（Yuta）と，勇太の家にホームステイをしている留学生のトム（Tom）との会話である。この英文を読んで，(1)～(6)の問いに答えなさい。(16点)

(*At Yuta's house*)

Tom : Hi, Yuta. (　ⓐ　) are you going?

Yuta : I'm going to a supermarket. My mother asked me to buy *tofu* there. For today's dinner, we'll eat a cold *tofu* dish called *hiya-yakko* .

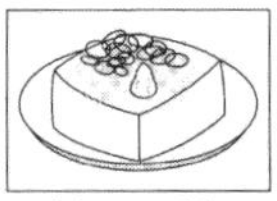
hiya-yakko

Tom : I'm interested in Japanese food and supermarkets. [A]

Yuta : Sure.

(*At the supermarket*)

Tom : There is a lot of *tofu* on the *shelf. Many *customers are buying *tofu*.

Yuta : It's very hot today, so they may eat cold *tofu* .

Tom : That means cold *tofu* is (　ⓑ　) on hot days.

Yuta : Right. The TV news said some supermarkets started to use AI to sell *tofu*.

Tom : AI? You mean *Artificial Intelligence? [B]

Yuta : It checks the weather information and finds the best amount of *tofu* to sell on each day.

Tom : Wow. That's very good for the environment.

Yuta : What do you mean?

Tom : If supermarkets *prepare the same amount of *tofu* every day without checking the weather, some of them may be (ⓒ) on the shelf. That's "*mottainai*" right?

Yuta : I've never thought of that.

Tom : I think [ア the problem イ helpful ウ AI エ to solve オ is] of food *waste. If supermarkets find the best amount of *tofu* to prepare, they can sell it easily.

Yuta : That's true. Also, *tofu* can't be *kept for a long time, so supermarkets want to sell it quickly.

Tom : For customers, they may want to buy *fresh *tofu*, right?

Yuta : Yes. My mother always checks the *shelf life. [　　　　　　　　]
So she tries to buy the freshest food. Now, I'll buy this *tofu* with the longest shelf life.

Tom : Wait, Yuta. We'll eat *tofu* today, so we don't need to buy the freshest one.

Yuta : [C] We don't have to worry about the shelf life too much today.

Tom : Yeah. Not only supermarkets but also customers can do something to *sell out food.

（注） *shelf：棚　*customer：客　*Artificial Intelligence：人工知能　*prepare：～を用意する
*waste：廃棄物　*kept：keep（～をとっておく）の過去分詞形　*fresh：新鮮な
*shelf life：賞味期間　*sell out：～を売り切る

⑴ 本文中の（ⓐ）～（ⓒ）の中に補う英語として，それぞれ**ア**～**エ**の中から最も適切なものを１つ選び，記号で答えなさい。

（ⓐ） ア Why　イ What　ウ When　エ Where

（ⓑ） ア bad　イ hungry　ウ popular　エ serious

（ⓒ） ア eaten　イ left　ウ chosen　エ caught

⑵ 会話の流れが自然になるように，本文中の [A] ～ [C] の中に補う英語として，それぞれ**ア**～**ウ**の中から最も適切なものを１つ選び，記号で答えなさい。

[A] ア Can I go with you?　イ What happened?
ウ May I stay at home?

[B] ア Who started it first?　イ When did you watch it?
ウ What does it do?

[C] ア You are right.　イ I don't think so.
ウ I have a question.

⑶ 本文中の［　］の中の**ア**～**オ**を，意味が通るように並べかえ，記号で答えなさい。

⑷ 本文中の [　　] で，勇太は，彼女は週に一度しか買い物に行かない，という内容を伝えている。その内容となるように，[　　] の中に，適切な英語を補いなさい。

⑸ 次の英文は，トムがこの日に書いた日記である。本文の内容と合うように，次の [①] と [②] の中に補う英語として最も適切なものを，後の**ア**～**エ**の中から１つずつ選び，記号で答えなさい。

Today, Yuta and I went to a supermarket. Yuta told me [①] affects the amount of *tofu* bought by people. Some supermarkets use AI when they prepare *tofu*. Also, we talked about the shelf life of *tofu* and which *tofu* to buy. Finally, we realized [②] can do something good for the environment.

ア　both supermarkets and customers　　イ　the TV news about AI

ウ　only customers　　エ　the weather of the day

⑹　次の英文は，この日の夜の勇太とトムとの会話である。あなたがトムなら，勇太の質問に対してどのように答えるか。次の[ ]の中に，12語以上の英語を補いなさい。ただし，2文以上になってもよい。

Yuta : I want to start doing a small thing to help the environment. What can we do in our lives? Please tell me your idea. I also want to know why it is good for the environment.

Tom : All right. [ ]

3

恵（Kei）は，旅先の奈良から，友人のジョイス（Joyce）にはがきを送ることにした。あなたが恵なら，下の[ ]の中の内容を，どのように伝えるか。次の[ ]の中に英語を補い，はがきを完成させなさい。ただし，２文以上になってもよい。（４点）

・長い歴史を持つ寺で，塔（a pagoda）を見た。
・その塔が，1426年に建てられたと聞いて驚いた。

Hi, Joyce. I'm in Nara.

Your friend,
Kei

4

次の英文は，中学生の志保（Shiho）が，健（Ken）とのできごとを振り返って書いたものである。この英文を読んで，⑴～⑺の問いに答えなさい。（16点）

Ken and I are classmates. He lives near my house, and we have been friends for ten years. He is good at playing tennis.

One day, we had P.E. class and played tennis. That was my first time to try tennis. First, our teacher and Ken showed us how to *hit the ball. Then, we ⓐ(hold) rackets and started the practice. I practiced with Ken. He hit a ball to me *slowly, but I couldn't *return the ball. I tried it many times and did my best, but hitting the ball back to him was difficult for me.

When the P.E. class finished, I said to Ken, "I'm sorry. You couldn't practice tennis enough today because [A]." He said, "Don't worry about that. Everyone is a beginner at first. Instead, enjoy trying something new!" His words gave me power to try tennis again.

In the next P.E. class, I decided to be positive. I asked Ken and the other classmates why I couldn't hit balls well, and we tried various practices together. Finally, at the end of the class, [B]. The ball reached Ken. He hit it back to me, and I hit it again. That made me excited.

On the next morning, when I arrived at the classroom, Ken was playing the *keyboard very slowly. I said, "Wow. Are you practicing the keyboard?" He said, "Yes. Do you know the piano at the station? Last month, I saw a boy who was playing it very well there, and I decided to practice the keyboard." I said, "You've never learned how to play the keyboard, so it's hard for you, right?" Ken said, "Yes. My fingers can't move fast like the boy, but I'm enjoying trying something new." I remembered Ken's words in P.E. class.

One month later, after P.E. class, I talked with Ken. I said to him, "Playing tennis in P.E. class was a lot of fun, but it ended. [　　　　]." He said, "If you think so, join the tennis team of our town. My grandfather plays tennis on the team every Sunday. All of the members are ⓑ(old) than you, and they are kind." "Interesting. I want to join the team," I said.

Next Sunday morning, I went to a park to join the practice of the tennis team. There were no junior high school students on the team. However, the members of the tennis team were friendly and positive, so I enjoyed playing tennis with them. When they couldn't hit balls well, they didn't look sad. Ken's grandfather said to me, "I'm sure that I can return the ball next time. I believe *myself."

After the practice, I thought, "Believing that I can do everything is as important as enjoying something new. When I start a new thing and can't do it well, I should remember that."

(注)　*hit：～を打つ（過去形も hit）　*slowly：ゆっくりと　*return：～を打ち返す
　*keyboard：(電子楽器の）キーボード　*myself：私自身を

(1)　本文中のⓐ，ⓑの（　）の中の語を，それぞれ適切な形に直しなさい。

(2)　次の質問に対して，英語で答えなさい。

① How long have Shiho and Ken been friends?

② Why did Shiho enjoy the practice with the members of the tennis team on Sunday morning?

(3)　本文中の [A] ，[B] の中に補う英語の組み合わせとして最も適切なものを，次のア～エの中から１つ選び，記号で答えなさい。

ア　A：I couldn't play tennis well　　B：I stopped hitting a ball
イ　A：I didn't practice tennis hard　　B：I could return a ball
ウ　A：I couldn't play tennis well　　B：I could return a ball
エ　A：I didn't practice tennis hard　　B：I stopped hitting a ball

(4)　健がキーボードの練習を始めようと決めたのは，どのようなできごとがあったからか。そのできごとを，日本語で書きなさい。

(5) 本文中の □ の中に補う英語として最も適切なものを，次の**ア**～**エ**の中から１つ選び，記号で答えなさい。

ア I want to try other sports in P.E. class

イ I got bored of playing tennis

ウ I'm happy I don't have to practice tennis

エ I wish I could play tennis more

(6) 志保は，日曜日の練習の後，新しいことを始めてうまくできないとき，どのようなことを思い出すとよいと思ったか，日本語で書きなさい。

(7) 次の**ア**～**エ**の中から，本文の内容と合うものを１つ選び，記号で答えなさい。

ア Ken helped Shiho enjoy trying new things, and she became positive about playing tennis.

イ Shiho didn't enjoy playing tennis at first, so the teacher told her to try various practices.

ウ Ken practiced the keyboard very hard for a month, so he could play it fast like the boy.

エ Shiho and Ken found new things they wanted to try, and they helped each other to take actions.

＜理科＞　時間　50分　　満点　50点

1　次の⑴～⑷の問いに答えなさい。(6点)

⑴　エンドウの種子の形には，丸形としわ形があり，エンドウの1つの種子には丸形としわ形のどちらか一方の形質しか現れない。丸形としわ形のように，どちらか一方の形質しか現れない2つの形質どうしは何とよばれるか。その名称を書きなさい。

⑵　**図1**は，ある原子の構造を表した模式図である。**図1**の原子核は，＋の電気をもつ粒子(あ)と電気をもたない粒子(い)からできている。次の**ア**～**カ**の中から，(あ)，(い)のそれぞれの名称の組み合わせとして正しいものを1つ選び，記号で答えなさい。

図1

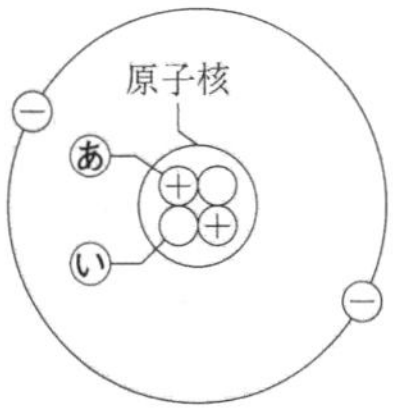

ア　(あ)　電子　(い)　中性子　　**イ**　(あ)　電子　(い)　陽子
ウ　(あ)　陽子　(い)　中性子　　**エ**　(あ)　陽子　(い)　電子
オ　(あ)　中性子　(い)　陽子　　**カ**　(あ)　中性子　(い)　電子

⑶　火成岩は，でき方の違いによって火山岩と深成岩に大別される。深成岩ができるときのマグマの冷え方を，深成岩ができるときのマグマの冷える場所とあわせて，簡単に書きなさい。

⑷　**図2**のように，2種類の電熱線**X**，**Y**と直流電源装置を接続した。直流電源装置の電圧が6V，電熱線**X**の抵抗が3Ω，**図2**の**P**点に流れる電流が2.5Aのとき，**図2**の**Q**点に流れる電流は何Aか。計算して答えなさい。

図2

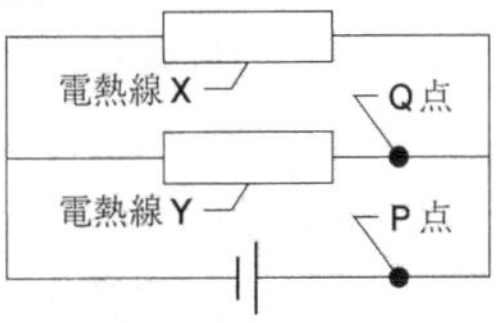

2　いろいろな生物とその共通点，生物の体のつくりとはたらき及び自然と人間に関する⑴～⑷の問いに答えなさい。(11点)

⑴　ある湖とその周辺には，トカゲ，フクロウ，フナ，カエル，ネズミが生息している。**図3**は，これら5種類のセキツイ動物について，その特徴に関する問いかけに対し，「はい」または「いいえ」のうち，当てはまる側を選んでいった結果を示したものである。

図3

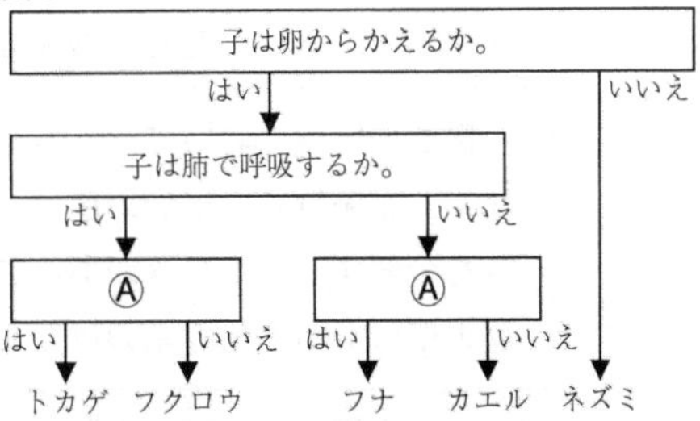

①　ネズミの子は，親の体内である程度育ってからうまれる。このような子のうまれ方は，一般に何とよばれるか。その名称を書きなさい。

②　**図3**のⒶには同じ問いかけが入る。Ⓐに当てはまる適切な問いかけを，「体表は」という書き出しで書きなさい。

⑵　食物連鎖をもとにした生物のつながりがみられるときには，物質の循環がみられる。**図4**（次のページ）は，自然界における炭素の循環の一部を表した模式図であり，**ア**～**キ**の矢印（⟶）はそれぞれ，有機物に含まれる炭素の流れ，または，二酸化炭素に含まれる炭素の流れのいず

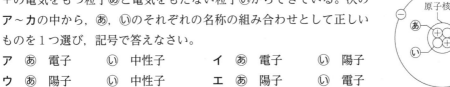

れかを表している。図４のア～キの中から，有機物に含まれる炭素の流れを表す矢印をすべて選び，記号で答えなさい。

図４

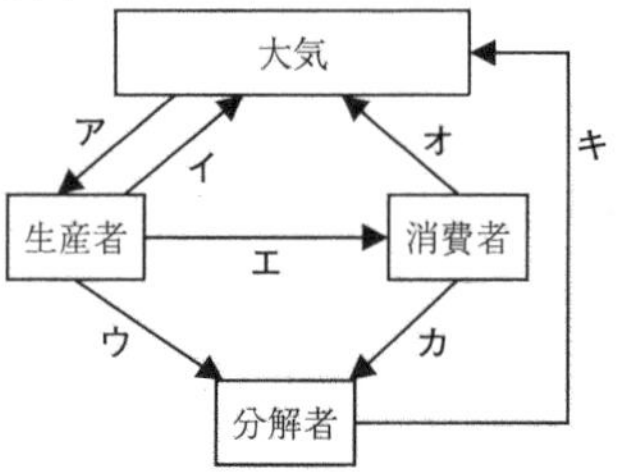

⑶　ヒトは，食べることで養分をとり入れ，からだの中で消化，吸収を行う。

①　Ｓさんは，養分であるデンプンに対するヒトのだ液のはたらきを調べる実験を行った。

図５のように，試験管Ａ，Ｂを用意し，試験管Ａにはうすいデンプン溶液10cm^3と水でうすめただ液２cm^3を，試験管Ｂにはうすいデンプン溶液10cm^3と水２cm^3を入れ，試験管Ａ，Ｂを，約40℃の水が入ったビーカーに10分間入れた。次に，試験管Ｃ，Ｄを用意し，試験管Ｃには試験管Ａの溶液の半分を，試験管Ｄには試験管Ｂの溶液の半分を入れた。その後，試験管Ａ，Ｂにはヨウ素液を，試験管Ｃ，Ｄにはベネジクト液を数滴加え，試験管Ｃ，Ｄを加熱し，試験管Ａ～Ｄの溶液の色の変化を調べた。表１は，その結果をまとめたものである。

図５

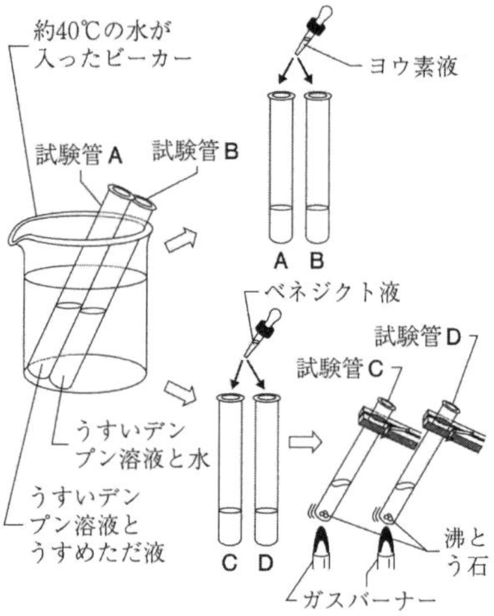

ａ　次の［　　］の中の文が，デンプンの分解について適切に述べたものとなるように，文中の（あ）～（う）のそれぞれに補う言葉の組み合わせとして正しいものを，下のア～カの中から１つ選び，記号で答えなさい。

表１

	Ａ	Ｂ	Ｃ	Ｄ
色の変化	×	○	○	×

（注）○あり　×なし

> 図５の実験において，４本の試験管のうち，試験管Ｂの溶液の色は（　あ　）に変化し，試験管Ｃの溶液の色は（　い　）に変化したことから，ヒトのだ液にはデンプンを分解するはたらきがあることが分かる。デンプンは，だ液のほかに，すい液や小腸の壁にある消化酵素のはたらきにより，最終的に（　う　）に分解される。

ア　あ　赤褐色　　い　青紫色　　う　アミノ酸
イ　あ　赤褐色　　い　青紫色　　う　ブドウ糖
ウ　あ　赤褐色　　い　赤褐色　　う　アミノ酸
エ　あ　青紫色　　い　赤褐色　　う　ブドウ糖
オ　あ　青紫色　　い　赤褐色　　う　アミノ酸
カ　あ　青紫色　　い　青紫色　　う　ブドウ糖

ｂ　Ｓさんは，ヒトのだ液がデンプンに対してよくはたらく温度があるのではないかと考えた。この考えが正しいかどうかを確かめるためには，**図5**の実験の一部を変えて同様の実験を行う必要がある。**図5**の実験において変えることは何か。簡単に書きなさい。

② 消化酵素のはたらきによって分解されてできた，ブドウ糖，アミノ酸，脂肪酸，モノグリセリドは，小腸の柔毛の表面から吸収され，吸収された脂肪酸とモノグリセリドは脂肪になる。小腸の柔毛の表面から吸収された後の，ブドウ糖，アミノ酸，脂肪は，それぞれ柔毛内部のどこに入るか。簡単に書きなさい。

⑷ ヒトは，とり入れた養分から活動するエネルギーを得ており，そのエネルギーの一部を脳で消費している。ある中学生が１日に消費するエネルギーを2400kcalとし，そのうちの20％は脳で１日に消費されるものとする。ご飯100ｇから得られるエネルギーを150kcalと仮定したとき，脳で１日に消費されるエネルギーは，ご飯何ｇから得られるエネルギーに相当するか。計算して答えなさい。

3　身の回りの物質，化学変化と原子・分子及び科学技術と人間に関する⑴，⑵の問いに答えなさい。(11点)

⑴ プラスチックに関する①，②の問いに答えなさい。

① プラスチックには，ポリエチレンやポリスチレンなどさまざまな種類があり，いずれも化合物である。次の**ア**～**エ**の中から，化合物を２つ選び，記号で答えなさい。

ア 水　**イ** マグネシウム　**ウ** 水素　**エ** 塩化ナトリウム

② ３種類のプラスチック**A**～**C**の小片と３種類の液体**X**～**Z**を用意し，液体**X**～**Z**をそれぞれビーカーに入れた。ビーカー内の液体**X**の中に，プラスチック**A**～**C**の小片を入れ，それぞれ沈むかどうか調べた。その後，ビーカー内の液体**Y**，**Z**でも同様の実験を行った。**表2**は，その結果をまとめたものである。**表2**をもとにして，**A**～**C**及び**X**～**Z**の６種類の物質を，密度の大きい順に並べ，記号で答えなさい。

表2

		プラスチック		
		A	B	C
液体	X	▼	▼	▼
	Y	△	▼	△
	Z	▼	▼	△

(注)　△印は小片が液体に浮くことを示し，▼印は小片が液体に沈むことを示している。

⑵ **図6**のように，試験管**A**に，黒色の酸化銅8.0ｇと炭素粉末0.3ｇをよく混ぜ合わせて入れ，いずれか一方が完全に反応するまで加熱した。このとき，気体の二酸化炭素が発生して試験管**P**の中の石灰水が白くにごった。気体の発生が終わった後，いくつかの操作を行ってから，試験管**A**を放置し，十分に冷めてから，試験管**A**の中の固体の質量を測定した。次に，試験管**B**～**E**を用意し，混ぜ合わせる炭素粉末の質量を変えて，同様の実験を行った。**表3**は，その結果をまとめたものである。ただし，酸化銅と炭素粉末の反応以外の反応は起こらないものとする。

図6

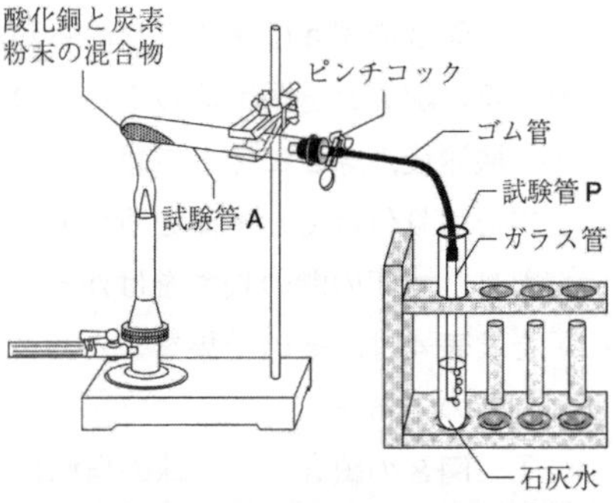

表3

	A	B	C	D	E
混ぜ合わせた炭素の質量（g）	0.3	0.6	0.9	1.2	1.5
反応後の試験管の中の固体の質量（g）	7.2	6.4	6.7	7.0	7.3

① 気体の発生が終わった後，下線部の操作として，次の**ア**～**ウ**の操作を行う必要がある。下線部の操作として正しい手順となるように，**ア**～**ウ**を操作順に並べ，記号で答えなさい。

ア　ゴム管をピンチコックで閉じる。

イ　火を消す。

ウ　ガラス管を石灰水からとり出す。

② 反応後の試験管**A**の中の固体をろ紙にとり出し，薬さじの裏で強くこすった後の固体を観察すると金属の性質が確認できた。このとき確認できた金属の性質を1つ，簡単に書きなさい。

③ 黒色の酸化銅に炭素粉末を混ぜ合わせて加熱すると，酸化銅が還元され，赤色の銅ができ，二酸化炭素が発生する。この化学変化を，化学反応式で表しなさい。なお，酸化銅の化学式はCuOである。

④ **表3**をもとにして，次の**a**，**b**の問いに答えなさい。

a　試験管**E**において，発生した二酸化炭素の質量は何gか。計算して答えなさい。

b　酸化銅8.0gに混ぜ合わせた炭素の質量と，反応せずに残った酸化銅の質量の関係を表すグラフを，**図7**にかきなさい。

図7

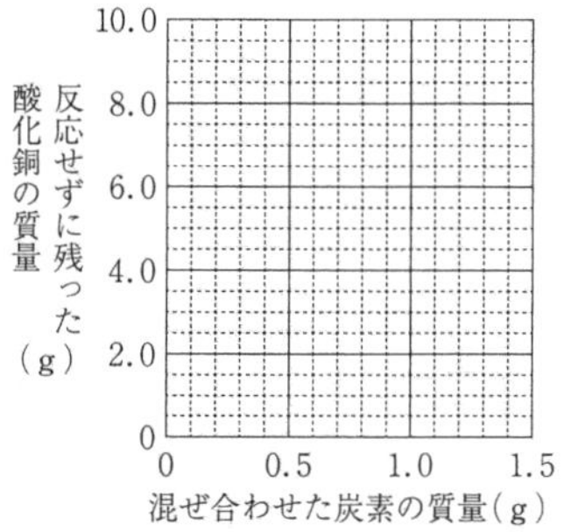

4 地球と宇宙に関する⑴，⑵の問いに答えなさい。（5点）

ある晴れた日に，静岡県内の東経138°，北緯35°の場所で，透明半球を平らな板の上に固定してから，方位を合わせて水平に置き，太陽の動きを観測した。**図8**は，その結果を表したものである。**図8**の●印は，9時20分から14時20分まで1時間ごとに，ペンの先端の影が点**O**と一致するように透明半球上に付けたものである。**図8**の線**a**は●印をなめらかな線で結んだ曲線であり，点**P**，**Q**は線**a**と透明半球のふちとの交点である。

図8

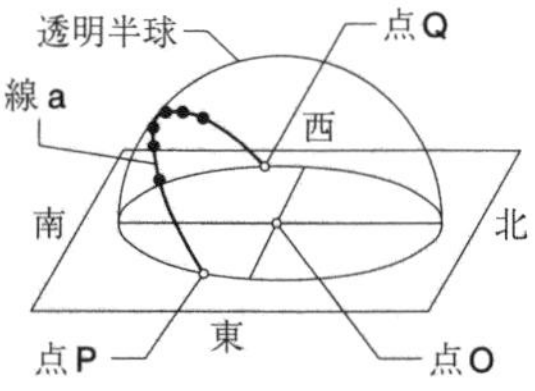

（注）点**O**は，透明半球のふちをなぞってできた円の中心である。

⑴ 観測後，線**a**にそって紙テープをはり付けて，●印をうつしとり，●印の間の長さをはかった。**表4**は，その結果をまとめたものである。

表4

観測時刻	9：20		10：20		11：20		12：20		13：20		14：20
●印の間の長さ (mm)		24		24		24		24		24	

① **図8**の線**a**は，地球の自転による，太陽の見かけの動きを表している。線**a**で表されるような太陽の見かけの動きは何とよばれるか。その名称を書きなさい。

② 14時20分の●印と点**Q**との間の透明半球上の長さをはかったところ，その長さは55㎜であった。**表4**をもとにすると，この観測を行った日の，日の入りの時刻は何時何分であったと考えられるか。次のページの**ア**～**エ**の中から，最も近いものを1つ選び，記号で答えなさい。

ア　16時25分　　**イ**　16時40分　　**ウ**　16時55分　　**エ**　17時10分

⑵　**図8**を観測した同じ日に，東経138°，南緯35°の場所で観測される太陽の動きは，透明半球上でどのように表されると考えられるか。次の**ア**～**エ**の中から，最も適切なものを1つ選び，記号で答えなさい。

ア

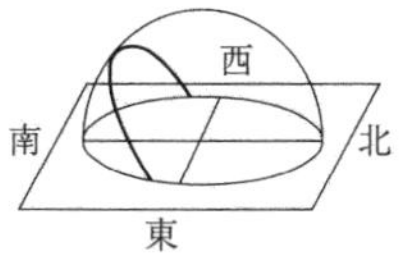

イ

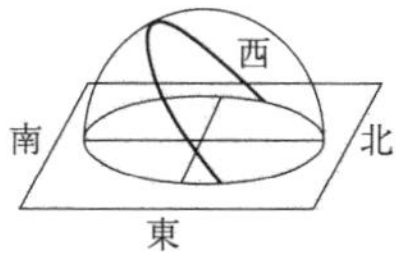

ウ

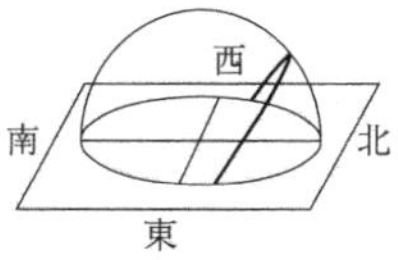

エ

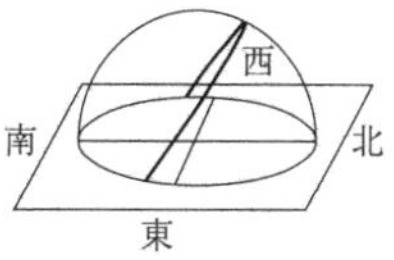

5　気象とその変化に関する⑴，⑵の問いに答えなさい。（6点）

図9は，ある年の3月15日9時における天気図である。**図9**の中の×印と数字は，高気圧と低気圧のそれぞれの中心とそこでの気圧の値を示している。

図9

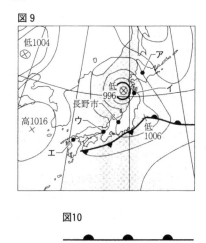

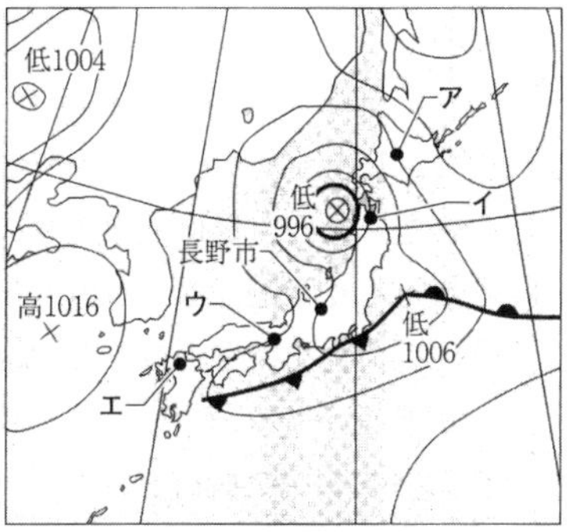

⑴　**図9**の中には前線がみられる。

①　一般に，寒冷前線は温暖前線より速く進むため，寒冷前線が温暖前線に追いつき，閉そく前線ができることがある。**図10**を適切に補い，閉そく前線を表す記号を完成させなさい。

図10

②　一般に，寒冷前線付近にできる雲は，温暖前線付近にできる雲と比べて，せまい範囲にできる。寒冷前線付近にできる雲の範囲が，温暖前線付近にできる雲の範囲と比べて，せまい理由を，**寒気**，**暖気**という2つの言葉を用いて，簡単に書きなさい。

⑵　気圧に関する①，②の問いに答えなさい。

①　**図9**において，**ア**～**エ**の地点の中から，長野市より気圧が低い地点を1つ選び，記号で答えなさい。

②　山頂で密閉した空のペットボトルをふもとまで持ってきたとき，ペットボトルの内側と外側の気圧の差により力が生じ，ペットボトルは変形することがある。山頂からふもとまで持ってきた空のペットボトルが変形したときの，ペットボトルが変形した理由と，ペットボトルの状態について述べたものとして，最も適切なものを，次の**ア**～**エ**の中から1つ選び，記号で答えなさい。

ア　ペットボトルの，内側の気圧に比べて，外側の気圧が低くなったため，へこんだ。
イ　ペットボトルの，内側の気圧に比べて，外側の気圧が低くなったため，ふくらんだ。
ウ　ペットボトルの，内側の気圧に比べて，外側の気圧が高くなったため，へこんだ。
エ　ペットボトルの，内側の気圧に比べて，外側の気圧が高くなったため，ふくらんだ。

6　身近な物理現象及び運動とエネルギーに関する(1)～(3)の問いに答えなさい。(11点)

(1)　**図11**のように，定滑車を１つ用いて荷物を持ち上げる装置をつくり，床に置かれた質量３kgの荷物を，糸が引く力によって，床から80cmの高さまでゆっくりと一定の速さで真上に持ち上げた。

図11

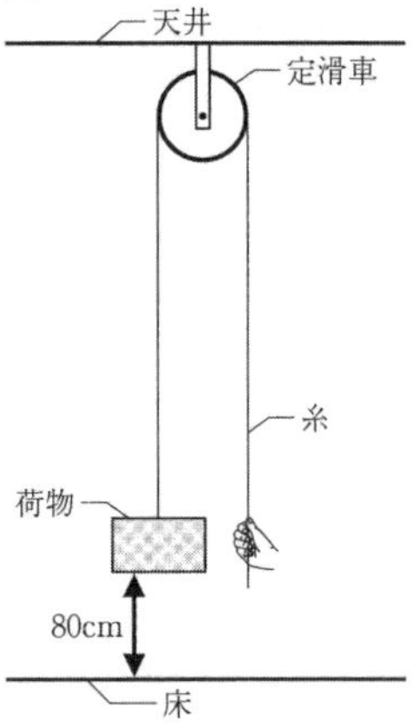

①　力には，物体どうしがふれ合ってはたらく力や，物体どうしが離れていてもはたらく力がある。次の**ア**～**エ**の中から，物体どうしが離れていてもはたらく力として適切なものを２つ選び，記号で答えなさい。

ア　磁石の力　　　**イ**　ばねの弾性力

ウ　重力　　　　　**エ**　垂直抗力

②　床に置かれた質量３kgの荷物を80cmの高さまでゆっくりと一定の速さで真上に持ち上げたときに，手が加えた力がした仕事の大きさは何Ｊか。計算して答えなさい。ただし，100ｇの物体にはたらく重力の大きさを１Ｎとする。また，糸の質量は無視でき，空気の抵抗や糸と滑車の間にはたらく摩擦はないものとする。

(2)　重い荷物を持ち上げるとき，クレーンなどの道具を使うことがある。クレーンには定滑車のほかに動滑車が使われており，小さな力で荷物を持ち上げることができる。**図12**は，定滑車１つと動滑車１つを用いて荷物を持ち上げる装置で，質量１kgの荷物をゆっくりと一定の速さで持ち上げたときの，荷物にかかる重力と糸が動滑車を引く力と手が糸を引く力を矢印（⟶）で示している。**図13**は，定滑車１つと動滑車３つを用い，糸ａを引いて荷物を持ち上げる装置である。動滑車が１つのときに成り立つ原理は，動滑車が複数になっても，それぞれの動滑車において成り立つ。

図12

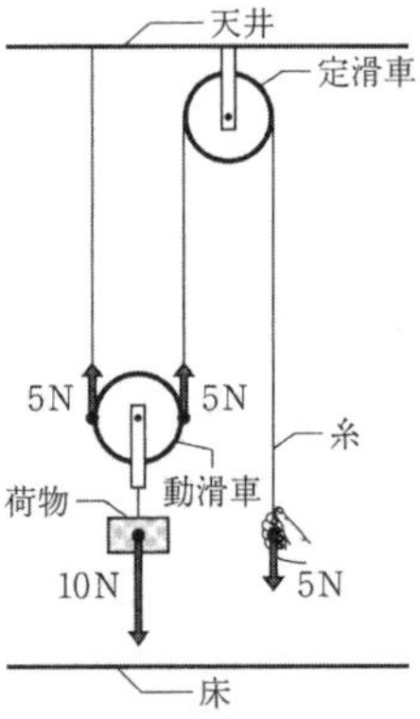

次のページの □ の中の文が，**図11**と**図13**の，それぞれの装置を用いて，同じ荷物を床から同じ高さまでゆっくりと一定の速さで真上に持ち上げたときの，手が加えた力がした仕事について述べたものとなるように，文中の（あ）～（う）のそれぞれに適切な値を補いなさい。ただし，糸や滑車の質量は無視でき，空気の抵抗や糸と滑車の間にはたらく摩擦はないものとする。

図13

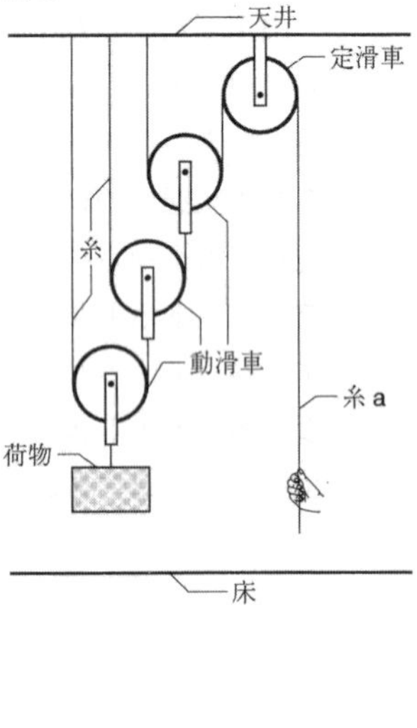

図11と図13の，それぞれの装置を用いて，同じ荷物を床から同じ高さまでゆっくりと一定の速さで真上に持ち上げたとき，図11の装置を用いた場合と比べて，図13の装置を用いると，手が糸 a を引く力の大きさは（　あ　）倍になり，手が糸 a を引く距離は（　い　）倍になり，手が加えた力がした仕事の大きさは（　う　）倍になる。

⑶　図14のように，水平な床の上に斜面をつくり，斜面の上に台車を置く。台車には，テープをつけ，１秒間に50回打点する記録タイマーに通して，台車の運動を記録できるようにする。台車を静かにはなしたところ，台車は斜面を下り，水平な床の上を進んだ。図15は，このときの台車の運動を記録したテープを，a 点から５打点ごとに区間１～８と区切ったようすの一部を表した模式図であり，b 点は a 点から15打点目の点である。ただし，斜面と床はなめらかにつながっていて，テープの質量は無視でき，空気の抵抗や摩擦はないものとする。

図14

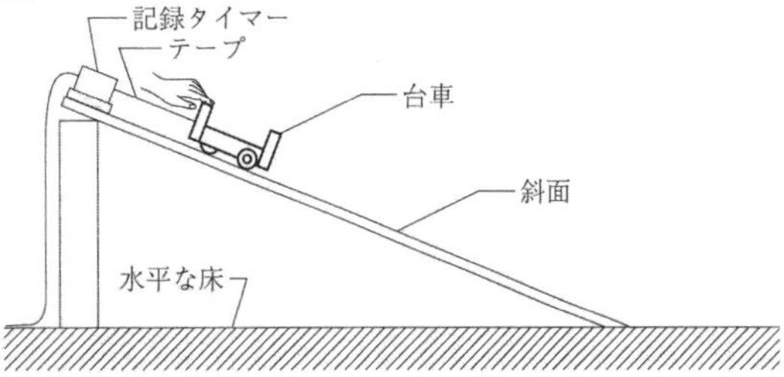

図15

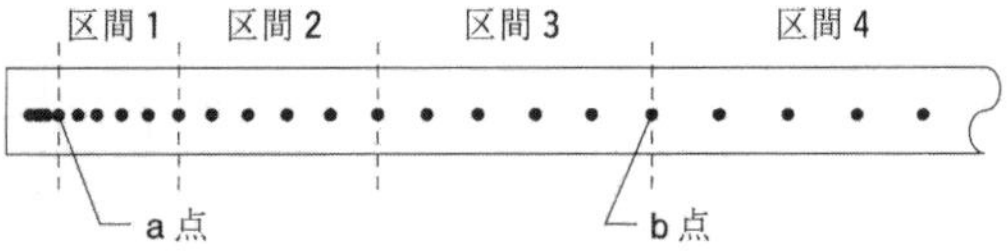

①　次のア～エの中から，台車が斜面を下っているときの，台車にはたらくすべての力を表したものとして，最も適切なものを１つ選び，記号で答えなさい。ただし，同じ種類の力は合力として１本の矢印で表している。

ア

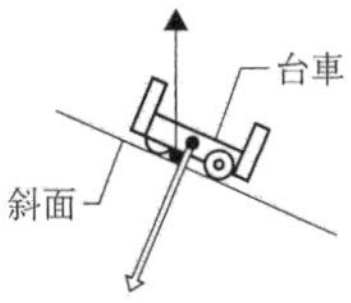

イ

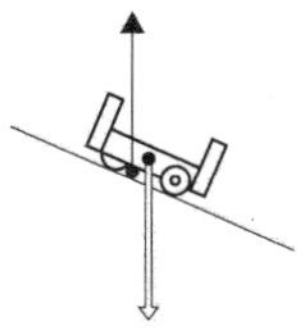

ウ

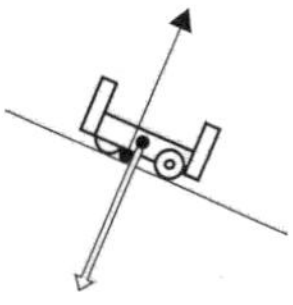

エ

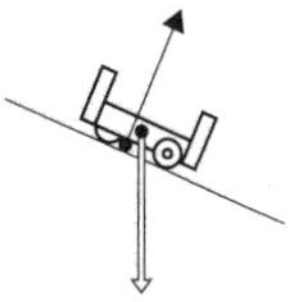

②　図15の a 点から b 点までの長さは22.5㎝であった。a 点を打ってから b 点を打つまでの間の，台車の平均の速さは何㎝/sか。計算して答えなさい。

③　図16（次のページ）は，区間１～８の各区間のテープの長さを表したものである。図16をもとにして，台車が水平な床に到達したときの区間を，区間１～８の中から１つ選び，数字で答えなさい。また，そのように判断した理由を，台車が斜面を下っているときの，速さの増え方に関連付けて，簡単に書きなさい。

図16

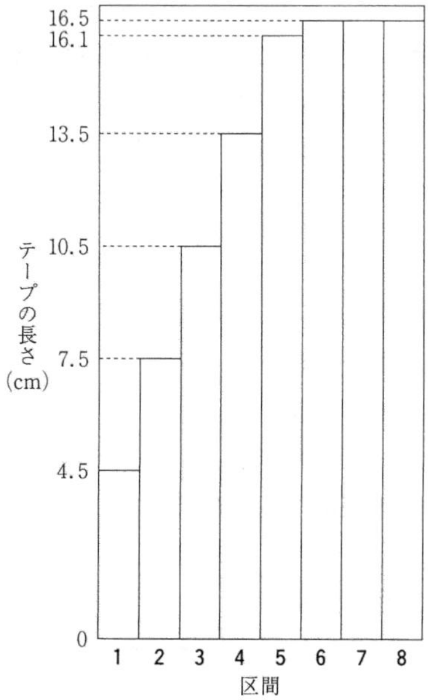

＜社会＞

時間　50分　　満点　50点

1　次の略年表を見て，(1)～(8)の問いに答えなさい。(18点)

時代	飛鳥《あすか》	奈良	平安	鎌倉	室町	安《あ》土《づち》桃山	江戸	明治	大正	昭和	平成
日本のできごと	① 推古天皇が即位する	② 墾田永年私財法が定められる	③ 中尊寺金色堂が建てられる	鎌倉幕府がほろびる	銀閣が建てられる	④ 安土城が築かれる	⑤ 江戸幕府が成立する	明治維新が始まる	関東大震災がおこる ←Ⓐ→	⑥ 世界恐慌《きょうこう》の影響を受ける ⑦ 民主化の改革が行われる	バブル経済が崩壊する

(1)　傍線部①のもとで聖徳太子《しょうとくたいし》（厩戸皇子《うまやどのおうじ》，厩戸王《うまやとおう》）らが行った政治改革で定められた，天皇の命令に従うことなどの役人の心構えを示した法は何とよばれるか。その名称を書きなさい。また，この法が定められた時代より前のできごとを，次の**ア**～**エ**の中から１つ選び，記号で答えなさい。

ア　ローマ教皇が十字軍の派遣を呼びかけた。　　**イ**　シャカがインドで仏教を開いた。
ウ　フビライ・ハンが都を大都に移した。　　**エ**　スペインがインカ帝国をほろぼした。

(2)　傍線部②は，朝廷が税収を増やそうとして定めたものである。**表１**は，奈良時代の主な税と，その課税対象を示している。**表１**から考えられる，傍線部②を定めることによって朝廷の税収が増加する理由を，傍線部②による開墾の状況の変化に関連付けて，簡単に書きなさい。

表１

税	課税対象
租	田地《でんち》
調	17～65歳の男子
庸	21～65歳の男子

(3)　**図１**は，傍線部③の内部を撮影した写真である。次の□の中の文は，傍線部③が建てられたころに東北地方を支配していた勢力についてまとめたものである。文中の（あ），（い）に当てはまる語として正しい組み合わせを，次のページの**ア**～**エ**の中から１つ選び，記号で答えなさい。また，文中の（ⓐ）に当てはまる人物名を書きなさい。

図１

11世紀後半の大きな戦乱を経て東北地方を支配した奥州《おうしゅう》（　あ　）氏は，（　い　）を拠点として，金や馬などの産物や，北方との交易によって栄えたが，12世紀後半，（　ⓐ　）によってほろぼされた。（　ⓐ　）はその後，朝廷から征夷《せいい》大将軍に任命された。

ア　あ　伊達《だて》　い　多賀城　　イ　あ　伊達　い　平泉

ウ　あ　藤原《ふじわら》　い　多賀城　　エ　あ　藤原　い　平泉

(4)　**資料１**は，織田信長《おだのぶなが》が傍線部④の城下町に出した法令の一部を要約したものである。織田信長が**資料１**の政策を行った，城下町を発展させる上でのねらいを，**資料１**から読み取れる，座に対する政策に関連付けて，簡単に書きなさい。

資料１

> 安土山下町《さんげちょう》（城下町）に定める
> 一，この町を楽市とした以上は，座の特権などは認めない。
> 一，往来する商人は，上海道《かみかいどう》を通行せず，必ずこの町で宿をとること。
> 一，領国内で徳政を行っても，この町では行わない。
> （「安土山下町中掟書《おきてがき》」より，一部を要約）

(5)　傍線部⑤の対外政策に関する**a**，**b**の問いに答えなさい。

a　傍線部⑤は，17世紀前半に鎖国の体制を固めたが，いくつかの藩は外交や貿易を許されていた。鎖国の体制のもとで，朝鮮との外交や貿易を担《にな》っていた藩を，次の**ア**～**エ**の中から１つ選び，記号で答えなさい。

ア　薩摩《さつま》藩　**イ**　長州藩　**ウ**　対馬《つしま》藩　**エ**　土佐藩

b　蘭学者の渡辺崋山《わたなべかざん》と高野長英《たかのちょうえい》は，傍線部⑤の対外政策を批判し，幕府によって処罰された。渡辺崋山と高野長英が批判した，傍線部⑤の対外政策として適切なものを，次の**ア**～**エ**の中から１つ選び，記号で答えなさい。

ア　日米和親条約を結び，港を開いた。

イ　日米修好通商条約を結び，貿易を認めた。

ウ　禁教令を出し，キリスト教を禁じた。

エ　異国船打払《うちはらい》令を出し，外国船を砲撃させた。

(6)　略年表中のⒶの期間に関する**a**，**b**の問いに答えなさい。

a　次の**ア**～**ウ**は，Ⓐの期間におこった日本のできごとについて述べた文である。**ア**～**ウ**を時代の古い順に並べ，記号で答えなさい。

ア　シベリア出兵を見こした米の買い占めから米の値段が上がり，米騒動がおこった。

イ　人々が銀行に殺到して預金を引き出し，銀行の休業や倒産が相次ぐ金融恐慌がおこった。

ウ　ヨーロッパでおこった第一次世界大戦の影響で，日本では大戦景気が始まった。

b　Ⓐの期間に普通選挙法が成立した。その普通選挙法と同じ年に制定された，共産主義や社会運動を取り締まりの対象とした法律は何とよばれるか。その名称を書きなさい。

(7)　傍線部⑥は1920年代後半に始まった。**表２**は，1925年，1933年，1938年における，アメリカ，ソ連，ドイツの，鉄鋼生産量を示している。**表２**の中の**ア**～**ウ**は，アメリカ，ソ連，ドイツのいずれかを表している。**資料２**は，経済のしくみの違いについてまとめたものである。**資料２**を参考にして，**表２**の**ア**～**ウ**の中から，ソ連に当たるものを１つ選び，記号で答えなさい。また，そのように判断できる理由を，**資料２**から読み取れる，ソ連が採用していた経済のしくみに関連付けて，簡単に書きなさい。

（**表２**，**資料２**は次のページにあります。）

表2

	鉄鋼生産量(十万t)		
	1925年	1933年	1938年
ア	461	236	288
イ	123	84	205
ウ	19	70	180

注 「近代国際経済要覧」により作成。

資料2

市場経済
市場を通じて物やサービスの取り引きが自由に行われる。
計画経済
政府が作った計画に従って生産・流通・販売などの経済活動が行われる。

(8) 傍線部⑦において，1946年に，財閥に対する改革が本格的に始まった。**グラフ1**は，日中戦争が始まった1937年と，財閥に対する改革が本格的に始まる直前の1946年における，全国の会社の資本金に占める，四大財閥（三井《みつい》・三菱《みつびし》・住友《すみとも》・安田）傘下《さんか》の会社の割合を，業種別に示している。1946年に，財閥に対してどのような改革が行われたか。その改革を，**グラフ1**から考えられる，改革が行われた理由が分かるように，簡単に書きなさい。

グラフ1

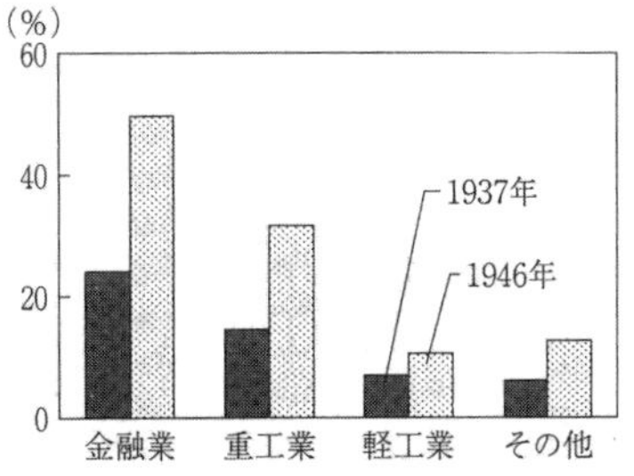

注 「近現代日本経済史要覧」により作成。

2 次の(1)～(6)の問いに答えなさい。なお，**地図1**の中の A ～ E は県を，ⓐ～ⓒは都市を，それぞれ示している。(12点)

(1) 中部地方にある，標高3000m前後の山々が連なる飛《ひ》騨《だ》，木《き》曽《そ》，赤石の3つの山脈の，ヨーロッパの山脈にちなんだ総称は何か。その総称を書きなさい。

(2) **グラフ2**の**ア**～**ウ**は，**地図1**のⓐ～ⓒのいずれかの都市の，気温と降水量を示したものである。**グラフ2**の**ア**～**ウ**の中から，ⓒの都市の，気温と降水量を示したものを1つ選び，記号で答えなさい。

地図1

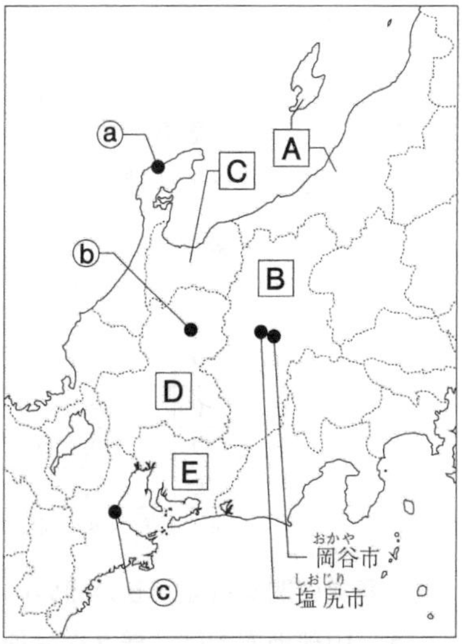

グラフ2

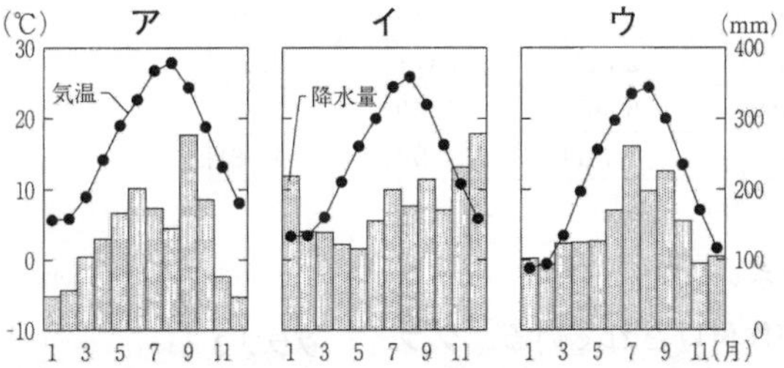

注 「令和5年　理科年表」により作成。

(3) **図2**（次のページ）は，**地図1**の塩尻市と岡谷市の，一部の地域を示した地形図である。**図2**から読み取れることを述べた文として適切なものを，後の**ア**～**オ**の中から2つ選び，記号で答えなさい。

ア X は，岡谷IC（インターチェンジ）から見て北側に位置する。

イ X の付近は，老人ホームの付近に比べて標高が低い。

ウ X の付近は，郵便局の付近に比べて建物の配置がまばらである。

エ　X の付近には，広葉樹林が広がっている。

オ　X の付近には，等高線に沿った道路が見られる。

図2

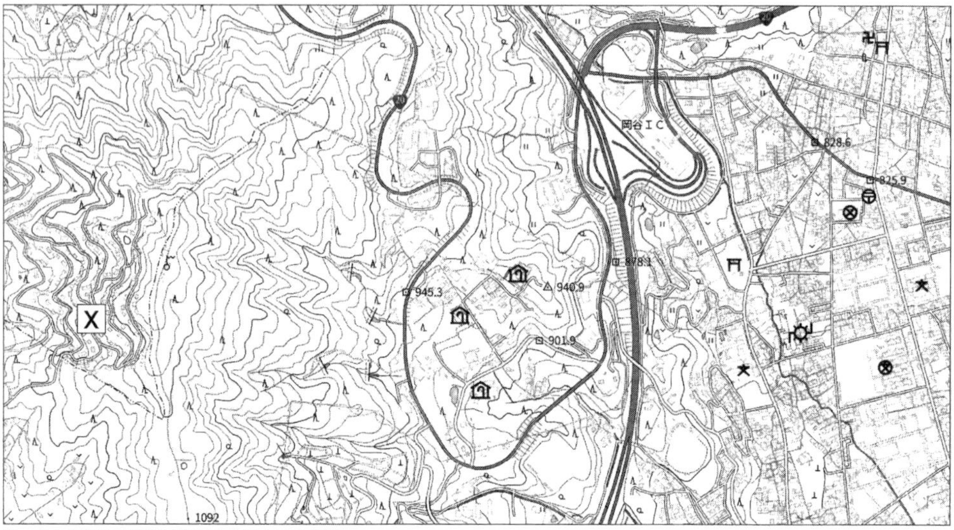

注　国土地理院の電子地形図(タイル)により作成。

(4)　C では，四大公害病の1つに数えられる公害病が発生した。その公害病の原因として最も適切なものを，次のア～エの中から1つ選び，記号で答えなさい。また，C の県名を書きなさい。

ア　騒音　　イ　水質汚濁　　ウ　悪臭　　エ　大気汚染

(5)　**表3**は，2019年における，A ～ D の食料品，化学工業，電子部品，輸送用機械の工業出荷額を示している。**表3**の中の**ア**～**エ**は，A ～ D のいずれかを表している。**ア**～**エ**の中から，A に当たるものを1つ選び，記号で答えなさい。

表3

	工業出荷額(億円)	工業出荷額の内訳(億円)			
		食料品	化学工業	電子部品	輸送用機械
ア	62,194	5,916	948	7,385	4,040
イ	59,896	3,817	2,814	1,661	11,596
ウ	50,113	8,185	6,403	3,379	2,450
エ	39,411	1,557	7,781	3,272	1,584

注　「データでみる県勢2023」により作成。

(6)　農業に関する**a**，**b**の問いに答えなさい。

a　中部地方では，様々な品種の稲が作付けされている。**グラフ3**は，1960年，1990年，2020年における，日本の米の，収穫量と自給率の推移を示している。**グラフ3**から，1960年から2020年における，日本の水稲の作付面積（田の面積のうち，実際に米を作る面積）は，どのように推移したと考えられるか。その推移を，**グラフ3**から考えられる，日本の米の国内消費量の変化に関連付けて，簡単に書きなさい。

グラフ3

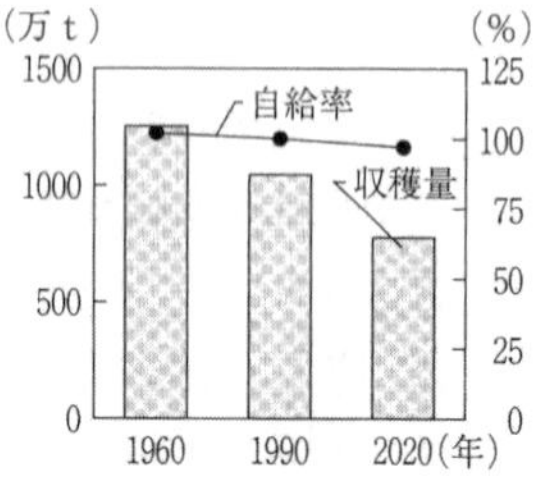

注　「数字でみる日本の100年」などにより作成。

b　E では，施設園芸がさかんである。施設園芸に関する①，②の問いに答えなさい。

①　施設園芸では，施設を利用して作物の生育を調節する栽培方法がとられている。このうち，出荷時期を早める工夫をした栽培方法は何とよばれるか。その名称を書きなさい。

②　施設園芸には，露地栽培（屋外で施設を用いずに行う栽培）と比べて利点もあるが，課題もある。**グラフ4**は，2012年度から2021年度における，日本の農業で使用される燃料の価格の推移を示している。**グラフ5**は，2020年における，日本の，施設園芸と露地栽培の，農業経営費に占める経費別の割合を示している。**グラフ4**から考えられる，施設園芸の経営上の問題点を，**グラフ5**から読み取れることに関連付けて，簡単に書きなさい。

グラフ4

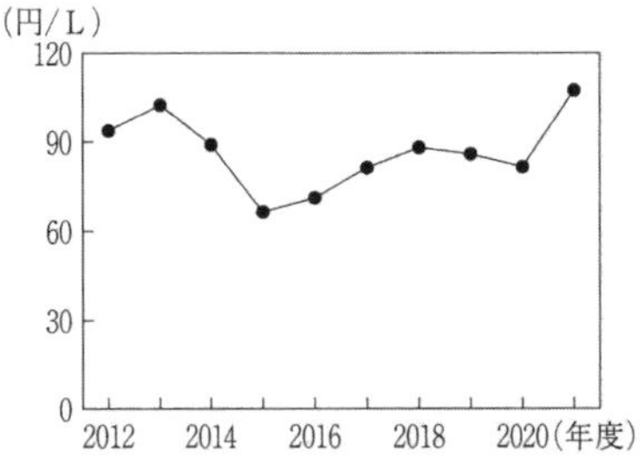

注1　農林水産省資料により作成。
注2　加温期間(11～4月)の平均価格。

グラフ5

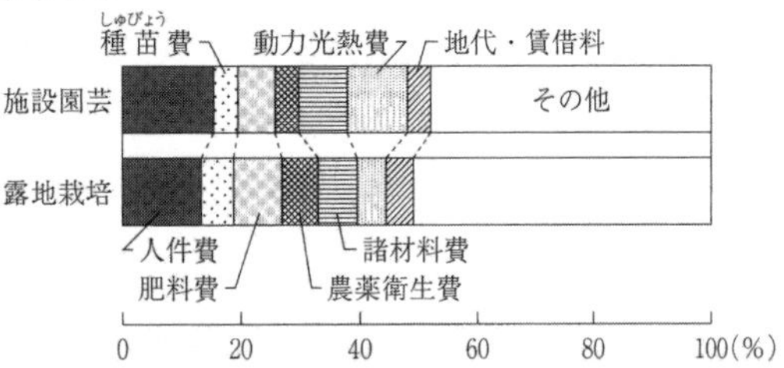

注1　農林水産省資料により作成。
注2　野菜の場合を示している。

3　次の(1)～(3)の問いに答えなさい。なお，**地図2**は，緯線と経線が直角に交わった地図であり，**地図3**は，シカゴを中心とし，シカゴからの距離と方位が正しい地図である。**地図2**の中の A ～ D は国を示している。（9点）

地図2

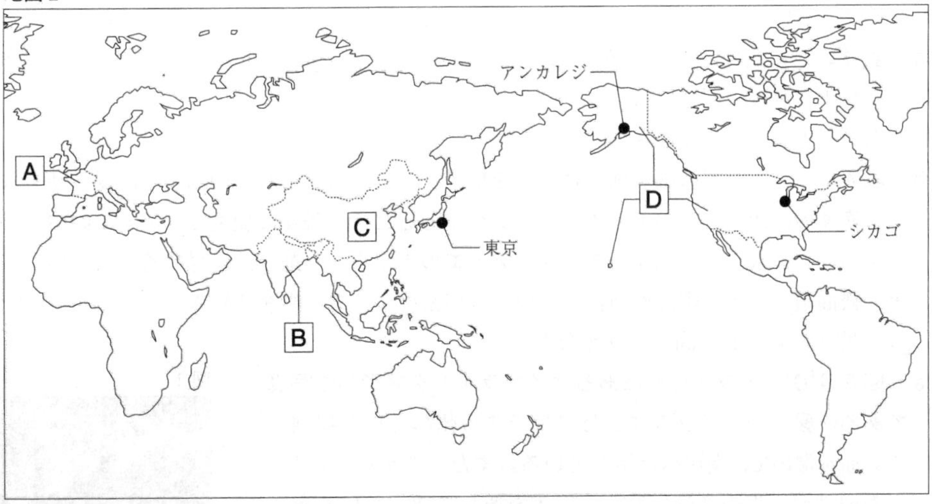

(1)　**地図3**（次のページ）に関する**a**，**b**の問いに答えなさい。

a　**地図3**の中の**ア**～**エ**は緯線を示している。**ア**～**エ**の中で，赤道を示しているものを1つ選び，記号で答えなさい。

b　シカゴから航空機で西に向かって出発し，向きを変えることなく進んだとき，この航空機

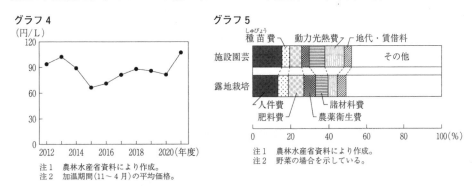

が北アメリカ大陸の次に通る大陸は，世界の六大陸のうちのどの大陸か。その名称を書きなさい。

地図 3

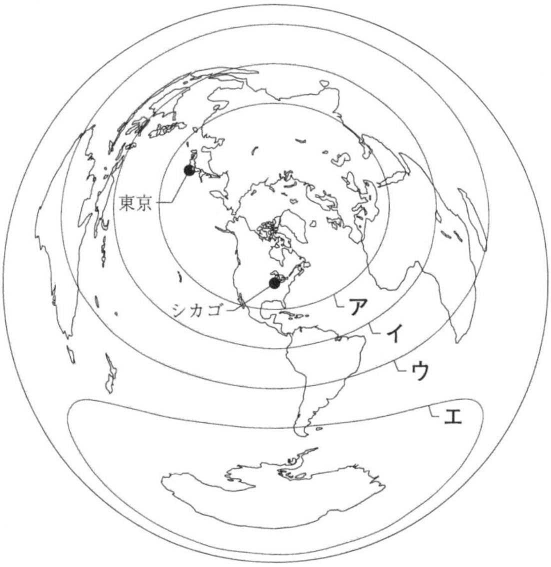

⑵　**表 4** は，A～Dと日本の，1990年，2000年，2010年，2020年における，1 人当たりの国内総生産を示している。**表 4** の中の(あ)～(え)は，A～Dのいずれかを表している。**表 4** に関する a，b の問いに答えなさい。

a　**表 4** の(い)に当たる国を，A～Dの中から 1 つ選び，記号で答えなさい。また，その国名も書きなさい。

表 4

	1 人当たりの国内総生産(ドル)			
	1990年	2000年	2010年	2020年
(あ)	369	442	1,351	1,910
(い)	318	959	4,550	10,409
(う)	21,866	22,416	40,676	39,055
(え)	23,889	36,330	48,651	63,531
日本	25,371	39,169	44,968	39,918

注　世界銀行資料により作成。

b　**表 4** に示された国の国全体の経済力を比較するために，これらの国の国内総生産を求めたい。**表 4** のほかに，次の**ア**～**エ**の統計資料があるとき，**表 4** に加えて，**ア**～**エ**の中のどの 2 つを用いれば求めることができるか。**ア**～**エ**の中から 2 つ選び，記号で答えなさい。

ア　総面積　　**イ**　国民総所得　　**ウ**　人口密度　　**エ**　生産年齢人口

⑶　Dに関する a，b の問いに答えなさい。

a　**図 3** はDのアラスカ州にあるパイプラインを撮影した写真である。**図 3** のパイプラインは，アラスカ州の北岸で採掘した原油を温めて，南岸へと流している。また，アラスカ州は多くの地域が冷帯や寒帯に属し，1 年を通して凍っている永久凍土という土壌が広がっている。**図 3** のパイプラインには，この自然環境を維持するための工夫が見られる。**図 3** のパイプラインに見られる，この自然環境を維持するための工夫を，その工夫による効果が分かるように，簡単に書きなさい。

図 3

注 「最新地理図表GEO四訂版」より。

b　**地図２**のアンカレジは，航空機による国際貨物輸送の拠点になっている。航空機には，貨物や燃料などの重量を合計した総重量の最大値が設定されている。シカゴと東京を結ぶ貨物輸送を行う航空機は，アンカレジの空港を経由し給油を行うことにより，直行する場合と比べて，貨物の重量を増やすことができる。シカゴと東京を結ぶ貨物輸送を行う航空機が，アンカレジの空港を経由し給油を行うと，貨物の重量を増やすことができるのはなぜか。その理由を，**地図２**と**地図３**から読み取れる，アンカレジの位置の特徴に関連付けて，簡単に書きなさい。

4　次の⑴～⑶の問いに答えなさい。(11点)

⑴　金融に関する**a**，**b**の問いに答えなさい。

a　次の［　　］の中の文は，金融機関が収入を得るしくみについてまとめたものである。文中の（㋐）に当てはまる語を書きなさい。

> 銀行は，融資する相手から返済にあたって（　㋐　）を受け取り，預金者に（　㋐　）を支払う。その（　㋐　）の差額が銀行の収入になる。

b　日本の中央銀行である日本銀行が取り引きを行う対象として正しいものを，次の**ア**～**エ**の中から２つ選び，記号で答えなさい。

ア　銀行　　**イ**　工場　　**ウ**　家計　　**エ**　政府

⑵　国際連合に関する**a**，**b**の問いに答えなさい。

a　国際連合は，経済，社会，文化，人権などのさまざまな分野で，人々の暮らしを向上させる努力を行っている。**資料３**は，1948年に国際連合で採択された，各国の人権保障の基準になっているものの一部である。この，国際連合で採択されたものは何とよばれるか。その名称を書きなさい。

資料３

> **第１条**
> すべての人間は，生《うま》れながらにして自由であり，かつ，尊厳と権利とについて平等である。人間は，理性と良心とを授けられており，互いに同胞の精神をもって行動しなければならない。

b　**グラフ６**は，1945年，1955年，1965年，1975年の，国際連合の地域別の加盟国数を示している。**グラフ６**の中の**ア**～**エ**は，アジア，アフリカ，ヨーロッパ，オセアニアのいずれかを表している。**グラフ６**から，1945年と比べて，1975年の国際連合の加盟国数は，すべての地域で増加していることが分かる。アジアとアフリカの加盟国数の増加に共通する理由となる，第二次世界大戦後のアジアとアフリカの動きを，その動きにつながる，アジアとアフリカの歴史的な背景が分かるように，簡単に書きなさい。また，**ア**～**エ**の中から，アジアに当たるものを１つ選び，記号で答えなさい。

グラフ６

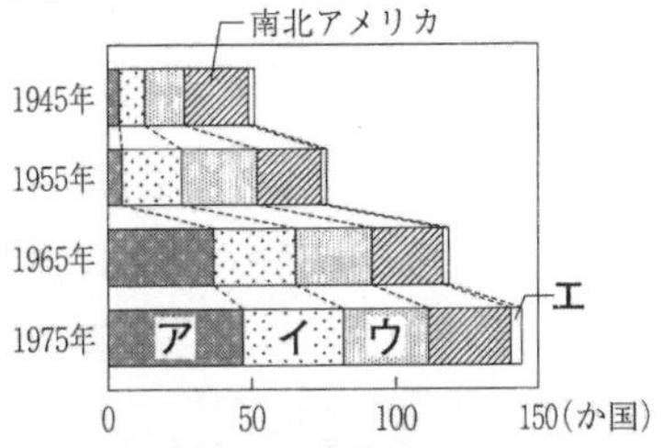

注　国際連合資料により作成。

⑶　地方議会に関する**a**，**b**の問いに答えなさい。

a　地方議会は，地方公共団体の予算の決定や，地方公共団体独自の法（ルール）の制定などを行う。地方議会が制定する，その地域だけで適用される地方公共団体独自の法は，一般に何とよばれるか。その名称を書きなさい。

b　地方議会は，地域の多様な意見を集約し，さまざまな立場から地域社会のあり方を議論することが求められている。近年，地方議会議員選挙において，立候補者数が定数を超えず，無投票となることが増えている。**表5**は，地方議会議員選挙が無投票となった市区町村の一部で行われている取り組みを示している。**グラフ7**は，2019年の，統一地方選挙（全国で期日を統一して行う，地方公共団体の，首長と議会の議員の選挙）を実施した市区町村における，議員報酬の平均月額別の，無投票となった市区町村の割合を示している。**グラフ8**は，2019年の，統一地方選挙を実施した市区町村における，議員の平均年齢別の，無投票となった市区町村の割合を示している。地方議会議員選挙が無投票となることを防ぐ上での，市区町村が**表5**の取り組みを行うねらいを，**グラフ7**と**グラフ8**のそれぞれから読み取れることと，地方議会議員にとっての**表5**の取り組みの利点に関連付けて，70字程度で書きなさい。

表5

取り組み	内容
通年会期制の導入	数週間にわたる定例会を年4回開いて審議を行っていたが，1年を通して開会する通年会期とし，予定が立てやすいように，特定の曜日や時間に設定した定例日に審議を行うようにした。
夜間・休日議会の実施	平日の昼間に行っていた審議を，会社員などと兼業する議員が参加しやすい夜間や休日に実施するようにした。

注　総務省資料により作成。

グラフ7

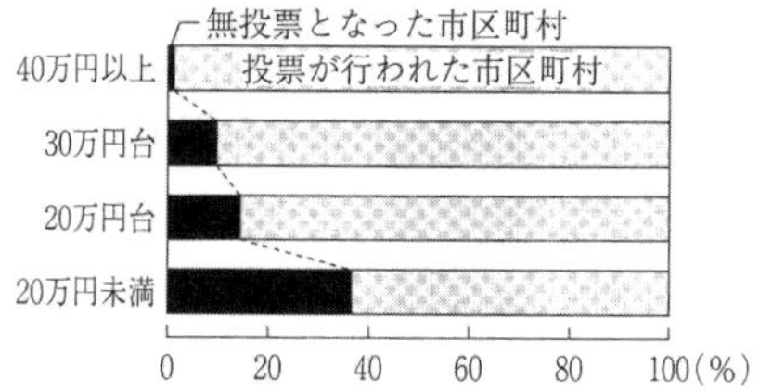

注　総務省資料により作成。

グラフ8

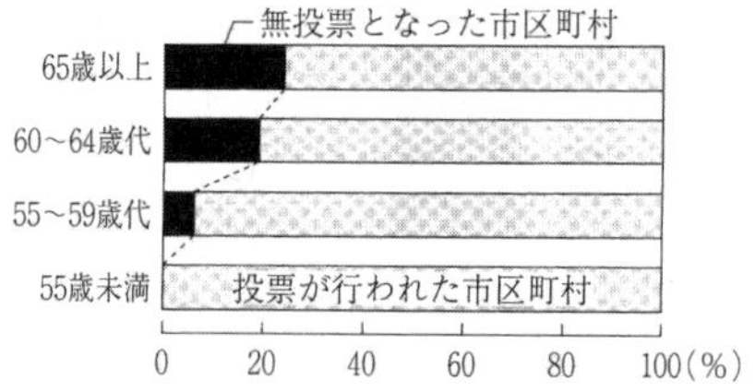

注　総務省資料により作成。

を、この茶入れに対する利休の様子が分かるように、現代語で書きなさい。

問四　小堀遠州は、丹後の太守に、雲山という茶入れについてどのような助言をしているか。その助言を、小堀遠州が述べている、この茶入れに対する利休の評価と利休がそのように評価した理由が分かるように、現代語で書きなさい。

五

あなたのクラスでは、国語の授業で、次の□の中の俳句の一部が紹介された。この俳句の【　】の中に、左のA、Bどちらかの春の季語を入れ、春の情景について考えを述べ合うことになった。

> 【　　】新たな友と　歩く道

あなたの想像する春の情景を表した俳句にするためには、【　】の中に入れる季語として、AとBのどちらがより適切であると考えるか。A、Bどちらかを選び、それを選んだ理由が分かるように、あなたの考えを書きなさい。ただし、次の**条件1**、2にしたがうこと。（6点）

条件1　一マス目から書き始め、段落は設けないこと。

条件2　字数は、百五十字以上、百八十字以内とすること。

	春の季語	意味
A	山笑う	山の草木が一斉に新芽を吹き、花が咲いて山全体が明るくなる様子。
B	花曇り	桜の咲く頃の曇り空のこと。比較的明るく曇っている空の様子。

放送委員：森さんは、ホームセンターで職場体験を行ったそうですが、どのようなお店でしたか。
森さん：私が職場体験を行ったのは一般的なホームセンターで、日用雑貨を主に扱い、【　　　】という特徴がありました。

次の□の中のメモは、森さんが職場体験で店長から聞いた、一般的なホームセンターの特徴である。このメモの内容をふまえ、森さんの職場体験での大変さがより伝わる原稿となるように、【　】の中に入る適切な言葉を考えて、二十五字以内で書きなさい。

- 衣食住の中でも「住まい」に関連した商品を取り扱っている。
- 日用雑貨など、商品の種類が非常に多い。
- 売り場の面積にはかなりの広さが必要である。
- 郊外の広い場所にあり、広い駐車場を設けていることが多い。

四　次の文章を読んで、あとの問いに答えなさい。（7点）

雲山《うんざん》といへる注①肩衝《かたつき》、堺《さかひ》の人ア所持したるが、注②利休など招きて、はじめて茶の湯に出したれば、休《利休》、一向気に入らぬ体《てい》《まったく気に入らない様子》なり。注③亭主、客帰りて後、当世《今の世の中で》、休が気に入らぬ茶入れおもしろからず《つまらない》とて、注④五徳に擲《なげう》ち破《わり》ける《投げつけ割ったのを》を、かたはらに有りける知音《ちいん》の人《そばにいた知り合いの人が》もらうて帰り、手づから継《つぎ》て《自らつなぎ合わせて》、茶会をイ催し、ふたたび休に見せたれば、これでこそ茶入れ見事なれとて、ことのほか《とりたてて》ウ称美す《ほめたたえた》。よてこの趣き《だからこのことを》もとの持主方へいひやり、茶入れ秘蔵せられよ《大切にしまっておきなさい》とてエ戻しぬ《返した》。

その後、件《くだん》の《前述の》肩衝、注⑤丹後《たんご》の太守、値千金に御求め候《さふら》ひて《大金でお買い求めになりまして》、むかしの継目ところどころ合はざりけるを《合わなかったので》、継なをし候はんや《つなぎ合わせ直しましょうか》と注⑥小堀《こぼり》遠州へ相談候へば、遠州《小堀遠州》、この肩衝破《わ》れ候ひて《割れまして》、継目も合はぬにてこそ《合わないからこそ》利休もおもしろがり《興味深く感じており》、名高くも聞《きこ》え侍《はべ》れ《評判高く世間に知られています》。かやうの《このような》物は、そのままにておくがよく候ふと申されき《申し上げなさった》。

（藤村庸軒《ふじむらようけん》・久須美疎安《くすみそあん》『茶話指月集』による。）

（注）
① 茶の湯で使用する抹茶《まっちゃ》を入れておく、陶器製の茶入れの一種。
② 千利休。安土《あづち》桃山時代の茶人。
③ 茶の湯で茶をたてて接待する人。
④ 鉄瓶などを置いて火にかけるための金属製の道具。
⑤ 丹後国の領主。丹後国は今の京都府の一部。
⑥ 小堀政一《まさかず》。江戸時代初期の大名で茶人。

問一　二重傍線（‖）部を、現代かなづかいで書きなさい。

問二　波線（〰）部**ア**～**エ**の中から、その主語に当たるものが同じであるものを二つ選び、記号で答えなさい。

問三　亭王が、傍線（――）部のように行動したのは、雲山という茶入れをどのように感じたからか。亭主がこの茶入れに感じたこと

三　放送委員のあなたは、昼の放送で、職場体験を行った生徒の体験談をインタビュー形式で紹介することになった。次の文章は、ホームセンターで職場体験を行った森さんと一緒に作成している、放送原稿の一部である。この文章を読んで、あとの問いに答えなさい。（9点）

放送委員：森さんはどのような仕事を体験しましたか。

森さん：商品を売り場へ補充する作業と棚の奥にある商品を前に出す作業を体験しました。売り場で作業をすることが多く、購入したい商品が置いてある場所を、1お客様がよく質問しました。

放送委員：そのような作業や接客をするときに大変だったことは何ですか。

森さん：商品名と商品の置いてある場所を覚えることです。お客様が困らないように、商品を売り場に素早く補充したり、お客様の質問にすぐ答えたりできるように、商品名と商品の置いてある場所を覚えることが必要でした。しかし、結局、どこの棚にどの商品が置いてあるかを、すべては覚えきれませんでした。

放送委員：なるほど。2商品の補充や接客のための準備として、商品の陳列場所をあらかじめ覚えておくことが大切なんですね。では、最後に、今回の職場体験を通して学んだことは何ですか。

森さん：相手に思いやりを持って接することの大切さです。職場体験の二日目に外国人のお客様が3来たときのことです。私は店員の方と二人でそのお客様の接客をしていました。[1] そのお客様はまな板をお探しになっていました。[2] 店員の方はまな板の置いてある場所が外国人のお客様にとって分かりにくいと考えて、棚の場所をただお伝えするのではなく、まな板の置いてある棚まで一緒に行っていました。[3] 私も普段から相手の立場になり、思いやりを持って接したいと思いました。[4]

問一　傍線部1は、受け身の表現にした方が適切であると考えた。傍線部1を、受け身の表現に直しなさい。

問二　傍線部2の放送委員の発言は、インタビューの流れの中で、どのような役割を持っていると考えられるか。その役割の説明として最も適切なものを、次のア～エの中から一つ選び、記号で答えなさい。

ア　自分の解釈を交えて言い直し、聴衆の理解を促す。

イ　自分の意見を転換しながら、新しい話題につなげる。

ウ　相手の考えを確かめながら、疑問があることを伝える。

エ　相手の説明を繰り返し、自らの見解との差異を明らかにする。

問三　傍線部3を、「外国人のお客様」に対する敬意を表す表現にしたい。傍線部3を、敬意を表す表現に改めなさい。

問四　本文中に、次の[ ]の一文を補いたい。補うのに最も適切な箇所を、[1]～[4]の、いずれかの番号で答えなさい。

この店員の方のように、相手の立場になって考えることが、相手に思いやりを持って接するということだと思います。

問五　あなたは、この原稿では、森さんの職場体験での大変さが伝わりにくいと考え、次の[ ]の中のやり取りを、この原稿のはじめに付け加えることを提案した。

ができるでしょうし、ヤゴ[注④]などの天敵から逃げやすいので長く生き残ってたくさんの子孫を残すでしょう。そして次の世代のミジンコ集団では泳ぐのが速いミジンコの割合が増えていることでしょう。

　この子孫を残しやすい性質が集団内で増えていく現象が「自然選択」と呼ばれます。多様性があってそこに自然選択が㋓はたらくと、より子孫を残しやすい性質がその生物集団に自然に広がっていくことになります。

　このように集団の性質がどんどん変わっていくことが生物学的な「進化」と呼ばれます。自然選択が起こると特定の性質が選ばれるので、一時的に多様性は小さくなってしまいますが、そのうち遺伝子に突然変異が起きてまたいろいろ性質の違う個体が生まれると多様性は回復します。そしてまた自然選択が起こり、進化が続いていくことになります。

　ここで例として挙げた進化では泳ぐのが速くなるくらいの小さな変化ですが、おそらくこれを気の遠くなるほど続けた結果が、私たち人間を含む現在に生きる生物たちです。私たちの祖先は細菌のような単細胞生物だったと言われていますが、このような多様性と自然選択を気の遠くなるような数だけ繰り返して、より生き残りやすい性質を生み出し選んできました。その結果、現在の私たち人間や、現在生きているすべての生物のような複雑な生物へと進化していったと考えられています。

（市橋伯一《いちはしのりかず》『増えるものたちの進化生物学』による。）

（注）①　イギリスの生物学者。
②　いろいろな材料を混ぜ入れて煮たもの。
③　細胞の核に含まれる物質の一つ。　④　トンボの幼虫。

問一　二重傍線（‖）部㋐、㋒の漢字に読みがなをつけ、㋑、㋓のひらがなを漢字に直しなさい。

問二　波線（〰〰）部ア～オの中には、品詞の分類からみて同じものがある。それは、どれとどれか。記号で答えなさい。

問三　筆者は、生命の起源について様々な仮説があるが、大多数の仮説で共通する点があると述べている。大多数の仮説で共通する点とは何か。二十五字以内で書きなさい。

問四　次のア～エの中から、本文中の□の中に補う言葉として、最も適切なものを一つ選び、記号で答えなさい。

ア　なぜなら
イ　けれども
ウ　すなわち
エ　そのうえ

問五　筆者は、傍線（——）部のような進化は、能力の多様性を前提とし、自然選択という現象を繰り返すことによって起こったと述べている。筆者が述べている自然選択とはどのような現象か。能力の多様性とはどのようなことかが分かるように、五十字程度で書きなさい。

問六　次のア～エの中から、本文で述べている内容として適切なものをすべて選び、記号で答えなさい。

ア　生命が誕生する以前に、地球の大陸では隕石や落雷などが原因で最初の生物の材料となるような有機物質が生まれた。
イ　原始地球において「ダーウィンのスープ」がどのようなところで生まれたのかは、解明されていない。
ウ　生物が進化を続けていく過程では突然変異が起こり、様々な性質を持つ個体が生まれる。
エ　生物学的に考えるとすべての動物は進化をするが、細菌のような単細胞生物の中には進化をしないものもいる。

を、体言止めを用いて描いている。

エ　物静かで繊細な祖母とお人よしで無邪気な父の様子を、主観的に描いている。

問六　傍線（――）部から、灯子が島のひとたちを見て、胸がいっぱいになっていることが分かる。灯子が胸がいっぱいになっているのは、島のひとたちのどのような様子を見たからか。島に近づくにつれて灯子が不安を募らせている心境をたとえた表現を含めて、六十字程度で書きなさい。

二　次の文章を読んで、あとの問いに答えなさい。（15点）

増えるという能力はいったいいつ生物に与えられたのでしょうか？　それは生命の誕生以前だと考えられています。ただし、生物に増える能力が与えられたというよりは、増える能力を持った物質が生物になったと言うほうが正しいでしょう。

最初の生命はアおそらく38億年くらい前に生まれたと言われています。生命が生まれる前の原始地球の環境は、まだ大陸はなく、ほとんどが海で(あ)覆われているような状態だったようです。

そんな環境で、落雷や(い)うちゅうからの放射線、隕石《いんせき》、鉱物による反応、地下からの熱水など、いろいろな過程でアミノ酸など最初の生物の材料とイなるような有機物質が生まれました。有機物質はそのうち地球上のどこかで(う)濃縮されて注①「ダーウィンのスープ」と呼ばれる有機物質の注②ごった煮のようなものが生まれました。そのごった煮の中で増える能力を持った原始的な生命の元が誕生したと想像されています。

ウしかし、それがどんな物質からできていたのかもわかっていませんし、どこでそれが起きたのかもわかっていません。一応、今のところ一番人気のある説は注③「リボヌクレオチド」（ＲＮＡ）と呼ばれる物質が、海底の熱水噴出孔《こう》（溶岩で温められた水が噴き出しているところ、要するに海底にある温泉です）か、地上の熱水噴出孔で生まれたとする説ですが、エいまだにだれも再現できていません。また、増える能力を持った物質は1種類ではなくて、複数の物質がお互いを増やしあいながら全体として増える分子の集合体だったという説もあります。

いずれにせよ、生命の誕生の元は、自らを増やす能力を獲得した何かだったと考えられています。この説以外にも生命の起源の仮説は様々あるのですが、増える能力を持った物質が生命の元となっているのはほぼすべての仮説で共通するところです。

生命誕生がどこでどんな物質から起きたのかも分からないのに、どうして「増える能力をもっていた」なんてことが断言できるのでしょうか。それは今の生物の姿を考えると、進化というオしくみなしでは達成できないはずで、そして進化を起こすためには「増える能力」がどうしても必要だからです。

すべての生物は進化をします。「進化」という言葉はいろいろな分野で少し違った意味で使われていますが、ここでの「進化」は生物学的な進化を指します。□、ダーウィンが述べた「多様性を持つ集団が自然選択を受けることによって起こる現象」のことです。

この進化の原理はとても単純です。まず、生物は同じ種であっても個体ごとに少しずつ遺伝子が違っていて、その能力にも少しだけ違いがあること、つまり能力に多様性があることを前提とします。

たとえば、池の中にミジンコがたくさんいて、みんな少しずつ泳ぐ速さが違うといった状況をイメージしてください。泳ぐのが速いミジンコは、泳ぐのが遅いミジンコよりもきっと餌《えさ》を多く手に入れること

灯子はむかえにきているはずの、父の姿をさがした。が、そのまえに祖母を見つけた。まえのほうにあつまっているひとびとのすこしうしろにいる。祖母は大柄だ。あいかわらず日焼けしたあさ黒い顔をして、背筋をしゃんとのばし堂々と立っている。灯子は気抜けした。やはりどう見たって、あの祖母には「お年」も「心細い」もぜったいに似あわないではないか。

ⓐ
父は祖母のさらに後方で、両手をズボンのポケットにいれ、肩をすくめるようにして、ひとりでぽつんと立っていた。灯子は父にも見えるように、みかんを胸のあたりまで高くだきあげて手をふった。父も気づいて、片手をポケットからだして小さくふった。

そのとき、最前列にいたひとたちが布をひろげた。シーツのような白い布だ。大きな文字が書いてある。

かんげい

白い布が風にはためき、みかんがそれにむかってワンワンほえだした。だれが歓迎されているのだろうと、灯子はあたりを見まわした。乗客たちは乗降口付近にあつまっているが、だれも布を見ていないし、それらしいひともいない。そのうち灯子は、「かんげい」の文字の下に、それよりすこし小さい文字で、「ひがしさん」と書いてあることに気づいた。

布を持っているのは七、八人のこどもたちで、全員が自分を見ている。みんな、満面の笑みだ。手をふってくれている子もいる。ややうしろに立って、ほほえみながら両腕を交差するようにしてふっている、男のおとなのひともいる。

灯子はめんくらった。(注④) それから、胸がドキドキしてきた。出口のないトンネルなんかではない。ここにはたくさんのひとがいる。まだ見たこともないはずのわたしを……ここにくるのがいやでしかたがなかったわたしを、歓迎してくれている……ふいに、のどの奥にあついかたまりがこみあげてきた。

てのひらで目のあたりをこすり、鼻水をすすりあげながら、灯子は心をこめて大きく手をふりかえした。それから、みかんをつれて、いそいで乗降口にむかった。

（杉本りえ『地球のまん中 わたしの島』による。）

（注）① 綱などでつなぎとめること。② 犬をつないでおくひも。
③ 船の床の部分。④ 驚きとまどった。

問一 二重傍線（＝）部（あ）の漢字に読みがなをつけ、（い）のひらがなを漢字に直しなさい。

問二 次のア～エの中から、波線（〰）部と同じ構成の熟語を一つ選び、記号で答えなさい。

ア 新学期　イ 不器用　ウ 一貫性　エ 天地人

問三 幼少のころの灯子が、島の灯台を見て悪い気がしなかったのはなぜか。その理由を、三十字以内で書きなさい。

問四 次のア～エの中から、本文中の□の中に補う言葉として、最も適切なものを一つ選び、記号で答えなさい。

ア わくわく　イ いらいら　ウ はらはら　エ おどおど

問五 次のア～エの中から、本文中のⓐで示した部分における、灯子の祖母と父の様子と、その表現について説明したものとして、最も適切なものを一つ選び、記号で答えなさい。

ア 気が強く元気な祖母と素朴で実直な父の様子を、比喩を用いて描いている。
イ 体格が良く立派な立ち姿の祖母と人混みから離れ控えめな父の様子を、対照的に描いている。
ウ 頑固で威厳のある祖母と心優しく穏やかな人柄である父の様子

＜国語＞

時間　五〇分　満点　五〇点

一　次の文章には、島への転居を嫌がっていた中学生の東《ひがし》灯《とう》子《こ》が、父と祖母の待つ島へ転居するために、祖母を心配する母と飼い犬のみかんと共に、船に乗っているときのことが書かれている。この文章を読んで、あとの問いに答えなさい。（13点）

乗船して三十分、風がすこしおさまってきたのか、定期船の上下左右のうねり(あ)幅がすくなくなった。窓にときおり、ななめにかたむいた水平線が見える。乗船するときは、はるかかなたにうすぼんやりと見えていた島影が、水平線上に、かなりはっきり確認できるようになった。ひらべったい島だ。まん中あたりにポツンと灯台が立っている。

まだほんの小さかったころ、灯子はあれを見て、やかんのふたを連想した。地球全体が大きなやかんで、島がふた、灯台がつまみの部分。灯子の名前のもとになった灯台が、地球のまん中にあると思うのはわるくない気分だった。

「灯子の灯は灯台の灯。」

父から何度もきいたことがある。海にでている者は、あれを見ると、帰ってきたんだなあって、ほっとするんだ。まっ暗な夜だったら、あの明かりがどんなに心強いか。まわりのひとに安心感をあたえられるような、そんなひとになってもらいたくて、灯子ってつけたんだ。

父は生まれそだった島をはなれたけれど、こどもには、島を連想する名前をつけた。あわないからはなれた、などという単純なものではなく、父の心の中では、故郷は圧倒的に大きな存在としてありつづけていたのだろうと、いまになっては(い)さっすることができる。

けれども灯子自身は、みんなに安心感をあたえるどころか、自分が不安でたまらない。あそびにいくときは、島影を見ると□した。小さい場所であることが、冒険心をくすぐった。冒険はもどるところがあるから楽しめる。これからは、そこで暮らしていくのだ。近づいていくにつれて、出口のないトンネルにはいっていこうとしているみたいで、胸がおしつぶされそうになる。覚悟は決めたはずだけど、へだたった場所で、しかも、なかばヤケになって決めた覚悟は、現在進行形ではぜんぜん通用していない。

高速船は、そんなにいそがなくてもいいのにと思えるほどに、ずんずん島に近づいていく。コンクリートの防波堤が見えてきた。その内側に、たくさんの漁船が注①係留されている。うごいている船はいなかったけれど、ひとの気配があるところにきたような気がして、なんとなくほっとする。

エンジン音が小さくなり、船は速度を落とした。防波堤の中に進路をとって、ゆっくり船つき場へと進んでいく。乗客たちは下船の準備をはじめ、母も立ちあがって腰をのばし、顔色はまだ白かったが、のろのろと荷物をまとめはじめた。灯子は席を立ち、みかんの注②リードをひっぱって、そとの注③デッキにでてみた。

船つき場には、たくさんのひとがあつまっていた。船がつくと、各家で電話注文した食べ物やいろいろな生活物資をとりに、あるいは島のそとから送られてくる荷物をとりに、島のひとたちがあつまってくるのだ。日曜日だからだろうか。きょうはちょっとひとが多い気がする。

MEMO

大切なことはメモしておこうネ！

2024年度

解　答　と　解　説

《2024年度の配点は解答用紙集に掲載してあります。》

<数学解答>

1 (1) ア　-9　イ　$3a-7b$　ウ　$\frac{2x-11y}{15}$
エ　$8\sqrt{6}+9\sqrt{7}$　(2)　12　(3)　$x=3,\ x=7$

2 (1)　右図　(2)　$8n-2$　(3)　$\frac{11}{18}$

3 (きゅうり)264本，(なす)96本(方程式と計算の過程は解説参照)

4 (1)　辺AE，辺EH　(2)　$2\sqrt{6}$　(3)　$\frac{64}{7}$

5 (1)　0.78　(2)　ア，イ

6 (1)　$y=-\frac{18}{x}$　(2)　ア　$\frac{1}{12}\leqq a\leqq\frac{9}{4}$　イ　$\frac{15}{16}$(求める過程は解説参照)

7 (1)　解説参照　(2)　76

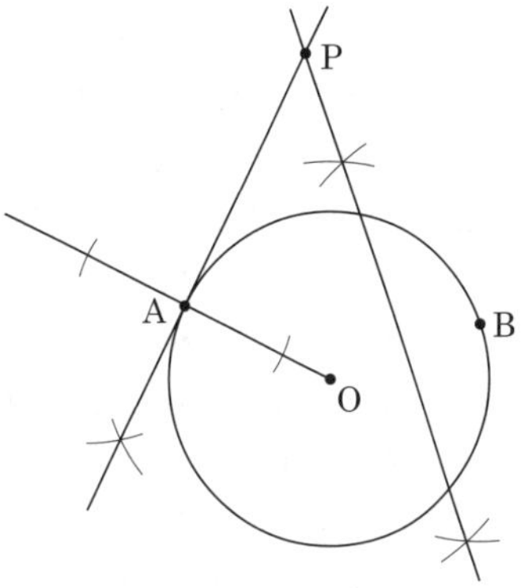

<数学解説>

1 (数・式の計算，平方根，式の値，二次方程式)

(1) ア　**四則をふくむ式の計算の順序は，乗法・除法→加法・減法**となる。$9+3\times(-6)=9+(-18)=(+9)+(-18)=-(18-9)=-9$

イ　**分配法則**を使って，$(21ab-49b^2)\div 7b=(21ab-49b^2)\times\frac{1}{7b}=21ab\times\frac{1}{7b}-49b^2\times\frac{1}{7b}=\frac{21ab}{7b}-\frac{49b^2}{7b}=3a-7b$

ウ　分母を3と5の**最小公倍数**の15に通分して，$\frac{x-y}{3}-\frac{x+2y}{5}=\frac{5(x-y)}{15}-\frac{3(x+2y)}{15}=\frac{5(x-y)-3(x+2y)}{15}=\frac{5x-5y-3x-6y}{15}=\frac{5x-3x-5y-6y}{15}=\frac{2x-11y}{15}$

エ　$\sqrt{63}=\sqrt{3^2\times 7}=3\sqrt{7}$ だから，$\sqrt{6}(8+\sqrt{42})+\sqrt{63}=\sqrt{6}\times 8+\sqrt{6}\times\sqrt{42}+3\sqrt{7}=8\sqrt{6}+\sqrt{6}\times\sqrt{6\times 7}+3\sqrt{7}=8\sqrt{6}+\sqrt{6}\times\sqrt{6}\times\sqrt{7}+3\sqrt{7}=8\sqrt{6}+6\sqrt{7}+3\sqrt{7}=8\sqrt{6}+9\sqrt{7}$

(2)　$a=\frac{3}{8}$のとき，$(2a-3)^2-4a(a-5)=(2a)^2-2\times 2a\times 3+3^2-(4a\times a-4a\times 5)=4a^2-12a+9-(4a^2-20a)=4a^2-12a+9-4a^2+20a=8a+9=8\times\frac{3}{8}+9=3+9=12$

(3)　2次方程式$(x-8)(x-1)=x-13$　**乗法公式$(x+a)(x+b)=x^2+(a+b)x+ab$**を用いて左辺を展開して，$(x-8)(x-1)=\{x+(-8)\}\{x+(-1)\}=x^2+\{(-8)+(-1)\}x+(-8)\times(-1)=x^2-9x+8$　よって，$x^2-9x+8=x-13$　整理して，$x^2-10x+21=0$　たして-10，かけて$+21$になる2つの数は，$(-3)+(-7)=-10$，$(-3)\times(-7)=+21$より，-3と-7だから　$x^2-10x+21=\{x+(-3)\}\{x+(-7)\}=(x-3)(x-7)=0$　$x=3$，$x=7$

2 (作図，規則性，文字を使った式，確率)

(1)　(着眼点)　**接線と接点を通る半径は垂直に交わる**から，点Aを通る半直線OAの垂線上に，点

Pはある。また，点Pは2点O，Bから等しい距離にあるから，点Pは線分OBの垂直二等分線上にある。
(作図手順)　次の①～④の手順で作図する。　①　半直線OAを引く。　②　点Aを中心とした円を描き，半直線OA上に交点をつくる。　③　②でつくったそれぞれの交点を中心として，交わるように半径の等しい円を描き，その交点と点Aを通る直線(点Aを通る半直線OAの垂線)を引く。　④　点O，Bをそれぞれ中心として，交わるように半径の等しい円を描き，その交点を通る直線(線分OBの**垂直二等分線**)を引き，点Aを通る半直線OAの垂線との交点をPとする。

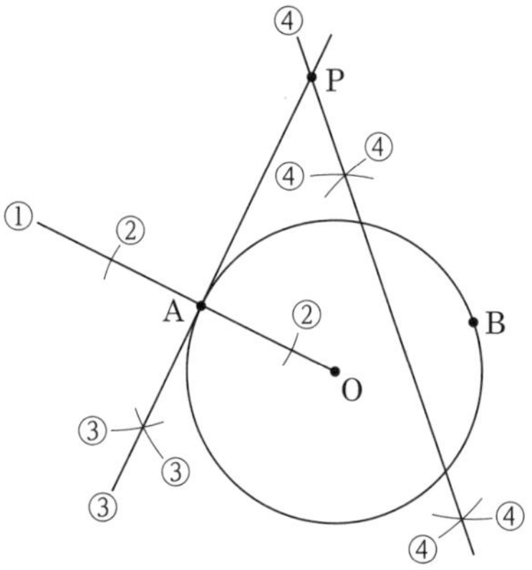

(2)　上から3番目の数の並びは，左から1番目の数が6，2番目の数が$6+8=14$，3番目の数が$14+8=22$と，8ずつ増えているから，左からn番目の数は，1番目の数の6から8が$(n-1)$回増えて，$6+8\times(n-1)=8n-2$である。

(3)　2つの袋A，Bから，それぞれ1個の玉を取り出すとき，全ての玉の取り出し方は，右図の太線で囲んだ$6\times3=18$(通り)。このうち，袋Aから取り出した玉の色と，袋Bから取り出した玉の色が異なるのは，右図の○印を付けた11通りだから，求める確率は$\dfrac{11}{18}$

袋A／袋B	赤玉	赤玉	赤玉	青玉	青玉	白玉
赤玉				○	○	○
青玉	○	○	○			○
青玉	○	○	○			○

3　(連立方程式の応用)

(方程式と計算の過程)(例)きゅうりを詰めた袋の数をx袋，なすを詰めた袋の数をy袋とする。

$$\begin{cases}6x+3y=360\\200x+140(y-5)+140\times0.6\times5=13000\end{cases}$$

これを解いて，$x=44$，$y=32$　よって，きゅうりは，$6\times44=264$(本)，なすは，$3\times32=96$(本)

(別解)きゅうりの本数をx本，なすの本数をy本とする。$\begin{cases}x+y=360\\200\times\dfrac{x}{6}+140\times\left(\dfrac{y}{3}-5\right)+140\times0.6\times5=\end{cases}$
13000　これを解いて，$x=264$，$y=96$　よって，きゅうりは，264本，なすは，96本

4　(空間図形，空間内の2直線の位置関係，線分の長さ，体積)

(1)　**空間内で，平行でなく，交わらない2つの直線はねじれの位置にあるという。**辺CDと平行な辺は辺AB，EF，GHの3本，辺CDと交わる辺は辺CB，CG，DA，DHの4本，辺CDとねじれの位置にある辺は辺AE，BF，EH，FGの4本である。そして，辺CDとねじれの位置にある4本の辺のうち，面BFGCと平行である辺は辺AE，EHの2本である。

(2)　△CDKと△CKLは，それぞれ∠CDKと∠KCLが90°の直角三角形だから，この2つの直角三角形に着目して**三平方の定理**を用いると，$CK^2=CD^2+DK^2$　$KL=\sqrt{CK^2+CL^2}=\sqrt{(CD^2+DK^2)+CL^2}=\sqrt{(4^2+2^2)+2^2}=2\sqrt{6}$ (cm)である。

(3)　点Tから面EFGHへ垂線TUを下すと，線分TUは三角すいTHRGの底面を△HRGとしたときの高さに相当する。DS//EF，DH//TUより，**平行線と線分の比についての定理**を用いると，$DT:TF=DS:EF=(4-1):4=3:4$　$TU:DH=TF:DF=TF:(DT+TF)=4:(3+4)=$

4：7　TU＝DH×$\frac{4}{7}$＝6×$\frac{4}{7}$＝$\frac{24}{7}$(cm)　以上より，三角すいTHRGの体積は$\frac{1}{3}$×△HRG×TU＝$\frac{1}{3}$×$\left(\frac{1}{2}\times \mathrm{HG}\times \mathrm{EH}\right)$×TU＝$\frac{1}{3}$×$\left(\frac{1}{2}\times 4\times 4\right)$×$\frac{24}{7}$＝$\frac{64}{7}$($cm^3$)である。(右図参照)

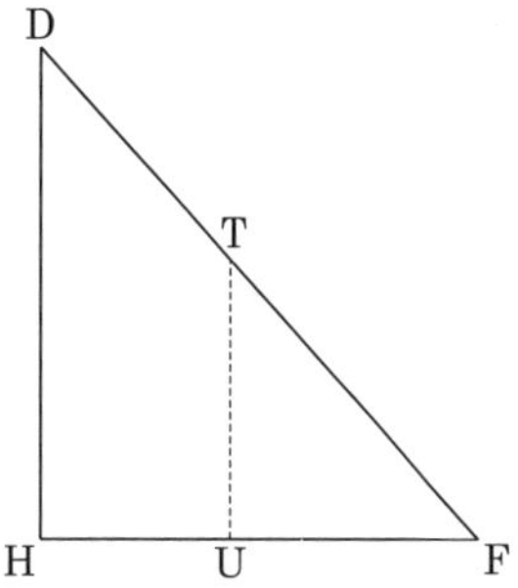

5 (資料の散らばり・代表値)

(1)　ある**階級**の**累積相対度数**とは，一番小さい階級から，その階級までの**相対度数**の合計である。**度数**が最も多い階級は，相対度数が最も大きい15時間以上20時間未満の階級だから，その階級の累積相対度数は1.00－(0.19＋0.03)＝0.78である。

(2)　ア　**箱ひげ図**において，**範囲**はひげの端から端までの長さで表される。これより，1組～3組の範囲はそれぞれ，28－0＝28(時間)，25－1＝24(時間)，29－4＝25(時間)だから，1組が最も大きい。正しい。　イ　1組～3組の**第1四分位数**はそれぞれ，7時間，8時間，9時間だから，1か月間の読書時間が8時間以下の生徒の人数はそれぞれ9人以上，9人以上，8人以下であり，3組より2組の方が多い。正しい。　ウ　1組の**第3四分位数**は20時間だから，1か月間の読書時間がちょうど20時間の生徒はいる。しかし，2組に関しては第3四分位数が19時間で，**最大値**が25時間であり，3組に関しては**第2四分位数(中央値)**が16時間で，第3四分位数が21時間だから，2組も3組も1か月間の読書時間がちょうど20時間の生徒がいるかどうかはわからない。正しくない。
エ　この箱ひげ図からは，1か月間の読書時間の**平均値**はわからない。

6 (図形と関数・グラフ)

(1)　曲線①は反比例のグラフであるから，xとyの関係は$y=\frac{b}{x}$と表せる。$y=\frac{b}{x}$は点A(－6，3)を通るから，$3=\frac{b}{-6}$　$b=3\times(-6)=-18$　よって，曲線①をグラフとする関数は$y=-\frac{18}{x}$と表される。

(2)　ア　関数$y=ax^2$が点A(－6，3)を通るとき，$3=a\times(-6)^2=36a$　$a=\frac{1}{12}$　また，関数$y=ax^2$が点B(－2，9)を通るとき，$9=a\times(-2)^2=4a$　$a=\frac{9}{4}$だから，aのとりうる値の範囲は$\frac{1}{12}\leqq a\leqq\frac{9}{4}$である。

イ　(求める過程)　(例)A(－6，3)，D(－6，0)，B(－2，9)だから，四角形ADOB＝△ADB＋△BDO＝$\frac{1}{2}$×3×4＋$\frac{1}{2}$×6×9＝33　直線BCとy軸との交点をEとすると，$\frac{1}{2}$×OE×6＝33となり，OE＝11　よって，直線BEの式は$y=x+11$だから，これにC(4，16a)を代入して，$16a=4+11$　$a=\frac{15}{16}$

7 (図形の証明，円の性質，角度)

(1)　(証明)　(例)仮定より，AB＝ADだから，∠ABD＝∠ADB…①　**対頂角**だから，∠ADB＝∠FDC…②　①，②より，∠ABD＝∠FDC…③　△FDCにおいて，**三角形の内角と外角の関係**より，∠PCA＝∠EFC－∠FDC…④　また，∠EBC＝∠ABC－∠ABD…⑤　仮定より，∠EFC＝∠ABC…⑥　③，④，⑤，⑥より，∠PCA＝∠EBC…⑦　弧ECに対する**円周角**だから，∠EBC＝∠PAC…⑧　⑦，⑧より，∠PCA＝∠PAC　よって，2つの角が等しいので，△PACは二等辺三角形だから，PA＝PC

(2)　$\triangle$EFPの内角の和は180°だから，$\angle FEP=180^\circ-\angle EPF-\angle EFP=180^\circ-\angle EPF-\angle CFD=180^\circ-90^\circ-49^\circ=41^\circ$　**円周角の大きさは弧の長さに比例する**から，弧BC：弧CE＝$\angle BAC$：$\angle CAE=4:5$より，$\angle BAC=4x^\circ$とすると，$\angle CAE=5x^\circ$と表せる。これより，$\triangle$ABEの内角の和は180°だから，$\angle ABE=180^\circ-\angle AEB-\angle EAB=180^\circ-\angle AEB-(\angle BAC+\angle CAE)=180^\circ-41^\circ-(4x^\circ+5x^\circ)=139^\circ-9x^\circ$…①　弧ABに対する円周角の大きさは等しいから，$\angle ACB=\angle AEB=41^\circ$　弧CEに対する円周角の大きさは等しいから，$\angle CBE=\angle CAE=5x^\circ$　$\triangle$BCDの内角と外角の関係から，$\angle ADB=\angle BCD+\angle CBD=41^\circ+5x^\circ$…②　また，前問(1)より，$\angle ABE=\angle ADB$…③　①，②，③より，$139^\circ-9x^\circ=41^\circ+5x^\circ$　これを解いて，$x=7$　以上より，$\angle ABE=139^\circ-9x^\circ=139^\circ-9\times7^\circ=76^\circ$

＜英語解答＞

1　(1)　A イ　B ウ　C エ　D イ　(2)　質問1　Japan　質問2　ⓐ movie　ⓑ flowers　質問3　She will climb the mountains.

2　(1)　ⓐ エ　ⓑ ウ　ⓒ イ　(2)　A ア　B ウ　C ア
(3)　ウ，オ，イ，エ，ア　(4)　(例)She goes shopping only once a week.
(5)　① エ　② ア　(6)　(例)I think we can bring our bags when we go shopping, because plastic bags are not good for the environment.

3　(例)(Hi, Joyce. I'm in Nara.) I saw a pagoda at the temple with a long history. I was surprised to hear that it was built in 1426.(Your friend, ／ Kei)

4　(1)　ⓐ held　ⓑ older　(2)　①　(They have been friends) For ten years.　②　(Because) They were friendly and positive.　(3)　ウ　(4)　駅でピアノをとても上手に弾いている少年を見たこと。　(5)　エ　(6)　自分は何でもできると信じることは，新しいことを楽しむことと同じくらい大切であること。　(7)　ア

＜英語解説＞

1　(リスニング)

放送台本の和訳は，45ページに掲載。

2　(会話文問題：語句補充・選択，語句の問題，文の挿入，語句の並べ換え，和文英訳，日記を用いた問題，自由・条件英作文，進行形，不定詞，接続詞，助動詞，受け身，前置詞，動名詞，比較，分詞の形容詞的用法)

(全訳)　(勇太の家にて)／トム(以下T)：こんにちは，勇太。ⓐエどこへ行くつもりですか？／勇太(以下Y)：スーパーマーケットへ行くところです。そこで豆腐を買うようにお母さんに頼まれました。今日の夕食には，私達は冷ややっこと呼ばれる豆腐料理を食べることになります。／T：私は日本の料理とスーパーマーケットに興味があります。Aアあなたと一緒に行ってもいいですか？／Y：もちろんです。／(スーパーマーケットにて)／T：棚には多くの豆腐が並んでいますね。多くの客が豆腐を買っています。／Y：今日はとても暑いので，冷たい豆腐を食べるのかもしれません。／T：暑い日に，冷たい豆腐はⓑウ人気があるということですね。／Y：その通りです。豆腐

を販売するのに，AIを使い始めたスーパーマーケットが数店舗出現した，とテレビのニュースが報じていました。／T：AI？　人工知能ということですか？　Bウそれは何をするのですか？／Y：天気情報を確認して，日々販売する豆腐の最適な量を見つけ出すのです。／T：わぁ。それは環境にとても良いですね。／Y：どういうことですか？／T：もし天気を確認せずに，スーパーマーケットが毎日同量の豆腐を用意すれば，それらの一部は棚にⓒイ残されてしまうかもしれません。それは“もったいない”ですよね。／Y：そのように考えたことはありませんでした。／T：AIが食品の廃棄物の問題を解決するのに役立つ，と私は考えます。仮に用意する豆腐の最適量が分かれば，スーパーマーケットは販売が楽ですよね。／Y：本当ですね。あるいは，豆腐は長時間保存がきかないので，スーパーマーケットは素早く豆腐を売りさばきたいでしょう。／T：買い手にすれば，新鮮な豆腐を買いたいと思うかもしれないですね。／Y：ええ。私の母はいつも賞味期限をチェックします。彼女は週に1度しか買い物に行きません。なので，彼女は最も新鮮な食品を買おうとします。それでは，私も賞味期間が最も長いこの豆腐を買うことにします。／T：ちょっと待ってください，勇太。私達は今日豆腐を食べるのですから，最も新鮮なものを買う必要はありません。／Y：Cアあなたの言う通りです。現在では，賞味期間を気にし過ぎる必要はないのですね。／T：ええ。食品を売り切るためには，スーパーマーケットだけではなく，消費者も何かできるのです。

(1)　ⓐ　空所を含む質問に対して，「行先」を答えていることから考える。正解は，Where「どこに」。Where are you going ?／I'm going to a supermarket. ← 進行形<be動詞＋現在分詞[原形＋-ing]　①現在進行している動作「～しているところだ」／②近い未来(決定された計画・予定・取り決め)　why「なぜ」　what「何」　when「いつ」　ⓑ　空所を含む文の前に，It's very hot today, so they may eat cold *tofu*. とあるので，正解は，ウ popular「人気がある」。**～，so ……「～である，それで[だから]……」**　**may「～してもよい／かもしれない」**　bad「悪い」　hungry「空腹の」　serious「重大の，深刻な，まじめな，真剣な」　ⓒ　空所を含む文意は，「もし天気を確認せずに，スーパーマーケットが毎日同量の豆腐を用意すれば，それらの一部は棚に(　ⓒ　)かもしれません」。後続文で「それはもったいない」と述べられていることから，「残されてしまうかもしれない」という意味にすること。正解は，may be left となる。**may「～してもよい／かもしれない」／助動詞を含む文の受け身<助動詞＋ be ＋過去分詞>**　without checking ← <前置詞 without「～なしで」＋動名詞[原形＋ -ing]>　eaten ← eat「食べる」の過去分詞　chosen ← choose「選ぶ」の過去分詞　caught ← catch「捕まえる，つかむ，(乗り物)に間に合う，(病気)にかかる，を理解する」の過去形・過去分詞形

(2)　A　勇太の「豆腐を買いにスーパーマーケットへ行く」という発言に対して，空所の前でトムは I'm interested in Japanese food and supermarkets. と述べており，空所のせりふを受けてトムは Sure. と応答し，次の場面で，2人でスーパーマーケットにて買い物をしている。よって，正解は，Can I go with you ?「一緒に行ってもいいですか」。I'm going to a supermarket. ← 進行形<be動詞＋現在分詞[原形＋ -ing]①現在進行している動作「～しているところだ」／②近い未来(決定された計画・予定・取り決め)　asked me to buy *tofu* ← <ask ＋ O ＋不定詞[to ＋原形]>「～してくださいと頼む」　**<be動詞＋ interested in>「～に興味がある」**　イ「何が起きたのか」　ウ「家にいても良いですか」**may「～してもよい／かもしれない」**　B　空所の質問を受けて，スーパーマーケットで豆腐を販売するのに，AIが実際に行っていることを勇太が説明しているので，正解は，What does it do ?「それは何をするのか」。　ア「最初に，誰がそれを始めたのか」　イ「いつあなたはそれを見たのか」　C　空所の前のトムの発言(We'll eat *tofu* today, so we don't need to buy the freshest one.)を，空所後の勇太の発言(We don’t have to worry about the fresh life too much.)が追従しているので，正解は，You are right.「あなたの言うとおりだ」。〜 , **so** ……「〜である，それで[だから]……」 freshest ← fresh「新鮮な」の最上級　one = *tofu* ← one 単数名詞の代用　don’t have to worry ← <**have** +不定詞[to +原形]>「〜しなければならない／に違いない」の否定形 →「〜する必要がない」 worry about「〜を心配する」 too much ← too「〜もまた／あまりにも〜すぎる」 イ「私はそう思わない」 ウ「質問がある」

(3)　(I think)AI is helpful to solve the problem(of food waste.)<性質・人柄を表す形容詞＋不定詞[to ＋原形]>不定詞の副詞的用法の一種(判断の根拠)「〜するとは……だ」

(4)　「買い物に行く」go shopping ←「〜しに行く」<go ＋ -ing>　「週に一度」once a week ← a[an]「〜につき」

(5)　(全訳)今日，勇太と僕はスーパーマーケットへ行った。①エその日の天気が，人々によって購買される豆腐の量に影響する，と勇太は僕に話してくれた。豆腐を用意する際に，AIを活用するスーパーマーケットがあるそうだ。また，豆腐の賞味期間やどの豆腐を買うかについて僕らは話した。最終的に，②アスーパーマーケットと客の双方が，環境のためになりうる，ということに僕らは気づいた。　①　It’s very hot today, so they may eat cold *tofu*. という勇太のせりふから考えること。affect「〜に影響する，作用する」 *tofu* bought by people ←<名詞＋過去分詞＋他の語句>「〜された名詞」過去分詞の形容詞的用法　〜 , **so** ……「〜である，それで[だから]……」 **may**「〜してもよい／かもしれない」 トムの最後のせりふ(Not only supermarkets but also customers can do something to sell out food.)を参考にすること。both A and B「AとBの両方」　not only B but also A「Bばかりでなく Aもまた」

(6)　(全訳：解答例含む)勇太：環境を保護するために何か小さなことを始めたいと思っています。日常生活で何ができますか。あなたの考えを聞かせてください。そのことがなぜ環境によいかも知りたいです。／トム：わかりました。ビニール袋は環境に良くないので，買い物の際に，自分の袋を持って行くことができるのではないでしょうか。　環境のために何ができるかを，理由も添えて，12語以上の英語で表す自由・条件作文。

3　(和文英訳：前置詞，関係代名詞，受け身，不定詞)

「長い歴史をもつ寺」a temple with a long history ← with「〜を持って，がある」(所有・所持・携帯)／a temple which[that]has a long history ← <先行詞(もの)＋主格の関係代名詞 which／that ＋動詞>「動詞する先行詞」「(その塔が)建てられた」(the pagoda) was built ← <**be**動詞＋過去分詞>受け身「〜される，されている」「〜と聞いて驚いた」was surprised to hear 〜 ←「驚いている」<**be**動詞 ＋ **surprised**>／<感情を表す語＋不定詞[to ＋原形]>「〜してある感情がわきあがる」(感情の原因・理由を表す不定詞の副詞的用法)

4　(長文読解問題・エッセイ：英問英答・記述，語句補充・選択，文の挿入，日本語で答える問題，内容真偽，比較，現在完了，接続詞，助動詞，動名詞，間接疑問文，関係代名詞，進行形，不定詞，仮定法，前置詞)

(全訳)　健と私は級友だ。彼は私の家の近くに住んでいて，私達は10年来の友人同士である。彼はテニスをするのが上手い。

ある日，体育の授業があり，私達はテニスをした。テニスをするのは私にとってそれが初めてだった。まず，私達の先生と健が私達にボールの打ち方を示した。そして，私達はラケットⓐを握り，練習を開始した。私は健と練習した。彼は私に向かってゆっくりとボールを打ったが，私はボールを打ち返すことができなかった。何度も挑戦し，最善を尽くしたが，彼にボールを打ち返すのは，私にとって困難だった。

体育の授業が終わった時に，私は健に言った。「ごめんなさい。今日，あなたは十分にテニスの練習を積めなかった。A私がテニスを上手にできなかったせいで」彼は言った。「そのことは気にしないで。誰もが最初は初心者なんだから。代わりに，新しいことを挑戦するのを楽しむと良い」彼の言葉によって，私は再びテニスを挑戦するための力を得た。

次の体育の授業で，私は前向きになることを決意した。私は健や他の級友達になぜ私はボールを上手く打てないのかを尋ねて，一緒に様々な練習を試みた。ようやく授業の終わりで，B私はボールを打ち返すことができた。ボールは健のところに達した。彼はボールを打ち返し，私は再びそれを打った。このことに，私は興奮した。

翌朝，私が教室に着くと，健がキーボードを非常にゆっくりと弾いていた。私は言った。「うわーっ。キーボードを練習しているの？」彼は言った。「そうだよ。駅のピアノを知っているかい？　先月，そこで非常に上手に演奏している少年を見かけて，キーボードを練習することにしたんだ」私は言った。「あなたはキーボードの弾き方をこれまで習ったことはないので，難しいんじゃない？」健は言った。「そうだよ。少年のように，僕の指は速く動かないけれども，何か新しいことをすることを，僕は楽しんでいるよ」体育の授業での健の言葉を私は思い出した。

一か月後，体育の授業後に，私は健と話をしていた。私は彼に言った。「体育の授業でテニスをするのは，とても楽しかったけれども，それも終わってしまったわ。エもっとテニスをすることができたら良いのに」彼は言った。「もしそう思うなら，僕らの町のテニスチームに参加したらどうだろう。僕のおじいちゃんは日曜日になると，そのチームでテニスをしているよ。メンバーは全員，君よりⓑ年長で，彼らは親切だよ」「興味深いわね。そのチームに参加したいわ」私は言った。

次の日曜日の朝，テニスチームの練習に参加するために，私は公園へ行った。チームには中学生の生徒は1人もいなかった。でも，テニスチームのメンバーはフレンドリーであり，積極的だったので，私は彼らと楽しみながらテニスをすることができた。彼らはボールを上手く打てなかった時でも，悲しむ様子はなかった。健のおじいさんは私に言った。「きっと次回はボールを返すことができる。自分自身を信じているんだ」

練習後，私は考えた。「何でもできると信じることは，何か新しいことを楽しむのと同じくらい大切だ。新しいことを始めて，上手くできない時には，このことを覚えておくべきである」

(1)　ⓐ　過去の出来事なので，hold は過去形の held にする。　ⓑ　直後に than があるので，old を比較級の older にする。**<比較級＋ than ＋ A>「Aと比べてより〜」**

(2)　①「どのくらいの間，志保と健は友人同士であるか」第1段落2文に we have been friends for ten years. とある。They have been friends for ten years. でも，短く For ten years. でも，どちらでも可。＝ It has been ten years since they became friends.／It is ten years since they became friends.／Ten years have passed since they became friends.　have[has]been／have passed ← **<have[has]＋ 過去分詞>現在完了(完了・結果・継続・経験)**　②「なぜ日曜日の朝に志保はテニスチームのメンバーと練習を楽しんだか」第7段落第3文に the members of the team were friendly and positive, so I enjoyed playing tennis with them. とあるのを参考にする。Why 〜？に対しては，Because 〜 で答えることが多いが，省略可。**〜 , so ……「〜である，だから……」**

(3)　[A]　第2段落で，志保がテニスボールを上手く打ち返せないことが書かれている(〜 I

couldn't return the ball. I tried it many times and did my best, but hitting the ball back to him was difficult for me.；第2段落最後から第1・2文)ことから考える。正解は，I couldn't play tennis well.「上手くテニスをすることができなかった」。couldn't ← can't「できない」の過去形 do one's best「全力を尽くす」 hitting the ball back ← <原形 + -ing>動名詞「～すること」I didn't practice tennis hard.「私はテニスを熱心に練習しなかった」「全力を尽くした」と書かれているので，不可。 B 「健や他の級友になぜボールを上手く打てないのかを尋ねて，一緒に様々な練習を試みた」→「ようやく授業の最後に， B 。ボールは健のところへ届いた」文脈から，正解は I could return a ball.「私はボールを打ち返すことができた」。I asked Ken and the other classmates why I couldn't hit balls well ～ ← 他の文に疑問文 (Why couldn't I hit balls well ?) が組み込まれる[間接疑問文]と，<疑問詞＋主語＋動詞>の語順になる。 I stopped hitting a ball.「ボールを打つのを止めた」stop ＋動名詞[原形＋ -ing]「～するのを止める」

(4) 第5段落(Do you know the piano at the station? Last month, I saw a boy who was playing it very well, and I decided to practice the keyboard.)を参照のこと。a boy who was playing it ～ ←<先行詞(人)＋主格の先行詞 **who** ＋動詞>「動詞する先行詞」／<**be**動詞＋現在分詞[原形＋ **-ing**]>進行形 decided to practice the keyboard ← 不定詞[**to** ＋原形]の名詞的用法「～すること」

(5) 「体育の授業でテニスをするのは，とても楽しかったけれども，それも終わってしまった。エもっとテニスをすることができたら良いのに」I wish I could play tennis more(.)← <**I wish** ＋主語＋過去形>「～であればよいのにと思う」現在の事実と反対のことを述べる時には仮定法過去(過去形)を使う。 **more**「もっと(多くの)」← **many／much** の比較級 playing tennis ← 動名詞[原形＋ **-ing**]「～すること」a lot of「たくさんの～」 以下，他の選択肢は Playing tennis in P.E. class was a lot of fun, ～ の記述に反するので，不可。 ア 「体育の授業で他のスポーツを試してみたい」 イ 「私はテニスをするのに飽きた」got bored of playing tennis ← <bored with[of]＋動名詞[原形＋ -ing]>「～することにうんざりして，退屈して」 ウ 「テニスを練習する必要がないので，うれしい」I'm happy that I don't have to practice tennis. ← <形容詞＋ that>原因・理由を表す接続詞 that「～して，なので」／<**have** ＋不定詞[**to** ＋原形]>「～しなければならない／に違いない」の否定形「～する必要がない」

(6) 第8段落第2文にWhen I start a new thing and can't do it well, I should remember that.(「新しいことを始めてうまくできないとき，that を覚えておくべき」)とあり，that は直前の "Believing that I can do everything is as important as enjoying something new."を指すので，下線部の内容を日本語でまとめること。<**as** ＋原級＋ **as** ＋ **A**>「Aと同じくらい～」 動名詞[原形＋ **ing**]「～すること」 **should**「～すべきである」

(7) ア 「健は志保が新しいことに挑戦するのを楽しむ手助けをして，彼女はテニスをすることに前向きになった」(○) テニスの練習が上手くいかない時に(第2段落)，健は志保に"Don't worry about that. Everyone is a beginner at first. Instead, enjoy trying something new !"(第3段落)と声掛けをして，His words gave me power to try tennis again.(第3段落最終文)／In the next P.E. class, I decided to be positive.(第4段落第1文)と述べられているので，一致。helped Shiho enjoy trying ～ ← <help +

O ＋原形＞「Oが～する手助けをする」／＜enjoy ＋動名詞[原形＋ ing]＞「～することを楽しむ」 positive「積極的な，前向きな，陽性の，明確な」 about playing ～ ← ＜前置詞＋動名詞[原形＋ -ing]＞　at first「最初(のうち)は」 instead「代わりに，そうでなく」 power to try ← 不定詞[to ＋原形]の形容詞的用法＜名詞＋不定詞＞「～する(ための)[すべき]名詞」 decided to be ← 不定詞[to ＋原形]の名詞的用法「～すること」　イ 「志保は最初テニスをすることを楽しまなかったので，先生は彼女に様々な練習をするように彼女に言った」(×)　第4段落第2文に I asked Ken and the other classmates why I couldn't hit balls well, and we tried various practices together. と書かれているので，下線部の記述は誤り。didn't enjoy playing ← ＜enjoy ＋動名詞[原形＋ ing]＞「～することを楽しむ」 at first「最初(のうち)は」 ～ , so ……「～である，それで，だから……」 told her to try ← ＜tell ＋ O ＋不定詞[to ＋原形]＞「Oに～するように言う」 I asked Ken and the other classmates why I couldn't hit balls well, ～ ← 疑問文(Why couldn't I hit balls well?)が他の文に組み込まれると，＜疑問詞＋主語＋動詞＞の語順になる。　ウ 「健はキーボードをひと月一生懸命練習したので，その少年のように速く弾くことができた」(×)　My fingers can't move fast like the boy, ～(第5段落最後から第2文目)とあるので，不適。～ , so ……「～である，それで，だから……」 could ← can「できる」の過去形　エ 「志保と健は挑戦したい新しいことを見つけて，行動を起こすために互いに助け合った」(×)　下線部の記述ナシ。new things▼they wanted to try ← ＜先行詞(＋目的格の関係代名詞)＋主語＋動詞＞「主語が動詞する先行詞」目的格の関係代名詞の省略　each other「互い」 take action「行動を起こす，対処する」

2024年度英語　放送による問題

〔放送台本〕

はじめに，(1)を行います。これから，中学生の加奈(Kana)と留学生のマーク(Mark)が，英語で🄰，🄱，🄲，🄳の4つの会話をします。それぞれの会話のあとに，英語で質問をします。その質問の答えとして最も適切なものを，ア，イ，ウ，エの4つの中から1つ選び，記号で答えなさい。なお，会話と質問は2回繰り返します。

🄰 Kana: Hi, Mark.
Mark: Hi, Kana. How was your weekend?
Kana: It was good. On Friday, I watched the beautiful stars in the night sky. On Saturday morning, I went to a bookstore and bought a book to study about stars.
Mark: Did you read it on Saturday afternoon?
Kana: No, I cleaned my room on Saturday afternoon.
質問 What did Kana do on Saturday morning?

🄱 Mark: This is a photo I took in a zoo yesterday.
Kana: Wow. There are two pandas in this photo.
Mark: Yes. At first, they were sleeping. A few minutes later, one of them got up and started eating an apple. I took this photo then.

Kana: I see.
質問 Which photo is Mark showing Kana?

Ⓒ Mark: Let's go to the library to study math after school.
Kana: Sorry, I can't. I have a headache. I need to go home soon.
Mark: That's too bad. You should go to see a doctor.
Kana: Thank you, but I already took some medicine. So I'll go to bed at home.
Mark: I hope you'll get well soon.
質問 What will Kana do after going home?

Ⓓ Mark: Kana, we'll watch a soccer game at the stadium tomorrow. Where do you want to meet?
Kana: How about meeting at the station near the school?
Mark: At the station? Can we go to the stadium by train?
Kana: No. In front of the station, we can ride a bus to the stadium.
Mark: OK. Let's meet at the station and ride a bus. I'll walk there from my house.
Kana: I'll go there by bike.
質問 How will Mark go to the stadium from his house?

〔英文の訳〕

Ⓐ カナ(以下K)：こんにちは，マーク。／マーク(以下，M)：こんにちは，カナ。(あなたの)週末はいかがでしたか？／K：良かったですよ。金曜日には，夜空の美しい星を見ました。土曜日の午前には，本屋へ行き，星について勉強するために，本を1冊買いました。／M：土曜日の午後に，あなたはそれを読みましたか？／K：いいえ，土曜日の午後は，部屋を掃除しました。
質問：土曜日の午前中に，カナは何をしましたか？

Ⓑ マーク(以下M)：これは私が昨日動物園で撮影した写真です。／カナ(以下K)：わぁ，この写真には，2頭のパンダが写っています。／M：はい。最初は，寝ていました。数分後，それらの1頭が起き上がり，りんごを食べ始めました。その時に，私はこの写真を撮影しました。／K：なるほど。
質問：マークはカナにどの写真を見せていますか？

Ⓒ マーク(以下M)：放課後，数学を勉強するために，図書館へ行きましょう。／カナ(以下K)：ごめんなさい，私は行くことができません。頭が痛いのです。すぐに帰宅する必要があります。／M：それはお気の毒に。医者に診てもらうべきです。／K：ありがとう，でも，すでに薬を服用しました。なので，家で寝ようと思います。／M：すぐに体調が回復することを願っています。
質問：帰宅した後に，カナは何をしますか？

Ⓓ マーク(以下M)：カナ，明日，私達はスタジアムでサッカーの試合を観戦します。どこに集合したいですか？／カナ(以下K)：学校の近くの駅で会うのはどうですか？／M：駅ですか？ 電車でスタジアムまで行けるのですか？／K：いいえ。駅の前で，スタジアム行きのバスに乗ることができます。／M：わかりました。駅で会って，バスに乗りましょう。自宅からそこまで私は歩きます。／K：私は自転車でそこへ行くわ。
質問：どのようにマークは自宅からスタジアムまで行きますか？

〔放送台本〕

次に，(2)を行います。これから，加奈(Kana)が，英語で話をします。その話の内容について，問題用紙にある3つの質問をします。それぞれの質問に対する正しい答えとなるように，(　)の中に，適切な語や語句を記入しなさい。なお，先に問題用紙にある質問を2回繰り返し，そのあとで話を2回繰り返します。

質問1　Which country does Kana's uncle live in now, New Zealand or Japan?

質問2　What did Kana's uncle make last year?

質問3　Next summer, what will Kana do with her uncle in the village?

続いて，話をします。

I'll talk about my uncle.

When he was young, he lived in New Zealand. He worked at a movie company. In New Zealand, he enjoyed living in nature.

Two years ago, he came back to Japan. He has lived in a small village in Japan since then. There are many kinds of flowers in the village, and he loves them. To introduce the flowers to many people, he made a short movie about them last year. Some people watched it and started to visit the village.

Next summer, I'll visit my uncle. With my uncle, I'll climb the mountains in the village. He always tells me the mountains are so beautiful. I can't wait for summer.

〔英文の訳〕

私の叔父について話しをしましょう。／彼は若かりし頃に，ニュージーランドに住んでいました。彼は映画会社で働いていました。ニュージーランドでは，彼は自然の中での暮らしを満喫していました。／2年前に，彼は日本へ戻ってきました。それ以来，彼は日本の小さな村に住んでいます。村には，沢山の種類の花があり，それらが彼の大のお気に入りです。多くの人々に花を紹介するために，昨年，彼はそれらに関する短編映画を作成しました。何人かの人々はそれを見て，村を訪(おとず)れ始めました。／今度の夏，私は叔父を訪(たず)ねようと考えています。叔父と共に，村にある山々を登るつもりです。山々はとても美しい，と彼は常々私に話してくれます。夏が待ちきれません。

質問1：ニュージーランド，あるいは，日本のどちらの国に，現在，カナの叔父さんは住んでいますか？　答え：彼は日本に住んでいます。

質問2：昨年，カナの叔父さんは何を作りましたか？　答え：彼は多くの種類のⓑ花に関する短編ⓐ映画を作成しました。

質問3：今度の夏に，カナはその村で彼女の叔父さんと何をするつもりですか？　答え：村にある山々を彼女は登るつもりです。

<理科解答>

1　(1)　対立形質　(2)　ウ　(3)　(例)地下でゆっくり冷える。　(4)　0.5

2　(1)　①　胎生　②　(例)(体表は)うろこでおおわれているか。　(2)　ウ，エ，カ
(3)　①　a　エ　b　(例)ビーカーの水の温度。　②　(例)ブドウ糖とアミノ酸は毛細血管に入り，脂肪はリンパ管に入る。　(4)　320

3　(1)　①　ア，エ　②　B＞Y＞A＞Z＞C＞X　(2)　①　ウ→イ→ア　②　(例)金属光沢がある。　③　$2CuO + C \rightarrow 2Cu + CO_2$　④　a　2.2　b　次ページの図1

4　(1)　①　日周運動　②　イ　(2)　エ

5　(1)　①　図2　　②　(例)寒気が暖気を押し上げるから。
(2)　①　イ　　②　ウ

6　(1)　①　ア，ウ
②　24　　(2)　あ　$\frac{1}{8}$
い　8　　う　1　　(3)　①　エ　　②　75
③　(区間)　5　　(理由)　(例)斜面では速さの増え方が一定だが，速さの増え方が小さくなったから。

図1

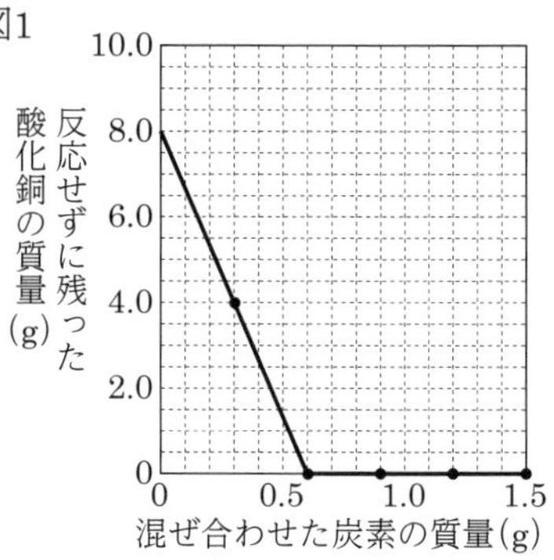

図2

＜理科解説＞

1　(小問集合)

(1)　どちらか一方しか現れない異なる形質どうしを対立形質という。

(2)　原子核をつくっている陽子は＋の電気をもつ。一方，中性子は電気を帯びていない。

(3)　深成岩は地下深くの高温のもとでゆっくりと冷え固まってできる。

(4)　電熱線Xに流れる電流の大きさは，6〔V〕÷3〔Ω〕＝2〔A〕　P点に流れる電流の大きさは，電熱線Xに流れる電流とQ点に流れる電流の和に等しくなるので，Q点に流れる電流は，2.5－2＝0.5〔A〕

2　(生物・環境総合)

(1)　①　親の体内である程度まで育ってからうまれるうまれ方を胎生という。　②　トカゲ(ハチュウ類)とフナ(魚類)に共通した体表に見られる特徴は，うろこがあることである。

(2)　食物連鎖による流れと，分解者がとりこむ物質の流れが，有機物の流れである。大気間との流れに有機物は含まれない。

(3)　①　a　試験管Bは，**ヨウ素液**が反応を示したので青紫色，試験管Cは**ベネジクト液**が反応を示したので赤褐色である。　b　温度のちがいについて調べたい場合は，試験管の内容物は図5と変えずに，試験管を保つ温度だけを変える。　②　ブドウ糖とアミノ酸は毛細血管へ入る。脂肪は，脂肪酸とモノグリセリドの形で吸収された後，再び脂肪になってリンパ管に入る。

(4)　脳で1日に消費するエネルギーは，2400〔kcal〕×0.2＝480〔kcal〕　ご飯100gで150kcalであることから，480kcalのエネルギーをもつご飯の質量をxgとすると，100：150＝x：480　x＝320〔g〕

3　(化学総合)

(1)　①　マグネシウムと水素は単体である。　②　液体にプラスチックを入れたとき，**液体よりもプラスチックの密度のほうが大きければ，プラスチックは沈み，密度が小さければ浮く**。プラスチックA～Cが浮く液体の数を調べると，Aが1種類，Bが0，Cが2種類となることから，A～Cの密度はB＞A＞Cとなる。また，プラスチックCは液体Xだけには沈むので，密度はY，Z＞C＞X。プラスチックBはすべての液体に沈むので6つの物質の中で密度が最も大きい。プラスチックAは液体Yだけに浮くので，密度はY＞A＞X，Z。下線部を整理すると，B＞Y＞A＞Z＞C＞Xとなる。

(2)　①　石灰水の逆流を防ぐために，ガラス管を石灰水からとり出してから火を消す。その後，ピンチコックでゴム管を閉じる。　②　金属は，かたいものでこすると金属光沢が現れる。
③　**酸化銅＋炭素→銅＋二酸化炭素**の化学変化が起こる。矢印の左右では，原子の種類と数が同じになるように気をつける。　④　a・b　質量保存の法則から，発生した二酸化炭素の質量を，

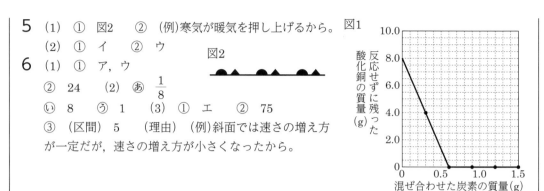

8.0〔g〕＋混ぜ合わせた炭素の質量〔g〕－反応後の試験管の中の固体の質量〔g〕で求めると，次の表のようになる。

	A	B	C	D	E
混ぜ合わせた炭素の質量〔g〕	0.3	0.6	0.9	1.2	1.5
反応後の試験管の中の固体の質量〔g〕	7.2	6.4	6.7	7.0	7.3
発生した二酸化炭素の質量〔g〕	1.1	2.2	2.2	2.2	2.2

試験管AとBを比べると，加えた炭素の質量と発生した二酸化炭素の質量がどちらも2倍となっているが，炭素を0.6g以上増やしても二酸化炭素は増加していないことから，8.0gの酸化銅を過不足なく還元できる炭素は0.6gであるとわかる。よって，0.6g以上炭素を増やしても，反応せずに残る酸化銅は0のままとなる。

4 (天体)

(1)　①　1日の間に見られる，天体の天球上における見かけの運動を，日周運動という。　②　表4より，60分間で24mm太陽が移動していることから，55mm移動するのにかかる時間x分を求めると，$60:24=x:55$　$x=137.5$〔分〕　これは，およそ2時間18分である。よって，日の入りの時刻は，14時20分の2時間18分後の16時38分頃と推測できる。したがって，イが適している。

(2)　図8は，日の出と日の入りの位置から**北半球が冬のころ**の観測と読み取れる。南半球の季節は北半球と反対になるので夏である。**夏の南半球**では，太陽は真東よりも南寄りからのぼり，北の空に高く上がって真西よりも南寄りに沈む。

5 (天気の変化)

(1)　①　温暖前線と寒冷前線の記号を同じ向きにかいて，閉そく前線を表す。　②　寒冷前線は，**寒気が暖気の下にもぐりこむようにして進む**ため，暖気が真上に押し上げられる。よって，雲は上方にのびて成長するため，雲ができる範囲はせまい。

(2)　①　低気圧の中心に向かうほど気圧が低いので，長野市の1008hPaを表す等圧線よりも等圧線の中心に近いところにある地点を選ぶ。　②　山頂の空気は気圧が低いため，ふもとまで持ってくると気圧の高い空気に押されるため，ペットボトルはへこむ。

6 (力のはたらき，運動とエネルギー)

(1)　①　重力は，地球が地球上のすべてのものをその中心に向かって引く力である。磁石の力は磁極の間ではたらく力である。いずれも離れていてもはたらく。　②　3kgの物体を引き上げるのに必要な力は，3000〔g〕÷100＝30〔N〕　よって，**仕事〔J〕＝力の大きさ〔N〕×力の向きに移動した距離〔m〕**より，30〔N〕×0.8〔m〕＝24〔J〕

(2)　動滑車を使うと引き上げるために糸を引く力が$\frac{1}{2}$になるので，図13で糸aを引くのに必要な力の大きさは，図11に比べて$\frac{1}{2}\times\frac{1}{2}\times\frac{1}{2}=\frac{1}{8}$となる。ただし，図11と図13で行う仕事の大きさは，**仕事の原理**より等しくなることから，引くひもの長さが図13では8倍になる。

(3)　①　台車には真下に向かって重力がはたらいている。重力は斜面を垂直に押す力と斜面に平行な力に分解するが，このとき斜面を垂直に押す力に対する垂直抗力が台車にはたらいている。
②　22.5〔cm〕÷$\frac{15}{50}$〔s〕＝75〔cm/s〕　③　2，3，4は一定の割合で速さが増加しているが，5は増加の割合が小さくなっている。これは，テープ5に入り間もなく台車が床に到達したため，速さが増えなかったことを表している。

＜社会解答＞

1　(1)　(名称)　十七条の憲法[十七条憲法，憲法十七条]　　(記号)　イ　　(2)　(例)開墾が進み，租が増えるから。[課税対象となる田地が増えるから。]　　(3)　(記号)　エ　ⓐ　源頼朝　　(4)　(例)座の特権を認めず，商工業を活発にさせるため。[座を廃止し，商工業者に自由な活動を認めるため。]　　(5)　a　ウ　　b　エ　　(6)　a　ウ→ア→イ　b　治安維持法　　(7)　(記号)　ウ　　(理由)　(例)ソ連は計画経済を採用しており，世界恐慌の影響を受けなかったから。[ソ連は政府が作った計画に従って経済活動が行われており，鉄鋼生産量が増え続けているから。]　　(8)　(例)経済の支配を強めていた財閥が解体した。

2　(1)　日本アルプス　　(2)　ア　　(3)　ウ・オ　　(4)　(記号)　イ　　(県名)　富山　(5)　ウ　　(6)　a　(例)米の国内消費量が減少しており，水稲の作付面積は減少している。　b　①　促成栽培　　②　(例)動力光熱費の割合が高く，燃料の価格の変動の影響を受けやすい。

3　(1)　a　イ　　b　オーストラリア　　(2)　a　(記号)　C　　(国名)　中国　　b　ア・ウ　(3)　a　(例)永久凍土がとけないように，パイプラインを地面から離している。
b　(例)アンカレジはシカゴと東京を結ぶ最短経路の付近に位置し，航空機に積む燃料を減らせるから。

4　(1)　a　利子　　b　ア・エ　　(2)　a　世界人権宣言　　b　(動き)　(例)植民地だった地域が独立した。　(記号)　イ　　(3)　a　条例　　b　(例)無投票となった市区町村は，議員報酬が少なく，平均年齢が高い傾向にあり，議員が議会に参加しやすくすることで，働いている若い世代の立候補者を増やすねらい。

＜社会解説＞

1　**(歴史的分野―日本史―時代別―古墳時代から平安時代，安土桃山・江戸時代，明治時代から現代，日本史―テーマ別―政治・法律，経済・社会・技術，外交，世界史―政治・社会・経済史)**

(1)　**十七条の憲法**が定められたのは7世紀前半の飛鳥時代。アが11世紀，イが紀元前，ウが13世紀，エが16世紀のできごと。

(2)　**墾田永年私財法**が定められたことで新たな開墾地が増加したことが考えられ，それらに課税される**租**による税収が増加したことがわかる。

(3)　**中尊寺金色堂**が位置する平泉は岩手県に位置し，世界文化遺産に登録されている。奥州藤原氏は，壇ノ浦の戦い後に源頼朝と対立した源義経をかくまったことなどを理由に滅ぼされた。

(4)　資料1の**楽市楽座**令の中に「座の特権などは認めない」とあることに着目する。**座**とは，中世における商工業者の同業者組合のことで，地域の商工業を独占していた。

(5)　a　対馬藩の**宗氏**が朝鮮との外交や交易を担っており，将軍の代替わりごとに**朝鮮通信使**が来日した。　b　渡辺崋山と高野長英は，**異国船打払令**が出された後におこったモリソン号事件への幕府の対応を批判したことで処罰された。これを**蛮社の獄**という。

(6)　a　アが1918年，イが1927年，ウの第一次世界大戦勃発が1914年のできごと。　b　普通選挙法と治安維持法が制定されたのは1925年。

(7)　**スターリン**の指導で**五か年計画**を進めていたソ連は，1929年におこった世界恐慌の影響を受けずに経済成長を続けた。アがアメリカ，イがドイツ。

(8)　グラフ1から，日中戦争や太平洋戦争が行われていた時期に日本経済に占める四大財閥の影響力が増大していることが読み取れる。軍部との結びつきを強めて経済の支配力を強めていたため，GHQによって**財閥解体**が行われ，独占禁止法が制定された。

2 (地理的分野―日本―地形図の見方，日本の国土・地形・気候，農林水産業，工業)

(1)　日本アルプス付近に，日本列島を地形的に東日本と西日本に分けるフォッサマグナが位置する。

(2)　太平洋岸に位置するⓐの都市の気候の特徴として，**夏の降水量が多い**ことが挙げられる。冬の降水量が多いイがⓐ，冬の気温が0度を下回っているウがⓑのグラフ。

(3)　ア　Xは岡谷ICの西南西。　イ　老人ホームの付近の標高が940m前後であるのに対して，Xの付近は1000mを超えている。　エ　針葉樹林が広がっている。

(4)　Cは富山県。**神通川**流域でカドミウムを原因物質とする**イタイイタイ病**が発生した。

(5)　Aが新潟県，Bが長野県，Cが富山県，Dが岐阜県。富山県，新潟県を中心に，化学工業などがさかんな**北陸工業地域**が広がる。化学工業の出荷額が多いウ・エのうち，食料品出荷額が多い方と判断する。新潟県では米を主原料とした食料品工業がさかん。アが長野県，イが岐阜県，エが富山県。

(6)　a　グラフ3から，収穫量の大幅な減少にもかかわらず自給率にほぼ変化が見られないことから，米の国内消費量が減少していることがわかる。　b　①　宮崎県や高知県では，冬でも温暖な気候を利用して行うピーマンやなすなどの**促成栽培**がさかん。　②　グラフ5から，施設園芸において，露地栽培と比較したときに最も経費がかさむ項目が動力光熱費であることが読み取れる。

3 (地理的分野―世界―地形・気候，交通・貿易)

(1)　a　赤道は南アメリカ大陸のアマゾン川河口などを通る。　b　正距方位図法で描かれた地図3上では左が西を表す。該当する大陸が赤道より外側に描かれているため**南半球**に位置する大陸であること，また，北アメリカ大陸の西にある**太平洋**が該当する大陸の東側に面していることから判断する。

(2)　a　Aがフランス，Bがインド，Cが中国，Dがアメリカ。2000年以降の数値が急増していることから判断する。㋐がインド，㋒がフランス，㋓がアメリカ。　b　表4で表されている1人当たりの国内総生産に総人口を掛ければ国内総生産が求められる。**総人口は(人口密度)×(総面積)**で求められる。

(3)　a　問題文中にパイプラインの中を温められた原油が流れている記載があることから，地面と接する設置方法だと永久凍土がとけてしまうことが考えられる。　b　航空経路は，正距方位図法上での2地点を直線で結んだ最短ルートが採られる。地図3中のシカゴと東京を直線で結んだとき，アンカレジ付近を通過することがわかる。

4 (公民的分野―憲法・基本的人権，地方自治，経済一般，国際社会との関わり)

(1)　a　利息，金利も可。　b　日本銀行は**銀行の銀行**，**政府の銀行**などともよばれる。

(2)　a　世界人権宣言には法的拘束力がないため，これを条約化した**国際人権規約**が1966年に採択された。　b　アジアやアフリカは欧米諸国の植民地とされていた地域が多く，アジアは1940年代後半から1950年代前半にかけて，アフリカは1960年代にその多くが独立を果たした。

(3)　a　国家間や国際機関と結ぶものを**条約**，国会が制定する法を**法律**という。　b　無投票となった市区町村において，議員報酬が少ないことがグラフ7から，議員の平均年齢が高いことがグラフ8からそれぞれ読み取れる。地方議会議員選挙において無投票が増えている原因が立候補者の少なさにあるため，立候補者を増やす取り組みを行うことで無投票となることを防ごうとしている。その具体的な取り組みが表5の一例であり，表5中の「会社員などと兼業する議員が参加しやすい」などから，働く若い世代が立候補しやすい状況を整備しようとしていることが読み取れる。

<国語解答>

一　問一　(あ)　はば　(い)　察　　問二　ウ　　問三　(例)名前のもとになった灯台が，地球のまん中にあると思ったから。　問四　ア　　問五　イ　　問六　(例)出口のないトンネルにはいっていこうとしているみたいに感じていたが，島のひとたちが歓迎してくれている様子を見たから。

二　問一　(あ)　おお　(い)　宇宙　(う)　のうしゅく　(え)　働　　問二　アとエ

問三　(例)増える能力を持った物質が生命の元となっている点。　問四　ウ

問五　(例)個体ごとに少しずつ遺伝子が違い，少しだけ能力にも違いがあって，子孫を残しやすい性質が集団内で増えていく現象。　問六　イ・ウ

三　問一　(例)お客様によく質問されました　　問二　ア　　問三　(例)来られた[いらっしゃった]　　問四　[3]　　問五　(例)商品の種類が非常に多く，売り場面積もかなり広い

四　問一　かたわら　　問二　イとエ　　問三　(例)利休が気に入らない茶入れはつまらない。

問四　(例)(利休は)割れて継目が合わないから興味深く感じており，そのままにしておくのがよい。

五　(例)　私はBの季語を選ぶ。春は新しい環境に入ったり新しい友だちと出会う季節で，希望があふれるとともに，不安にも満ちている。その不透明な未来が花曇りの状態と重なると感じたからだ。先行き不透明ではあるが，何かがおこりそうな予感がして，わくわくした気持ちにもなる。そうした気持ちを，「比較的明るく曇っている空」が暗示してくれているのだ。

<国語解説>

一　(小説—情景・心情，内容吟味，文脈把握，脱文・脱語補充，漢字の読み書き，熟語)

問一　(あ)　「幅」の訓読みは「はば」，音読みは「フク」。　(い)　物事の事情や他人の心中を推察して思いを寄せること。

問二　「圧倒的」の「的」は，名詞に付いて，「それと似ている」「何かに関する」「～としての」，などの意を表す語である。だから,「圧倒＋的」という成り立ちだ。選択肢はそれぞれ，アは「新＋学期」，イ「不＋器用」，ウ「一貫＋性」，エ「天＋地＋人」という成り立ちになっている。

問三　「**灯子の名前のもとになった灯台が，地球のまん中にあると思う**のはわるくない気分だった」とある。これが，灯子が灯台に対して悪い気がしなかった理由だ。

問四　島影は灯子の「**冒険心**をくすぐった」から空欄には「わくわく」が入る。

問五　祖母の「日焼けしたあさ黒い顔をして，背筋をしゃんとのばし堂々と立っている」という描写と，父の「後方で」「ひとりでぽつんと立っていた」という描写をふまえて選択肢を選ぶ。

問六　**島のひとたちが「わたしを，歓迎してくれている」様子を見たことが理由**で胸がいっぱいになっている。さらに，島に近づくときの気持ちは「近づいていくにつれて，**出口のないトンネルにはいっていこうとしているみたい**で，胸がおしつぶされそう」と比喩を用いて描かれた部分を用いてまとめるとよいだろう。

二　(随筆一大意・要旨，文脈把握，内容吟味，接続語の問題，漢字の読み書き，品詞・用法)

問一　㋐「覆」の訓読みは「おお・う」，訓読みは「フク」。「覆面(フクメン)」。　㋑「宙」は，うかんむり＋「由」。「田」ではない。　㋒「濃」は，さんずいを忘れない。　㋓ にんべん。

問二　ア「おそらく」は副詞，イ「なる」は動詞，ウ「しかし」は接続詞，エ「いまだに」は副詞。**副詞は主に連用修飾語**になっている。

問三　「いずれにせよ」で始まる段落に，「生命の誕生の元は，自らを増やす能力を獲得した何かだった」と結論を述べているので，ここを用いてまとめよう。

問四　□の前の「『進化』は生物学的な進化を指します」を，その後で「ダーウィンが述べた『多様性を持つ集団が自然選択を受けることによって起こる現象』のことです」というように**わかりやすく言い換え**ている。空欄には「すなわち」が補えよう。

問五　「自然選択」とは，**「子孫を残しやすい性質が集団内で増えていく現象」**だとあるのでここを用いる。さらに，**「能力の多様性」が「生物は同じ種であっても個体ごとに少しずつ遺伝子が違っていて，その能力にも少しだけ違いがあること」**だという説明を含めなくてはならない。多様性と称される**「違い」が「子孫を残しやすい性質」であること**とむすびつけてまとめるとよいだろう。

問六　アは「地球の大陸では」という点が不一致。大陸はなかった。エは「単細胞生物の中には進化をしないものもいる」という記述がないので不一致。

三　(会話・議論・発表一文脈把握，内容把握，脱文・脱語補充，敬語・その他)

問一　受身では「誰にされたか」を明らかにし，「れる・られる」の助動詞を用いる。

問二　放送委員は森さんの発言の要点をまとめて，わかりやすく言い換えている。

問三　「来る」の尊敬語は「いらっしゃる」。もしくは尊敬の助動詞「れる・られる」を用いる。

問四　補う一文の冒頭の「この店員」は②から③の間に説明されている人物を指すので，③の前に補う。

問五　働く際に大変な要素としては，「商品の種類は非常に多い」ことと「かなりの広さ」であろう。このことを含めて指定字数でまとめよう。

四　(古文一大意・要旨，文脈把握，古文の口語訳，仮名遣い)

【現代語訳】　雲山という茶入れを堺の人が持っていて，利休などを招いて，初めて茶の湯に出したところ，利休はまったく気に入らない様子であった。茶会の亭主は，客人が帰った後、今の世の中で，利休が気に入らない茶入れを持っていてもつまらないといって，五徳に投げつけて割ったのを，そばにいた知り合いの人が，もらって帰り、自分でつなぎ合わせて，茶会を開催して，再度利休に見せたところ，これは茶入れが見事だといって，とりたてて褒めたたえた。だからこのことをもとの持ち主の方に伝え，茶入れは大切にしまっておきなさい，と返した。

その後、前述の肩衝を丹後の太守が大金でお買い求めになりまして，昔の継ぎ目がところどころあわなかったので，つなぎ合わせ直しましょうか，と小堀遠州に相談しましたところ，小堀遠州は，この肩衝は割れまして，継目も合わないからこそ，利休も興味深く感じており，評判高く世間に知られています。このようなものは，そのままにしておくのがいいですよ，と申し上げなさった。

問一　**語中・語尾の「は・ひ・ふ・へ・ほ」は，現代仮名遣いで「ワ・イ・ウ・エ・オ」**と書く。

問二　主語はアが「堺の人」，イが「知音の人」，ウが「利休」，エが「知音の人」である。

問三　直前に「当世，休が気に入らぬ茶入れおもしろからずとて」とあるので，亭主が**利休に気に入ってもらえない茶入れなどはつまらないと思った**ことがわかる。

問四　小堀遠州の考えは最後の部分にある。「この肩衝破れ候ひて……そのままにておくがよく候ふ」とある部分の現代語訳を参照しよう。利休は，割れて継ぎ目が合わないから興味深く感じたのであり，割れ目をそのままにしておくのがよいと遠州は考えている。

五 （作文）

A・Bの季語が持つ**イメージの違い**をおさえよう。Aは明るいイメージで，Bはくすんだイメージがある。**自分が四月に思い描く春のイメージと一致する方を選ぶ**とよい。前途洋々とした希望溢れる春をイメージするならAを，期待とともに不安を感じる春だと感じるならBを選べる。どちらを選んだからといって差が付くわけではない。**あなたが「春」をどう捉えているかについて，読み手がわかるような作文**を書くようにしよう。

静岡県公立高等学校

2023年度

★★★★★★★★★★★★★★★★★★★★★★★★

入　試　問　題

2023年度

●くわしい解説……35ページ

<数学>

時間　50分　　満点　50点

1　次の(1)～(3)の問いに答えなさい。(12点)

(1)　次の計算をしなさい。

ア　$-8+27\div(-9)$　　　　イ　$(-6a)^2\times 9b\div 12ab$

ウ　$\dfrac{2x+y}{3}-\dfrac{x+5y}{7}$　　　　エ　$\sqrt{45}+\dfrac{10}{\sqrt{5}}$

(2)　$a=41$，$b=8$のとき，a^2-25b^2の式の値を求めなさい。

(3)　次の2次方程式を解きなさい。

$x^2+7x=2x+24$

2　次の(1)～(3)の問いに答えなさい。(6点)

(1)　**図1**において，点Aは辺OX上の点である。点Aから辺OYに引いた垂線上にあり，2辺OX，OYから等しい距離にある点Pを作図しなさい。ただし，作図には定規とコンパスを使用し，作図に用いた線は残しておくこと。

図1

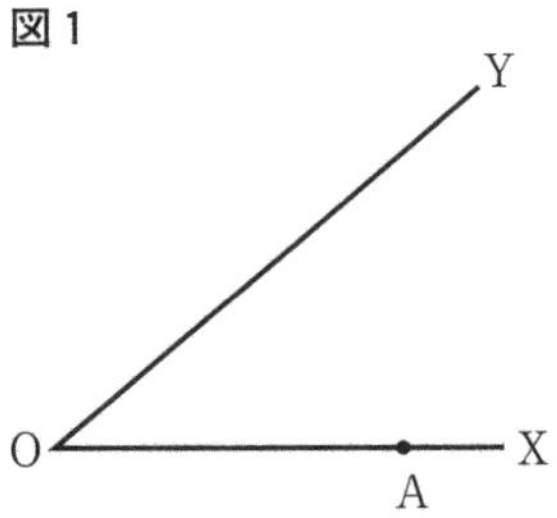

(2)　次の □ の中に示したことがらの逆を書きなさい。

| aもbも正の数ならば，$a+b$は正の数である。 |

また，□ の中のことがらは正しいが，逆は正しくない。□ の中のことがらの逆が正しくないことを示すための反例を，1つ書きなさい。

(3)　2つの袋Ⅰ，Ⅱがあり，袋Ⅰには2，3，4，5の数字を1つずつ書いた4枚のカードが，袋Ⅱには6，7，8，9，10の数字を1つずつ書いた5枚のカードが入っている。**図2**は，袋Ⅰと袋Ⅱに入っているカードを示したものである。

2つの袋Ⅰ，Ⅱから，それぞれ1枚のカードを取り出すとき，袋Ⅱから取り出したカードに書いてある数が，袋Ⅰから取り出したカードに書いてある数の倍数である確率を求めなさい。ただし，袋Ⅰからカードを取り出すとき，どのカードが取り出されることも同様に確からしいものとする。また，袋Ⅱについても同じように考えるものとする。

図2

袋Ⅰに入っているカード

[2] [3] [4] [5]

袋Ⅱに入っているカード

[6] [7] [8] [9] [10]

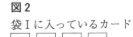

3　あるクラスの10人の生徒A～Jが，ハンドボール投げを行った。**表1**は，その記録を表したものである。**図3**は，**表1**の記録を箱ひげ図に表したものである。

このとき，次の(1)，(2)の問いに答えなさい。（4点）

表1

生　徒	A	B	C	D	E	F	G	H	I	J
距離(m)	16	23	7	29	34	12	25	10	26	32

図3

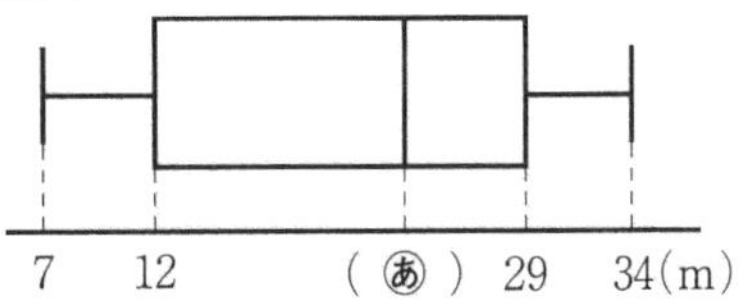

(1)　**図3**の（㋐）に適切な値を補いなさい。また，10人の生徒A～Jの記録の四分位範囲を求めなさい。

(2)　後日，生徒Kもハンドボール投げを行ったところ，Kの記録はa mだった。**図4**は，11人の生徒A～Kの記録を箱ひげ図に表したものである。

このとき，aがとりうる値をすべて求めなさい。ただし，aは整数とする。

図4

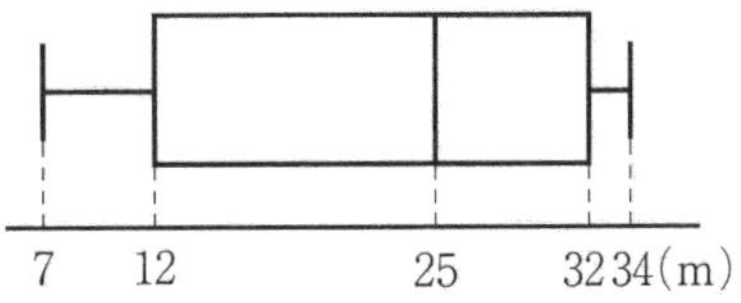

4　ある中学校の生徒会が，ボランティア活動で，鉛筆とボールペンを集め，2つの団体S，Tへ送ることにした。団体Sは鉛筆のみを，団体Tは鉛筆とボールペンの両方を受け付けていた。

この活動で，鉛筆はボールペンの2倍の本数を集めることができた。鉛筆については，集めた本数の80%を団体Sへ，残りを団体Tへ送った。また，ボールペンについては，集めた本数の4%はインクが出なかったため，それらを除いた残りを団体Tへ送った。団体Tへ送った，鉛筆とボールペンの本数の合計は，団体Sへ送った鉛筆の本数よりも18本少なかった。

このとき，集めた鉛筆の本数とボールペンの本数は，それぞれ何本であったか。方程式をつくり，計算の過程を書き，答えを求めなさい。（5点）

5　**図5**の立体は，円Oを底面とする円すいである。この円すいにおいて，底面の半径は3cm，母線ABの長さは6cmである。また，線分OAと底面は垂直である。

このとき，あとの(1)～(3)の問いに答えなさい。（6点）

図5

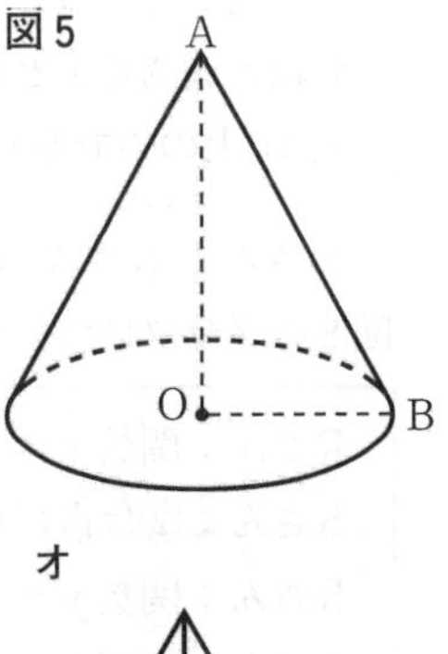

(1)　次の**ア**～**オ**の5つの投影図のうち，1つは円すいの投影図である。円すいの投影図を，**ア**～**オ**の中から1つ選び，記号で答えなさい。

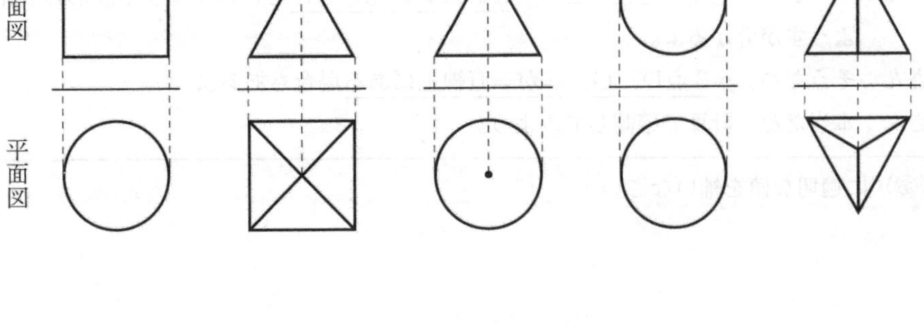

(2) この円すいにおいて，図6のように，円Oの円周上に∠BOC＝110°となる点Cをとる。小さい方の$\overset{\frown}{BC}$の長さを求めなさい。ただし，円周率はπとする。

図6

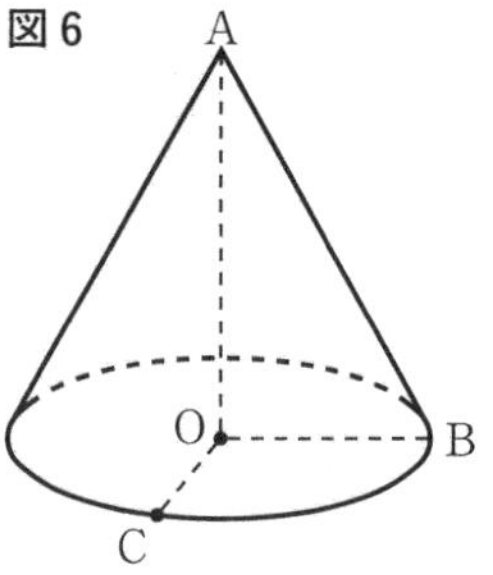

(3) この円すいにおいて，図7のように，ABの中点をDとし，点Dから底面に引いた垂線と底面との交点をEとする。また，円Oの円周上に∠OEF＝90°となる点Fをとる。△ODFの面積を求めなさい。

図7

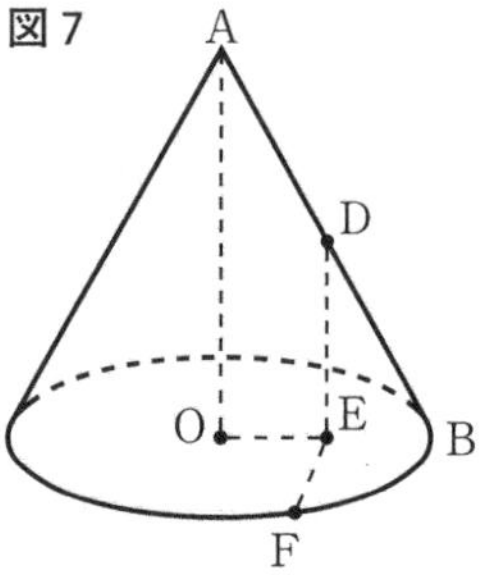

6 次の［　］の中の文は，授業でT先生が示した資料である。このとき，あとの(1)～(3)の問いに答えなさい。（8点）

図8において，①は関数$y=ax^2$（$a>0$）のグラフであり，②は関数$y=bx^2$（$b<0$）のグラフである。2点A，Bは，放物線①上の点であり，そのx座標は，それぞれ-3，2である。点Cは，放物線②上の点であり，その座標は（4，-4）である。点Cを通りx軸に平行な直線と放物線②との交点をDとし，直線CDとy軸との交点をEとする。点Cを通りy軸に平行な直線と放物線①との交点をFとする。また，点Gは直線AB上の点であり，そのx座標は1である。

図8

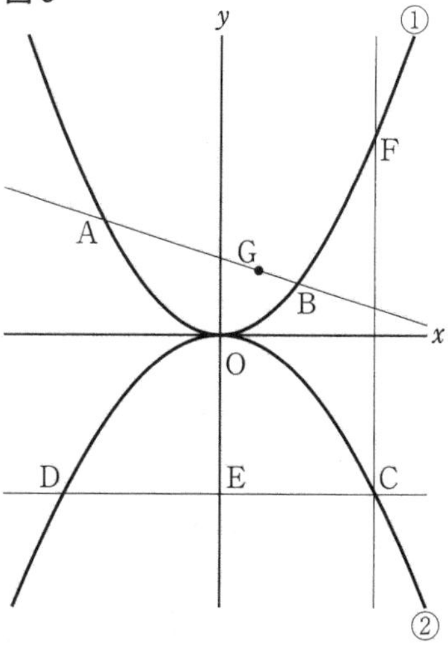

RさんとSさんは，タブレット型端末を使いながら，図8のグラフについて話している。

Rさん：関数$y=bx^2$の比例定数bの値は求められるね。
Sさん：②は点Cを通るからbの値は（　あ　）だよ。
Rさん：関数$y=ax^2$のaの値は決まらないね。
Sさん：タブレット型端末を使うと，㋐aの値を変化させたときのグラフや図形の変化するようすが分かるよ。
Rさん：そうだね。㋑3点D，G，Fが一直線上にある場合もあるよ。
Sさん：本当だね。計算で確認してみよう。

(1) （あ）に適切な値を補いなさい。

(2)　下線部㋐のときの，グラフや図形の変化するようすについて述べたものとして正しいものを，次の**ア**～**オ**の中からすべて選び，記号で答えなさい。

ア　a の値を大きくすると，①のグラフの開き方は小さくなる。

イ　a の値を小さくすると，点Aの y 座標から点Bの y 座標をひいた値は大きくなる。

ウ　a の値を大きくすると，△OBEの面積は大きくなる。

エ　a の値を小さくすると，直線OBの傾きは小さくなる。

オ　a の値を大きくすると，線分CFの長さは短くなる。

(3)　下線部㋑のときの，a の値を求めなさい。求める過程も書きなさい。

7　**図9**において，4点A，B，C，Dは円Oの円周上の点であり，△ABCはBA＝BCの二等辺三角形である。ACとBDとの交点をEとし，点Eを通りADに平行な直線とCDとの交点をFとする。また，BD上にGC＝GDとなる点Gをとる。

このとき，次の(1)，(2)の問いに答えなさい。(9点)

(1)　△BCG∽△ECFであることを証明しなさい。

図9

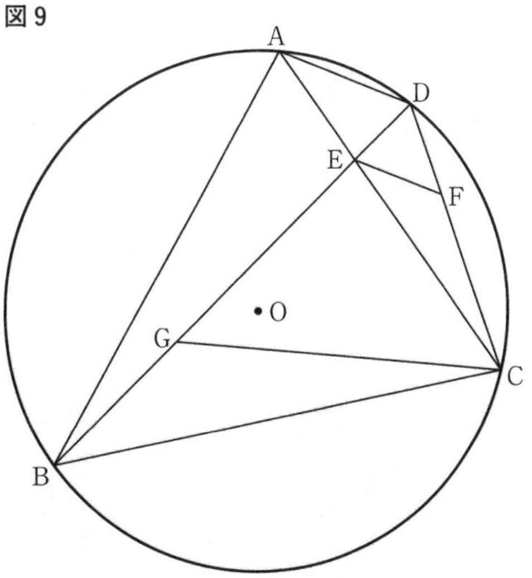

(2)　GC＝4㎝，BD＝6㎝，CF＝2㎝のとき，GEの長さを求めなさい。

＜英語＞

時間 50分 満点 50点

1 放送による問題（14点）

⑴ 健（Ken）とリサ（Lisa）の会話を聞いて，質問の答えとして最も適切なものを選びなさい。

A

ア

イ

ウ

エ

B

ア

イ

ウ

エ

C

ア

イ

ウ

エ

D

ア
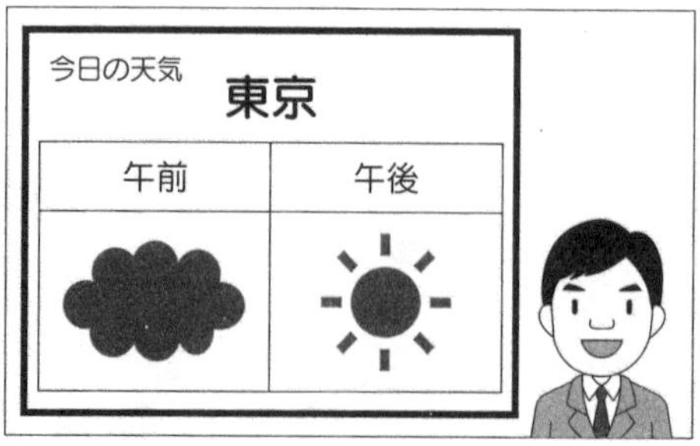

イ

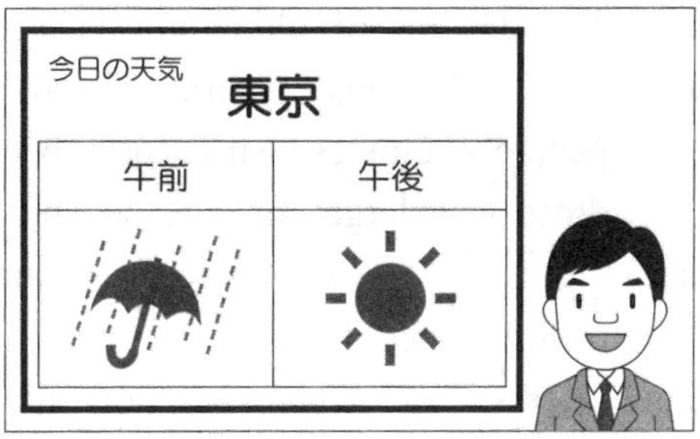

(2) 健の話を聞いて，質問に対する答えとなるように（　）の中に適切な語や語句を記入しなさい。

質問 1　Who walks with Ken every morning?

His (　　　　　　) does.

質問 2　What does Ken enjoy watching in the morning?

He enjoys watching some white (ⓐ) and colorful (ⓑ).

質問 3　What does Ken do after walking?

(________________________________) after walking.

2　次の英文は，静岡県でホームステイをしているケイト（Kate）と，ホームステイ先の奈々（Nana）との会話である。この英文を読んで，(1)～(6)の問いに答えなさい。(16点)

(*Nana is showing Kate a photo at home.*)

Kate: You are wearing a red *kimono* in this photo. [A]

Nana: Thank you. My mother took it at my uncle's wedding.

Kate: The flower pattern on your *kimono* is amazing.

Nana: That's true. It's my family's precious *kimono*.

Kate: Why is the *kimono* precious?

Nana: Actually, [ア is　イ bought　ウ my grandmother　エ this　オ the *kimono*] for my mother thirty years ago.

Kate: Oh, you used your mother's *kimono*.

Nana: Yes, but she gave it to me last year. So the *kimono* is (ⓐ).

Kate: Why did your mother give it to you?

Nana: This red *kimono* has long sleeves. She thinks this kind of *kimono* is for young people, so she doesn't wear it now.

Kate: I have a (ⓑ) experience. My mother has a nice dress in her closet, but she doesn't wear it. I always wear it when I go to birthday parties.

Nana: I'm sure your friends like the dress.

Kate: Thanks. When I wear it, [　　　　　　　　]

Nana:　The designs of old clothes are different from the new ones, right?

Kate:　Yes!　I think wearing used clothes is fun.　(ⓒ), wearing other people's clothes isn't easy because of the size.　Actually, my mother's dress was large for me, so she adjusted it.　Who adjusted your *kimono*?

Nana:　[B]　*Kimono* has a simple shape, so it can be used easily by different people.

Kate:　Interesting.　*Kimono* is not only beautiful but also functional.

Nana:　Right, so I love *kimono*.　I'm glad to give my red *kimono* a new life.

Kate:　[C]

Nana:　If I wear my red *kimono*, it will have more chances to get out of the closet like your mother's dress.

Kate:　That's a good idea to use the *kimono* again.

Nana:　I'll wear it on special days!

（注）wedding：結婚式　pattern：柄　precious：大切な　sleeve：そで　closet：クローゼット　adjust：（丈など）を直す　simple：単純な　functional：機能的な　chance：機会　get out of：～から出る

(1)　会話の流れが自然になるように，本文中の [A] ～ [C] の中に補う英語として，それぞれア～ウの中から最も適切なものを１つ選び，記号で答えなさい。

[A]　ア　Excuse me.　イ　How beautiful!　ウ　I didn't know that.

[B]　ア　You helped me a lot.　イ　Please let me know.　ウ　No one did it.

[C]　ア　What do you mean?　イ　What are you doing?　ウ　What's wrong?

(2)　本文中の［　］の中の**ア**～**オ**を，意味が通るように並べかえ，記号で答えなさい。

(3)　本文中の（ⓐ）～（ⓒ）の中に補う英語として，それぞれ**ア**～**エ**の中から最も適切なものを１つ選び，記号で答えなさい。

（ⓐ）　ア　mine　イ　yours　ウ　his　エ　hers

（ⓑ）　ア　difficult　イ　free　ウ　sad　エ　similar

（ⓒ）　ア　Especially　イ　However　ウ　Suddenly　エ　As a result

(4)　本文中の [　　] で，ケイトは，みんなが私にどこでそれを見つけたのかときく，という内容を伝えている。その内容となるように，[　　] の中に，適切な英語を補いなさい。

(5)　次の英文は，ケイトがこの日に書いた日記の一部である。本文の内容と合うように，次の [　　] の中に補うものとして，本文中から最も適切な部分を３語で抜き出しなさい。

Nana showed me a photo today.　She was wearing a red *kimono* in the photo.　The red *kimono* is a precious thing for Nana's family, but her mother doesn't wear it now.　Nana will wear it on special days, so the *kimono* [　　] again by Nana.　I think that's a good idea.

(6)　次のページの英文は，翌日のケイトと奈々との会話である。あなたが奈々なら，ケイトの質問に対してどのように答えるか。会話の流れが自然になるように，次の [D]，[E] の中に，英語を補いなさい。ただし，[E] は，7語以上の英語を書くこと。

Kate: I want to know more about *kimono*. What should I do?
Nana: [　　　　D　　　　]
Kate: I see. What is the good point of it?
Nana: [　　　　E　　　　]
Kate: Thank you for your help.

3　陸（Riku）は，英語の授業で，友人のアレックス（Alex）のスピーチを聞き，コメントを書いて渡すことになった。伝えたいことは，アレックスの国の祭りについて学べたので，アレックスのスピーチはとても良かったということと，私たちは地域の文化を尊重しなければならないということである。あなたが陸なら，これらのことを伝えるために，どのようなコメントを書くか。次の [　　] の中に英語を補い，コメントを完成させなさい。（4点）

〈To Alex〉

[　　　　　　　　　　]

〈From Riku〉

4　次の英文は，中学生の正太（Shota）が，同級生の亜希（Aki）と良（Ryo）のできごとを振り返って書いたものである。この英文を読んで，(1)～(7)の問いに答えなさい。（16点）

Every year in May, we have the sports day in our school. Each class shows a dance performance on that day. When I became one of the dance leaders in my class, I ⓐ(feel) excited. Aki and Ryo became leaders, too.

One day in April, Aki, Ryo, and I had the first meeting in the classroom. We wanted to decide what kind of music to use for our dance. First, Aki said to us, "We should choose a famous Japanese song. By using a song that [　A　], our classmates can dance easily. Also, the audience will have more fun if they hear famous melody." I didn't agree with her. I said to Aki, "If we use a popular Japanese song, our dance may be the same as dances of other classes. I want to use old American rock music to [　B　]. I think the audience will be interested in it." Aki said, "You mean we use a song ⓑ(write) in English? We shouldn't do that. I like old American rock music, but no class used it for the performance last year."

During the meeting, Aki never changed her opinion, and I didn't change my opinion, either. Ryo was just listening to us. Finally, Aki and I stopped talking, and the classroom became quiet.

After a few minutes, Ryo started talking. "Well, the music you want to use is different, but Aki and Shota want to do the same thing." I was surprised and said, “The same thing?” Ryo answered, “Yes. Both of you want [ ], and I agree. Your opinions are great, so let’s put them together. How about using two songs?” Aki and I looked at each other.

Then, Aki said, “That’s a good idea! Let’s begin our dance with old American rock music. I’m sure the audience will be surprised.” I said, “Great! After they are surprised, let’s use a popular Japanese song. They can enjoy our dance together.” Ryo said, “OK. Now let’s talk about how to tell our plan to our classmates.”

After the meeting, I said, “Ryo, you made us a good team.” Ryo smiled and said, “No, you and Aki did it. Both of you had your own ideas and weren’t afraid to say them to improve our dance. That influenced me.”

On the next day, I told our plan to our classmates, but some students didn’t like the plan. They said, “Old American rock music isn’t cool.” So Aki showed a CD of old American rock music to our classmates. We listened to it together, and Ryo danced. Thanks to their support, all of the classmates agreed with us, and we chose an old American rock song and a popular Japanese song. I said to Aki and Ryo, “I realized that things which I can do without your help are limited. Let’s create a wonderful dance performance together.”

（注） sports day：運動会　leader：リーダー　meeting：会議　melody：メロディー
rock music：ロック音楽　put ～ together：～をまとめる　influence：～に影響を与える
thanks to ～：～のおかげで

(1) 本文中のⓐ，ⓑの（ ）の中の語を，それぞれ適切な形に直しなさい。

(2) 次の質問に対して，英語で答えなさい。

① What did the dance leaders want to decide at the first meeting?

② What was Ryo doing before Shota and Aki stopped talking?

③ 本文中の [A]，[B] の中に補う英語の組み合わせとして，次のア～エの中から最も適切なものを1つ選び，記号で答えなさい。

ア A：many students already know　B：follow the other classes
イ A：many students already know　B：make our dance unique
ウ A：only a few students know　B：follow the other classes
エ A：only a few students know　B：make our dance unique

(4) 本文中の [ ] の中に補う英語として，次のア～エの中から最も適切なものを1つ選び，記号で答えなさい。

ア to use a famous English song for our dance
イ to show other students that you’re good at dancing
ウ our classmates to dance quickly
エ people watching our dance to enjoy it

(5) 良は，正太と亜希のどのようなようすが自分に影響を与えたと述べているか，日本語で書きなさい。

(6) 正太がクラスメートに計画を話した日，正太はどのようなことに気付いたと亜希と良に伝えているか。亜希と良に伝えている，正太が気付いたことを，日本語で書きなさい。

(7) 次のア～エの中から，本文の内容と合うものを１つ選び，記号で答えなさい。

ア Aki, Ryo, and Shota had the first meeting, and they told all of the classmates to join it.

イ Ryo told Shota that popular Japanese songs were always used at the dance performance.

ウ Aki and Shota had different opinions at first, but Ryo helped them have a better idea.

エ Shota’s class chose two Japanese songs because some students didn’t like English songs.

＜理科＞　時間　50分　　満点　50点

1　次の(1)～(4)の問いに答えなさい。(6点)

(1)　月のように惑星のまわりを公転する天体は何とよばれるか。その名称を書きなさい。

(2)　**図1**のように，同じ材質のプラスチックでできているストロー**A**とストロー**B**を一緒にティッシュペーパーでこすった。その後，**図2**のようにストロー**A**を洗たくばさみでつるした。

図2のストロー**A**に，ストロー**B**と，こすったティッシュペーパーをそれぞれ近づけると，電気の力がはたらいて，ストロー**A**が動いた。**図2**のストロー**A**が動いたときの，ストロー**A**に近づけたものとストロー**A**との間にはたらいた力の組み合わせとして最も適切なものを，右の**ア**～**エ**の中から1つ選び，記号で答えなさい。

図1

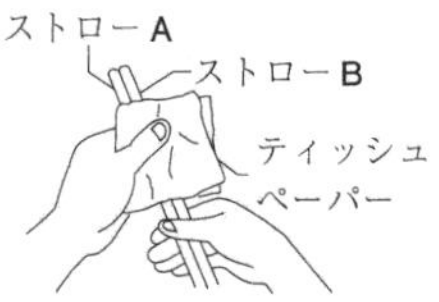

図2

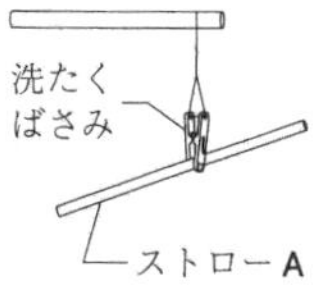

	ストロー**A**に近づけたもの	
	ストロー**B**	ティッシュペーパー
ア	退け合う力	引き合う力
イ	退け合う力	退け合う力
ウ	引き合う力	引き合う力
エ	引き合う力	退け合う力

(3)　有性生殖において，子の形質が親の形質と異なることがある理由を，**受精**，**染色体**という2つの言葉を用いて，簡単に書きなさい。

(4)　**表1**は，硝酸《しょうさん》カリウムの，水100gに溶ける最大の質量と温度の関係を表したものである。30℃の水が入っているビーカーに，硝酸カリウムを加え，質量パーセント濃度が20%の硝酸カリウム水溶液250gをつくる。この水溶液250gの温度を30℃から10℃まで下げると，硝酸カリウムが結晶となって出てきた。結晶となって出てきた硝酸カリウムは何gか。**表1**をもとに計算して答えなさい。

表1

温度(℃)	硝酸カリウム(g)
10	22
30	46

2　いろいろな生物とその共通点及び生物の体のつくりとはたらきに関する(1)，(2)の問いに答えなさい。(11点)

(1)　ある湖とその周辺の植物を調査したところ，オオカナダモ，ツバキ，アサガオが見られた。

①　オオカナダモの葉を1枚とって，プレパラートをつくり，**図3**のように顕微鏡を用いて観察した。

図3

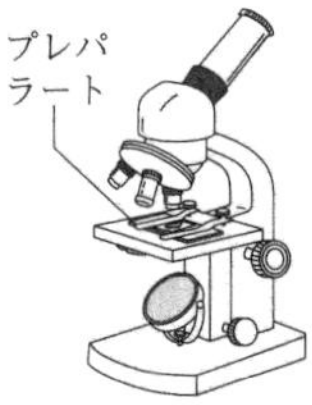

a　次の［　］の中の文が，低倍率で観察してから，高倍率に変えて観察するときの，**図3**の顕微鏡の操作について適切に述べたものとなるように，文中の(あ)，(い)のそれぞれに補う言葉の組み合わせとして，下の**ア**～**エ**の中から正しいものを1つ選び，記号で答えなさい。

> 倍率を高くするときは，レボルバーを回し，高倍率の（　あ　）にする。倍率を高くすると，視野全体が（　い　）なるので，しぼりを調節してから観察する。

ア　あ　対物レンズ　　い　明るく　　　**イ**　あ　接眼レンズ　　い　明るく
ウ　あ　対物レンズ　　い　暗く　　　　**エ**　あ　接眼レンズ　　い　暗く

b　オオカナダモの葉の細胞の中に，緑色の粒が見られた。この緑色の粒では光合成が行われている。細胞の中にある，光合成が行われる緑色の粒は何とよばれるか。その名称を書きなさい。

②　ツバキとアサガオは，双子葉類に分類される。次の**ア**～**エ**の中から，双子葉類に共通して見られる特徴を２つ選び，記号で答えなさい。

ア　胚珠《はいしゅ》が子房の中にある。　**イ**　根はひげ根からなる。

ウ　胚珠がむき出しになっている。　**エ**　根は主根と側根からなる。

③　**図４**のように，葉の枚数や大きさ，枝の長さや太さがほぼ同じツバキを３本用意し，装置**Ａ**～**Ｃ**をつくり，蒸散について調べた。装置**Ａ**～**Ｃ**を，室内の明るくて風通しのよい場所に３時間置き，それぞれの三角フラスコ内の，水の質量の減少量を測定した。その後，アサガオを用いて，同様の実験を行った。**表２**は，その結果をまとめたものである。**表２**をもとにして，**a**，**b**の問いに答えなさい。ただし，三角フラスコ内には油が少量加えられており，三角フラスコ内の水面からの水の蒸発はないものとする。

図４

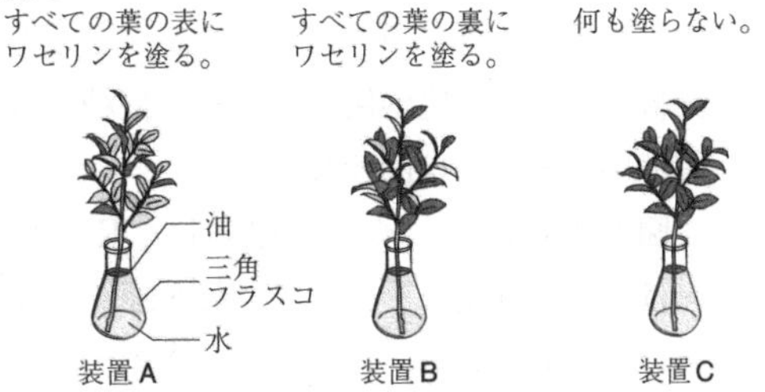

(注)　ワセリンは，白色のクリーム状の物質で，水を通さない性質をもつ。

表２

	水の質量の減少量（g）	
	ツバキ	アサガオ
すべての葉の表にワセリンを塗る	6.0	2.8
すべての葉の裏にワセリンを塗る	1.3	1.7
何も塗らない	6.8	4.2

a　**表２**から，ツバキとアサガオは，葉以外からも蒸散していることが分かる。この実験において，１本のツバキが葉以外から蒸散した量は何**g**であると考えられるか。計算して答えなさい。

b　ツバキとアサガオを比べた場合，１枚の葉における，葉の全体にある気孔の数に対する葉の表側にある気孔の数の割合は，どのようであると考えられるか。次の**ア**～**ウ**の中から１つ選び，記号で答えなさい。ただし，気孔１つ当たりからの蒸散量は，気孔が葉の表と裏のどちらにあっても同じであるものとする。

ア　ツバキの方が大きい。　**イ**　どちらも同じである。　**ウ**　アサガオの方が大きい。

(2)　海の中には，多くの植物プランクトンが存在している。次の［　］の中の文は，植物プランクトンの大量発生により引き起こされる現象についてまとめた資料の一部である。

> 生活排水が大量に海に流れ込むと，これを栄養源として植物プランクトンが大量に発生することがある。大量に発生した植物プランクトンの多くは，水中を浮遊後，死んで海底へ沈む。死んだ大量の植物プランクトンを，微生物が海底で分解することで，海底に生息する生物が死ぬことがある。植物プランクトンを分解する微生物の中には，分解するときに硫化水素などの物質を発生させるものも存在し，海底に生息する生物が死ぬ原因の１つになっている。

①　植物プランクトンには，体が１つの細胞からできているものがいる。体が１つの細胞からできているものは，一般に何とよばれるか。その名称を書きなさい。

② 下線部のような現象が起こるのは，硫化水素などの物質の発生のほかにも理由がある。硫化水素などの物質の発生のほかに，微生物が大量の植物プランクトンを分解することによって，海底に生息する生物が死ぬことがある理由を，簡単に書きなさい。

3 化学変化とイオン及び化学変化と原子・分子に関する(1)～(3)の問いに答えなさい。(11点)

(1) **図5**のように，ビーカー内の硫酸亜鉛水溶液に，硫酸銅水溶液が入ったセロハンの袋を入れ，硫酸亜鉛水溶液の中に亜鉛板を，硫酸銅水溶液の中に銅板を入れて電池をつくる。この電池の，亜鉛板と銅板に光電池用モーターを接続すると，光電池用モーターは回転した。

図5の電池のしくみを理解したＲさんとＳさんは，光電池用モーターの回転を速くする方法について話している。このとき，次の①～③の問いに答えなさい。

図5

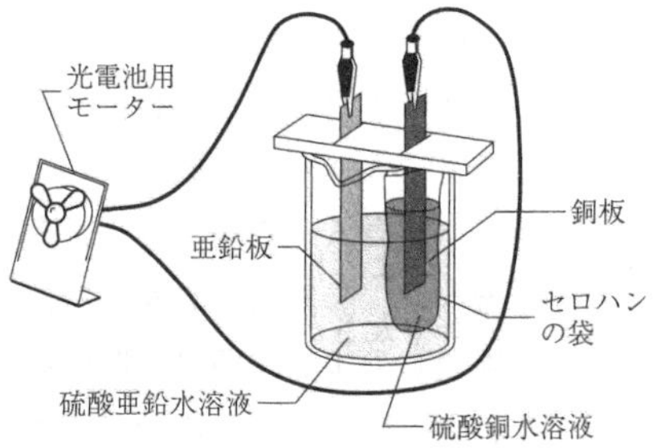

Ｒさん：ⓐ図5の電池は，金属のイオンへのなりやすさによって，銅板と亜鉛板で起こる反応が決まっていたよね。

Ｓさん：そうだね。光電池用モーターの回転の速さは，使用した金属のイオンへのなりやすさと関係していると思うよ。

Ｒさん：銅は変えずに，亜鉛を，亜鉛よりイオンになりやすいマグネシウムに変えて試してみよう。そうすれば，光電池用モーターの回転が速くなりそうだね。

Ｓさん：金属板の面積を大きくしても，電子を放出したり受け取ったりする場所が増えて，光電池用モーターの回転が速くなりそうだね。

Ｒさん：なるほど。ⓑ図5の，亜鉛板と硫酸亜鉛水溶液を，マグネシウム板と硫酸マグネシウム水溶液に変えて，銅板，マグネシウム板の面積を，図5の，銅板，亜鉛板の面積よりも大きくして，光電池用モーターの回転が速くなるかを調べてみよう。

① 硫酸銅や硫酸亜鉛は，電解質であり，水に溶けると陽イオンと陰イオンに分かれる。電解質が水に溶けて陽イオンと陰イオンに分かれることは何とよばれるか。その名称を書きなさい。

② 下線部ⓐの銅板で起こる化学変化を，電子１個を e^- として，化学反応式で表すと，

Cu^{2+} ＋ $2e^-$ → Cu となる。

a 下線部ⓐの銅板で起こる化学変化を表した化学反応式を参考にして，下線部ⓐの亜鉛板で起こる化学変化を，化学反応式で表しなさい。

b 次の**ア**～**エ**の中から，**図5**の電池における，電極と，電子の移動について，適切に述べたものを１つ選び，記号で答えなさい。

ア 銅板は＋極であり，電子は銅板から導線を通って亜鉛板へ移動する。

イ 銅板は＋極であり，電子は亜鉛板から導線を通って銅板へ移動する。

ウ 亜鉛板は＋極であり，電子は銅板から導線を通って亜鉛板へ移動する。

エ 亜鉛板は＋極であり，電子は亜鉛板から導線を通って鋼板へ移動する。

③　下線部ⓑの方法で実験を行うと，光電池用モーターの回転が速くなった。しかし，この実験の結果だけでは，光電池用モーターの回転の速さは使用した金属のイオンへのなりやすさと関係していることが確認できたとはいえない。その理由を，簡単に書きなさい。ただし，硫酸銅水溶液，硫酸亜鉛水溶液，硫酸マグネシウム水溶液の濃度と体積は，光電池用モーターの回転が速くなったことには影響していないものとする。

(2)　Sさんは，水素と酸素が反応することで電気が発生する燃料電池に興味をもち，燃料電池について調べた。**資料1**は，燃料電池で反応する水素と酸素の体積比を調べるために，Sさんが行った実験の結果をまとめたレポートの一部を示したものである。

＜資料1＞

準備　燃料電池，タンク**P**，タンク**Q**，光電池用モーター

実験　**図6**のように，タンク**P**に気体の水素8 cm^3を，タンク**Q**に気体の酸素2 cm^3を入れ，水素と酸素を反応させる。燃料電池に接続した光電池用モーターの回転が終わってから，タンク**P**，**Q**に残った気体の体積を，それぞれ測定する。その後，タンク**Q**に入れる気体の酸素の体積を4 cm^3，6 cm^3，8 cm^3に変えて，同様の実験を行う。

図6

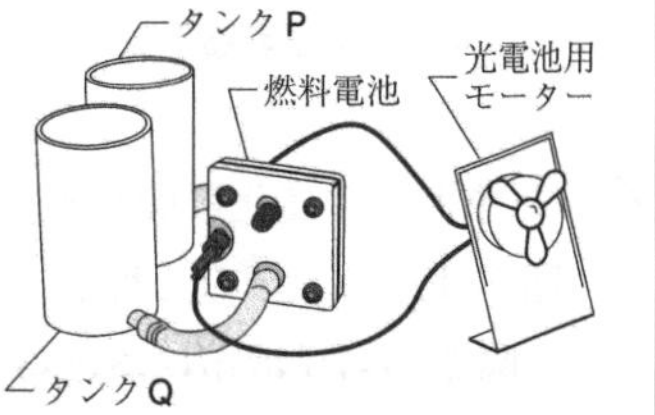

表3

入れた水素の体積(cm^3)	8	8	8	8
入れた酸素の体積(cm^3)	2	4	6	8
残った水素の体積(cm^3)	4	0	0	0
残った酸素の体積(cm^3)	0	0	2	4

結果　**表3**のようになった。

考察　**表3**から，反応する水素と酸素の体積比は2：1である。

①　この実験で用いた水素は，水を電気分解して発生させたが，ほかの方法でも水素を発生させることができる。次の**ア**～**エ**の中から，水素が発生する反応として適切なものを1つ選び，記号で答えなさい。

ア　酸化銀を試験管に入れて加熱する。

イ　酸化銅と炭素を試験管に入れて加熱する。

ウ　硫酸と水酸化バリウム水溶液を混ぜる。

エ　塩酸にスチールウール（鉄）を入れる。

②　燃料電池に接続した光電池用モーターが回転しているとき，反応する水素と酸素の体積比は2：1であり，水素1 cm^3が減少するのにかかる時間は5分であった。**表3**をもとにして，タンク**P**に入れる水素の体積を8 cm^3にしたときの，タンク**Q**に入れる酸素の体積と光電池用モーターが回転する時間の関係を表すグラフを，**図7**にかきなさい。ただし，光電池用モーターが回転しているとき，水素は一定の割合で減少しているものとする。

図7

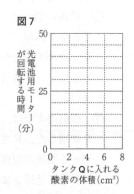

(3) **図8**のように，ポリエチレンの袋の中に，同じ体積の，水素と空気を入れて密閉し，点火装置で点火すると，水素と酸素が２：１の体積の割合で反応し，水が発生した。反応後，ポリエチレンの袋の中に残った気体の温度が点火前の気体の温度と等しくなるまでポリエチレンの袋を放置したところ，発生した水はすべて液体になり，ポリエチレンの袋の中に残った気体の体積は28cm³になった。ポリエチレンの袋の中の酸素はすべて反応したとすると，反応後にポリエチレンの袋の中に残っている水素の体積は何cm³であると考えられるか。計算して答えなさい。ただし，空気には窒素と酸素だけが含まれており，窒素と酸素は４：１の体積比で混ざっているものとする。また，水素と酸素の反応以外の反応は起こらないものとする。

図8

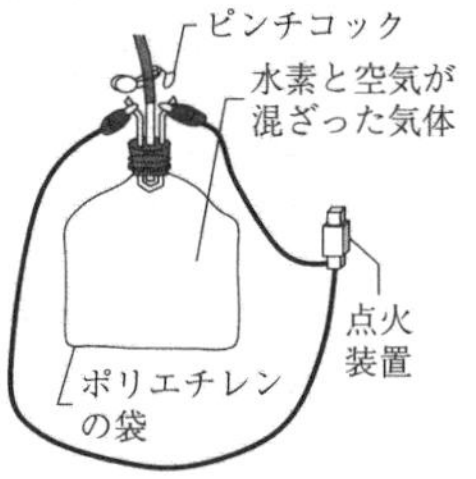

4　気象とその変化に関する(1)～(3)の問いに答えなさい。(６点)

図９は，ある年の４月７日９時における天気図である。

図９

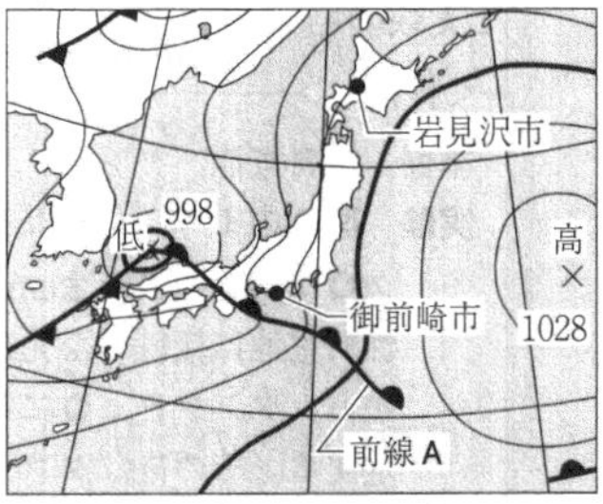

(1) **図９**の岩見沢市における４月７日９時の気象情報を調べたところ，天気はくもり，風向は南，風力は４であった。岩見沢市における４月７日９時の，天気，風向，風力を，天気図記号で，**図10**にかきなさい。

図10

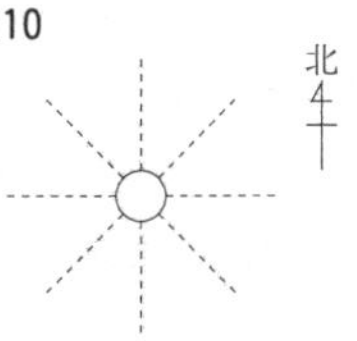

(2) **表４**は，**図９**の御《お》前崎《まえざき》市における４月７日の４時から20時までの，１時間ごとの気象情報の一部をまとめたものである。

表４

	時刻	気温	風向	風力
４月７日	4	14.7	北東	3
	5	15.0	北東	3
	6	14.8	北東	3
	7	14.3	北北東	3
	8	14.1	北東	3
	9	11.4	北北東	4
	10	11.3	北北東	4
	11	12.3	北東	4
	12	12.4	北北東	4
	13	12.7	北東	3
	14	13.2	北東	3
	15	18.6	南西	4
	16	18.7	南西	5
	17	18.9	南西	5
	18	18.9	南西	6
	19	19.1	南西	6
	20	19.2	南西	6

①　**表４**で示された期間中に，**図９**の**前線A**が御前崎市を通過した。**前線A**が御前崎市を通過したと考えられる時間帯として最も適切なものを，次の**ア**～**エ**の中から１つ選び，記号で答えなさい。

ア　４時～７時　　**イ**　８時～11時
ウ　13時～16時　　**エ**　17時～20時

②　前線に沿ったところや低気圧の中心付近では雲ができやすいが，高気圧の中心付近では，雲ができにくく，晴れることが多い。高気圧の中心付近では，雲ができにくく，晴れることが多い理由を，簡単に書きなさい。

③　御前崎市では，**前線A**が通過した数日後，温度が低下したので，Ｒさんは，部屋で加湿器を使用した。Ｒさんは，飽和水蒸気量を計算して求めるために，部屋の大きさ，加湿器を使用する前後の湿度，加湿器使用後の貯水タンクの水の減少量を調べた。次のページの**資料２**は，その結果をまとめたものである。加湿器使用後の部屋の気温が加湿器使用前と同じであるとすると，この気温に対する飽和水蒸気量は何ｇ/ｍ³か。**資料２**をもとに，計算して答え

なさい。ただし，加湿器の貯水タンクの減少した水はすべて部屋の中の空気中の水蒸気に含まれており，加湿器を使用している間の気圧の変化は無視できるものとする。また，部屋は密閉されているものとする。

＜資料２＞
部屋の大きさ　$50m^3$
加湿器使用前　湿度は35%
加湿器使用後　湿度は50%
　　　　　　　貯水タンクの水は120g減少。

5　大地の成り立ちと変化に関する(1)，(2)の問いに答えなさい。(５点)

(1)　静岡県内を流れる天竜川の河口付近の川原を調査したところ，堆積岩が多く見られた。堆積岩は，れき，砂，泥などの堆積物が固まってできた岩石である。

①　岩石は，長い間に気温の変化や水のはたらきによって，表面からぼろぼろになってくずれていく。長い間に気温の変化や水のはたらきによって，岩石が表面からぼろぼろになってくずれていく現象は何とよばれるか。その名称を書きなさい。

②　川の水のはたらきによって海まで運ばれた，れき，砂，泥は海底に堆積する。一般に，れき，砂，泥のうち河口から最も遠くまで運ばれるものはどれか。次の**ア**～**ウ**の中から１つ選び，記号で答えなさい。また，そのように判断した理由を，粒の大きさに着目して，簡単に書きなさい。

ア　れき　　**イ**　砂　　**ウ**　泥

(2)　天竜川の流域で採取した火成岩を，ルーペを使って観察した。**表５**は，観察した火成岩の特徴を示したものであり，**ア**～**エ**は，玄武岩，流紋岩，はんれい岩，花こう岩のいずれかを表している。また，**図11**は，火成岩の種類と，マグマのねばりけの関係を示したものである。**表５**の**ア**～**エ**の中から，花こう岩に当たるものを１つ選び，記号で答えなさい。

表５

	特徴
ア	つくりは等粒状組織からなる。 色は黒っぽい。
イ	つくりは等粒状組織からなる。 色は白っぽい。
ウ	つくりは斑状組織からなる。 色は黒っぽい。
エ	つくりは斑状組織からなる。 色は白っぽい。

図11

火山岩	玄武岩	安山岩	流紋岩
深成岩	はんれい岩	せん緑岩	花こう岩
マグマのねばりけ	弱い ←→ 強い		

6　身近な物理現象及び運動とエネルギーに関する(1)～(3)の問いに答えなさい。(11点)

(1)　**図12**のように，斜面上に質量120ｇの金属球を置き，金属球とばねばかりを糸で結び，糸が斜面と平行になるようにばねばかりを引いて金属球を静止させた。ただし，糸の質量は無視でき，空気の抵抗や摩擦はないものとする。

図12

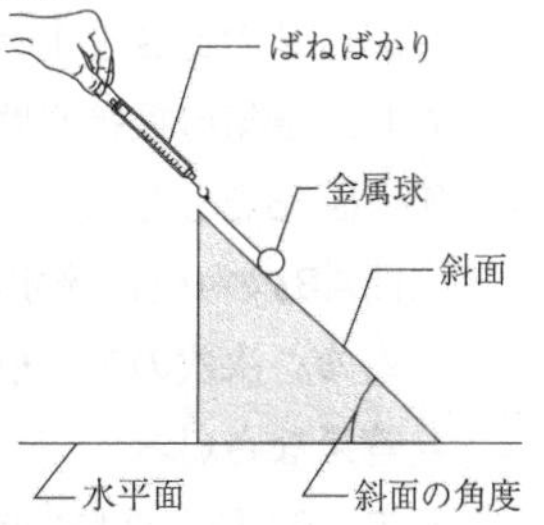

①　ばねばかりは，フックの法則を利用した装置である。次の［　　］の中の文が，フックの法則について適切に述べたものとなるように，［　　］に言葉を補いなさい。

ばねののびは，［　　　　］の大きさに比例する。

②　**図12**の斜面を，斜面の角度が異なるさまざまな斜面に変え，糸が斜面と平行になるように

ばねばかりを引いて質量120 g の金属球を静止させたときのばねばかりの値を読み取った。**図13**は，このときの，斜面の角度とばねばかりの値の関係を表したものである。

図13

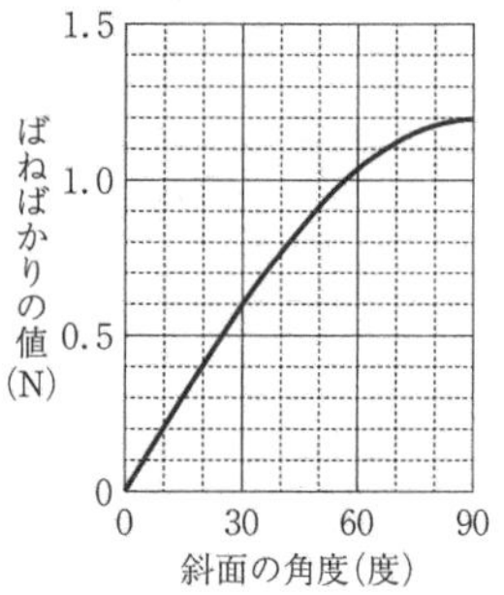

a　斜面の角度が大きくなると，ばねばかりの値が大きくなる。その理由を，**分力**という言葉を用いて，簡単に書きなさい。

b　**図12**の質量120 g の金属球を，質量60 g の金属球に変え，糸が斜面と平行になるようにばねばかりを引いて静止させた。このとき，ばねばかりの値は0.45Nであった。**図13**をもとにすると，このときの斜面の角度は何度であると考えられるか。次の**ア**～**カ**の中から，最も近いものを１つ選び，記号で答えなさい。

ア　10°　**イ**　20°　**ウ**　30°　**エ**　40°　**オ**　50°　**カ**　60°

(2)　**図14**のように　レールを用いて，区間**AB**が斜面，区間**BC**が水平面である装置をつくり，区間**BC**の間に木片を置く。ただし，区間**AB**と区間**BC**はなめらかにつながっているものとする。

図14

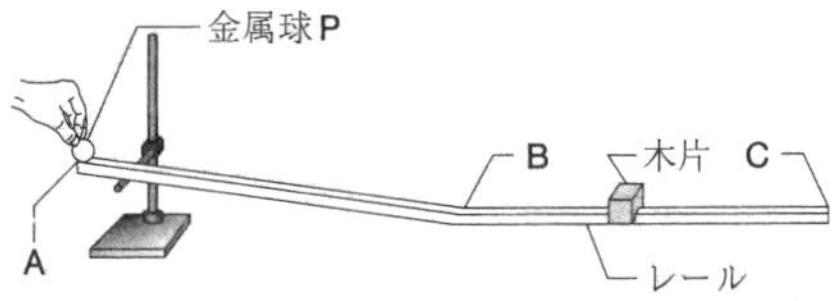

金属球**P**を**A**に置き，静かにはなして，木片に当てたところ，木片は金属球**P**とともに動いて，やがてレール上で静止した。次に，金属球**P**を，金属球**P**より質量が大きい金属球**Q**に変えて，同様の実験を行ったところ，木片は金属球**Q**とともに動いて，やがてレール上で静止した。ただし，空気の抵抗はないものとする。また，摩擦は，木片とレールの間にのみはたらくものとする。

①　位置エネルギーと運動エネルギーの和は何とよばれるか。その名称を書きなさい。

②　金属球**P**，**Q**が木片に当たる直前の速さは同じであった。このとき，金属球**P**を当てた場合と比べて，金属球**Q**を当てた場合の，木片の移動距離は，どのようになると考えられるか。運動エネルギーに関連付けて，簡単に書きなさい。

(3)　**図15**のように，**図14**の装置に置いた木片を取り除く。金属球**P**を**A**に置き，静かにはなしたところ，金属球**P**は斜面を下り，**C**に達した。**図16**は，金属球**P**が動き始めてから**C**に達するまでの，時間と金属球**P**の速さの関係を，**C**に達したときの金属球**P**の速さを１として表したものである。ただし，空気の抵抗や摩擦はないものとする。

図15

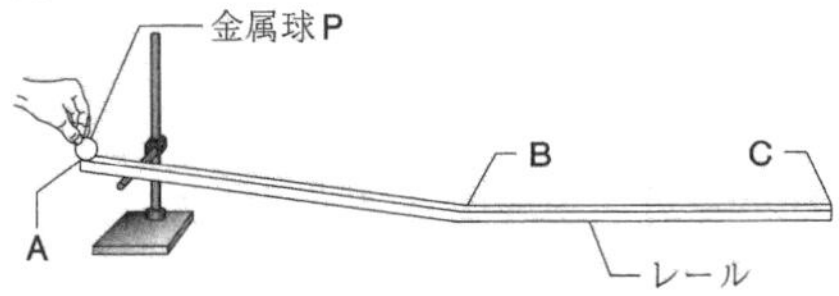

図16

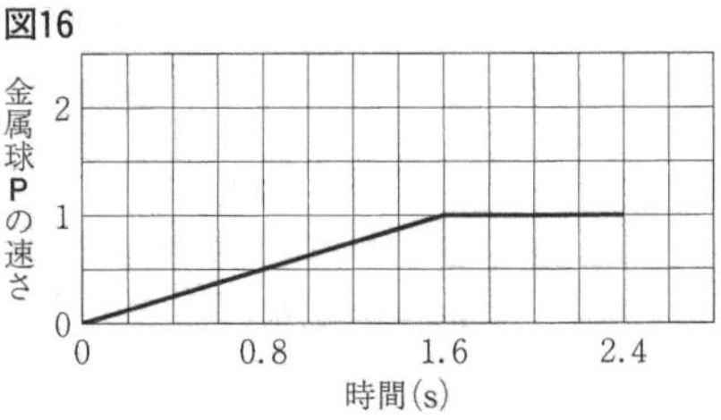

①　**図16**をもとに，金属球**P**が動き始めてから区間**AB**の中点に達するまでの時間として適切なものを，次の**ア**～**ウ**の中から１つ選び，記号で答えなさい。

ア　0.8秒より長い時間

イ　0.8秒

ウ　0.8秒より短い時間

② 図17のように，図15の装置の区間AB，BCの長さを変えずに水平面からのAの高さを高くする。金属球Pと，同じ材質でできた，質量が等しい金属球RをAに置き，静かにはなしたところ，金属球Rは斜面を下り，Cに達した。金属球Rが動き始めてからCに達するまでの時間は1.2秒であった。また，金属球RがCに達したときの速さは，金属球Pが図15の装置でCに達したときの速さの2倍であった。金属球Rの速さが，金属球Pが図15の装置でCに達したときの速さと同じになるのは，金属球Rが動き始めてから何秒後か。図16をもとにして，答えなさい。

図17

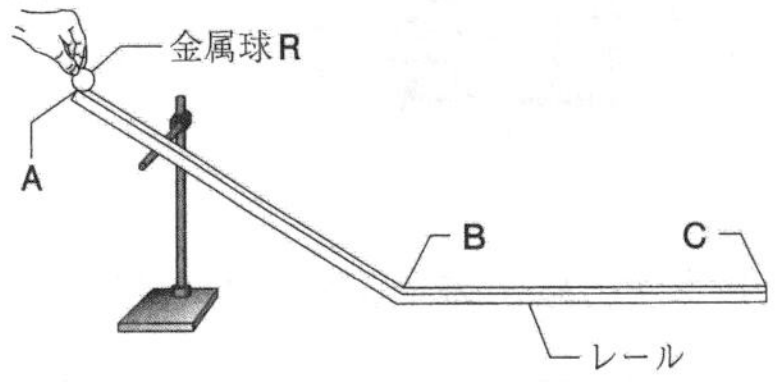

＜社会＞

時間　50分　　満点　50点

1　次の略年表を見て，(1)~(9)の問いに答えなさい。(18点)

時代	飛鳥《あすか》	奈良《なら》	平安	鎌倉	室町	安土《あづち》桃山	江戸	明治	大正	昭和	平成
日本のできごと	①小野妹子《おののいもこ》を中国に派遣する	②天平《てんぴょう》文化が栄える	③院政が始まる	鎌倉幕府が成立する	④勘合貿易が始まる ⑤応仁《おうにん》の乱がおこる	太閤《たいこう》検地が始まる	田沼意次《たぬまおきつぐ》が老中になる Ⓐ ペリーが浦賀に来る	⑥明治維新が始まる	大正デモクラシーが始まる	⑦太平洋戦争が始まる ⑧高度経済成長が終わる	京都議定書が採択される

(1)　傍線部①は，中国の進んだ制度や文化を取り入れるために派遣された。傍線部①が派遣された中国の王朝の名称を，次の**ア**～**エ**の中から１つ選び，記号で答えなさい。

ア　漢　　**イ**　隋《ずい》　　**ウ**　唐　　**エ**　宋《そう》

(2)　傍線部②が栄えたころにつくられた，地方の国ごとに，自然，産物，伝承などをまとめて記したものは何とよばれるか。その名称を書きなさい。

(3)　傍線部③が行われていた平安時代の末期には，武士が政治のうえで力をもつようになった。武士として初めて，政治の実権を握り，太政《だいじょう》大臣となった人物はだれか。その人物名を書きなさい。

(4)　傍線部④が行われていた15世紀には，琉球《りゅうきゅう》王国が中継貿易で栄えていた。このことに関する**a**，**b**の問いに答えなさい。

a　琉球王国の都を，次の**ア**～**エ**の中から１つ選び，記号で答えなさい。

ア　十三湊《とさみなと》　　**イ**　漢城　　**ウ**　首里　　**エ**　大都

b　**資料１**は，琉球王国が中継貿易で栄えたようすを表した文章が刻まれた鐘と，その文章の一部を要約したものである。**図１**は，東アジアの一部と東南アジアの一部を表した地図である。**資料１**から読み取れる，琉球王国が中継貿易で果たした役割を，**図１**から読み取れる，琉球王国の位置に関連付けて，簡単に書きなさい。

資料１

琉球王国は，…… 船で各国へ渡って万国のかけ橋となり，異国の産物は国中に満ちている。

(「万国津梁《しんりょう》の鐘」より，一部を要約)

図１

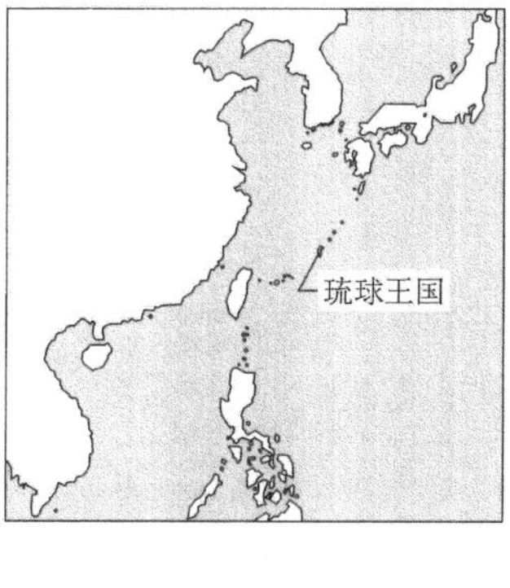

(5)　傍線部⑤の後に，戦乱が全国に広がり，戦国大名が各地に登場した。戦国大名が，領国を支配するためにつくった独自のきまりは何とよばれるか。その名称を書きなさい。

(6)　略年表中のⒶの期間に関する **a**，**b** の問いに答えなさい。

a　Ⓐの期間の半ばには，化政文化か栄えた。化政文化に最もかかわりの深いものを，次の**ア**～**エ**の中から１つ選び，記号で答えなさい。

ア　歌川《うたがわ》(安藤《あんどう》)広重《ひろしげ》が，宿場町の風景画を描いた。

イ　井原西鶴《いはらさいかく》が，町人の生活をもとに小説を書いた。

ウ　出雲《いずも》の阿国《おくに》が，京都でかぶき踊りを始めた。

エ　兼好《けんこう》法師が，民衆の姿を取り上げた随筆を書いた。

b　Ⓐの期間に，北アメリカでは，イギリスの植民地が，本国であるイギリスに対してアメリカ独立戦争をおこした。**資料２**は，アメリカ独立戦争に関するできごとを示した資料である。アメリカ独立戦争で植民地側がイギリスに勝利した理由を，**資料２**から考えられる，イギリスとフランスの関係に関連付けて，簡単に書きなさい。

資料２

1754年	北アメリカの支配をめぐる，イギリスとフランスの戦争開戦
1763年	イギリスがフランスに勝利し，北アメリカでの支配地を拡大
1775年	アメリカ独立戦争開戦
1778年	フランスが植民地側で参戦
1783年	イギリスが植民地の独立を承認

(7)　傍線部⑥において，新政府は富国強兵をめざして改革を行った。このことに関する **a**，**b** の問いに答えなさい。

a　国民による軍隊をつくるために1873年に新政府が発布した，原則として満20歳になった男子に兵役を義務づけた法令は何とよばれるか。その名称を書きなさい。

b　新政府は，財政の安定を目的として1873年に地租改正を行い，その後，1877年に地租改正の内容の一部を変更した。**資料３**は，地租改正の内容の変更が記載された，ある土地所有者に与えられた地券の内容の一部を要約したものである。**資料４**は，1876年におこったできごとを示した資料である。**資料４**から考えられる，1877年に新政府が地租改正の内容の一部を変更した目的を，**資料３**から読み取れることに関連付けて，簡単に書きなさい。

資料３

地価　四円七十三銭
地価の百分の三　　　金　十四銭二厘《りん》
明治十年より
地価の百分の二ヶ半　金　十一銭八厘

注１　明治十年は1877年。
注２　１円は100銭，１銭は10厘。

資料４

真壁暴動	茨《いばら》城《き》県でおこった地租改正に反対する農民の一揆《いっき》。
伊勢《いせ》暴動	三重県でおこった地租改正に反対する農民の一揆。岐阜県，愛知県に広がった。

(8)　次の**ア**～**ウ**は，傍線部⑦以前におこったできごとについて述べた文である。**ア**～**ウ**を時代の古い順に並べ，記号で答えなさい。

ア　中国では，国民党（国民政府）と共産党が協力し，抗日民族統一戦線を結成した。

イ　日本の関東軍は，南満州鉄道の線路を爆破し，満州の大部分を占領した。

ウ　アメリカは，日本への石油の輸出を制限し，イギリスやオランダも同調した。

(9)　傍線部⑧は1970年代に終わった。次のページの**グラフ１**は，1970年から2000年における，就業者数（15歳以上の人口のうち収入を伴う仕事をしている人の数）と，就業者数全体に占める15～64歳の就業者の割合の推移を示している。**グラフ１**に関する **a**，**b** の問いに答えなさい。

a　**グラフ１**の，1970年の統計には，沖縄県のデータは含まれておらず，1980年以降の統計には含まれている。**グラフ１**の1980年以降の統計に，沖縄県のデータが含まれるようになったのは，1970年から1980年までの間にどのようなできごとがあったからか。そのできごとを書きなさい。

b　**グラフ１**から，65歳以上の就業者数はどのように変化していると考えられるか。そのように考えられる理由として**グラフ１**から読み取れることとあわせて，簡単に書きなさい。

グラフ１

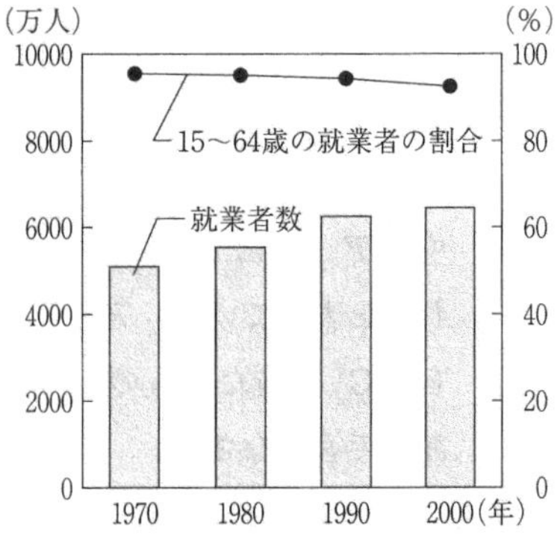

注　総務省資料により作成

2　次の(1)～(4)の問いに答えなさい。なお，**地図１**の中のA～Eは県を示している。(13点)

(1)　Aに関する**a**，**b**の問いに答えなさい。

a　Aでは，りんごの栽培が盛んである。Aの県名を書きなさい。

b　りんごの栽培が盛んなAでは，ももの栽培にも取り組み，近年，ももの栽培面積が増えている。一般に，果樹は，一度植えると30年程度は栽培が続くため，気候変動の影響を受けやすい。**表１**は，りんごとももの，栽培に適する自然的条件の一部を示している。**表１**から考えられる，Aで，ももの栽培面積が増えている理由を，近年の気候変動に関連付けて，簡単に書きなさい。

地図１

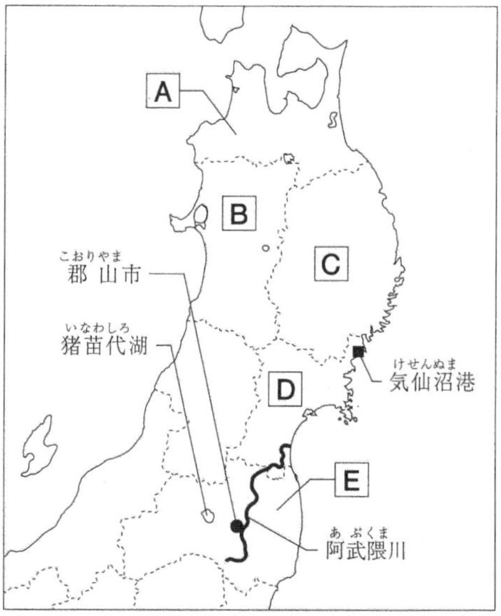

表１

	年間の平均気温	４月１日～10月31日の平均気温	冬期の最低極温	低温要求時間
りんご	６℃以上14℃以下	13℃以上21℃以下	－25℃以上	1,400時間以上
もも	９℃以上	15℃以上	－15℃以上	1,000時間以上

注１　農林水産省資料により作成
注２　最低極温は，１年を通して最も低い気温であり，低温要求時間は，気温が7.2℃以下になる期間の延べ時間である。

(2)　Cに関する**a**，**b**の問いに答えなさい。

a　Cについて述べた文として正しいものを，次の**ア**～**エ**の中から１つ選び，記号で答えなさい。

ア　県の西部に奥羽《おうう》山脈があり，県庁所在地は仙台市である。

イ　県の東部に奥羽山脈があり，県庁所在地は仙台市である。

ウ　県の西部にリアス海岸が見られ，県庁所在地は盛岡市である。

エ　県の東部にリアス海岸が見られ，県庁所在地は盛岡市である。

b　表2は，2019年における，B～Eの，人口，農業産出額の内訳，工業出荷額を示している。表2の中のア～エは，B～Eのいずれかを表している。ア～エの中から，Cに当たるものを1つ選び，記号で答えなさい。

表2

	人口（千人）	農業産出額の内訳(億円)				工業出荷額（億円）
		米	果実	畜産	その他	
ア	2,306	839	27	736	330	45,590
イ	1,846	814	273	435	564	51,232
ウ	1,227	603	130	1,569	374	26,435
エ	966	1,126	84	362	359	12,998

注 「データでみる県勢2022」などにより作成

(3)　漁業に関するa，bの問いに答えなさい。

a　地図1の気仙沼港は三陸海岸の漁港である。三陸海岸の沖合いは，海底の栄養分がまき上げられてプランクトンが集まり，さまざまな魚がとれる豊かな漁場になっているため，沿岸部には水あげ量の多い漁港が点在している。三陸海岸の沖合いが，このような豊かな漁場になっている理由を，海流に着目して，簡単に書きなさい。

b　近年，遠洋漁業のような「とる漁業」に加えて，栽培漁業のような「育てる漁業」にも力が入れられるようになっている。「育てる漁業」のうち，三陸海岸でも盛んな，いけすやいかだなどで，魚介類を大きく育てたのち出荷する漁業は何とよばれるか。その名称を書きなさい。

(4)　地図1の猪苗代湖に関するa～cの問いに答えなさい。

図2

a　図2は，猪苗代湖に面した猪苗代町にある信号機を撮影した写真である。猪苗代町の気候には日本海側の気候の特色があり，図2の信号機には猪苗代町の気候に適応するための工夫が見られる。図2の信号機に見られる工夫が，猪苗代町の気候に適応している理由を，日本海側の気候の特色が分かるように，簡単に書きなさい。

b　図3は，地図1の郡山市の一部の地域を示した地形図である。図3の安積疏水《あさかそすい》は，明治時代に整備が始められた，猪苗代湖の水を引くための水路である。図3のXの付近では，近くを流れる阿武隈川の水は引けず，安積疏水を整備して，より遠くの猪苗代湖の水を引いて利用した。Xの付近では阿武隈川の水が引けなかった理由を，図3から読み取れる，地形上の特色に着目して，簡単に書きなさい。また，Xの付近の土地は，主に何に利用されているか。次のア～エの中から最も適切なものを1つ選び，記号で答えなさい。

ア　田　　イ　畑　　ウ　広葉樹林　　エ　針葉樹林

図3

注　国土地理院の電子地形図(タイル)により作成

c　猪苗代湖から日本海に流れる川では水力発電が行われている。**グラフ２**は，日本の，1960年，1980年，2000年，2020年における，それぞれの総発電量に占めるエネルギー源別発電量の割合を示している。また，**グラフ２**の**ア**～**ウ**は，1960年，1980年，2000年のいずれかを，ⓐ～ⓒは，水力，火力，原子力のいずれかを表している。**ア**～**ウ**を時代の古い順に並べ，記号で答えなさい。

グラフ２

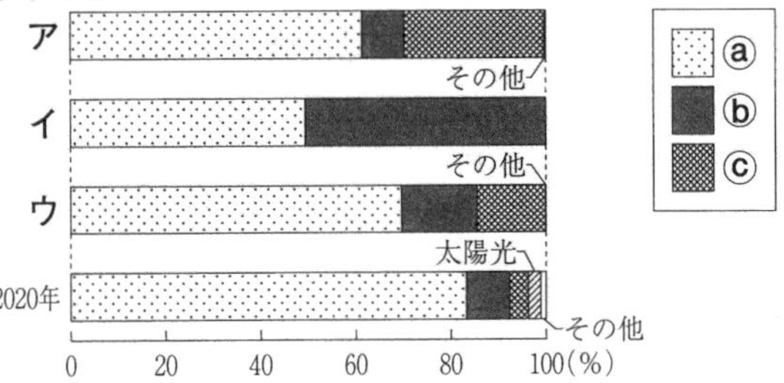

注　「数字でみる日本の100年」などにより作成

3　次の(1)～(4)の問いに答えなさい。なお，**地図２**は，緯線と経線が直角に交わった地図であり，**地図２**の中の[A]～[D]は国を，ⓐ～ⓓは都市を，[X]は経線を，それぞれ示している。（９点）

地図２

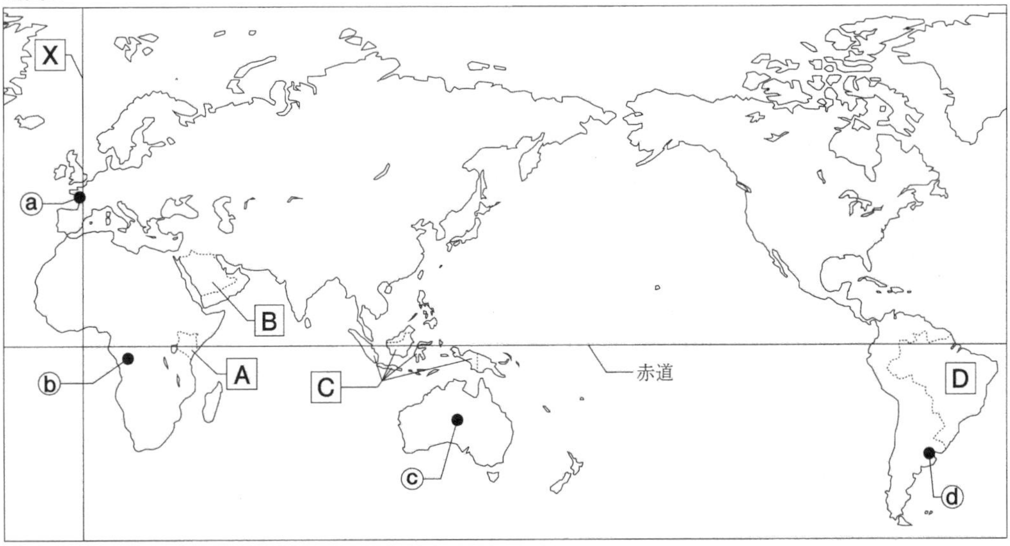

(1)　**地図２**に関する**a**，**b**の問いに答えなさい。

a　[X]は，イギリスを通る経度０度の経線である。[X]の名称を書きなさい。

b　**地図２**のⓐの地点から，地球の中心を通った反対側の地点には，三海洋（三大洋）のうちの１つがある。その海洋（大洋）の名称を書きなさい。

(2)　**グラフ３**は，**地図２**のⓐ～ⓓのいずれかの都市の，気温と降水量を示したものである。**グラフ３**に当たる都市として適切なものを，ⓐ～ⓓの中から１つ選び，記号で答えなさい。

(3)　次のページの**表３**は，2019年における，[A]～[D]の，人口，１人当たりの国民総所得，輸出額の多い上位３品目を示している。**表３**の中のあ～えは，[A]～[D]のいずれかを表している。あに当たる国を，[A]～[D]の中から１つ選び，記号で答えなさい。

グラフ３

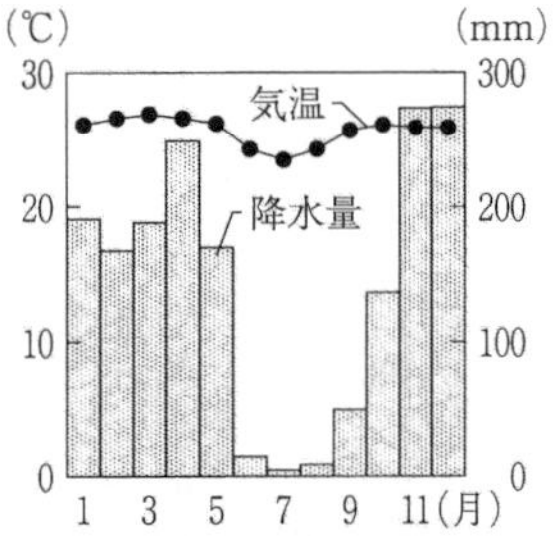

注 「令和４年　理科年表」により作成

表3

	人口 （千人）	1人当たりの 国民総所得 （ドル）	輸出額の多い上位3品目
(あ)	270,626	4,012	石炭，パーム油，機械類
(い)	34,269	23,372	原油，石油製品，プラスチック
(う)	52,574	1,780	紅茶，園芸作物，石油製品
(え)	211,050	8,523	大豆，原油，鉄鉱石

注 「世界国勢図会2021/22」などにより作成

(4) アフリカ州に関する a ～ c の問いに答えなさい。

a　アフリカ州では，スマートフォンなどの電子機器に使われるコバルトなどの金属が産出される。コバルトなどの，地球上の存在量が少ない金属や，純粋なものを取り出すことが技術的，経済的に難しい金属の総称は何か。その総称を書きなさい。

b　アフリカ州では，民族によって異なるさまざまな言語が使われている。**グラフ4**は，2009年における，A の民族構成を示している。A では，英語とスワヒリ語が公用語に定められており，国会などでは英語が使われ，小学校ではスワヒリ語の授業がある。A において公用語が定められている理由を，**グラフ4**から読み取れることに関連付けて，簡単に書きなさい。

グラフ4

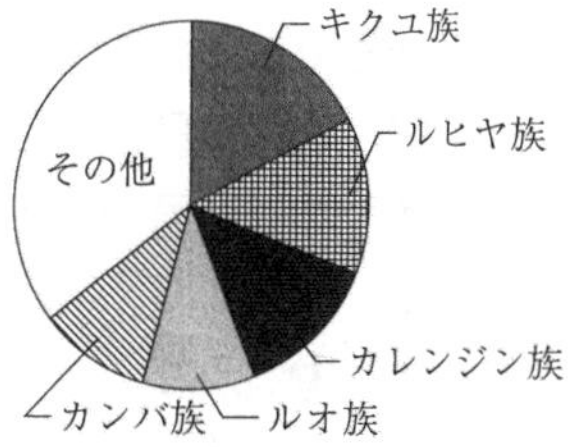

注 「世界の統計2022」により作成

c　図4は，A を含めた東アフリカ地域の一部を表した地図であり，図4の中の○は A にある港を，●は A の隣国のウガンダの首都を，━━は整備が進められている道路の一部を示している。━━の道路の整備は，東アフリカ地域の経済発展につながると考えられている。━━の道路が整備されることの，ウガンダにとっての経済発展上の利点を，図4から読み取れる，ウガンダの国の位置に関連付けて，簡単に書きなさい。

図4

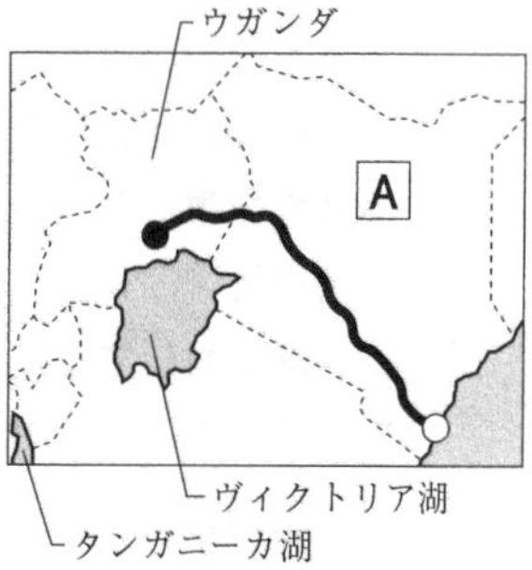

4　次の(1)～(3)の問いに答えなさい。(10点)

(1) 貿易に関する a，b の問いに答えなさい。

a　外国との間で異なる通貨を交換する際の比率を為替レート（為替相場）という。**表4**は，2022年2月と2022年4月における，1ドルに対する円の為替レートを示したものである。次の □ の中の文は，**表4**について述べたものである。文中の（(あ)），（(い)）に当てはまる語として正しい組み合わせを，あとの**ア**～**エ**の中から1つ選び，記号で答えなさい。

表4

年月	1ドルに対する 円の為替レート
2022年2月	115.2円
2022年4月	126.1円

注1　日本銀行資料により作成
注2　為替レートは1か月の平均。

> **表4**の為替レートで考えると，2022年2月より2022年4月の方が，1ドルに対する円の価値が（　(あ)　）なっており，2022年2月と2022年4月では，同じ金額の円をドルに交換するとき，ドルの金額が高くなるのは，2022年（　(い)　）である。

ア　(あ)　高く　　(い)　２月　　　**イ**　(あ)　低く　　(い)　２月

ウ　(あ)　高く　　(い)　４月　　　**エ**　(あ)　低く　　(い)　４月

b　輸入品に関税をかけることには，税収入の確保のほかにも利点がある。税収入の確保とは異なる，輸入品に関税をかけることの利点を，関税をかけることによっておこる輸入品の価格の変化に関連付けて，簡単に書きなさい。

(2)　国の権力と国民の関係に関する**a**～**c**の問いに答えなさい。

a　**図５**は，「法の支配」と［人の支配］のしくみを表したものである。権力者が思うままに権力を行使する「人の支配」では，国民は自由な生活をうばわれるおそれがあるため，政治は「法の支配」に基づいて行われる必要がある。**図５**の(あ)～(う)に当てはまる語として正しい組み合わせを，次の**ア**～**カ**の中から１つ選び，記号で答えなさい。

図５

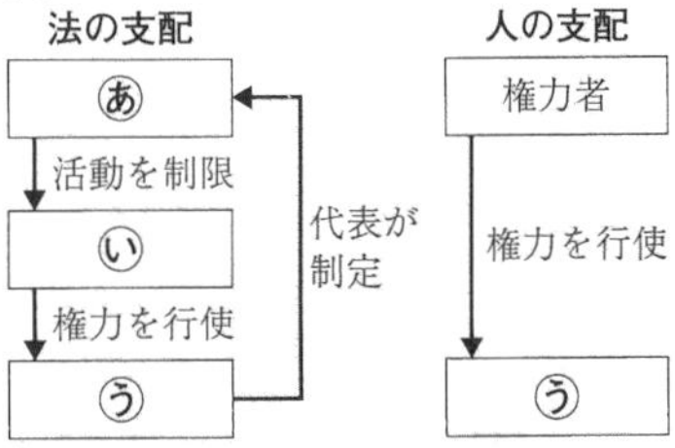

ア　(あ)　国民　　(い)　政府　　(う)　法

イ　(あ)　国民　　(い)　法　　(う)　政府

ウ　(あ)　政府　　(い)　国民　　(う)　法

エ　(あ)　政府　　(い)　法　　(う)　国民

オ　(あ)　法　　(い)　国民　　(う)　政府

カ　(あ)　法　　(い)　政府　　(う)　国民

b　日本の政治では，国の権力のうち，立法権を国会，行政権を内閣，司法権を裁判所が担当し，相互に抑制し合い均衡を保つしくみがとられている。このしくみは何とよばれるか。その名称を書きなさい。

c　請求権（国務請求権）は，国民の権利が侵害されたり，不利益な扱いを受けたりしたときに，国に対して一定の行いをすることを求める権利である。日本国憲法が保障する請求権に当たるものを，次の**ア**～**エ**の中から１つ選び，記号で答えなさい。

ア　選挙権　　**イ**　環境権　　**ウ**　教育を受ける権利　　**エ**　裁判を受ける権利

(3)　我が国では，「働き方改革」が進められている。**資料５**は，「働き方改革」に関する政策の一部をまとめたものである。次のページの**表５**は，2016年における，企業規模別の，労働者１人当たりの年次有給休暇（一定期間勤続した労働者に与えられる，取得しても賃金が減額されない休暇）の取得率を示している。次のページの**グラフ５**は，2016年における，全国の企業数に占める，大企業と中小企業の割合を示している。**表５**から考えられる，**資料５**の政策を国が打ち出したねらいを，**グラフ５**から読み取れることと，**資料５**の政策の内容に関連付けて，70字程度で書きなさい。

資料５

・年次有給休暇取得の促進などに向けた環境整備に取り組む中小企業に対して，その実施に要した費用の一部を支援する。
・各都道府県の労働局に専門家を配置し，中小企業を中心とした企業からの，年次有給休暇取得などに関する相談に応じるなどの支援を行う。

注　厚生労働省資料により作成

表5

常用労働者の人数	年次有給休暇の取得率(%)
1,000人以上	55.3
300〜999人	48.0
100〜299人	46.5
30〜 99人	43.8

注1　厚生労働省資料により作成
注2　常用労働者は，期間を定めずに雇われている労働者，または1か月以上の期間を定めて雇われている労働者。
注3　取得率は，与えられた日数の合計に対する，実際に取得した日数の合計の割合。

グラフ5

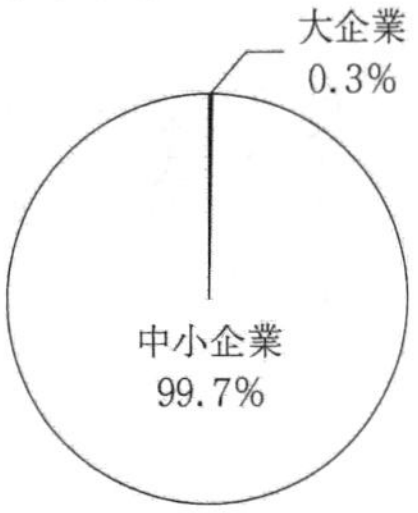

注　中小企業庁資料により作成

りはらふべし、かまへて（絶対に）着《ちゃく》すべからずと。次の日には、黒革縅《くろかはをどし》の古き（黒色のよろいで古いもの）をエ着たり。頼義、これこそめでたしめでたし（喜ばしく結構である）と仰《おほ》せ（お言葉）あり。奇麗（着飾ること）にたから（金銭）をつひやせば、家まづしくなりて、よき郎等を扶持《ふち》すべきちから（召し抱えることができる）なし、されば（それゆえ）、敵にむかひて（相対して）亡びやすしと、仰せありしなり。

（志賀《しが》忍《しのぶ》・原《はら》義胤《よしたね》『三省録《さんせいろく》』による。）

（注）① 源頼義。平安時代の武将。　② 昔の国名。今の滋賀県。
③ よろいなどの武具。

問一　二重傍線（‖）部を、現代かなづかいで書きなさい。

問二　波線（〰）部ア～エの中で、その主語に当たるものが他と異なるものを一つ選び、記号で答えなさい。

問三　傍線（――）部は、九郎のよそおいの変化に対する、頼義の感想である。頼義が、傍線（――）部のような感想を述べたのは、九郎のよそおいが、どのようなものから、どのようなものに変化したからか。その変化を、現代語で簡単に書きなさい。

問四　頼義が、九郎に対して、命を落とすことになるという内容の発言をしたのは、頼義にどのような考えがあったからか。頼義の考えを、現代語で書きなさい。

五　下のグラフは、日本語に関する意識や理解の現状について調査した「国語に関する世論調査」のうち、「国語（日本語）について関心があること」について調査した結果を表したものである。

あなたは、このグラフから、どのようなことを考えるか。あなたが考えたことを、あなたが体験したことや学んだことなど、身近なところにある事柄と関連付けて書きなさい。ただし、次の**条件1**、2にしたがうこと。（6点）

条件1　一マス目から書き始め、段落は設けないこと。
条件2　字数は、百五十字以上、百八十字以内とすること。

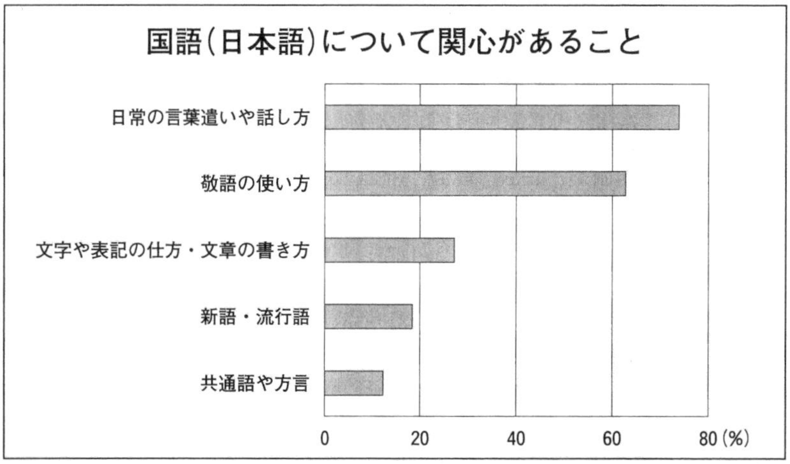

注1　文化庁「平成30年度　国語に関する世論調査」により、調査項目の中から一部の項目を取り上げて作成（複数回答可）
注2　調査対象は、「国語について関心がある」と答えた、16歳以上の男女、約1,500人

習などを行います。大会前にはリレーのバトンパスの練習も行います。長距離の部員は、男子五人、女子三人です。長距離では全力走とジョギングを繰り返す練習などを行います。練習の最後に、再び全員で集まり、ストレッチやミーティングを行います。
　どの部活動に入るか、悩んでいる人もいると思います。ぜひ、3合言葉の表す陸上部員の活動する姿勢を感じ取ってから、入部する部活動を考えてみてください。新入生の皆さん、一緒に青春の一ページを刻みましょう。
　なお、あさって行う見学会は、持ち物や着替えの必要はありません。グラウンド西側に集合してください。

問一　傍線部1を聞き手である新入生に伝えるときに、注意すべきことを確認したい。次のア〜エの中から、注意すべきこととして、適切でないものを一つ選び、記号で答えなさい。

ア　印象づけるように、言葉に強弱をつけて話す。
イ　理解できるように、意味によるまとまりで区切って話す。
ウ　冷静に伝えるために、原稿に目線を落として話す。
エ　聞き取りやすくするために、はっきりとした発音で話す。

問二　傍線部2の中の「もらい」を、「山田先生」に対する敬意を表す表現にしたい。「もらい」を敬意を表す表現に言い換え、傍線部2を書き直しなさい。

問三　本文中の、第二段落において、練習内容をより簡潔に伝えるために、練習内容ではない、ある一文を削除したい。その一文の、最初の五字を抜き出しなさい。

問四　あなたはこの原稿を読んで、新入生が見学会に参加するために必要な情報が不足していると気付いた。新入生が見学会に参加するために必要な情報として、付け加えるべき内容とはどのようなことか。簡単に書きなさい。

問五　次の□の中のメモは、「切磋琢磨」の意味をまとめたものである。あなたは、傍線部3の意味が新入生には伝わりづらいと考え、メモの内容をふまえた表現に書き直したほうがよいと部長に提案した。メモの内容をふまえ、陸上部員の活動する姿勢が新入生に分かりやすく伝わるような表現を考えて、傍線部3を書き直しなさい。

①石や玉などを切り磨くように、道徳・学問に励むこと。
②志を同じくする仲間と互いに競い合い、励まし合って向上すること

（『広辞苑《こうじえん》』などによる。）

四　次の文章を読んで、あとの問いに答えなさい。（7点）

注①頼義《よりよし》の郎等《らうどう》《家来》に、注②近江国《あふみのくに》の住人、日置の九郎といふものアあり。馬、注③もののぐの出《い》でたち《よそおい》奇麗《きれい》なり《きらびやかだ》。頼義見て気色をイ損じ《機嫌を悪くし》、いまいましき《感心しない》有様なり、汝《なんぢ》、かならず身を亡《ほろ》ぼすべし《命を落とすだろう》、はやく売りはらふべし《売り払ってしまいなさい》、それも味方の陣には売るべからず《売ってはならない》、敵方へ売るべし《売りなさい》。九郎ウかしこまつて《恐縮して》、後日のいくさに、また先《以前》におとらぬ奇麗をつくしたるもののぐを着たり。着替の料《代品》なりといふ。頼義、なほ身を失ふ相なり《やはり命を落とす格好である》、売

このように不確定なこと、わからないことが充満する世界、正解のない世界のなかで重要なことは、すぐにはわからない問題を手持ちのわかっている図式や枠に当てはめてわかった気にならないことです。わかっていることよりもわかっていないことをきちんと知ること、わからないけれどこれは大事ということを知ることが重要なのです。そしてそのうえで、わからないものにわからないまま的確に対応する術を磨いてゆかなければなりません。

（鷲田清一《わしだきよかず》『岐路の前にいる君たちに　鷲田清一　式辞集』による。）

（注）① 軽んじること。　② 複雑に入りくむこと。
③ 心の中にわきおこる強い欲求。

問一　二重傍線（＝）部あ、いのひらがなを漢字に直し、うの漢字に読みがなをつけなさい。

問二　波線（〰）部**ア**～**オ**の動詞の中には、活用の種類が一つだけ他と異なるものがある。それはどれか。記号で答えなさい。

問三　本文で述べられている、報道で知る世界の出来事と日常生活とのつながりを理解するために不可欠なものを、本文中から十字以内で抜き出しなさい。

問四　次の**ア**～**エ**の中から、本文中の□の中に補う言葉として、最も適切なものを一つ選び、記号で答えなさい。

ア　しかし　**イ**　たとえば　**ウ**　むしろ　**エ**　したがって

問五　筆者は本文において、傍線（――）部のような世界における重要なことについて述べている。そのうえでさらに、どのようなことが必要であると述べているか。傍線（――）部のような世界の仕組みが、見抜きづらい理由を含めて、五十字程度で書きなさい。

問六　次の**ア**～**エ**の中から、本文で述べている内容として適切でないものを一つ選び、記号で答えなさい。

ア　身近な人たちだけでなく、まだ会ったこともない人たちともどのようにかかわって生きるかが重要である。

イ　外交や国内行政を行う政治の世界では、確定していない状況の中でも素早い判断が求められる。

ウ　介護などのケアの現場では、それぞれの立場によってケアに対する思いが食い違うことがある。

エ　芸術の世界では、曖昧なまま表現された作品が意外性にあふれたものとなる。

三

次の文章は、陸上部の部長が、体育館にいる新入生全員の前で、部活動紹介をするためにまとめている原稿である。あなたは、陸上部の部長から原稿についての助言を頼まれた。この原稿を読んで、あとの問いに答えなさい。（9点）

こんにちは。陸上部です。陸上部は、短距離種目を専門とする部員と長距離種目を専門とする部員、合わせて二十人で活動しています。陸上競技は、個人で取り組むことが多いので、孤独な競技と思う人もいるのではないでしょうか。[1]しかし、わたしたち陸上部は、「切磋琢磨《せっさたくま》」という、部員の活動する姿勢を表す合言葉を共有することで、一つのチームとして結束しています。活動日は、毎週火曜、木曜、土曜日の三日間で、顧問の山田先生に[2]教えてもらいながら練習しています。あさってには、見学会を学校のグラウンド西側で実施する予定です。

では、練習内容を紹介します。まず全員でウォーミングアップを行います。全員で体幹を鍛えるトレーニングも行った後、種目ごとに分かれます。短距離では、スタートダッシュを強化する練

二　次の文章を読んで、あとの問いに答えなさい。（14点）

わたしたちにとって何よりも重要なことは、自分以外の人びととどのように関係しながら生きるかということです。自分以外の人びととは、生まれたときから頼りあって(あ)くらしている身近な人はもちろん、まだ会ったこともない地球上のさまざまな人びとでもあります。

そうした人びととのかかわりの平面はしかし、わたしたちにとってごく限られています。地球上で起こっているさまざまな出来事について、わたしたちは多くの場合、新聞やテレビの報道でア知ります。まるで(い)かんきゃくのようにしてそれにふれます。その人たちの運命と自分のそれとはあまりに遠く隔たっていて、それらが自分の毎日の生活とどうつながっているのかは、相当な知識と想像力がなければ理解できません。他方、毎日の生活のなかで絶対なおざり注①にできないのは、(う)同僚や友だち、あるいは家族との関係です。ここでは相手の一言一言に深く傷ついたり、落ち込んだり、逆に強く励まされたりしています。

ここから抜け落ちているのは、よく〈中間世界〉と呼ばれているものです。自治体の市民としての生活、地域住民としての生活です。いいかえると、ふだんの生活の具体的な文脈となっている世界であり、ともに社会をイ動かす主体でありながらたがいに未知であるような人たちとのかかわりです。それこそ政治や経済が具体的に働きだしている世界です。

ところがそのような世界の仕組みは、さまざまな要因が複雑に絡《から》まっていて、容易に見通せるものではありません、むしろわたしたちの現実はわからないものばかりで編まれていると言ってもいいほどです。

少し具体的にお話ししましょう。□政治、それは外交をとっても国内行政をとっても、不確定な要素に満ちています。政治は、状況が刻々とウ変わるなかで、きちんとした見通しもつかないまま、しかも即刻なんらかの決定をしなければならない、そんな判断がエ求められる世界です。すぐにも実行しなければならない施策が二つ、A、Bとあっても、Aを先にやるかBを先にやるかによって、ABそれぞれの施策の意味も実効性も大きく変わってしまいます。そんな不確定な状況のなかであいだを置かずもろもろの決定をしなければならないのが、政治的な判断というものです。

次に、場面を変えて、介護や看護といったケアのいとなみについて考えてみましょう。ケアの現場では、ケアを受ける当事者とその家族、さらにはケアに携わる人や介護スタッフ、医師や施設の管理運営を預かる者というふうに、それぞれの立場で判断はときに微妙に、ときに大きくオ異なります。そういう対立した思いが注②錯綜《さくそう》するなかで、いいかえると、だれの思いを通してもだれかに割り切れなさが残るそういう現場のなかで、それでもこの場合に何がいちばんいいケアなのかを考え、ケアの方針を立てねばなりません。ここでは、正解のないところでそれでも一つの解を選び取る、そういう思考が求められます。

さらに場面を変えて、芸術制作の現場を考えてみます。制作者は自分が何を表現したいのか、自分でもよくわかっていません。はじめは、表現しなければならないという注③衝迫だけがあるだけです。けれどもできあがった作品は、美術の場合ならここにはこの線、この色、音楽の場合ならここにはこの音、この和音しかありえないといった、必然性が隅々まで行き渡っています。ここでは、曖昧な事を割り切るのではなく、曖昧な感情を曖昧なまま正確に表現することが求められているわけです。

「その句はね、大会では、三点しか入っていなかったんだ。でも、私はいい句だと思う。あなたはどうかな？」

ユミは、その短冊の字を、何度も目で追った。追うだけではなくて、思わず一度、口に出してもみた。まちがいない。それは、ユミが、自分の注⑥サクラシールを貼った句だった。

ヒマワリ句会に出るようになって、たくさんの言葉とめぐりあった。誰かの言葉にも、そして自分の中に㋒潜んでいた言葉にも。今まで聞いたことのない言葉もあった。なじみのある言葉であっても、それがからりと違って見えたこともあった。

言葉は、とても［　　］。形がなくて、すぐに消えてしまう。まさに、雪のように。でも、その言葉を受け止めて、一歩踏み出すことができたのも、ゆるがない事実だ。この学校に、自分と同じように言葉に助けられた人がいたということがうれしくて、最終的にこの句を選んだのだった。

やっぱり、ふざけなければ、いい句も書けるじゃないか。もしいまここに、ハセオがいたなら、その背中をばーん！　と叩《たた》いてやるところだ。「てのひらに降ってくる雪。それを、『そらのことば』と言いかえてみせたのは、あっと驚くマジックじゃないかい？　ふつうは『空の言葉』と書くところ、ひらがなにしているのはきっと、そのことで、雪のつぶのやわらかさを表現したかったんだと、私は思う。」校長先生は、ユミの感想も待たないで、少し興奮した口調で、鑑賞の弁を述べた。

たしかに、その通りだ。でも、ハセオの句と知ったいま、ユミは隠された意図をそこに読み取っていた。これは挨拶なんだ。ハセオから、ソラへの。「そら」には、かけがえのない友人の名前を、掛けてあるのだ。

（髙柳《たかやなぎ》克弘《かつひろ》『そらのことばが降ってくる保健室の俳句会』による。）

（注）① 表紙、カバーなどの体裁を整えること。　② 製本の仕方の一つ。
③ 俳句を作り批評し合う会の校内での名称。ユミ、ハセオ、ソラだけが所属している。
④ 軽んじること。　⑤ 投稿された俳句のこと。
⑥ ここでは、俳句大会で好きな句に貼る、生徒に配られたシールのこと。

問一　二重傍線（‖）部㋐、㋒の漢字に読みがなをつけ、㋑のひらがなを漢字に直しなさい。

問二　次のア～エの中から、波線（〰）部と同じ構成の熟語を一つ選び、記号で答えなさい。

ア　軽重　**イ**　読書　**ウ**　花束　**エ**　日没

問三　本文には、校長先生が考えておくことにした「宿題」の内容が分かる一文がある。その一文の最初の五字を抜き出しなさい。

問四　傍線（——）部の句に、ユミが「サクラシール」を貼ることに決めたのはなぜか。その理由を、俳句大会でユミが、傍線（——）部の句を見て気付いたことが分かるように、三十字程度で書きなさい。

問五　次の**ア**～**エ**の中から、本文中の［　　］の中に補う言葉として、最も適切なものを一つ選び、記号で答えなさい。

ア　頼りない　**イ**　大人げない　**ウ**　新しい　**エ**　力強い

問六　ユミは、俳句大会のハセオの句に、かけがえのない友人への挨拶が隠されていることを読み取っている。ユミは、ハセオが俳句大会の句に、かけがえのない友人への挨拶を、どのように隠したと読み取っているか。ハセオが俳句を作る目的を含めて、五十字程度で書きなさい。

＜国語＞

時間　五〇分　満点　五〇点

一　次の文章には、校内の俳句大会で優勝したユミが、同級生で俳句を作る仲間である、ハセオとソラを、春休みに学校で待っているときのことが書かれている。この文章を読んで、あとの問いに答えなさい。(14点)

校長先生から聞かされた、ハセオの話を、ユミは思い出していた。

春休み前、〝(あ)豪華景品〟を受け取りに行ったときのことだ。

なんのことはない、校長先生が学生時代に出した詩集を、自費出版で立派な注①装丁《そうてい》の本にしたものだった。タイトルは、『青春はがんもどき』。

気持ちはうれしいけど、こういうのをもらって、喜ぶ子はいるんだろうか……。でも、「造本に凝って、時間がかかってしまったよ、ほら注②このフランス装がきれいでしょう?」とうれしそうな校長先生を前にして、不満げな顔を見せるわけには、いかなかった。

それよりも、ユミにとって重要だったのは、注③「ヒマワリ句会のハセオくんなんだけどね。」と前置きをして始まった話のほうだった。

「俳句大会の開会宣言のあとですぐ、私に直談判《じかだんぱん》を求めてきたんだ。」

校長室に、いきなりやってきたハセオは、言いたいことがあるという。校長先生の発言を取り消してほしい、と。俳句は伝統文化。そう言った先生の言葉が、どうしても許せないのだという。伝統文化と言ったとたんに、祠《ほこら》の中の神様みたいになるのが、自分はいやだ。俳句は確かに昔からあるけれど、いまの自分の気持ちや、体験を盛るための器として、自分は俳句をやっている。校長先生の発言は、〝いま、ここの詩〟として、俳句を作っている自分たちを、注④ないがしろにするものだ。

「彼の言葉が、ぐさっと(い)むねに突き刺さってね。」

俳句とはなにか、詩とはなにか。生徒から問われた気がしたのだという。「あの生徒も、やはり、わが校の誇りだよ。」

校長先生は、私も考えがあって言ったことなので、発言の取り消しはしないが、あなたから与えられた〝宿題〟として、あなたの卒業の日までに、考えておくと返したそうだ。ハセオは、それでいちおう、満足した様子だったという。

校長先生に自分が〝宿題〟を出したというのが、うれしかったのかも、などとユミは思う。あいつは、いつも宿題に苦しめられていたから。

「この本を出そうと思ったのも、彼の言葉がきっかけだったんだ。
——ところで、俳句大会に彼が出した句を、君は知ってる?」

ユミは頭《かぶり》を振る。本人に聞いても、適当にはぐらかされたまま、いまに至っていた。

校長先生は少し考えてから、「君は彼と同じ句会の仲間、つまり句友だしね。俳句大会の優勝者でもある。感想を聞いてみたい。彼には、私が伝えたことは、内緒にしておいてくれよ。」と断ってから、「こんな句なんだ。」と、一枚の短冊《たんざく》を渡した。俳句大会の投稿用紙として、使われたものだ。短冊の裏に、クラスと名前を書く欄があるから、それを手掛かりにボックスの中の大量の注⑤投句の中から、ハセオの句を探しだしたのだろう。ユミにとっては、記名欄を確認する必要はなかった。まぎれもなく、ハセオのくせの強い字で、

　雪がふるそらのことばを受け止める

と書いてある。

MEMO

大切なことはメモしておこうネ!

T.G

2023年度

解　答　と　解　説

《2023年度の配点は解答用紙集に掲載してあります。》

＜数学解答＞

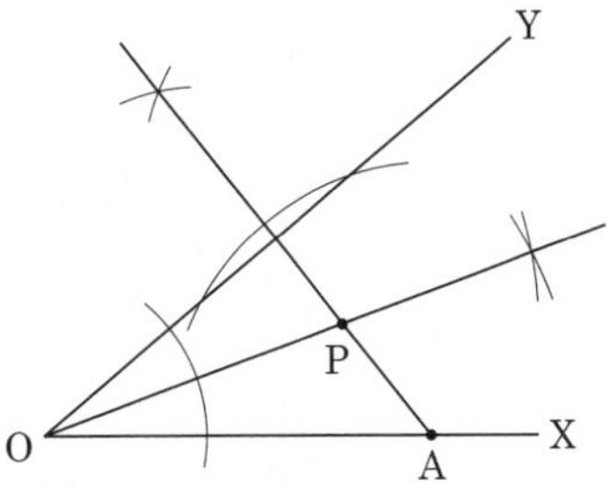

1　(1)　ア　-11　　イ　$27a$　　ウ　$\dfrac{11x-8y}{21}$　　エ　$5\sqrt{5}$

(2)　81　　(3)　$x=-8$, $x=3$

2　(1)　右図　　(2)　解説参照　　(3)　$\dfrac{7}{20}$

3　(1)　(あ)　24　　(四分位範囲)　17　　(2)　32, 33, 34

4　(鉛筆)　150本　　(ボールペン)　75本(方程式と計算の過程は解説参照)

5　(1)　ウ　　(2)　$\dfrac{11}{6}\pi$　　(3)　$\dfrac{9\sqrt{15}}{8}$

6　(1)　$-\dfrac{1}{4}$　　(2)　ア，エ　　(3)　$\dfrac{3}{10}$(求める過程は解説参照)

7　(1)　解説参照　　(2)　$\dfrac{13}{4}$

＜数学解説＞

1　(数・式の計算，平方根，式の値，二次方程式)

(1)　ア　四則をふくむ式の計算の順序は，乗法・除法→加法・減法となる。$-8+27\div(-9)=-8+(-3)=-(8+3)=-11$

イ　$(-6a)^2=(-6a)\times(-6a)=36a^2$だから，$(-6a)^2\times9b\div12ab=36a^2\times9b\times\dfrac{1}{12ab}=\dfrac{36a^2\times9b}{12ab}=27a$

ウ　分母を3と7の最小公倍数の21に通分して，$\dfrac{2x+y}{3}-\dfrac{x+5y}{7}=\dfrac{7(2x+y)}{21}-\dfrac{3(x+5y)}{21}=\dfrac{7(2x+y)-3(x+5y)}{21}=\dfrac{14x+7y-3x-15y}{21}=\dfrac{14x-3x+7y-15y}{21}=\dfrac{11x-8y}{21}$

エ　$\sqrt{45}=\sqrt{3^2\times5}=3\sqrt{5}$，$\dfrac{10}{\sqrt{5}}=\dfrac{10\times\sqrt{5}}{\sqrt{5}\times\sqrt{5}}=\dfrac{10\sqrt{5}}{5}=2\sqrt{5}$だから，$\sqrt{45}+\dfrac{10}{\sqrt{5}}=3\sqrt{5}+2\sqrt{5}=(3+2)\sqrt{5}=5\sqrt{5}$

(2)　**乗法公式$(a+b)(a-b)=a^2-b^2$**より，$a=41$，$b=8$のとき，$a^2-25b^2=a^2-(5b)^2=(a+5b)(a-5b)=(41+5\times8)(41-5\times8)=(41+40)(41-40)=81\times1=81$

(3)　2次方程式$x^2+7x=2x+24$　整理して，$x^2+5x-24=0$　たして$+5$，かけて-24になる2つの数は，$(+8)+(-3)=+5$，$(+8)\times(-3)=-24$より，$+8$と-3だから$x^2+5x-24=\{x+(+8)\}\{x+(-3)\}=(x+8)(x-3)=0$　$x=-8$，$x=3$

2　(作図，定理の逆，確率)

(1)　(着眼点)　**角をつくる2辺から距離が等しい点は，角の二等分線上にある。**　(作図手順)次の①～④の手順で作図する。　①　点Aを中心として円を描き，辺OY上に交点をつくる。　②　①でつくった交点をそれぞれ中心として，交わるように半径の等しい円を描き，その交点と

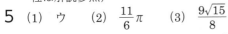

点Aを通る直線（点Aから辺OYに引いた垂線）を引く。
③　点Oを中心とした円を描き，辺OX，OY上に交点をつくる。　④　③でつくったそれぞれの交点を中心として，交わるように半径の等しい円を描き，その交点と点Oを通る直線（∠XOYの二等分線）を引き，点Aから辺OYに引いた垂線との交点をPとする。

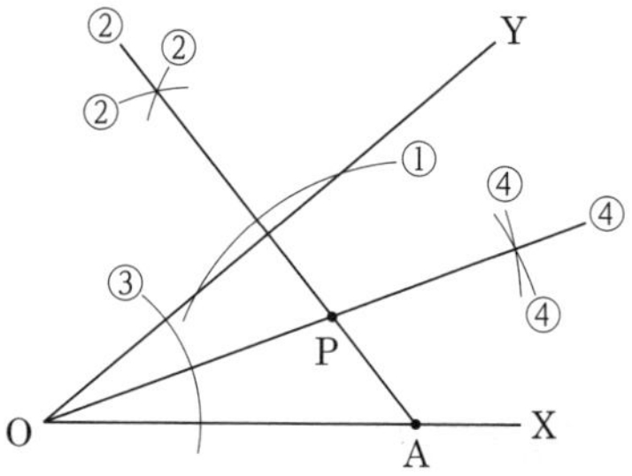

(2)　（逆）　$a+b$が正の数ならば，aもbも正の数である。
（反例）　（例）$a=-1$，$b=2$のとき，「$a+b$が正の数ならば，aもbも正の数である」は成立しない。（補足説明）　ある定理の仮定と結論を入れかえたものを，その定理の**逆**という。また，あることがらが成り立たない例を**反例**という。あることがらが正しくないことを示すには，反例を1つあげればよい。

(3)　2つの袋Ⅰ，Ⅱから，それぞれ1枚のカードを取り出すとき，全てのカードの取り出し方は$4\times5=20$（通り）。このうち，袋Ⅱから取り出したカードに書いてある数が，袋Ⅰから取り出したカードに書いてある数の倍数であるのは右表の○印を付けた7通りだから，求める確率は$\frac{7}{20}$

袋Ⅰ＼袋Ⅱ	6	7	8	9	10
2	○		○		○
3	○			○	
4			○		
5					○

3　（資料の散らばり・代表値）

(1)　**箱ひげ図**とは，右図のように，**最小値**，**第1四分位数**，**第2四分位数（中央値）**，**第3四分位数**，**最大値**を箱と線（ひげ）を用いて1つの図に表したものである。これより，㋐は第2四分位数（中央値）である。10人の生徒の記録を小さい順に並べると，7，10，12，16，23，25，26，29，32，34　これより，第2四分位数（中央値）は記録の小さい方から5番目と6番目の**平均値**で，㋐$=\frac{23+25}{2}=24$　また，箱ひげ図の箱の横の長さを**四分位範囲**といい，第3四分位数から第1四分位数を引いた値で求められるから，四分位範囲$=29-12=17$

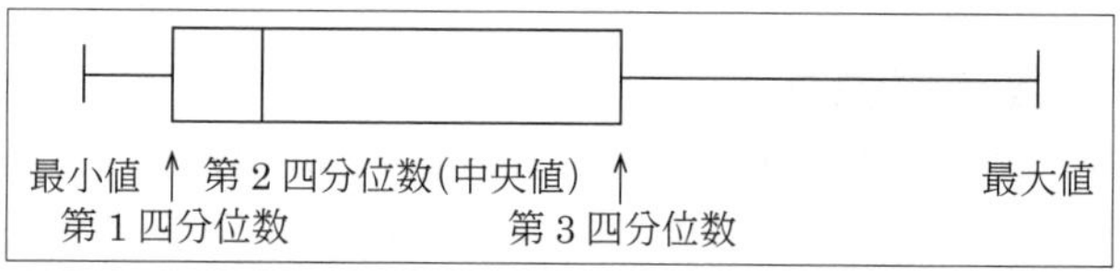

(2)　問題図3，4を比較すると，最小値と最大値が等しいから，$7\leqq a\leqq34$である。また，11人の生徒の記録を小さい順に並べたとき，第1四分位数は記録の小さい方から3番目，第2四分位数（中央値）は記録の小さい方から6番目，第3四分位数は記録の大きい方から3番目である。$7\leqq a\leqq23$のとき，第2四分位数（中央値）$=23$となり，問題の条件に合わない。$24\leqq a\leqq31$のとき，第3四分位数$=32$とはならないから，問題の条件に合わない。$32\leqq a\leqq34$のとき，すべての問題の条件に合うから，aのとりうる値は32，33，34である。

4　（連立方程式の応用）

（方程式と計算の過程）（例）集めた鉛筆の本数をx本，ボールペンの本数をy本とする。

$$\begin{cases} x=2y\cdots① \\ 0.2x+0.96y=0.8x-18\cdots② \end{cases}$$

②×100より，$20x+96y=80x-1800$　→　$60x-96y=1800$

これに①に代入して，$120y-96y=1800$　$y=75$　$y=75$を①に代入して，$x=150$

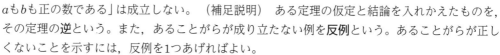

5 (投影図，線分の長さ，面積)

(1)　ア　真正面から見た図が長方形で，真上から見た図が円だから，この立体は円柱である。　イ　真正面から見た図が三角形で，真上から見た図が四角形だから，この立体は四角錐である。　ウ　真正面から見た図が三角形で，真上から見た図が円だから，この立体は円錐である。　エ　真正面から見た図も，真上から見た図も円だから，この立体は球である。　オ　真正面から見た図が三角形を組み合わせた形で，真上から見た図が三角形だから，この立体は三角錐である。

(2)　**半径r，中心角a°のおうぎ形の弧の長さは$2\pi r\times\frac{a}{360}$**だから，半径3cm，中心角110°のおうぎ形の$\overset{\frown}{BC}$の長さは$2\pi\times3\times\frac{110}{360}=\frac{11}{6}\pi$(cm)である。

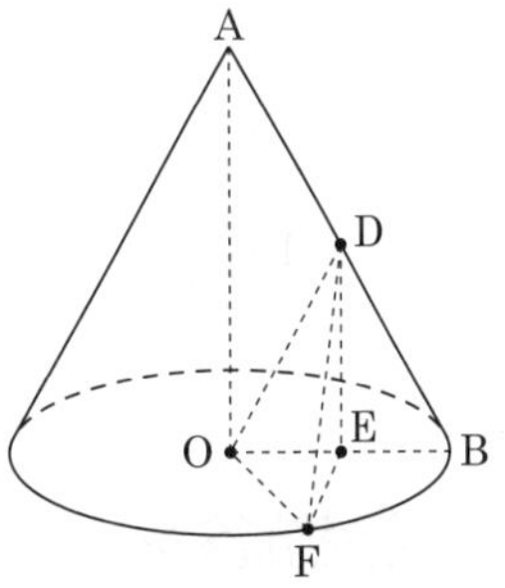

(3)　△ABOに**三平方の定理**を用いて，$OA=\sqrt{AB^2-OB^2}=\sqrt{6^2-3^2}=3\sqrt{3}$(cm)　AO//DEより，**平行線と線分の比についての定理**を用いて，ED：OA＝DB：AB＝1：2　$ED=\frac{1}{2}OA=\frac{3\sqrt{3}}{2}$(cm)　∠AOB＝90°だから，**円周角の定理の逆**より，点Oは線分ABを直径とし，点Dを中心とする円周上にあり，$OD=\frac{1}{2}AB=3$(cm)　よって，OD＝OF＝3(cm)…①　また，OE共通…②　∠DEO＝∠FEO＝90°…③　①，②，③より，直角三角形の斜辺と他の1辺がそれぞれ等しいから，△DOE≡△FOE　これより，△DEFはED＝EFの**直角二等辺三角形で，3辺の比は1：1：$\sqrt{2}$**だから，$DF=\sqrt{2}\,ED=\frac{3\sqrt{6}}{2}$(cm)　点Oから線分DFへ垂線OHを引くと，△ODFはOD＝OFの二等辺三角形で，**二等辺三角形の頂角からの垂線は底辺を2等分する**から，$DH=\frac{DF}{2}=\frac{3\sqrt{6}}{4}$(cm)　△ODHに三平方の定理を用いて，$OH=\sqrt{OD^2-DH^2}=\sqrt{3^2-\left(\frac{3\sqrt{6}}{4}\right)^2}=\frac{3\sqrt{10}}{4}$(cm)　以上より，$\triangle ODF=\frac{1}{2}\times DF\times OH=\frac{1}{2}\times\frac{3\sqrt{6}}{2}\times\frac{3\sqrt{10}}{4}=\frac{9\sqrt{15}}{8}$(cm^2)

6 (図形と関数・グラフ)

(1)　$y=bx^2$は点C(4，−4)を通るから，$-4=b\times4^2=16b$　$b=-\frac{1}{4}$

(2)　ア　関数$y=ax^2$のグラフは，aの値の**絶対値**が大きいほど，グラフの開き方は小さい。正しい。　イ　点A，Bは$y=ax^2$上にあるから，そのy座標はそれぞれ$y=a\times(-3)^2=9a$，$y=a\times2^2=4a$　これより，aの値を小さくすると，点Aのy座標から点Bのy座標を引いた値$9a-4a=5a$も小さくなる。正しくない。　ウ　$\triangle OBE=\frac{1}{2}\times OE\times$(点Bの$x$座標)$=\frac{1}{2}\times4\times2=4$より，$a$の値を大きくしても，△OBEの面積は変わらない。正しくない。　エ　aの値を小さくすると，直線OBの傾き$\frac{4a-0}{2-0}=2a$も小さくなる。正しい。　オ　点Fは$y=ax^2$上にあるから，そのy座標は$y=a\times4^2=16a$　線分CFの長さは，点Fのy座標から点Cのy座標を引いた値$16a-(-4)=16a+4$に等しい。これより，aの値を大きくすると，$16a+4$の値も大きくなり，線分CFの長さは長くなる。正しくない。

(3)　(求める過程)　(例)A(−3，$9a$)，B(2，$4a$)より，直線ABの式は，$y=-ax+6a$　よって，G(1，$5a$)となる。D(−4，−4)，F(4，$16a$)より，3点D，G，Fが一直線上にあるのは，DGの傾きとGFの傾きが等しいときである。$\frac{5a-(-4)}{1-(-4)}=\frac{16a-5a}{4-1}$　これを解いて，$a=\frac{3}{10}$

7 (相似の証明，円の性質，線分の長さ)

(1)　(証明)　(例)△BCGと△ECFにおいて，仮定より，△ABCは二等辺三角形だから，∠BAC＝

∠BCA…① $\overset{\frown}{BC}$の円周角より，∠BAC＝∠BDC…② 仮定より，GC＝GDだから，△GCDも二等辺三角形のため，∠GDC＝∠GCD…③ ①，②，③より，∠BCA＝∠GCD…④ また，∠BCG＝∠BCA－∠GCE…⑤ ∠ECF＝∠GCD－∠GCE…⑥ ④，⑤，⑥より，∠BCG＝∠ECF…⑦ $\overset{\frown}{CD}$の円周角より，∠CBG＝∠CAD…⑧ 仮定より，AD//EFだから，平行線の同位角は等しいため，∠CAD＝∠CEF…⑨ ⑧，⑨より，∠CBG＝∠CEF…⑩ ⑦，⑩より，2組の角がそれぞれ等しいから，△BCG∽△ECF

(2) △BCG∽△ECFで，△BCGと△ECFの相似比は，GC：FC＝4：2＝2：1 よって，EF＝$\frac{1}{2}$BG＝$\frac{1}{2}$(BD－GD)＝$\frac{1}{2}$(BD－GC)＝$\frac{1}{2}$(6－4)＝1(cm) (1)より，∠BAC＝∠BCA＝∠GDC＝∠GCD…① 共通な角より，∠GDC＝∠FDE…② $\overset{\frown}{AB}$の円周角より，∠BCA＝∠BDA…③ AD//EFより，平行線の錯角は等しいから，∠BDA＝∠FED…④ ①～④より，2組の角がそれぞれ等しいから，△ABC∽△DGC∽△DFE よって，DC：DE＝DG：DF＝GC：EF＝4：1 DE＝$\frac{1}{4}$DC＝$\frac{1}{4}$(CF＋FD)＝$\frac{1}{4}$(CF＋EF)＝$\frac{1}{4}$(2＋1)＝$\frac{3}{4}$(cm) GE＝GD－DE＝GC－DE＝4－$\frac{3}{4}$＝$\frac{13}{4}$(cm)

＜英語解答＞

1 (1) $\boxed{A}$ エ $\boxed{B}$ ウ $\boxed{C}$ ウ $\boxed{D}$ イ (2) 質問1 brother
質問2 ⓐ (例)birds ⓑ (例)trains 質問3 (例)He drinks green tea

2 (1) A イ B ウ C ア (2) エ—ア—オ—ウ—イ (3) ⓐ ア ⓑ エ ⓒ イ (4) (例)everyone asks me where I found it. (5) can be used
(6) D (例)You should go to a *kimono* class and learn how to wear a *kimono*. E (例)You will be able to put on a *kimono* by yourself and enjoy it.

3 (例)Your speech was very good because we could learn about various festivals in your country. I think that we must respect local cultures.

4 (1) ⓐ felt ⓑ written (2) ① (例)They wanted to decide what kind of music to use for their dance. ② (例)He was just listening to them.
(3) イ (4) エ (5) (例)自分の意見をもち，ダンスをよりよくするために，意見を言うことをおそれなかったようす。 (6) (例)あなたたちの助けなしに自分ができることは限られているということ。 (7) ウ

＜英語解説＞

1 (リスニング)

放送台本の和訳は，43ページに掲載。

2 (会話文問題：文の挿入・選択・記述，語句の並べ換え，語句補充・選択，和文英訳，要約文などを用いた問題，条件英作文，感嘆文，進行形，動名詞，接続詞，助動詞，受け身，不定詞，比較，関係代名詞，分詞の形容詞的用法，間接疑問文)

(全訳) (自宅で，奈々がケイトに1枚の写真を見せている)／ケイト(以下K)：この写真では，あ

なたは赤い*着物*を着ていますね。[A]イ何と美しいのでしょう！／奈々(以下N)：ありがとうございます。私の叔父の結婚式の際に，私の母がこの写真を撮影しました。／K：あなたの*着物*の花柄は素晴らしいですね。／N：本当ですね。これは私の家族の大切な*着物*なのです。／K：なぜこの*着物*はかけがいのないものなのですか？／N：実は，これは，30年前に私の母のために，私の祖母が購入した*着物*なのです。／K：まあ，あなたはあなたのお母さんの*着物*を着用したのですね。／N：ええ，でも，去年，母は私にそれをくれたのです。だから，この*着物*はⓐア私のものなのです。／K：なぜあなたのお母さんはそれをあなたに与えたのですか？／N：この赤い*着物*には，長いそでがついていますよね。このような種類の*着物*は若い人のためのものである，と彼女は考えて，現在，彼女がそれを着ることはありません。／K：私にもⓑエ似た経験があります。私の母は，彼女のクローゼットに素敵なドレスを所有していますが，彼女はそれを着ません。誕生日パーティーに行く時に，私はいつもそれを着るのです。／N：きっと，あなたの友達にとって，そのドレスはお気に入りとなっていることでしょう。／K：ありがとうございます。私がそれを着ると，みんなが私にどこでそれを見つけたのかと尋ねてきます。／N：古い洋服のデザインは，新しいものと異なっていますよね？／K；はい！　私は使い古しの服を着ることが楽しい，と考えています。ⓒイしかし，他の人々の服を着るのは，寸法の(違いの)ために，簡単ではありませんよね。実は，私の母のドレスは私にとっては大きかったので，彼女がそれを直してくれたのです。誰があなたの*着物*を直したのですか？／N：[B]ウ誰も直していません。*着物*は単純な形をしているので，違う人々が容易に用いることが可能なのです。／K：興味深いです。*着物*は美しいだけでなく，機能的でもあるのですね。／N：その通りです，だから，私は*着物*が大好きなのです。私の赤い*着物*に新しい生命を与えることができて，嬉しいです。／K：[C]アどういうことですか？／N：もし私が赤い*着物*を着れば，あなたのお母さんのドレスのように，*着物*がクローゼットから出る，より多くの機会が得られることになるからです。／K：それは*着物*を再利用する妙案と言えますね。／N：私は特別な日にそれを着るでしょう！

(1)　[A]　ケイト：「この写真では，あなたは赤い*着物*を着ている。[A]」／奈々：「ありがとう」ケイトの空欄Aのせりふを受けて，奈々が感謝の意を示していることから，判断する。正解は，イ「何と美しいのでしょう！」。How beautiful ! ← **感嘆文「何と～なのだろう」<How ＋形容詞[副詞](＋主語＋動詞)！>** cf. <What ＋ a[an]＋形容詞＋名詞(＋主語＋動詞)！> are wearing ← <**be動詞＋ -ing**>「**～しているところだ**」進行形　ア Excuse me.「失礼します，すみません」／ウ「そのことを知らなかった」文脈に当てはまらない。

[B]　ケイト：「他の人々の服を着るのは，寸法の(違いの)ために，簡単ではない。実は，私の母のドレスは私にとっては大きかったので，彼女がそれを直してくれた。誰があなたの*着物*を直したのか」／奈々：「[B] *着物*は単純な形をしているので，違う人々が容易に用いることができる」空所の次の発言 *kimono* can be used easily by different people とあるので，*着物*には寸法直しが必要ないことになる。正解は，ウ「誰もそれ(直すこと)をしていない」。wearing other people's clothes ← <**原形＋ -ing**>「**～すること」動名詞**　<because of ＋名詞相当語句>「～のために」～，**so** ……「**～，だから……**」can be used ← <助動詞＋ be ＋過去分詞> 助動詞を含む受け身　ア「あなたが私を大いに助けてくれた」a lot「大いに」　イ「どうか，私に教えてください」<let ＋ O ＋原形>「Oに～［原形］させる」

[C]　空所は，ケイトの I'm glad to give my red *kimono* a new life.(「私の赤い*着物*に新しい生命を与えることができて嬉しい」)を受けて，発したせりふ。空所以降，奈々が発言の真意を説明していることから判断すると，ケイトは奈々の発言の真意わからず，空所の発言によって，その説明を求めたことになる。正解は，ア「どういうことか」。

I'm glad to give ～ ← ＜感情を表す語 ＋不定詞[**to** ＋原形]＞「～してある感情がわきあがる」**more** ← **many**／**much** の比較級「もっと多く(の)」 イ「あなたは何をしているところか」What are you doing? ← ＜**be**動詞＋ **-ing**＞「～しているところだ」進行形 ウ What's wrong?「何の調子が悪いのか[何がおかしいのか]」

(2) (Actually,) this is the *kimono* my grandmother bought (for my mother thirty years ago.) the *kimono*▼my grandmother bought「私の祖母が買った*着物*」← ＜先行詞(＋目的格の関係代名詞)＋主語＋動詞＞「主語が動詞する先行詞」目的格の関係代名詞の省略

(3) (ⓐ)前文で「去年お母さんが彼女の*着物*を私にくれた」と奈々が述べていることから考える。正解は，「だからその*着物*は[ⓐ]ア私のものである」。～. **So** ……「～である。だから……」 イ「あなたのもの」 ウ「彼のもの」 エ「彼女のもの」 (ⓑ) 空所を含む文以前で，母親が着ない*着物*をもらったことを奈々が話しており，空所を含む文以降では，ケイトが母親の着ないドレスを着ていることが記されている。要するに，2人の経験は「似ている」(similar)のである。 ア「難しい」 イ「自由な」 ウ「悲しい」 (ⓒ)「私は使い古しの服を着ることが楽しい，と考えている。[ⓒ]イしかし，他の人々の服を着るのは，寸法の(違いの)ために，簡単ではない」空所の前後で逆接の関係であることに着目する。wearing used clothes／wearing other people's clothes ← ＜原形＋ **-ing**＞「～すること」動名詞 used clothes ← ＜過去分詞＋名詞＞「～された名詞」過去分詞の形容詞的用法 ＜because of ＋名詞相当語句＞「～のために」 ア「特に」 ウ「突然に」 エ「その結果」

(4) 「みんなが私にどこでそれを見つけたのかときく」を和文英訳する問題。疑問文(Where did you find it?)を他の文(Everyone asks me)に挿入する[間接疑問文]と，＜疑問詞＋主語＋動詞＞の語順(where I found it)になるので，注意。

(5) (全訳)「今日，奈々は私に1枚の写真を見せてくれた。写真では彼女は赤い*着物*を着ていた。その赤い*着物*は奈々の家族にとっては大切なものだったが，現在，彼女のお母さんはそれを着ることはない。奈々は特別な日にそれを着るので，その*着物*は奈々によって再び使用されうるのである。それは良い考えだと私は思う」「使用されうる」can be used ← ＜助動詞＋ be ＋過去分詞＞ 助動詞が含まれる受け身の文。空所 B の次の奈々のせりふに，so it can be used easily by different people という表現が含まれている。

(6) (全訳：解答例含む) K：私は*着物*についてもっと知りたいです。どうするべきですか？／N：[D]*着物*教室へ行って，*着物*の着方を習うべきです。／K：なるほど。それの良い点は何ですか？／N：[E]自分で*着物*を着て，楽しむことができるようになるでしょう。／ケイト：助言をありがとうございました。文脈に合致する英文を考えること。Eの空所には7語以上の英文を挿入する必要がある。**more** ← **many**／**much** の比較級「もっと多く(の)」**should**「～すべきである，するはずだ」

3 (条件作文：接続詞，助動詞)

設問文で示された条件(「アレックスの国の祭りについて学べたので，アレックスのスピーチはとても良かった。私達は地域の文化を尊重しなければならない」という内容をアレックスに渡すコメントの形式でまとめる)を満たした英文を書くこと。「～なので」**because** 「～しなければならない」 ＜**must** ＋原形＞ 「～を尊重する」respect／think much of

4 (長文読解問題・紹介文：語句の問題，英問英答・記述，適語補充・選択，日本語で答える問題，

内容真偽，分詞の形容詞的用法，不定詞，進行形，動名詞，関係代名詞，前置詞，比較，文の構造・目的語と補語，接続詞，受け身)

(全訳)　毎年5月に，私たちの学校では運動会がある。当日，各クラスが踊りの演技を発表することになっている。自分のクラスの踊りのリーダーの1人になった時に，私は興奮をⓐ(感じた)。亜希と良もリーダーになった。

4月のある日に，亜希，良，そして，私は，教室で最初の会議を催した。私達はどのような種類の音楽を私達の踊りに使用するかを決定したかったのである。最初に，亜希は私達に言った。「私達は有名な日本の歌を選ぶべきです。A多くの生徒が既に知っている歌を使うことで，私達のクラスメイトはわけなく踊ることができます。また，聴衆が有名なメロディーを聞けば，彼らもより楽しめるでしょう」私は彼女の意見に反対だった。私は亜希に言った。「もし私達が人気のある日本の歌を使ったら，私達の踊りは他のクラスの踊りと同じものになるかもしれません。B私達の踊りを類のないものにするためには，古いアメリカのロック音楽を使いたい，と私は考えています。聴衆はそれに興味を抱くと思います」亜希は言った。「英語でⓑ(書かれた)歌を使うということですか？　それはするべきではありません。私は古いアメリカのロック音楽は好きですが，去年，それを演技に使ったクラスは存在しません」

会議中に，亜希は決して彼女の意見を変えることはなく，私も自分の意見を変えなかった。良はただ私達の話を聞いているだけだった。最終的に，亜希と私は話すことを止めて，教室は静かになった。

数分後，良が話し始めた。「そうですね，あなた達の使いたい音楽は違いますが，亜希と正太は同じことをしたいと願っていますね」私は驚いて，尋ねた。「同じことですか？」良は答えた。「そうです。あなた達は2人共，私達の踊りを見ている人々がそれを楽しむことを願っていて，私も賛成なのです。あなた達の意見は素晴らしいので，それらを融合させましょう。2曲使うのはどうでしょうか？」亜希と私は互いを見つめ合った。

すると，亜希は言った。「それは良い考えです！　私達の踊りを古いアメリカのロック音楽で始めましょう。聴衆はきっと驚くでしょう」私は言った。「素晴らしいです！　彼らが驚いた後に，人気のある日本の歌を使いましょう。彼らは私達の踊りを一緒に楽しむことができます」良は言った。「良いでしょう。では，どのようにして私達の計画をクラスメイトに伝えるかについて，話し合いましょう」

その会議後に，私は「良，あなたのおかげで，私たちは良いチームになりました」と言った。良は笑って，答えた。「いいえ，あなたと亜希によりそのことは実現したのです。あなた達は二人共，自身の考えを持っていて，私達の踊りを良くするために，それらを発言することを恐れませんでした。そのことが私に影響を与えたのです」

翌日，私達の計画をクラスメイトへ紹介したが，何人かの生徒がその計画を良いとは考えなかった。彼らは「古いアメリカのロック音楽はかっこよくない」と述べた。そこで，亜希は古いアメリカのロック音楽のCDを私達のクラスメイトへ示した。私達はそれを一緒に聞き，良は踊った。彼らの支援のおかげで，クラスメイト全員が私達の意見に賛成して，私達は古いアメリカのロック曲と人気のある日本語の歌を選んだ。私は亜希と良に言った。「あなた達の助けなしで，私ができることは限られている，ということに，私は気づきました。素晴らしい踊りの演技を一緒に作り出しましょう」

(1)　ⓐ　when ~ の節の動詞 became に合わせて，feel の過去形 felt にすること。　ⓑ　a song written in English「英語で書かれた歌」← ＜名詞＋過去分詞＋他の語句＞「～された名詞」過去分詞の形容詞的用法

(2)　①　質問「踊りのリーダー達は，最初の会議で何を決定したかったか」第2段落第2文の We wanted to decide what kind of music to use for our dance. を参考にすること。<**what** **+不定詞[to +原形]**>「何を〜するか」　②　質問「正太と亜希が話すのをやめる前に，良は何をしていたか」第3段落第2・3文に Ryo was just listening to us. Finally, Aki and I stopped talking, 〜 とある。What was Ryo doing 〜 ?／was listening ← <**be動詞+ -ing**> 動名詞；動作の進行を示す。<**stop +動名詞[原形+ -ing]**>「〜することを止める」

(3)　A 「私達は有名な日本の歌を選ぶべきだ。 A 歌を使うことで，私達のクラスメイトはわけなく踊ることができる。また，聴衆が有名なメロディーを聞けば，彼らもより楽しめるだろう」日本の有名な曲を使うということは，多くの人々に知られている曲を使用するということなので，正解は，「わずかな生徒しか知らない」ではなくて，「多くの生徒がすでに知っている」。by using a song ← <前置詞+動名詞[原形+ -ing]>　a song that many students already know「多くの生徒がすでに知っている歌」← <**先行詞+目的格の関係代名詞 that +主語+動詞**>「**主語が動詞する先行詞**」**more ← many／much の比較級「もっと多く(の)」** only a few「ほんのわずかの〜」

B 「もし私達が人気のある日本の歌を使ったら，私達の踊りは他のクラスの踊りと同じものになるかもしれない。 B ためには，古いアメリカのロック音楽を使いたい，と私は考えている」人気のある日本の歌を使うと，他のクラスと同じ踊りになる，ということは，他のクラスでも人気のある日本の歌を使用しているということを示唆している。以上の点を踏まえて，他のクラスと異なるアメリカのロック音楽を使う目的を考えること。正解は，「他のクラスの例にならう」ではなくて，「踊りを他には類のないユニークなものにする」。make our dance unique ← **make A B「AをBの状態にする」** follow the other classes「他のクラスの例に従う」

(4)　良：「使いたい音楽は違うけれど，亜希と正太は同じことをしたいと願っている。〜 あなた達は2人共，＿＿＿＿ことを願っていて，私も同意見だ。あなた達の意見は素晴らしいので，それらを融合させよう。2曲使ったらどうだろうか」以上の文脈から，適語を選ぶこと。正解は，エ「私達の踊りを見ている人々がそれを楽しむ」。<want +人+不定詞>「人が〜［不定詞］することを欲する」people watching our dance「私達の踊りを見て楽しむ人々」← <**名詞+現在分詞+他の語句**>「**〜している名詞」現在分詞の形容詞的用法**　the music▼you want to use「あなたが使いたい音楽」← <**先行詞(+目的格の関係代名詞)+主語+動詞**>「**主語が動詞する先行詞」目的格の関係代名詞の省略**　〜, so ……「〜である，だから……」<**let's +原形**>「〜しよう」put 〜 together「〜を一緒にする」<How about +動名詞[原形+ -ing]〜 ?>「〜しませんか，〜するのはどうですか」　ア「私達の踊りに有名な英語の歌を使う」亜希は日本の有名な曲を使うことを望んでいるし，2曲を使うという後続の提案に合致しないので，不適。　イ「踊りが上手いということを他の生徒に示す」／ウ「私達のクラスメイトが素早く踊る」いずれも亜希や正太が願っていることとは言えず，後続の文脈に適合しないので，不適。<be動詞+ good + at>「〜が上手い」

(5)　第6段落第2文で，良は正太と亜希に対して，Both of you had your own ideas and weren't afraid to say them to improve our dance. That influenced me. と述べている。<one's own + 名詞>「自分自身の名詞」<be動詞+ afraid +不定詞>「〜［不定詞］することを恐れる」to improve our dance「私達の踊りを改良するために」不定詞の目的(「〜するために」)を示す副詞的用法

(6)　第7段落において，正太がクラスメイトに計画を話した日のことが書かれており，その中で

正太は亜希と良に，I realized that things which I can do without your help are limited. と伝えている。the things which I can do「私ができること」← <**先行詞(もの)＋ 目的格の関係代名詞 which ＋主語＋動詞**>「**主語が動詞する先行詞**」are limited ← **受け身**「**～される，されている**」<**be動詞＋過去分詞**>

(7)　ア 「亜希，良，そして，正太は最初の会議を開き，クラスメイト全員にその会議に参加するように言った」(×)　最初の会議は3人だけで開いた(One day in April, Aki, Ryo, and I had the first meeting in the classroom.：第2段落第1文)。<tell ＋人＋不定詞>「人に～［不定詞］するように言う」　イ 「人気のある日本語の歌は踊りの演技で常に使われている，と良は正太に言った」(×)　記述ナシ。were used ← **受け身**「**～される，されている**」<**be動詞＋過去分詞**>　ウ 「最初，亜希と正太は違う意見をもっていたが，彼らがよりよい意見をもつように，良が手助けした」(○)　亜希と正太の意見が違うことは第2段落で明らかになるが，第4段落では，良が二人の間を取り持ち，二人の意見が生かされるような折衷案を提案していることが述べられている。at first「当初」<help ＋ O ＋原形>「Oが～［不定詞］することを手助けする」**better ← good／well の比較級「より良い［良く］」**　エ 「英語の歌が好きではない生徒が何名かいたので，正太のクラスは日本語の歌を2曲選んだ」(×)　正太達の計画を良いと思わない生徒が当初存在していたことは事実だが，最終的には，クラスの全員が賛成して，古いアメリカのロック曲と人気のある日本語の歌を選んでいる(第7段落第5文：Thanks to their［Aki and Ryo's］support, all of the classmates agreed with us, and we chose an old American rock song and a popular Japanese song.)ので，不一致。thanks to「～のおかげで」agree with「～と同じ意見である」

2023年度英語　放送による問題

〔放送台本〕

はじめに，(1)を行います。これから，中学生の健(Ken)と留学生のリサ(Lisa)が，英語で🄰，🄱，🄲，🄳の4つの会話をします。それぞれの会話のあとに，英語で質問をします。その質問の答えとして最も適切なものを，ア，イ，ウ，エの4つの中から1つ選び，記号で答えなさい。なお，会話と 質問は2回繰り返します。

🄰 Lisa: Hi, Ken. Look at this picture. This is my favorite movie character.
Ken: Oh, she has a long pencil in her hand. Why does she have it?
Lisa: Because she loves studying. She also likes plants, so she holds three flowers in her other hand.
Ken: I see.
質問　Which is Lisa's favorite movie character?

🄱 Ken: We're going to visit the science museum tomorrow. I'm so excited.
Lisa: Me, too. Don't forget your cap, lunch, and something to drink.
Ken: I see, but we'll go there by bus. So we don't need a cap.
Lisa: You're right. Oh, if you have a camera, can you bring it?
Ken: Sure. I have a good one.
質問　What will Ken bring to the science museum?

Ⓒ Ken: Lisa, have you finished your tennis practice?
Lisa: Yes, it was hard.
Ken: Would you like to eat some cookies? I made them yesterday.
Lisa: Wow, your cookies look delicious. Can I eat this big one now?
Ken: Of course, but wait. Before eating it, wash your hands.
Lisa: Oh, I've already done it.
Ken: OK, here you are.
質問　What will Lisa do next?

Ⓓ Lisa: Good morning, Ken. Why do you have an umbrella? It's cloudy now, but it will be sunny here in Shizuoka this afternoon.
Ken: I'm going to see my grandmother in Tokyo. This morning, the TV news said, "It has been raining in Tokyo since yesterday."
Lisa: Oh, I watched that, too. It will not stop raining there until tomorrow, right?
Ken: Yes. I wish it would be sunny in Tokyo today.
質問　Which TV news did Ken and Lisa watch?

〔英文の訳〕

Ⓐ　リサ(以下L):こんにちは，ケン。この絵を見てください。これは私の好きな映画のキャラクターです。／ケン(以下K)：おお，彼女は片手に長い鉛筆を1本持っていますね。なぜ彼女はそれを持っているのですか？／L：彼女は勉強をするのが大好きだからです。また，彼女は植物も好きなので，別の手に3本の花を握っています。／K：なるほど。

質問：リサの好きな映画のキャラクターはどれですか？

Ⓑ　K：私達は明日科学博物館へ行くことになっています。僕はとてもワクワクしています。／L：私も同感です。帽子，昼食，そして，飲み物を忘れないでください。／K：わかりました，でも，私達はそこへバスで行きます。だから，帽子は必要ありません。／L：その通りです。あっ，もしカメラを持っているのならば，それを持ってくることは可能ですか？／K：もちろんです。良いカメラを持っています。

質問：何をケンは科学博物館へ持っていきますか？

Ⓒ　K：リサ，あなたのテニスの練習は終わりましたか？／L：ええ，大変でした。／K：クッキーを食べませんか？　昨日私が作りました。／L：わあ，あなたのクッキーは美味しそうですね。今，この大きいのを食べてもいいですか？／K：もちろんです，でも，待ってください。それを食べる前に，両手を洗ってください。／L：あっ，それは既に済ませています。／K：はい，どうぞ。

質問：次にリサは何をしますか？

Ⓓ　L：ケン，おはようございます。なぜあなたは傘を持っているのですか？　今は曇っていますが，今日の午後は，ここ静岡では晴れますよ。／K：私はこれから東京の祖母に会いに行くのです。今朝，テレビのニュースで，『昨日から東京では雨が降り続いています』と言っていました。／L：あっ，私もそれを見ました。明日まで，そこでは雨が止まないのですよね？／K：はい。今日，東京が晴れだったら良いのですが。

質問：どのテレビのニュースをケンとリサは見ましたか？

〔放送台本〕

次に，(2)を行います。これから，中学生の健(Ken)が，英語で話をします。その話の内容について，問題用紙にある3つの質問をします。それぞれの質問に対する正しい答えとなるように，(　)の中に，適切な語や語句を記入しなさい。なお，先に問題用紙にある質問を2回繰り返し，そのあとで話を2回繰り返します。

質問1　Who walks with Ken every morning?

質問2　What does Ken enjoy watching in the morning?

質問3　What does Ken do after walking?

続いて，話をします。

What time do you usually get up? Every morning, I wake up at five thirty and walk in my town with my brother.

While we are walking, we talk a lot. It is a good time for us. Also, I enjoy two things. First, it's fun for me to watch some white birds. When they are flying in the morning sky, they look beautiful. Second, there is a station near my house, and some colorful trains stay there. I enjoy watching them, and I sometimes take pictures of them.

After we come home, my father makes green tea for me, and I drink it. My father and brother drink coffee. It is the happiest moment in the morning.

〔英文の訳〕

質問1：毎朝ケンと歩くのは誰ですか？―　答え：彼の兄[弟]がする。

質問2：朝，ケンが見て楽しむのは何ですか？―　答え：彼は白いⓐ鳥と色とりどりのⓑ電車を見て楽しむ。

質問3：ケンはウォーキングの後に何をしますか？―　答え：ウォーキング後に，彼は緑茶を飲む。

何時にあなたは通常起きますか？　毎朝，私は5時30分に起きて，私の兄[弟]と一緒に私の町を歩きます。

歩いている間に，私達はたくさん話をします。私達にとっては楽しい時間です。また，私は2つのことを楽しみます。まず，白い鳥を見るのが私にとっては楽しみとなります。朝空を飛んでいる時は，それらの鳥は美しく見えます。次に，私の家の近くには駅があり，色とりどりの電車がそこにとまっています。私は，それらを見て楽しみ，時にはそれらの写真を撮ります。

私達が帰宅した後に，私の父が私に緑茶を入れてくれるので，私はそれを飲みます。私の父と兄[弟]はコーヒーを飲みます。それは朝の最も幸せな瞬間です。

＜理科解答＞

1　(1)　衛星　(2)　ア　(3)　(例)受精によって両方の親からそれぞれの染色体を受け継ぐから。　(4)　6

2　(1)　①　a　ウ　b　葉緑体　②　ア，エ　③　a　0.5　b　ウ
(2)　①　単細胞生物　②　(例)水中の酸素が不足するから。[分解に大量の酸素を使うから。]

3　(1)　①　電離　②　a　$Zn \rightarrow Zn^{2+} + 2e^{-}$　b　イ　③　(例)金属板の面積も変えたから。
(2)　①　エ　②　次ページの図1　(3)　12

4　(1)　次ページの図2　(2)　①　ウ　②　(例)下降気流が生じるから。　(3)　16

5　(1)　①　風化　②　(記号)　ウ　(理由)　(例)粒が最も小さいから。　(2)　イ

6　(1)　①　(例)(ばねを)引く力　　②　a　(例)重力の斜面に平行な分力の大きさが大きくなるから。　b　オ
(2)　①　力学的エネルギー　　②　(例)運動エネルギーが大きいため，移動距離は大きくなる。
(3)　①　ア　　②　0.4

図1
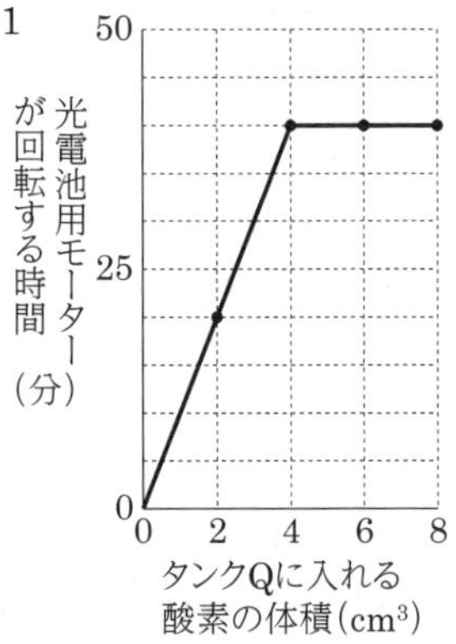

図2
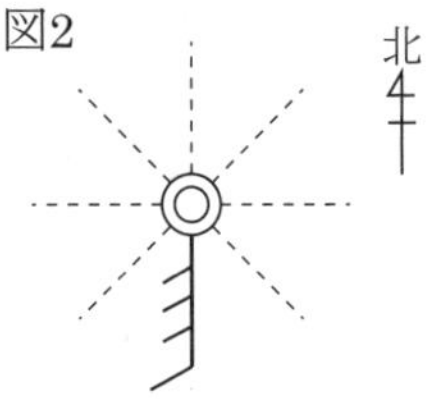

＜理科解説＞

1　(小問集合)

(1)　惑星のまわりを公転している天体を，衛星という。

(2)　ストローBには，ストローAと同じ電気が生じているため，近づけると退け合う。ティッシュペーパーには，ストローAと異なる電気が生じているため，近づけると引き合う。

(3)　有性生殖では受精をともなう。受精では，異なる個体の生殖細胞が合体するため，受精によって生じた個体は両親のどちらかと同じ形質を現すこともあれば，異なる形質を現すこともある。

(4)　20%の硝酸カリウム水溶液250gにふくまれている硝酸カリウムの質量は，250〔g〕×0.2＝50〔g〕　よって，この水溶液の溶媒の質量は，250－50＝200〔g〕　10℃の水200gにとける硝酸カリウムの質量は，22〔g〕×$\frac{200〔g〕}{100〔g〕}$＝44〔g〕　よって，水温を下げたときに結晶として出てくる硝酸カリウムの質量は，50－44＝6〔g〕

2　(生物・環境総合)

(1)　①　a　倍率を高くするときは，レボルバーに取り付けた対物レンズを変える。倍率を高くすると，狭い範囲をより大きく拡大して見ることになるため視野を照らす光が少なくなり，暗くなる。　b　植物の細胞の中にある緑色の粒(葉緑体)で，光合成が行われる。　②　**双子葉類**は被子植物なので，胚珠は子房の中にある。また，双子葉類に分類される植物の根は，すべて主根と側根からなる。　③　a　ツバキの葉の裏側と葉以外から蒸散している量が6.0g，葉の表側と葉以外から蒸散している量が1.3g，葉の表側と裏側と葉以外から蒸散している量が6.8g。よって，葉以外から蒸散している量は，6.0＋1.3－6.8＝0.5〔g〕　b　蒸散量を気孔の数に置き換えて考える。aより，ツバキの葉以外の部分からの蒸散量が0.5gなので，ツバキの葉の表側からの蒸散量は1.3－0.5＝0.8〔g〕，葉全体からの蒸散量は6.8－0.5＝6.3〔g〕　よって，葉の表側の気孔の割合は，0.8÷6.3×100＝12.6…〔%〕　同様に，アサガオの葉以外からの蒸散量は，2.8＋1.7－4.2＝0.3〔g〕　葉の表側からの蒸散量は1.7－0.3＝1.4〔g〕，葉全体からの蒸散量は4.2－0.3＝3.9〔g〕　よって，葉の表側の気孔の割合は，1.4÷3.9×100＝35.8…〔%〕　よって，アサガオの方が大きい。

(2)　①　1つの細胞ですべての生命活動を行っている生物を，単細胞生物という。　②　水中にとけている酸素はそれほど多くないため，分解を行うために微生物が大量の酸素を使ってしまうと，他の生物が利用できる酸素が非常に少なくなる。

3 (化学総合)

(1)　①　物質が水に溶けて陽イオンと陰イオンに分かれることを，**電離**という。　②　a　亜鉛板から亜鉛原子(Zn)が電子を2個放出して亜鉛イオン(Zn^{2+})となる変化が起こっている。　b　亜鉛板では，原子が電子を放出して溶け出している。放出された電子はモーターを通って銅板へ移動する。電子の流れと電流の流れは逆向きになるので，電流は銅板からモーターを通り，亜鉛板へ流れることになる。つまり，**電流が流れ出す銅板が＋極**である。　③　下線部ⓑでは，金属板と水溶液の組み合わせのほか，金属板の面積を変えているので，モーターの回転が速くなった原因が何によるものなのかを明らかにできない。

(2)　①　アでは酸素，イでは二酸化炭素が発生し，ウでは気体は発生しない。　②　酸素4cm^{3}を加えたときに，酸素と水素は過不足なく反応する。このとき，水素は8cm^{3}反応するので，水素がすべて反応するためにかかる時間は，5〔分〕×8〔cm^3〕＝40〔分〕　酸素を4cm^{3}より多く加えても，水素が8cm^{3}反応することは変わらないので，反応時間が40分であることも変わらない。

(3)　混合気体に加えた水素の体積を1とすると，空気の体積も1となるため，窒素は0.8，酸素は0.2と表すことができる。これらに点火すると，0.2の酸素と0.4の水素が反応して水となるため，余った気体は1＋1－(0.2＋0.4)＝1.4となり，このうち水素は1－0.4＝0.6と表すことができる。1.4が28cm^{3}に相当するので，0.6が表す体積をx cm^{3}とすると，1.4：28＝0.6：x　x＝12〔cm^3〕

4 (気象)

(1)　くもりの天気記号は◎，風向は南なので，矢を南側に立てる。

(2)　①　温暖前線が通過する前は長い時間雨が降るが，前線通過とともに雨はやみ，気温は上昇し，風は東よりから西よりに変わる。　②　高気圧の中心付近には**下降気流**があるため，雲ができにくい。

(3)　加湿器により空気1m^{3}あたりに追加した水蒸気量は，120〔g〕÷50〔m^3〕＝2.4〔g/m^3〕　2.4g/m^{3}の水蒸気を追加することで，湿度が50－35＝15〔%〕上昇している。飽和水蒸気量は湿度100%に相当するので，求める飽和水蒸気量をx〔g/m^3〕とすると，15：2.4＝100：x　x＝16〔g/m^3〕

5 (大地の成り立ちと変化)

(1)　①　岩石が，気温の変化や水のはたらきで，表面からぼろぼろにくずれていくことを風化という。　②　れき，砂，泥の中では，泥が最も粒の大きさが小さいために，河口から海へ放出されたのち，水中を浮遊しながら沖までいき，海底に堆積して岩石となる。

(2)　**花こう岩**は，等粒状組織からなる深成岩で，無色鉱物を多くふくむために色は白っぽい。

6 (物理総合)

(1)　①　ばねののびと，ばねを引く力の大きさが比例することを，**フックの法則**という。
②　a　重力の大きさは変化しないが，斜面の角度が大きくなることで重力の斜面に平行な分力が大きくなる。　b　質量60gのとき，金属球の重力の斜面に平行な力の大きさが0.45Nであることから，質量が2倍の120gになれば，金属球の重力の斜面に平行な分力の大きさも2倍の大きさになり，0.45〔N〕×2＝0.90〔N〕になると考えられる。図13より，ばねばかりの値が0.9Nのときの斜面の角度は，50°と読み取れる。

(2)　①　位置エネルギーと運動エネルギーの和を，**力学的エネルギー**という。　②　同じ高さから放しても，質量が大きい金属球Qの方が水平面における運動エネルギーは大きくなる。よって，木片の移動距離は大きくなる。

(3)　①　縦軸速さ・横軸時間のグラフの面積から，**移動距離**を求めることができる。斜面の距離は，1.6〔s〕×1÷2＝0.8となるので，中点は0.8÷2＝0.4と表せる。よって，運動開始後0.8秒のときの移動距離を求めると，0.8〔s〕×0.5÷2＝0.2となり，これは0.4に達していない。つまり，運動開始後0.8秒では，まだ中点(0.4)に達していないとわかる。

②　縦軸速さ・横軸時間のグラフの面積から，移動距離を求めることができる。図16より，小球が水平面を移動する距離はグラフの1.6秒から2.4秒が表す長方形の面積で求められることから，1×(2.4－1.6)＝0.8と表せる。図17の装置を用いても水平面での移動距離は変化しない。また，運動を始めてから1.2秒後に速さ2で等速直線運動をしており，面積が0.8となる長方形のグラフとなるためには，等速直線運動を行っている時間〔s〕は0.8÷2＝0.4〔s〕となる。つまり，図17の装置で実験を行った場合，速さ2で等速直線運動を行ったのは，1.2－0.4＝0.8〔s〕より，0.8～1.2秒の間の0.4秒間であると求められる。よって，斜面を下っていたのは運動開始直後から0.8秒までの間である。この運動をグラフにまとめると，速さが1となるのは運動開始後0.4秒のときだとわかる。

＜社会解答＞

1　(1)　イ　(2)　風土記　(3)　平清盛　(4)　a　ウ　b　(例)東アジアと東南アジアの間に位置し，万国のかけ橋となった。　(5)　分国法[家法，家訓]　(6)　a　ア　b　(例)イギリスと対立していたフランスが，植民地側で参戦したから。　(7)　a　徴兵令　b　(例)地租の税率を引き下げて，農民の不満をおさえるため。　(8)　イ→ア→ウ　(9)　a　(例)沖縄が日本に返還された。　b　(例)15～64歳の就業者の割合が減少し，就業者数は増加しているので，65歳以上の就業者数は増加している。

2　(1)　a　青森　b　(例)気温が上昇しており，ももの方が高い気温でも栽培できるから。　(2)　a　エ　b　ウ　(3)　a　(例)2つの海流がぶつかる場所だから。　b　養殖漁業[養殖業，養殖]　(4)　a　(例)冬に多く降る雪が，積もりにくいから。　b　(例)(理由)阿武隈川より🅇の付近の方が標高が高いから。　(土地の利用)　ア　c　イ→ウ→ア

3　(1)　a　本初子午線　b　太平洋　(2)　ⓑ　(3)　🄲　(4)　a　レアメタル[希少金属]　b　(例)多くの民族がおり，共通の言語が必要だから。　c　(例)ウガンダは海に面していないが，港を利用しやすくなる。

4　(1)　a　イ　b　(例)輸入品の価格が高くなり，国内の産業が保護される。　(2)　a　カ　b　三権分立[権力分立]　c　エ　(3)　(例)企業の大多数は中小企業であり，年次有給休暇取得促進に取り組む中小企業を支援することで，企業規模が小さい企業の取得率が低い状況を改善するねらい。

＜社会解説＞

1　(歴史的分野―日本史―時代別―古墳時代から平安時代，鎌倉・室町時代，安土桃山・江戸時代，明治時代から現代，日本史―テーマ別―政治・法律，文化・宗教・教育，外交，世界史―政治・社会・経済史)

(1)　小野妹子が**遣隋使**として中国に派遣されたことから判断する。

(2)　奈良時代には，風土記のほかにも歴史書である**古事記・日本書紀**，日本最古の和歌集である

万葉集などが編纂された。

(3)　平清盛は，娘を天皇のきさきにし，生まれた男子を天皇として即位させるなどして強い権力をにぎった。また，大輪田泊を修築して**日宋貿易**を行った。

(4)　a　首里城は世界文化遺産として登録されており，2000円札にも描かれている。　b　琉球王国は日本・東南アジアの珍しい品物を明に持ち込み，その返礼として得た生糸や絹織物，陶磁器などを諸国に転売する**中継貿易**によって繁栄した。

(5)　武田氏の「甲州法度次第」，今川氏の「今川仮名目録」などが有名。

(6)　a　**歌川広重**は「東海道五十三次」を描いた。イは元禄文化，ウは桃山文化，エは鎌倉文化。　b　資料2から，アメリカ独立戦争が開戦する1775年以前に北アメリカの支配をめぐりイギリスとフランスが対立していたこと，開戦後にフランスが植民地側で参戦したことが読み取れる。

(7)　a　江戸時代のような武士中心の軍隊ではなく，国民による西洋式の軍隊の必要性を感じた明治政府は，**徴兵令**発布の後に帯刀を禁止するなどして士族の特権を剥奪したため，士族の不満が高まっていった。　b　資料3中の「百分の二ヶ半」は2.5％の意。このことから，1877年には地租が地価の**3％**から**2.5％**に引き下げられたことがわかる。

(8)　アが1937年，イの満州事変が1931年，ウが1940年のできごと。

(9)　a　日本に沖縄が返還されたのは1972年。　b　グラフ1から読み取れる，15～64歳の就業者の割合と就業者数の変化についてそれぞれ読み取ると，65歳以上の就業者数が増加していることがわかる。

2　(地理的分野—日本—地形図の見方，日本の国土・地形・気候，人口・都市，農林水産業，資源・エネルギー)

(1)　a　青森県では，津軽平野で**りんご**の栽培がさかん。　b　地球温暖化に関連する気温上昇に触れた上で，表1から，もも栽培に適する気温がりんごよりも高いことを読み取る。

(2)　a　[C]は岩手県。東部のリアス海岸とは**三陸海岸**のこと。**奥羽山脈**は県の西部にある。仙台市は宮城県の県庁所在地。　b　**やませ**の影響を強く受ける[C]の岩手県の沿岸部では夏の気温が上がらず，米の生育には不向きであることから，東北地方の中では米の産出量が少なくなる。人口が最も多いアが[D]の宮城県，果実の産出額が最も多いイがももの栽培がさかんな[E]の福島県，米の産出額が最も多いエが[B]の秋田県。

(3)　a　三陸海岸沖には，暖流の**日本海流(黒潮)**と寒流の**千島海流(親潮)**がぶつかる潮目がある。　b「育てる漁業」のうち，人工的に卵を孵化させた稚魚をいったん海や川へ放流する場合は**栽培漁業**という。

(4)　a　日本海側は北西季節風の影響で豪雪地帯となる。　b　阿武隈川付近に見られる水準点に「230.9」，[X]付近に「265」と示されていることから，図3の東側よりも西側の方が標高が高いことが読み取れる。　c　グラフ2のⓐが火力発電，ⓑが水力発電，ⓒが原子力発電。東日本大震災がおこった2011年までは，**原子力発電**の占める割合が年々上昇していたことから判断する。

3　(地理的分野—世界—人々のくらし・宗教，地形・気候，人口・都市，産業，交通・貿易)

(1)　a　本初子午線はイギリスの首都**ロンドン**を通る。　b　経度0度線から見た地球の反対側には経度180度線が通る。この付近に引かれているのが**日付変更線**で，ユーラシア大陸東端と北アメリカ大陸西端の間を通るように引かれている。

(2)　年中気温が30度弱でほぼ一定であることから，赤道付近の気候であると判断する。

(3)　4か国のうち人口最多で石炭の輸出がさかんであることから判断する。(い)が[B]のサウジアラビア，(う)が[A]のケニア，(え)が[D]のブラジル。

(4)　a　**レアメタル**はアフリカ大陸南部での産出がさかん。　b　グラフ4から，国内に複数の民族がいることが読み取れ，それぞれ使用する言語が異なることが想像できる。

c　図4から，ウガンダが内陸国であることが読み取れる。国土が海に面していないということは海上輸送を行うことができず，輸出入などの際に不利となる。

4　**(公民的分野─憲法・基本的人権，国の政治の仕組み・裁判，国民生活・社会保障，経済一般)**

(1)　a　2022年2月に比べて4月の方が**円安**になっている。1円あたりのドルの金額を考えたとき，2022年2月は115.2分の1ドルであるのに対し，4月は126.1分の1ドルとなるため，2月の方が交換できるドルの金額が高くなる。　b　消費者が輸入品を購入する場合，関税分が上乗せされた代金を支払うことになる。政府が関税を引き上げると輸入品の末端価格が上がるため，割高に感じて輸入品の購入を敬遠する消費者が増えることになる。

(2)　a　国民の権利を守るために，国王・君主・政府などの政治権力を持つ者も法に従わなければならないという考え方を，**法の支配**という。　b　国の権力が一つの機関に集中し，濫用されることを防ぐために**三権分立**のしくみが採用されている。　c　アは参政権，イは新しい人権，ウは社会権に含まれる。

(3)　表5から，企業規模が小さい企業ほど年次有給休暇の取得率が低いこと，グラフ5から，日本の企業の多くが中小企業であることが読み取れる。以上をふまえた上で，中小企業の年次有給休暇の取得を促進するねらいがあることを読み取る。

＜国語解答＞

一　問一　(あ)　ごうか　(い)　胸　(う)　ひそ　問二　ウ　問三　俳句とはな
問四　(例)自分と同じように言葉に助けられた人がいたことがうれしかったから。
問五　ア　問六　(例)いまの自分の気持ちや，体験を盛るために俳句をやっており，「そら」に友人の名前を掛けて隠した。

二　問一　(あ)　暮　(い)　観客　(う)　どうりょう　問二　エ　問三　相当な知識と想像力　問四　イ　問五　(例)さまざまな要因が複雑に絡まっているため，わからないものにわからないまま的確に対応する術を磨くこと(が必要)。　問六　エ

三　問一　ウ　問二　(例)教えていただき　問三　長距離の部　問四　(例)(見学会の)集合時間　問五　(例)仲間と互いに競い合い，励まし合う陸上部員の姿勢

四　問一　かまえて　問二　イ　問三　(例)きらびやかなよそおいの武具から黒色のよろいで古いもの(に変化したから)。　問四　(例)着飾ることに金銭をついやすと家が貧しくなり，良い家来を召し抱えられなくなるという考え。

五　(例)　私たちは日本語を用いて生活していて，日々他者とコミュニケーションをとる機会がある。先日参加した地域の清掃ボランティアでは，年配の方と組んで活動した。敬語を適切に用いて会話をしたので，円滑なコミュニケーションをとることができた。だれもが気持ちよく過ごしていくために，一人ひとりが用いる言葉を大切に扱い，自分の思いや考えを正確に伝え合う必要がある。

＜国語解説＞

一　(小説—情景・心情，内容吟味，文脈把握，脱文・脱語補充，漢字の読み書き，熟語)

問一　㋐　たくさんお金をかけたようにみえて派手な様子。　㋑「胸」の部首は，にくづき。
㋒　中に隠れていて外にあらわれ出ない状態。

問二 「詩集」は，〝詩の集まり〟であるから，**上の字が下の字を修飾する熟語構成**だ。アは反対の意味の組み合わせ。イは下の字が上の字の修飾語になる組み合わせ。ウが〝花の束〟で上の字が下の字の修飾語になる組み合わせ。エは主語述語の組み合わせである。

問三　〝宿題〟はハセオから与えられたもので，校長先生の胸に突き刺さったため，卒業の日までに考えておくとしていた。**突き刺さったのは，「俳句とはなにか，詩とはなにか。生徒から問われた気がした」とあるから，これが宿題の内容**だと考えられる。

問四　句を選んだ理由として「この学校に，自分と同じように言葉に助けられた人がいたということがうれしくて，最終的にこの句を選んだのだった」とあるから，ここを用いてまとめよう。

問五　□の後に「形がなくて，すぐに消えてしまう」とあるから，「頼りない」という形容が適切だ。

問六　ハセオが俳句を作る目的は「**いまの自分の気持ちや，体験を盛るための器として，自分は俳句をやっている。**」とあることから読み取れる。また俳句大会の句には，**大切な友人の「ソラ」と言う名前を「そら」にかけて隠している**。この二つを含めて説明すればよい。

二　(随筆—大意・要旨，文脈把握，内容吟味，接続語の問題，漢字の読み書き，品詞・用法)

問一　㋐　くさかんむり。　㋑　見物人。　㋒　同じ職場で働く人たち。

問二　エ「求める」はマ行下一段活用動詞。それ以外は五段活用動詞。

問三　第二段落に記述があるように，**新聞やテレビなどからの情報が，自分の毎日の生活とどうつながっているのかは，相当な知識と想像力がなければ理解できない**。したがって問われている不可欠なものは「相当な知識と想像力」である。

問四　この段落は具体的な話が展開されていく。以下，政治などの**例を挙げるにあたっての接続詞**だから，□には「たとえば」が補える。

問五　筆者が読者に求めているのは，「わからないものにわからないまま的確に対応する術を磨」くことである。なぜなら，世界の仕組みは「さまざま要因が複雑に絡まっていて，容易に見通せるものでは」ないからだ。**世界の仕組みは複雑に絡まっているために見抜きづらいので，わからないことが充満している。そこでわからないことをわかった気にならず，わからないままに対応する術が必要なのだ。**

問六　芸術の世界では「曖昧な感情を曖昧なまま正確に表現すること」が求められており，ふしぎなことにできあがった作品は**「必然性が隅々まで行き渡って」いる**と述べられている。できあがった作品は意外性にあふれたものではない。

三　(会話・議論・発表—文脈把握，内容把握，敬語・その他)

問一　話す場合，聞き手の顔を見て話す。原稿ばかり見ているのは不適切である。

問二　教えてもらうのは**自分の行為だから謙譲表現**にする。「もらう」の謙譲語は「いただく」。

問三「長距離の部員は……」の一文は，部員構成の話で練習内容ではない。

問四　見学会に参加するために，何時に集合すればよいかがわからない。

問五　合言葉の表す意味を具体的に説明しよう。メモをふまえると**仲間と競い合い励まし合って向上する姿勢である**と説明できる。

四　(古文─大意・要旨，文脈把握，古文の口語訳，仮名遣い)

【現代語訳】　源頼義の家来に近江国の住人で日置九郎という者がいた。馬や武具の装いがきらびやかであった。頼義はこれを見て機嫌を悪くし，感心しない有り様だ。お前は必ず命を落とすだろう。はやくこれらを売ってしまえ。それも味方の陣営に売ってはならない。敵の陣営に売りなさいと言った。九郎は恐縮して，この日より後の戦で，また以前に劣らぬきらびやかさを尽くした武具を着ていった。着替えた代品だという。頼義は，やはり命を落とす格好である。売ってしまいなさい，絶対にこうしたものを着てはならないと言った。次の日には，九郎は黒色のよろいで古いものを着ていた。頼義は，これこそ喜ばしく結構であるとのお言葉である。着飾ることに金銭を費やしてしまうと，家は貧しくなって，良い家来を召し抱えることができる力がない。それゆえ，敵に相対して滅びやすいのだ，とおっしゃったことである。

問一　**語中・語尾の「は・ひ・ふ・へ・ほ」は，現代仮名遣いで「ワ・イ・ウ・エ・オ」**と書く。

問二　主語はそれぞれ，イは頼義，それ以外は九郎である。

問三　以前は「出たち奇麗なり」の様子であったが，変化後は「黒川縅の古きを着たり」とある。これを口語訳してまとめればよい。

問四　頼義の考えは最後の一文にある。「奇麗にたからをつひやせば……よき郎等を扶持すべきちからなし」なので，命が落ちるといっている。ここを口語訳して頼義の考えとしてまとめればよい。

五　(作文)

まず，グラフから読み取ったことを軸にして，**どうしてその項目に関心を持っているのか**を考えよう。流行に乗りたい気持ちがある，方言などの文化を残したい気持ちがある，対人関係を円滑にしたい気持ちがある，など**項目から読み取れる人の気持ち・考え**がみえてくるはずだ。そしてその内容に合う**例を関連付けて述べ，自分と重ね合わせたうえで自分の考察を述べる**とよいだろう。また，日本語で大切にしたいことをその理由と共にまとめてみるのもよいだろう。

静岡県公立高等学校

2022年度

★★★★★★★★★★★★★★★★★★★★★★★

入　試　問　題

2022年度

●くわしい解説……35ページ

＜数学＞　時間　50分　　満点　50点

1　次の(1)～(3)の問いに答えなさい。(12点)

(1)　次の計算をしなさい。

ア　$6+8\times(-3)$　　　　イ　$(8a^2b+36ab^2)\div 4ab$

ウ　$\dfrac{4x+y}{5}-\dfrac{x-y}{2}$　　　　エ　$\sqrt{7}(9-\sqrt{21})-\sqrt{27}$

(2)　$a=\dfrac{2}{7}$のとき，$(a-5)(a-6)-a(a+3)$ の式の値を求めなさい。

(3)　次の２次方程式を解きなさい。

$(x-2)^2=16$

2　次の(1)～(3)の問いに答えなさい。(６点)

(1)　図１において，点Aは直線ℓ上の点である。２点A，Bから等しい距離にあり，直線APが直線ℓの垂線となる点Pを作図しなさい。

　ただし，作図には定規とコンパスを使用し，作図に用いた線は残しておくこと。

図１

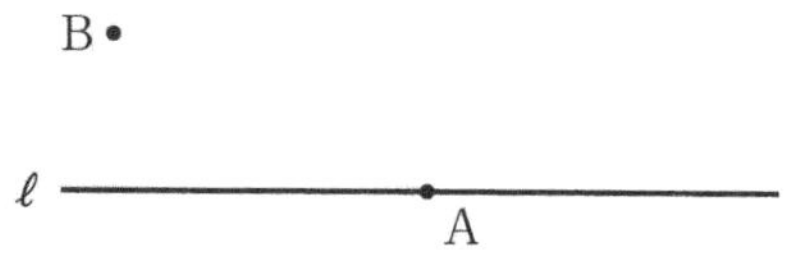

(2)　水４Lが入っている加湿器がある。この加湿器を使い続けると水がなくなるまでにx時間かかるとする。このときの，１時間当たりの水の減る量をy mLとする。yをxの式で表しなさい。

(3)　袋の中に６個の玉が入っており，それぞれの玉には，図２のように，－３，－２，－１，０，１，２の数字が１つずつ書いてある。この袋の中から同時に２個の玉を取り出すとき，取り出した２個の玉に書いてある数の和が正の数になる確率を求めなさい。ただし，袋から玉を取り出すとき，どの玉が取り出されることも同様に確からしいものとする。

図２

袋に入っている玉

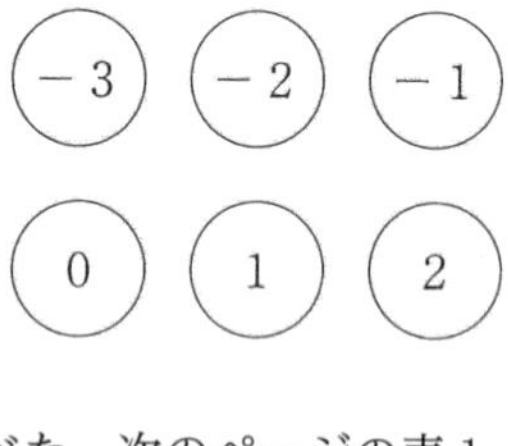

3　ある場所における，毎年４月の１か月間に富士山が見えた日数を調べた。次のページの表１は，2010年から2019年までの10年間について調べた結果をまとめたものである。

　このとき，あとの(1)，(2)の問いに答えなさい。(３点)

(1) 表１について，富士山が見えた日数の範囲を求めなさい。

(2) 2020年の４月の１か月間に富士山が見えた日数が分かったので，2011年から2020年までの10年間で，表１をつくり直したところ，富士山が見えた日数の中央値は6.5日になった。また，2011年から2020年までの10年間の，富士山が見えた日数の平均値は，2010年から2019年までの10年間の平均値より0.3日大きかった。2010年と2020年の，４月の１か月間に富士山が見えた日数は，それぞれ何日であったか，答えなさい。

表１

富士山が見えた日数(日)	年数(年)
1	1
2	0
3	1
4	3
5	0
6	1
7	3
8	0
9	0
10	0
11	0
12	1
計	10

4　Ｓさんは，２つの水槽Ａ，Ｂで，合わせて86匹のメダカを飼育していた。水の量に対してメダカの数が多かったので，水だけが入った水槽Ｃを用意し，水槽Ａのメダカの$\frac{1}{5}$と，水槽Ｂのメダカの$\frac{1}{3}$を，それぞれ水槽Ｃに移した。移した後のメダカの数は，水槽Ｃの方が水槽Ａより４匹少なかった。

このとき，水槽Ｃに移したメダカは全部で何匹であったか。方程式をつくり，計算の過程を書き，答えを求めなさい。（５点）

5　図３の立体は，△ABCを１つの底面とする三角柱である。この三角柱において，∠ＡＣＢ＝90°，AC＝BC，AB＝12㎝，AD＝３㎝であり，側面はすべて長方形である。また，点Ｐは，点Ｅを出発し，毎秒１㎝の速さで３辺ED，DA，AB上を，点D，Ａを通って点Ｂまで移動する。

このとき，次の(1)～(3)の問いに答えなさい。（７点）

図３

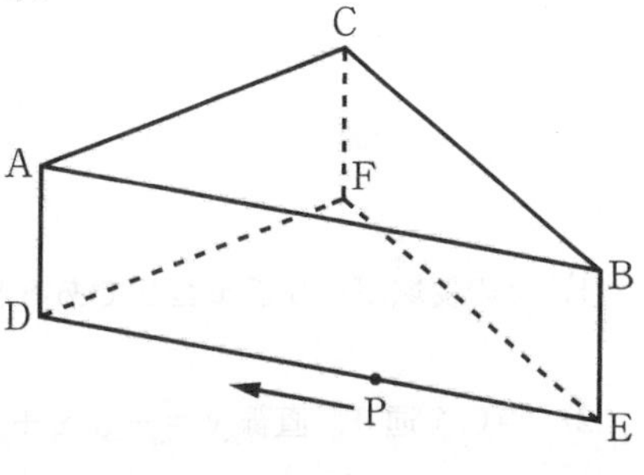

(1) 点Ｐが辺ED上にあり，△ADPの面積が６㎠となるのは，点Ｐが点Ｅを出発してから何秒後か，答えなさい。

(2) 点Ｐが点Ｅを出発してから14秒後のとき，△APEを，辺APを軸として１回転させてできる立体の体積を求めなさい。ただし，円周率はπとする。

(3) この三角柱において，図４のように点Ｐが辺ＡＢ上にあり，ＣＰ＋ＰＤが最小となるときの，線分ＰＦの長さを求めなさい。

図４

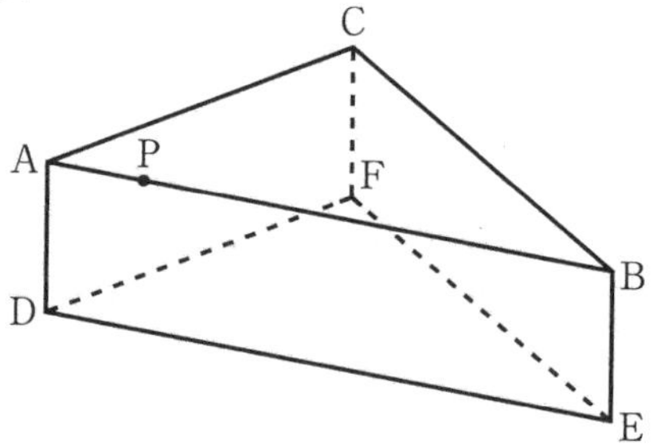

6　図５において，①は関数 $y = ax^2$ （$a > 0$）のグラフである。２点Ａ，Ｂは，放物線①上の点であり，その x 座標は，それぞれ－２，４である。また，点Ｃの座標は（－２，－３）である。
このとき，次の(1)～(3)の問いに答えなさい。（８点）

図５

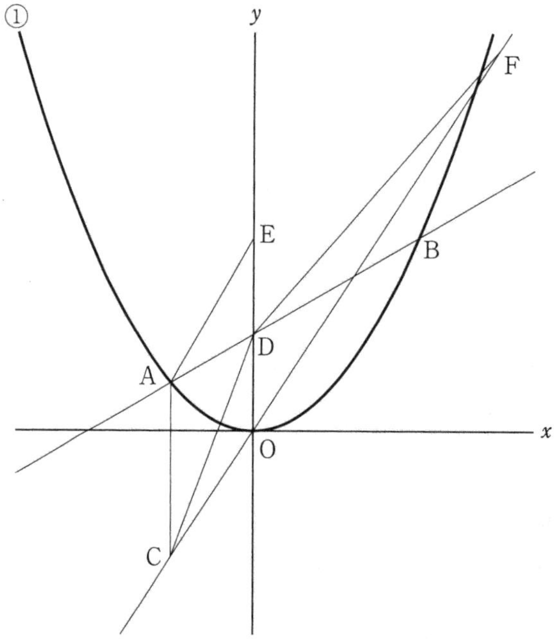

(1) x の変域が $-3 \leqq x \leqq 2$ であるとき，関数 $y = ax^2$ の y の変域を，a を用いて表しなさい。

(2) 点Ｃを通り，直線 $y = -3x + 1$ に平行な直線の式を求めなさい。

(3) 直線ＡＢと y 軸との交点をＤとし，y 軸上にＯＤ＝ＤＥとなる点Ｅをとる。点Ｆは直線ＣＯ上の点であり，その y 座標は９である。△ＤＣＦの面積が四角形ＡＣＤＥの面積の２倍となるときの，a の値を求めなさい。求める過程も書きなさい。

7　図6において，3点A，B，Cは円Oの円周上の点である。∠ABCの二等分線と円Oとの交点をDとし，BDとACとの交点をEとする。$\overset{\frown}{\mathrm{AB}}$上にAD＝AFとなる点Fをとり，FDとABとの交点をGとする。

このとき，次の(1)，(2)の問いに答えなさい。（9点）

(1)　△AGD∽△ECBであることを証明しなさい。

(2)　$\overset{\frown}{\mathrm{AF}}$：$\overset{\frown}{\mathrm{FB}}$ ＝5：3，∠BEC＝76°のとき，∠BACの大きさを求めなさい。

図6

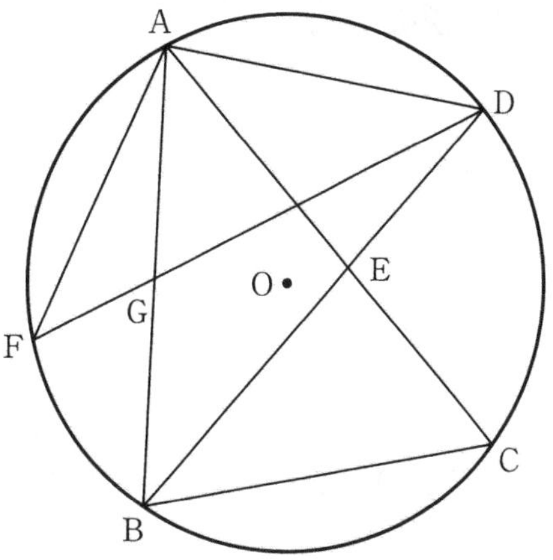

＜英語＞

時間　50分　　満点　50点

1　放送による問題（14点）

(1)　健太（Kenta）とメアリー（Mary）の会話を聞いて，質問の答えとして最も適切なものを選ぶ問題

A

ア　イ　ウ　エ

B

ア　イ　ウ　エ

C

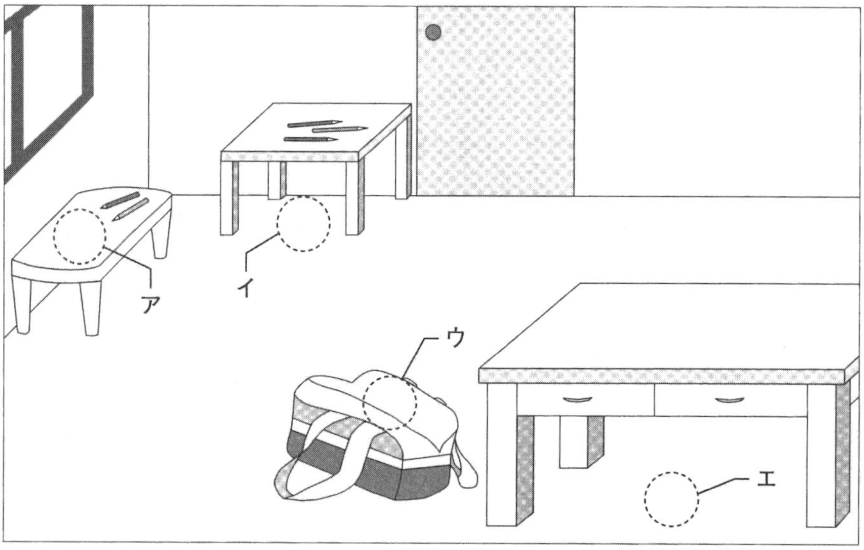

D

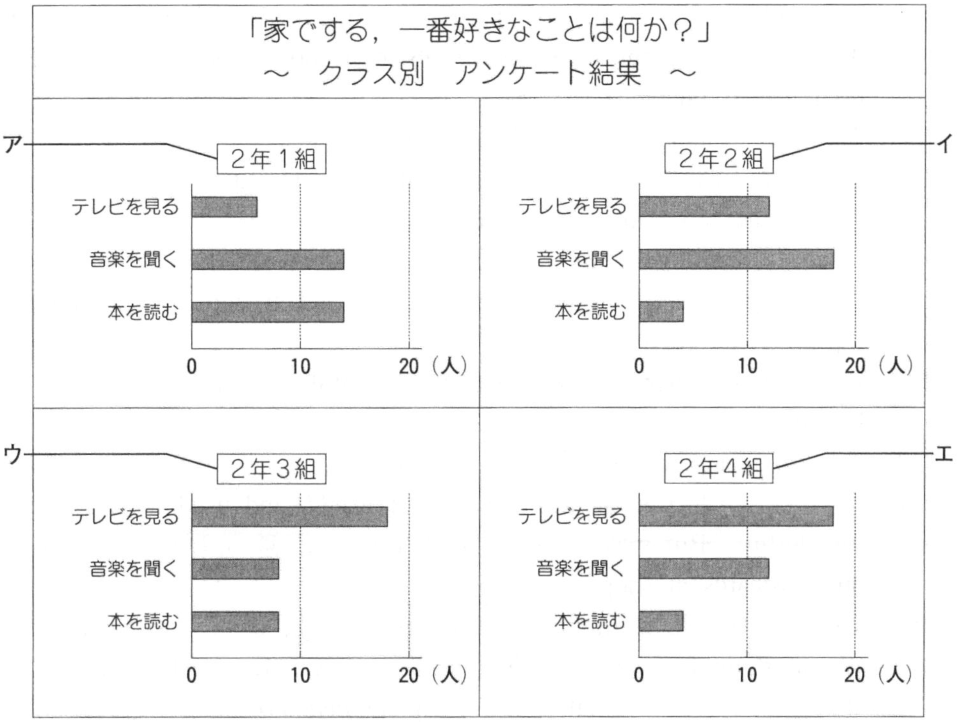

(2) 健太の話を聞いて，質問に対する答えとなるように（　）の中に適切な数字や語，語句を記入する問題

質問1　How long did Kenta's parents stay in Nagano?

They stayed there for (　　　　) days.

質問2　What did Kenta do with his sister before breakfast?

He (　ⓐ　) the (　ⓑ　) with his sister.

質問3　Why were Kenta's parents surprised when they came home?

Because Kenta (　　　　　　　　　　).

2　次の英文は，静岡県でホームステイをしているジュディ（Judy）と，クラスメートの京子（Kyoko）との会話である。この英文を読んで，(1)～(5)の問いに答えなさい。(12点)

(*After winter vacation, Judy and Kyoko are talking at school.*)

Judy: Thank you for your New Year's card, *nengajo*. It was very beautiful, so I showed it to all of my host family.

Kyoko: [A] It is made of traditional Japanese paper called *washi*.

Judy: I like *washi*, and my host family showed me an interesting video about it.

Kyoko: A video? [B]

Judy: The video was about old paper documents in Shosoin. The paper documents were made of *washi* about 1,300 years ago. People have used *washi* since then.

Kyoko: That's very long! I didn't know that.

Judy: When we read a variety (ⓐ) information written on *washi*, we can find things about the life in the past.

Kyoko: I see. *Washi* is important because we can (ⓑ) the long history of Japan, right? I've never thought of that. I'm happy I can understand Japanese culture more.

Judy: By the way, where did you get the beautiful postcard?

Kyoko: I made it at a history museum.

Judy: Do you mean you made *washi* by yourself?

Kyoko: [C] I made a small size of *washi*, and used it as a postcard.

Judy: Wonderful! But making *washi* isn't easy. (ⓒ) I were you, I would buy postcards at shops.

Kyoko: Well... You love traditional Japanese things, so I wanted to make a special thing for you by using *washi*. It was fun to [ア how イ think about ウ could エ create オ I] a great *nengajo*.

Judy: Your *nengajo* was amazing! The *nengajo* gave me a chance to know an interesting part of Japanese culture. I found *washi* is not only beautiful but also important in your culture.

Kyoko: You taught me something new about *washi*, and I enjoyed talking about it with you. If you want, let's go to the museum. [　　　　　　　　]

Judy: Yes, of course!

（注） card：あいさつ状　host family：ホストファミリー　be made of：～から作られている
document：文書　Shosoin：正倉院（東大寺の宝庫）　past：過去
think of：～について考える　by the way：ところで　postcard：はがき
by yourself：(あなたが) 自分で　chance：機会

(1) 会話の流れが自然になるように，本文中の [A] ～ [C] の中に補う英語として，それぞれア～ウの中から最も適切なものを１つ選び，記号で答えなさい。

[A] ア I'm glad to hear that.　イ Don't be angry.　ウ I'll do my best.

[B] ア Here you are.　イ You're welcome.　ウ Tell me more.

[C] ア That's right.　イ Did you?　ウ I don't think so.

(2) 本文中の (ⓐ) ～ (ⓒ) の中に補う英語として，それぞれア～エの中から最も適切なものを１つ選び，記号で答えなさい。

(ⓐ) ア for　イ of　ウ at　エ with

(ⓑ) ア borrow　イ lose　ウ finish　エ learn

(ⓒ) ア Because　イ When　ウ If　エ Before

(3) 本文中の [　] の中のア～オを，意味が通るように並べかえ，記号で答えなさい。

(4) 本文中の [　] で，京子は，今度の日曜日の都合はよいかという内容の質問をしている。その内容となるように [　] の中に，適切な英語を補いなさい。

(5) 次の英文は，ジュディがこの日に書いた日記の一部である。本文の内容と合うように，次の [　] の中に補うものとして，本文中から最も適切な部分を３語で抜き出しなさい。

During winter vacation, Kyoko sent me a *nengajo* made of *washi* and I watched a video about it. So, I found *washi* is beautiful and important. Today, I told her about the video, and she found *washi* has a long history. I think her *nengajo* helped us [　　　] very well. Also, she wanted to send me something special. She is wonderful!

3　次の英文は，正太（Shota）とマーク（Mark）の会話である。会話の流れが自然になるように，次の [(1)]，[(2)] の中に，それぞれ７語以上の英語を補いなさい。（４点）

Shota: Hi, Mark. Let's go to the sea next week.
Mark: OK. Let's go there by bike because [　(1)　]
Shota: I understand, but using a train is better. If we use a train, [　(2)　]
Mark: I see.

4　由美（Yumi）は，友人のルーシー（Lucy）にメールを送ることにした。伝えたいことは，来月，英語を勉強している子供たちに英語の歌を歌ってあげるつもりなので，ルーシーも私の部屋に来てピアノを弾いてくれないかということである。あなたが由美なら，このことを伝えるために，どのようなメールを書くか。次の [　] の中に英語を補い，メールを完成させなさい。（４点）

Hello, Lucy.   Bye, Yumi

5　次の英文は，バスケットボール部に所属する中学生の直人（Naoto）が，祖母とのできごとを振り返って書いたものである。この英文を読んで，(1)～(7)の問いに答えなさい。（16点）

One day in spring, I saw a poster in my classroom. The poster said, "Let's plant sunflowers in the town park together!" It was an event planned by a volunteer group in our town. I didn't think it was interesting, so I ⓐ(take) my bag and left the classroom.

Next Saturday morning, I went to school to practice basketball. When I was walking by the town park, I saw my grandmother was planting sunflowers with some people in the park. Then, I remembered that poster. I asked her, “Are you in this volunteer group?” She answered, “Yes. We pick up trash in this park every Saturday. But today, we came here to plant sunflowers. I planned this new event.” I said to her, “Really? Why did you plan it?” She said, “Many young people in this town want to live in big cities in the future. It’s sad to me. If beautiful sunflowers are in this large park, I think some of them will find this town is a wonderful place.” She also said, “How about joining us, Naoto? I sent posters to many places, but we have only ten people now.” I thought, “This park is large. Planting sunflowers with only ten people is hard. She [A], but I have my basketball practice.” So, I said to her, “Sorry, I have to go to school,” and started [B]. She looked sad.

When I arrived at my school gym, I thought it was too large. Our team had eight members, but two of them didn’t come on that day. Three members and I practiced hard, but two members didn’t. They sometimes stopped ⓑ(run) and sat down during the practice. They said, “We always have to practice the same things because we are a small team. We can’t win the games without more teammates.” When I listened to them, I felt sad. I thought, “[　　　　], but I believe that there is a way to become a strong team.” I wanted to say something to them, but I didn’t.

After the practice, I walked by the town park again. Then, I was surprised. About thirty people were planting sunflowers in the park. I found my grandmother there. I asked her, “Why are there so many people here?” She answered, “I saw many people in the park, so I told them why we were planting sunflowers. Then, many of them joined us.” I asked her, “Is that everything you did?” “Yes, I just talked with them,” she answered. Her words gave me an answer to my problem. Then, I joined the event and worked with her.

After the event, I told her about my basketball team and said, “Today, I found that talking with other people is necessary to change something. Next week, I’ll tell my teammates that I want to make a strong team together. I hope they will understand me.” She listened to me and smiled.

（注） The poster said：ポスターに～と書いてある　plant：～を植える　sunflower：ひまわり
volunteer：ボランティアの　pick up：～を拾う　trash：ごみ　member：部員
teammate：チームメート

(1) 本文中のⓐ，ⓑの（　）の中の語を，それぞれ適切な形に直しなさい。

(2) 次の質問に対して，英語で答えなさい。

① What was Naoto’s grandmother doing when Naoto was walking by the park on Saturday morning?

② How many students were there at the basketball practice on Saturday?

(3) 本文中の A , B の中に補う英語の組み合わせとして，次のア～エの中から最も適切なものを１つ選び，記号で答えなさい。

ア　A : needs more people　B : working in the park

イ　A : needs more people　B : walking to school

ウ　A : doesn't need any people　B : working in the park

エ　A : doesn't need any people　B : walking to school

(4) 本文中の ＿ の中に補う英語として，次のア～エの中から最も適切なものを１つ選び，記号で答えなさい。

ア　We don't have many members

イ　We don't have a place to practice

ウ　Our team always win the games

エ　Our team always enjoy the practice

(5) 直人の祖母がイベントを計画したのは，祖母がどのようなことを悲しいと感じているからか。祖母が悲しいと感じていることを，日本語で書きなさい。

(6) 直人は，バスケットボールの練習のあとに祖母と会話をし，どのようなことが分かったと話しているか。直人が話している，祖母と会話をして分かったことを，日本語で書きなさい。

(7) 次のア～エの中から，本文の内容と合うものを１つ選び，記号で答えなさい。

ア　When Naoto saw a poster at school, he wanted to be a member of the volunteer group.

イ　Naoto's grandmother was in a volunteer group and planted sunflowers every spring.

ウ　Because Naoto's grandmother sent posters to schools, about thirty people joined the event.

エ　Naoto planted sunflowers with his grandmother in the park after his basketball practice.

＜理科＞

時間　50分　　満点　50点

1　次の(1)～(4)の問いに答えなさい。(6 点)

(1) **図 1** は，アブラナのめしべをカッターナイフで縦に切り，その断面をルーペで観察したときのスケッチである。**図 1** の **A** は，めしべの根元のふくらんだ部分であり，**A** の内部には胚珠《はいしゅ》があった。**A** は何とよばれるか。その名称を書きなさい。

図 1

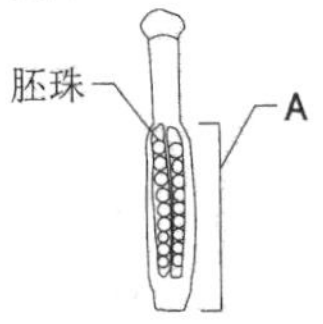

(2) **図 2** のように，モノコードを用いて音の高さを調べる実験を行った。はじめに，弦をはじいたところ，440Hzの音が出た。次に，弦の張りを強くし，440Hzの音を出すために，木片を移動させた。次の [ ] の中の文が，弦の張りを強くしたときに440Hzの音を出すための操作について適切に述べたものとなるように，文中の（ⓐ），（ⓘ）のそれぞれに補う言葉の組み合わせとして，下の**ア**～**エ**の中から正しいものを 1 つ選び，記号で答えなさい。ただし，木片と三角台の中央付近の弦をはじくものとし，弦をはじく強さは変えないものとする。

図 2

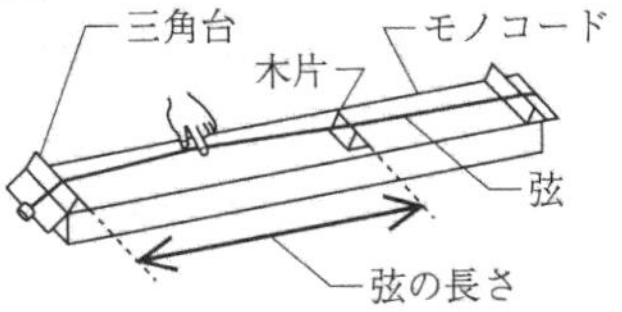

> 弦の張りを強くすると振動数が（　ⓐ　）なり，440Hzの音よりも高い音が出る。そこで，440Hzの音を出すためには，**図 2** の「弦の長さ」を（　ⓘ　）する方向に木片を移動させる。

ア　ⓐ　少なく（小さく）　ⓘ　長く　　**イ**　ⓐ　多く（大きく）　ⓘ　長く

ウ　ⓐ　少なく（小さく）　ⓘ　短く　　**エ**　ⓐ　多く（大きく）　ⓘ　短く

(3) マグネシウムを加熱すると，激しく熱と光を出して酸素と化合し，酸化マグネシウムができる。この化学変化を，化学反応式で表しなさい。なお，酸化マグネシウムの化学式はMgOである。

(4) 海に比べると，陸の方があたたまりやすく，冷めやすい。そのため，夏のおだやかな晴れた日の昼間に，陸上と海上で気温差が生じて，海岸付近で風が吹く。夏のおだやかな晴れた日の昼間に，陸上と海上で気温差が生じて，海岸付近で吹く風の向きを，そのときの陸上と海上の気圧の違いとあわせて，簡単に書きなさい。

2　いろいろな生物とその共通点，生物の体のつくりとはたらき及び自然と人間に関する(1)～(3)の問いに答えなさい。(11点)

(1) **図 3** は，ある森林の中の一部の生物を，食物連鎖に着目して分けた模式図である。

① ⓑのネズミはホニュウ類，ⓒのタカは鳥類に分類される。次のページの**ア**～**エ**の中から，ネズミとタカに共通してみられる特徴として，適切なものを 2 つ選

図 3

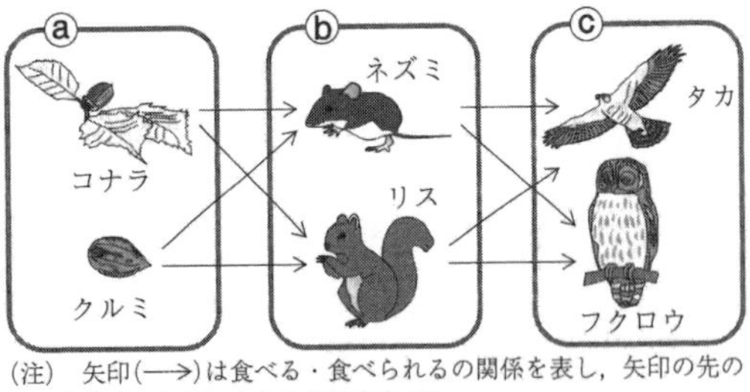

(注)　矢印(⟶)は食べる・食べられるの関係を表し，矢印の先の生物は，矢印のもとの生物を食べる。

び，記号で答えなさい。

ア　えらで呼吸する。　**イ**　肺で呼吸する。　**ウ**　背骨がある。

エ　体の表面はうろこでおおわれている。

②　ネズミには，ヒトと同様に，外界の刺激に対して反応するしくみが備わっている。**図４**は，ヒトの神経系の構成についてまとめたものである。**図４**の（ⓐ），（ⓘ）のそれぞれに適切な言葉を補い，**図４**を完成させなさい。

図４

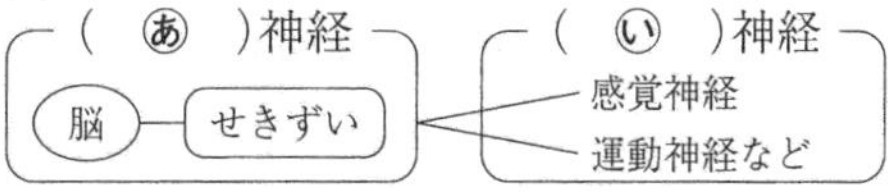

③　森林にある池を観察すると，水中にコイの卵があった。また，池の近くにはトカゲの卵があった。コイは水中に産卵するのに対して，トカゲは陸上に産卵する。トカゲの卵のつくりは，体のつくりと同様に，陸上の生活環境に適していると考えられる。トカゲの卵のつくりが陸上の生活環境に適している理由を，コイの卵のつくりと比べたときの，トカゲの卵のつくりの特徴が分かるように，簡単に書きなさい。

④　前のページの**図３**の，ⓑの生物とⓒの生物の数量のつり合いがとれた状態から，何らかの原因でⓒの生物の数量が減少した状態になり，その状態が続いたとする。**図５**は，このときの，ⓑの生物とⓒの生物の数量の変化を模式的に表したものである。**図５**のように，ⓑの生物の数量が増加すると考えられる理由と，その後減少すると考えられる理由を，食物連鎖の食べる・食べられるの関係が分かるように，それぞれ簡単に書きなさい。ただし，ⓑの生物の増減は，**図３**の食物連鎖のみに影響されるものとする。

図５

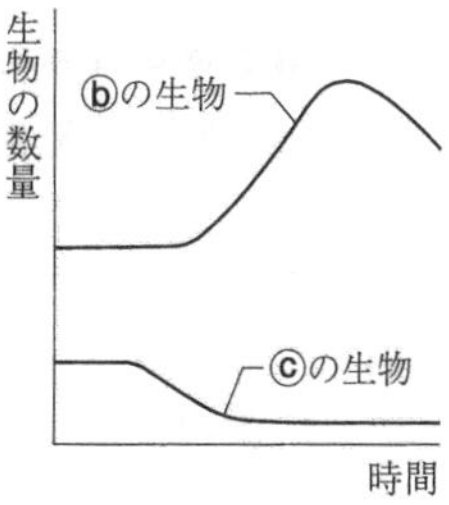

(2)　**図６**のように，森林の土が入ったビーカーに水を入れて，よくかき混ぜてから放置し，上ずみ液を試験管**Ａ**，**Ｂ**に移した。試験管**Ｂ**内の液だけを沸騰させたのちに，それぞれの試験管に，こまごめピペットでデンプン溶液を加えて，ふたをして数日間放置した。その後，それぞれの試験管にヨウ素液を加えて色の変化を調べたところ，試験管内の液の色は，一方は青紫色に変化し，もう一方は青紫色に変化しなかった。

ヨウ素液を加えたとき，試験管内の液の色が青紫色に変化しなかったのは，**Ａ**，**Ｂ**どちらの試験管か。記号で答えなさい。また，そのように考えられる理由を，微生物のはたらきに着目して，簡単に書きなさい。

図６

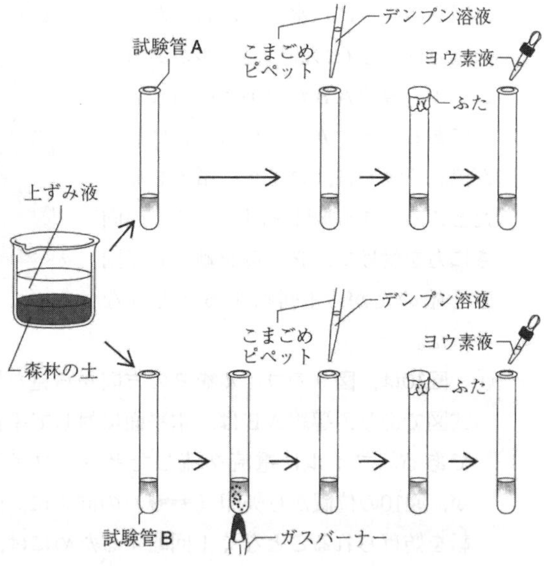

(3)　植物などの生産者が地球上からすべていなくなると，水や酸素があっても，地球上のほとん

どすべての動物は生きていくことができない。植物などの生産者が地球上からすべていなくなると，水や酸素があっても，地球上のほとんどすべての動物が生きていくことができない理由を，植物などの生産者の果たす役割に関連づけて，簡単に書きなさい。

3　電流とその利用及び運動とエネルギーに関する(1)～(3)の問いに答えなさい。(11点)

(1)　**図7**のように，厚紙でできた水平面の上に方位磁針を置いて，導線に矢印（⟶）の向きに電流を流した。また，**図8**は，方位磁針を模式的に表したものである。

図7

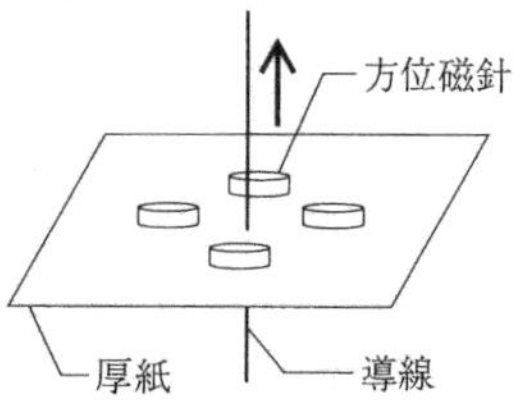

図8

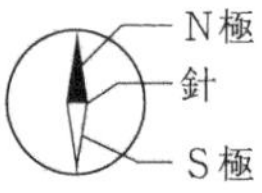

①　**図7**で用いた導線は，電流を通しやすい銅の線が，電流をほとんど通さないポリ塩化ビニルにおおわれてできている。ポリ塩化ビニルのように，電流をほとんど通さない物質は何とよばれるか。その名称を書きなさい。

②　次の**ア**～**エ**の中から，**図7**を真上から見たときの，方位磁針の針の向きを表した図として，最も適切なものを１つ選び，記号で答えなさい。ただし，導線に流れる電流がつくる磁界以外の影響は無視できるものとする。

ア

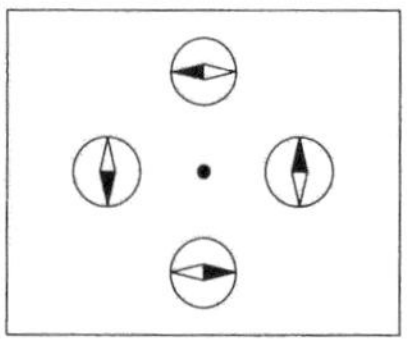

イ

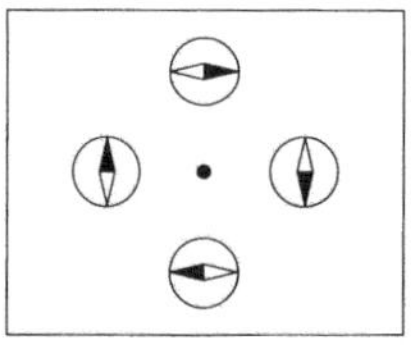

ウ

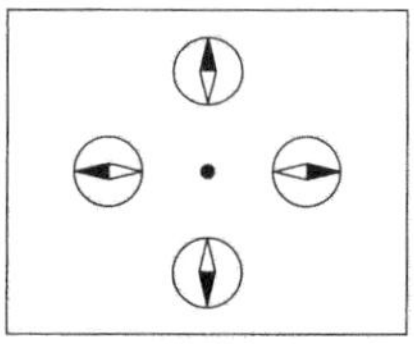

エ

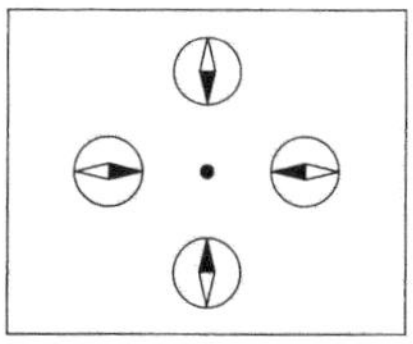

(2)　**図9**のように，水平面に置いた２つの直方体の磁石の間にコイルがある。コイルの導線ＡＢが水平面に対して平行であるとき，ＡからＢの向きに電流が流れるように，コイルに電流を流したところ，コイルは矢印（⟹）の向きに力を受けて，Ｐ－Ｑを軸として回転を始めたが，１回転することはなかった。

図9

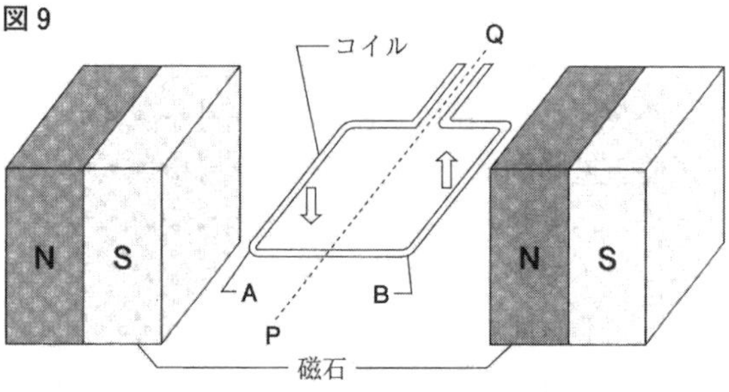

①　**図10**は，**図9**のコイルをＰの方向から見た模式図であり，導線ＡＢは，水平面に対して平行である。コイルに電流を流したとき，コイルが，**図10**の位置から矢印（➡）の向きに，回転を妨げられることなく１回転するためには，コイルが回転を始めてから，ＡからＢの向きに流れている電流の向きを，ＢからＡの向きに変え，その後，さらにＡからＢの向きに変える必要がある。コイルが，回転を妨げられること

図10

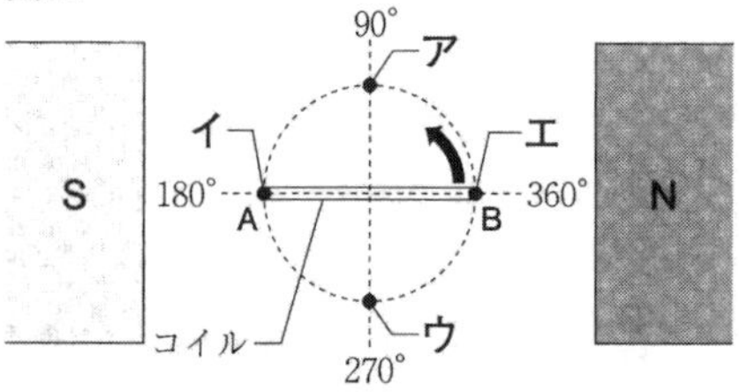

なく１回転するためには，コイルが回転を始めてから，コイルのＢがどの位置にきたときに，コイルに流れる電流の向きを変えればよいか。**図10**の**ア**～**エ**の中から，その位置として，適切なものを２つ選び，記号で答えなさい。

② **図９**のコイルを，電流を流さずに手で回転させると，電磁誘導が起こり，電気エネルギーがつくられる。家庭で利用する電気エネルギーの多くは，この現象を利用して，水力発電所や火力発電所などの発電所でつくられている。次の［　］の中の文が，水力発電所で電気エネルギーがつくられるまでの，エネルギーの移り変わりについて適切に述べたものとなるように，文中の（あ），（い）に補う言葉を，下の**ア**～**エ**の中から１つずつ選び，記号で答えなさい。

> ダムにためた水がもつ（　あ　）は，水路を通って発電機まで水が流れている間に（　い　）となり，電磁誘導を利用した発電機で（　い　）は電気エネルギーに変換される。

ア　熱エネルギー　**イ**　位置エネルギー　**ウ**　化学エネルギー　**エ**　運動エネルギー

(3) 同じ材質でできた，３種類の電熱線Ｐ，Ｑ，Ｒを用意する。電熱線Ｐ，Ｑ，Ｒのそれぞれに４Ｖの電圧を加えたときの消費電力は，４Ｗ，８Ｗ，16Ｗである。**図11**のように，発泡ポリスチレンの容器に入っている100ｇの水に，電熱線Ｐを入れる。電熱線Ｐに加える電圧を４Ｖに保ち，ガラス棒で水をかき混ぜながら１分ごとの水の温度を温度計で測定した。その後，電熱線Ｑ，Ｒについて，水の量を100ｇ，加える電圧を４Ｖに保ち，同様の実験を行った。**図12**は，このときの，電熱線Ｐ，Ｑ，Ｒのそれぞれにおける，電流を流した時間と水の上昇温度の関係を示している。ただし，室温は常に一定であり，電熱線Ｐ，Ｑ，Ｒのそれぞれに電流を流す前の水の温度は，室温と同じものとする。

図11

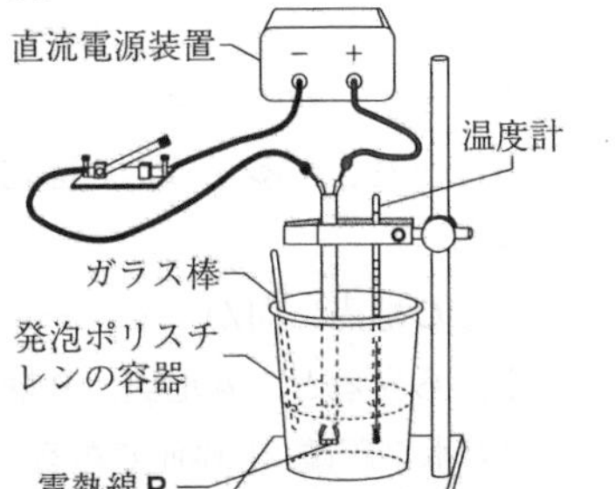

図12

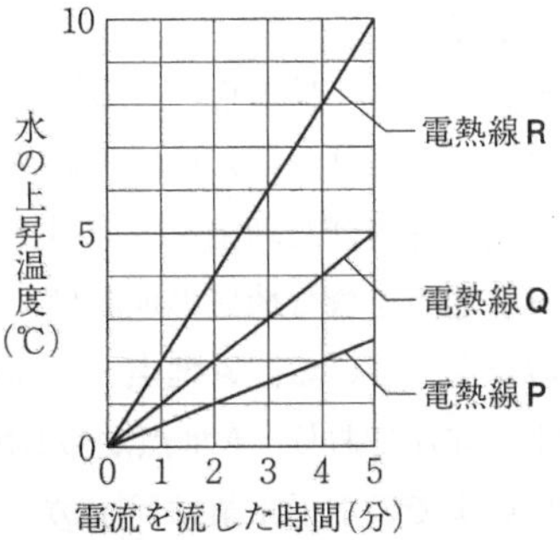

① 電圧計と電流計を１台ずつ用いて，**図11**の，電熱線Ｐに加わる電圧と電熱線Ｐに流れる電流を調べた。**図11**の，電熱線Ｐに加わる電圧と電熱線Ｐに流れる電流を調べるための回路を，回路図で表すとどのようになるか。**図13**の電気用図記号を用いて，**図14**を適切に補い，回路図を完成させなさい。

図13

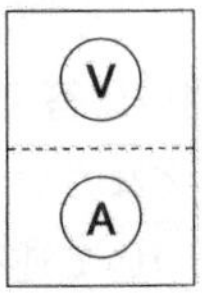

図14

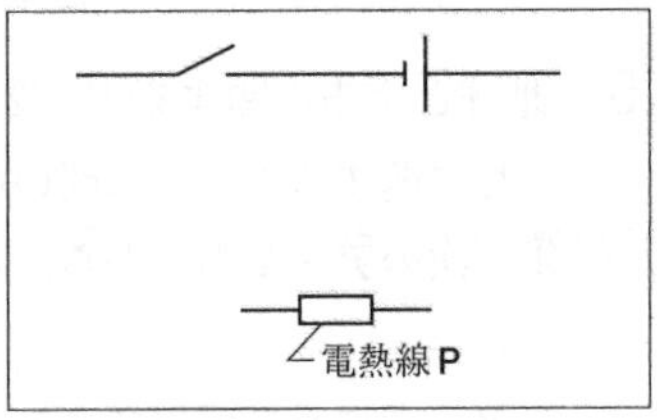

② 図12をもとにして，電熱線に4分間電流を流したときの，電熱線の消費電力と100gの水の上昇温度の関係を表すグラフを，図15にかきなさい。

③ 電熱線Qと電熱線Rを直列につないだ。電熱線Qと電熱線Rに加えた電圧の和が7.5Vのとき，電熱線Qの消費電力は何Wか。計算して答えなさい。

図15

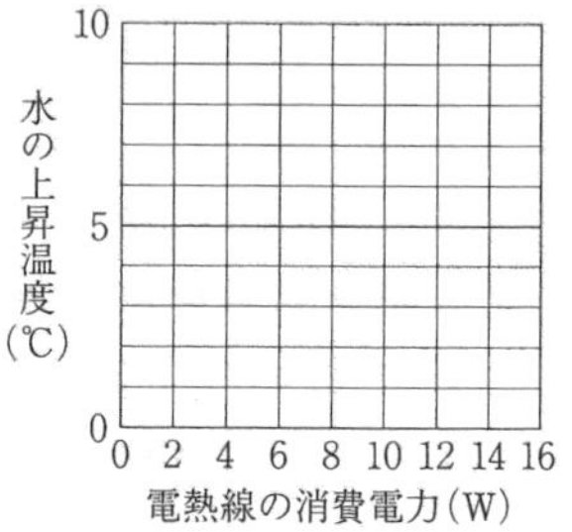

4 大地の成り立ちと変化に関する(1)，(2)の問いに答えなさい。(5点)

(1) 地層に見られる化石の中には，ある限られた年代の地層にしか見られないものがあり，それらの化石を手がかりに地層ができた年代を推定することができる。地層ができた年代を知る手がかりとなる化石は，一般に何とよばれるか。その名称を書きなさい。

(2) 図16は，ある地域のA地点～C地点における，地表から地下15mまでの地層のようすを表した柱状図である。また，標高は，A地点が38m，B地点が40m，C地点が50mである。

図16

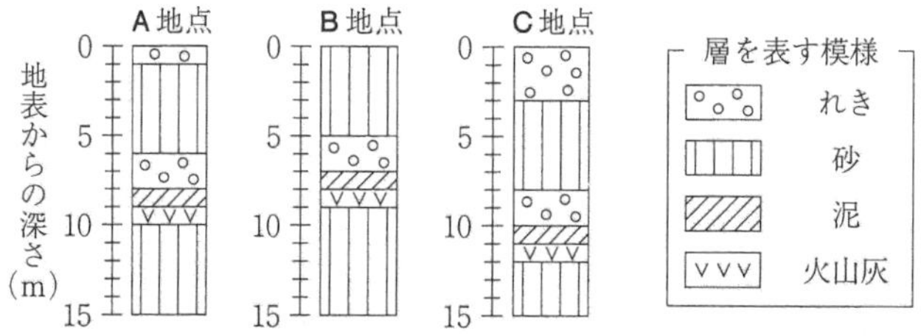

① れき岩，砂岩，泥岩《でいがん》は，一般に，岩石をつくる粒の特徴によって区別されている。次のア～エの中から，れき岩，砂岩，泥岩を区別する粒の特徴として，最も適切なものを1つ選び，記号で答えなさい。

ア 粒の成分　　イ 粒の色　　ウ 粒のかたさ　　エ 粒の大きさ

② 図16のれきの層には，角がけずられて丸みを帯びたれきが多かった。図16のれきが，角がけずられて丸みを帯びた理由を，簡単に書きなさい。

③ A地点～C地点を含む地域の地層は，A地点からC地点に向かって，一定の傾きをもって平行に積み重なっている。A地点～C地点を上空から見ると，A地点，B地点，C地点の順に一直線上に並んでおり，A地点からB地点までの水平距離は0.6kmである。このとき，B地点からC地点までの水平距離は何kmか。図16をもとにして，答えなさい。ただし，この地域の地層は連続して広がっており，曲がったりずれたりしていないものとする。

5 地球と宇宙に関する(1)，(2)の問いに答えなさい。(6点)

(1) 月に関する①，②の問いに答えなさい。

① 次のア～エの中から，月について述べた文として，適切なものを1つ選び，記号で答えなさい。

ア 太陽系の惑星である。

イ 地球のまわりを公転している天体である。

ウ　自ら光を出している天体である。

エ　地球から見た月の形は１週間でもとの形になる。

②　次の［　　］の中の文が，月食が起こるしくみについて述べたものとなるように，［　　］を，影という言葉を用いて，適切に補いない。

> 月食は，月が［　　　　　　］ことで起こる。

(2)　図17のⓐ～ⓒは，静岡県内のある場所で，ある年の１月２日から１か月ごとに，南西の空を観察し，おうし座のようすをスケッチしたものであり，観察した時刻が示されている。また，ⓐには，おうし座の近くで見えた金星もスケッチした。

図17

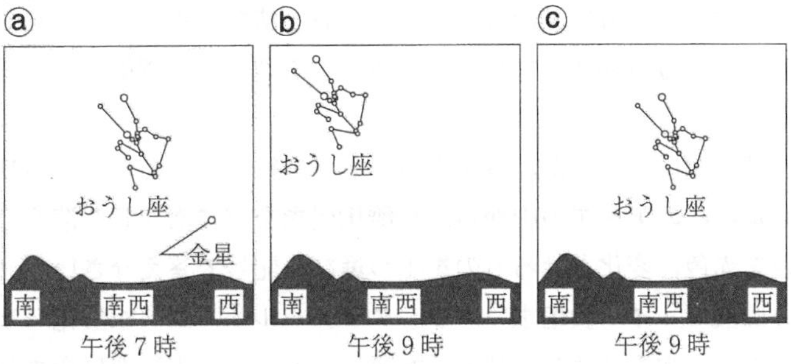

①　図17のⓐ～ⓒのスケッチを，観察した日の早い順に並べ，記号で答えなさい。

②　図18は，図17のⓐを観察した日の，地球と金星の，軌道上のそれぞれの位置を表した模式図であり，このときの金星を天体望遠鏡で観察したところ，半月のような形に見えた。この日の金星と比べて，この日から２か月後の午後７時に天体望遠鏡で観察した金星の，形と大きさはどのように見えるか。次のア～エの中から，最も適切なものを１つ選び，記号で答えなさい。ただし，地球の公転周期を１年，金星の公転周期を0.62年とし，金星は同じ倍率の天体望遠鏡で観察したものとする。

図18

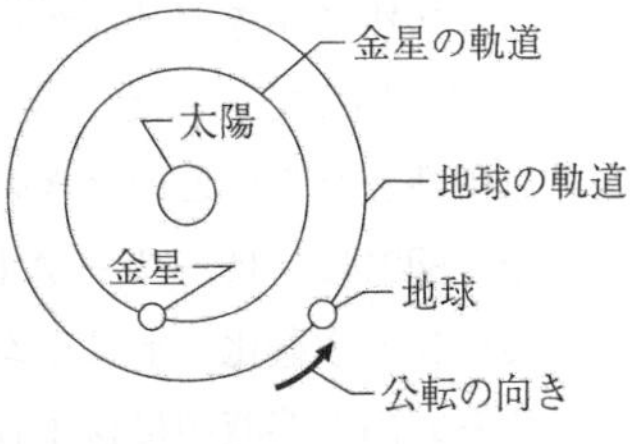

ア　２か月前よりも，細長い形で，小さく見える。

イ　２か月前よりも，丸い形で，小さく見える。

ウ　２か月前よりも，細長い形で，大きく見える。

エ　２か月前よりも，丸い形で，大きく見える。

6　身の回りの物質及び化学変化とイオンに関する(1)，(2)の問いに答えなさい。(11点)

(1)　気体に関する①，②の問いに答えなさい。

①　次のア～エの中から，二酸化マンガンを入れた試験管に過酸化水素水（オキシドール）を加えたときに発生する気体を１つ選び，記号で答えなさい。

ア　塩素　　イ　酸素　　ウ　アンモニア　　エ　水素

②　次のページの図19のように，石灰石を入れた試験管Ｐにうすい塩酸を加えると二酸化炭素が発生する。ガラス管から気体が出始めたところで，試験管Ｑ，Ｒの順に試験管２本分の気体を集めた。

図19

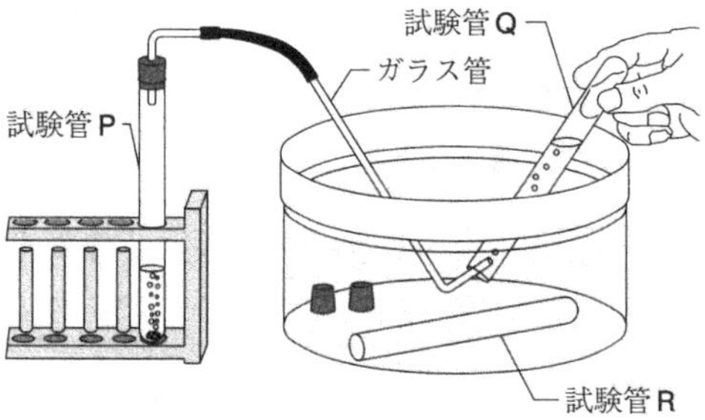

a　試験管Rに集めた気体に比べて，試験管Qに集めた気体は，二酸化炭素の性質を調べる実験には適さない。その理由を，簡単に書きなさい。

b　二酸化炭素は，水上置換法のほかに，下方置換法でも集めることができる。二酸化炭素を集めるとき，下方置換法で集めることができる理由を，**密度**という言葉を用いて，簡単に書きなさい。

c　二酸化炭素を水に溶かした溶液を青色リトマス紙につけると，青色リトマス紙の色が赤色に変化した。次の**ア**～**エ**の中から，二酸化炭素を水に溶かした溶液のように，青色リトマス紙の色を赤色に変化させるものを１つ選び，記号で答えなさい。

ア　うすい硫酸　　**イ**　食塩水　　**ウ**　エタノール　　**エ**　水酸化バリウム水溶液

(2)　塩酸に含まれている水素イオンの数と，水酸化ナトリウム水溶液に含まれている水酸化物イオンの数が等しいときに，この２つの溶液をすべて混ぜ合わせると，溶液は中性になる。

質量パーセント濃度が３％の水酸化ナトリウム水溶液が入ったビーカー**X**を用意する。また，ビーカー**A**を用意し，うすい塩酸$20cm^3$を入れ，ＢＴＢ溶液を数滴加える。**図20**のように，ビーカー**A**に，ビーカー**X**の水酸化ナトリウム水溶液を，ガラス棒でかき混ぜながらこまごめピペットで少しずつ加えていくと，$8cm^3$加えたところで溶液は中性となり，このときの溶液の色は緑色であった。**図21**は，ビーカー**A**について，加えたビーカー**X**の水酸化ナトリウム水溶液の体積と，ビーカー**A**内の溶液中に含まれている水素イオンの数の関係を表したものである。ただし，水酸化ナトリウム水溶液を加える前のビーカー**A**内の溶液中に含まれている水素イオンの数をn個とし，塩化水素と水酸化ナトリウムは，溶液中において，すべて電離しているものとする。

図20

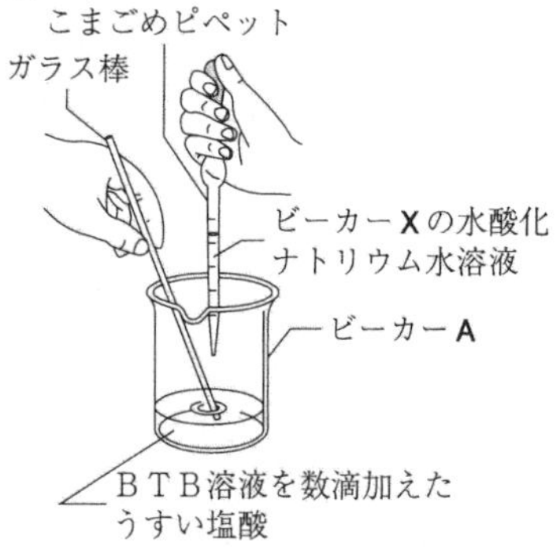

図21

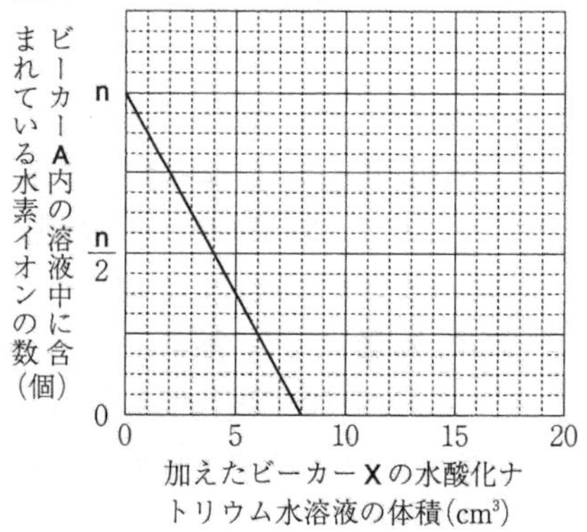

①　質量パーセント濃度が３％の水酸化ナトリウム水溶液が50ｇあるとき，この水溶液の溶質の質量は何ｇか。計算して答えなさい。

②　酸の水溶液とアルカリの水溶液を混ぜ合わせ

ると，水素イオンと水酸化物イオンが結びついて水が生じ，酸とアルカリの性質を打ち消し合う反応が起こる。この反応は何とよばれるか。その名称を書きなさい。

③　ビーカーＡ内の溶液が中性になった後，ビーカーＸの水酸化ナトリウム水溶液をさらに6 cm^{3}加えたところ，溶液の色は青色になった。溶液が中性になった後，水酸化ナトリウム水溶液をさらに加えていくと，溶液中の水酸化物イオンの数は増加していく。ビーカーＡ内の溶液が中性になった後，ビーカーＸの水酸化ナトリウム水溶液をさらに6 cm^{3}加えたときの，ビーカーＡ内の溶液中に含まれている水酸化物イオンの数を，ｎを用いて表しなさい。

④　ビーカーＸとは異なる濃度の水酸化ナトリウム水溶液が入ったビーカーＹを用意する。また，ビーカーＢ，Ｃを用意し，それぞれに，ビーカーＡに入れたものと同じ濃度のうすい塩酸20cm^{3}を入れる。ビーカーＢにはビーカーＸ，Ｙの両方の水酸化ナトリウム水溶液を，ビーカーＣにはビーカーＹの水酸化ナトリウム水溶液だけを，それぞれ加える。ビーカーＢ，Ｃに，**表１**で示した体積の水酸化ナトリウム水溶液を加えたところ，ビーカーＢ，Ｃ内の溶液は，それぞれ中性になった。**表１**の㋐に適切な値を補いなさい。

表１

	Ｘ	Ｙ
Ｂ	3 cm^3	15 cm^3
Ｃ	0	（ ㋐ ）cm^3

＜社会＞

時間　50分　　満点　50点

1　次の略年表を見て，(1)～(7)の問いに答えなさい。(18点)

時代	飛鳥《あすか》	奈良《なら》	平安	鎌倉	室町	安《あ》土《づち》桃山	江戸	明治	大正	昭和	平成
日本のできごと	①大化の改新が始まる	荘園《しょうえん》ができ始める	②国風文化が栄える	③鎌倉幕府がほろびる	④ヨーロッパ人が来航する	太閤《たいこう》検地が始まる	Ⓐ	⑤産業革命が進む	大正デモクラシーが始まる	⑥国際連合に加盟する	京都議定書が採択される

(1)　傍線部①に関するａ，ｂの問いに答えなさい。

ａ　傍線部①とよばれる政治改革を始め，のちに即位して天智《てんじ》天皇となった人物はだれか。その人物名を書きなさい。

ｂ　次の［　　］の中の文は，傍線部①が始まった後におこったできごとについてまとめたものである。文中の（あ），（い）に当てはまる語として正しい組み合わせを，次の**ア**～**エ**の中から１つ選び，記号で答えなさい。

> 朝鮮半島に大軍を送った倭《わ》（日本）は，唐と（　あ　）の連合軍と戦った。この（　い　）に敗れた倭（日本）は朝鮮半島から退いた。その後，朝鮮半島は（　あ　）によって統一された。

ア　あ　百済《くだら》　い　白村江《はくすきのえ》の戦い　　**イ**　あ　新羅《しらぎ》　い　白村江の戦い

ウ　あ　百済　い　壬申《じんしん》の乱　　**エ**　あ　新羅　い　壬申の乱

(2)　傍線部②の特色の１つとして，かな文字が発達したことがあげられる。かな文字を用いて，清《せい》少納言《しょうなごん》が書いた随筆は何とよばれるか。その名称を書きなさい。

(3)　傍線部③に関するａ～ｃの問いに答えなさい。

ａ　元寇《げんこう》（モンゴル帝国の襲来）の後に，傍線部③が行ったことを，次の**ア**～**エ**の中から１つ選び，記号で答えなさい。

ア　御成敗式目を制定した。

イ　銀閣を建てさせた。

ウ　勘合貿易を始めた。

エ　徳政令を出した。

ｂ　**資料１**は，鎌倉時代に，ある御家人が，自らの家の相続について書いた文書の一部を要約したものである。**資料１**から，この文書を書いた御家人は，

資料１

> 私が先祖から受け継いできた領地を，嫡子《ちゃくし》（家の跡継ぎとなる子）に譲る。今までのように，嫡子以外の子にも，私が受け継いできた領地の一部を譲るべきだろうが，嫡子以外の子にも譲ってしまうと，幕府に緊急事態があったときに対応できないため，嫡子一人に譲ることとする。
>
> （「山内首藤《やまのうちすどう》家文書」より，一部を要約）

相続方法を変えたことが分かる。**資料1**から読み取れる，この御家人が相続方法を変えた理由を，今までの相続方法を続けた場合におこる領地への影響とあわせて，簡単に書きなさい。

c　後醍醐《ごだいご》天皇は，傍線部③に不満を持つ悪党や武士を味方につけて，傍線部③をほろぼした。傍線部③をほろぼした後醍醐天皇が中心となって行った政治は何とよばれるか。その名称を書きなさい。

(4)　**図1**は，傍線部④などの来航のようすが描かれたものである。**図1**に関するa，bの問いに答えなさい。

図1

a　**図1**に描かれている傍線部④の多くは，ポルトガル人やスペイン人である。16世紀から17世紀にかけて来日したポルトガル人やスペイン人と，日本人との間で行われた貿易は何とよばれるか。その名称を書きなさい。

b　**図1**には，宣教師が描かれている。1549年に来日したザビエル以降，イエズス会の宣教師が次々と来日した。ポルトガルがイエズス会の海外布教を支援した理由を，宗教改革の影響が分かるように，簡単に書きなさい。

(5)　次の**ア**～**ウ**は，略年表中のⒶの期間におこったできごとについて述べた文である。**ア**～**ウ**を時代の古い順に並べ，記号で答えなさい。

ア　田沼意次《たぬまおきつぐ》は，商工業者が株仲間をつくることを奨励した。

イ　徳川綱吉《とくがわつなよし》は，極端な動物愛護政策である生類憐《あわれ》みの令を出した。

ウ　井伊直弼《いいなおすけ》は，幕府の政策に反対する大名や公家《くげ》などを処罰した。

(6)　明治時代の中期に，日本では傍線部⑤が進んだ。**グラフ1**は，1882年と1897年における，日本の輸入総額に占める品目別の輸入額の割合を示している。**グラフ1**に関するa，bの問いに答えなさい。

グラフ1

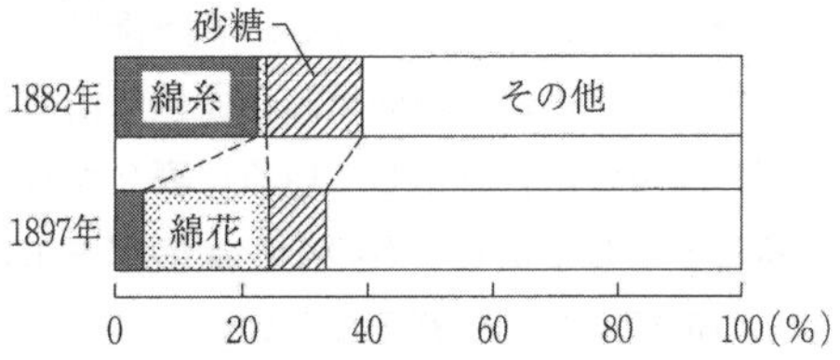

注　「大日本外国貿易年表」により作成

a　**グラフ1**から，1897年の綿花の輸入の割合が，1882年よりも上がっていることが分かる。**グラフ1**から考えられる，1882年から1897年の間に，綿花の輸入の割合が上がった理由を，傍線部⑤の影響による綿糸の国内生産量の変化に関連づけて，簡単に書きなさい。

b　1882年における砂糖の主な輸入先は台湾であった。台湾は，1882年から1897年の間に結ばれた条約によって，日本に譲られた。台湾を日本に譲る内容が含まれている条約を，次の**ア**～**エ**の中から1つ選び，記号で答えなさい。

ア　下関《しものせき》条約　　**イ**　日米和親条約　　**ウ**　ベルサイユ条約　　**エ**　ポーツマス条約

(7)　傍線部⑥に関するa，bの問いに答えなさい。

a　日本が傍線部⑥に加盟した年におこった，日本の傍線部⑥への加盟に影響を与えたできごとを，次の**ア**～**エ**の中から1つ選び，記号で答えなさい。

ア　ポツダム宣言を受諾した。

イ　サンフランシスコ平和条約が結ばれた。

ウ　日本とソ連が国交を回復した。

エ　日中共同声明に調印した。

b　**表１**は，1945年と2019年における，傍線部⑥の加盟国数を，地域別に示したものである。**表１**から，1945年と比べて，2019年の総会における，地域別に見たときの影響力は，南北アメリカが最も低下していると考えられる。**表１**から考えられる，1945年と比べて，2019年の総会における南北アメリカの影響力が低下している理由を，総会における加盟国の投票権に関連づけて，簡単に書きなさい。

表１

	1945年（か国）	2019年（か国）
南北アメリカ	22	35
ヨーロッパ	14	43
アジア	9	47
アフリカ	4	54
オセアニア	2	14
合計	51	193

注　国際連合資料により作成

2　次の(1)～(6)の問いに答えなさい。なお，**地図１**の中のA～Eは県を示している。(12点)

(1)　Cに関するａ，ｂの問いに答えなさい。

ａ　Cの県庁所在地には，世界文化遺産に登録された原爆ドームがある。Cの県名を書きなさい。

ｂ　Cの県庁所在地の中心部は，河口付近に広がった平地に位置している。一般に，河口付近には，川が運んできた細かい土砂が堆積して平地ができやすい。河口付近に川が運んできた細かい土砂が堆積してできた平地は何とよばれるか。その名称を書きなさい。

(2)　**表２**は，2015年における，A～Eの，総人口，65歳以上の人口，総面積，総面積に占める過疎地域の面積の割合を示している。**表２**から読み取れることとして正しいものを，次の**ア**～**エ**の中から１つ選び，記号で答えなさい。

ア　総面積が小さい県ほど，過疎地域の面積の割合が低い。

イ　総人口が少ない県ほど，過疎地域の面積の割合が低い。

ウ　総面積が大きい県ほど，65歳未満の人口が多い。

エ　総人口が多い県ほど，65歳未満の人口が多い。

(3)　**図２**は，**地図１**の八幡浜市と大洲市の，一部の地域を示した地形図である。**図２**には，**ー・・ー**（市の境界）が見られる。**図２**から読み取れる，**ー・・ー**の西側の土地のようすや利用について述べた文として正しいものを，次の**ア**～**エ**の中から１つ選び，記号で答えなさい。

ア　**ー・・ー**の東側と比べて斜面の傾きが急であ

地図１

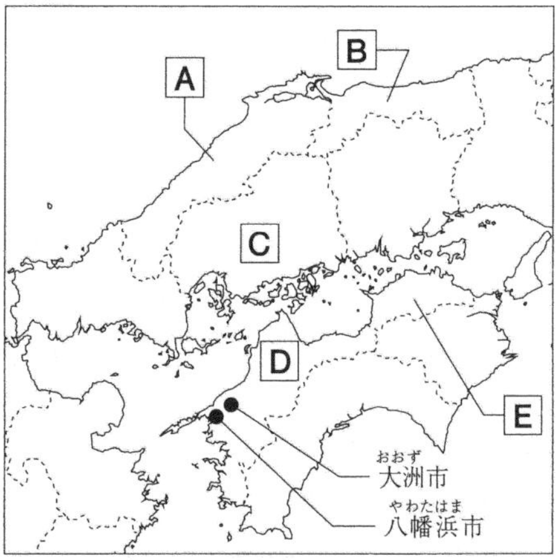

表２

	総人口（千人）	65歳以上の人口（千人）	総面積（km²）	過疎地域の面積の割合（%）
A	694	223	6,708	85.4
B	573	169	3,507	56.5
C	2,844	774	8,479	63.3
D	1,385	417	5,676	65.2
E	976	286	1,877	36.8

注　総務省資料などにより作成

図２

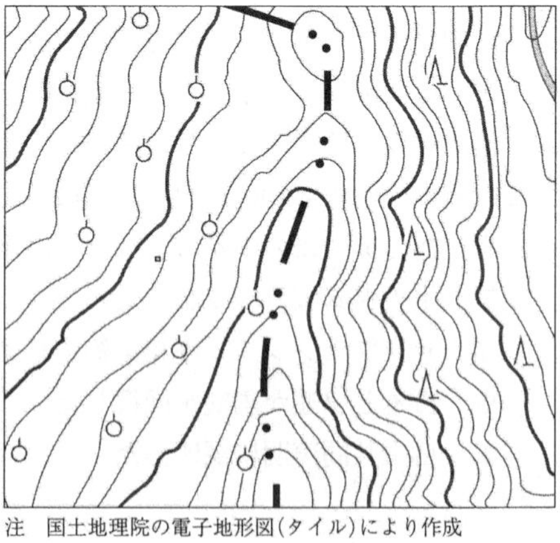

注　国土地理院の電子地形図（タイル）により作成

り，果樹園として利用されている。

イ　ー‥ーの東側と比べて斜面の傾きが急であり，針葉樹林として利用されている。

ウ　ー‥ーの東側と比べて斜面の傾きがゆるやかであり，果樹園として利用されている。

エ　ー‥ーの東側と比べて斜面の傾きがゆるやかであり，針葉樹林として利用されている。

(4)　**グラフ2**は，1960年度から2010年度における，野菜と果実の，国内自給率の推移を示している。**グラフ3**は，1960年度から2010年度における，野菜と果実の，国内生産量と輸入量の推移を示している。**グラフ3**の**ア**～**エ**は，野菜の国内生産量，野菜の輸入量，果実の国内生産量，果実の輸入量のいずれかを表している。**グラフ2**を参考にして，果実の国内生産量と，果実の輸入量に当たるものを，**グラフ3**の**ア**～**エ**の中から1つずつ選び，記号で答えなさい。

グラフ2

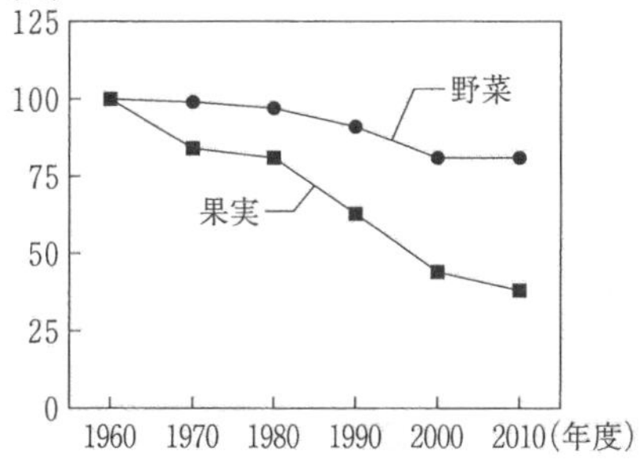

注　「数字でみる日本の100年」により作成

グラフ3

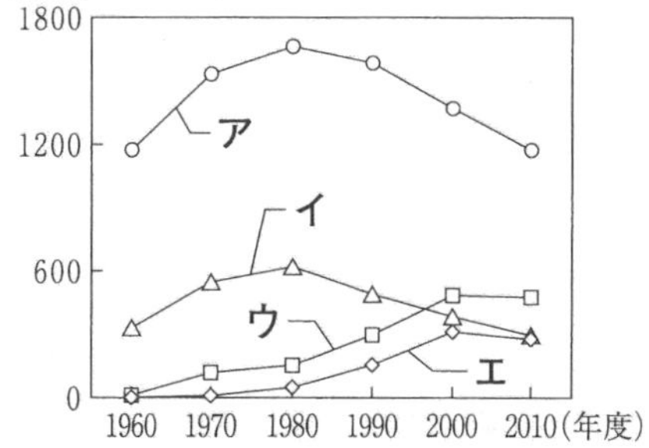

注　「数字でみる日本の100年」により作成

(5)　瀬戸内工業地域に関するa，bの問いに答えなさい。

a　関東地方から九州地方北部にかけては，瀬戸内工業地域などの工業地域が帯状につらなっている。関東地方から九州地方北部にかけてつらなっている，帯状の工業地域は何とよばれるか。その名称を書きなさい。

b　**表3**は，2019年における，日本の原油の，生産量と輸入量を示している。瀬戸内工業地域の臨海部には，石油化学工業の工場群が形成されている。日本において，石油化学工業の工場群が，臨海部に形成されるのはなぜか。その理由を，**表3**から読み取れることに関連づけて，簡単に書きなさい。

表3

	生産量(千kL)	輸入量(千kL)
2019年	522	175,489

注　「日本国勢図会2020/21」により作成

(6)　**図3**は，塩田において塩の生産を行っているようすを撮影した写真である。瀬戸内海沿岸では，潮の干満差や気候を生かし，遠浅の海岸に引き入れた海水を乾燥させて塩を生産する塩田が見られた。現在，瀬戸内海沿岸の一部の塩田の跡地では，その気候を生かした発電が行われるようになっている。瀬戸内海沿岸の一部の塩田の跡地で行われるようになっている，瀬戸内海沿岸の気候を生かした発電方法として最も適しているものを，次の**ア**～**エ**の中から1つ選び，記号で答えなさい。また，瀬戸内海沿岸の塩田の跡地がその発電方法に適している理由を，瀬戸内海沿岸の気候の特徴に着目して，簡単に書きなさい。

図3

注　塩事業センターウェブサイトより

ア　火力発電　　**イ**　原子力発電　　**ウ**　太陽光発電　　**エ**　地熱発電

3　次の(1)～(4)の問いに答えなさい。なお，**地図２**は，緯線と経線が直角に交わった地図であり，**地図２**の中のⓐ～ⓒは都市を示している。（９点）

地図２

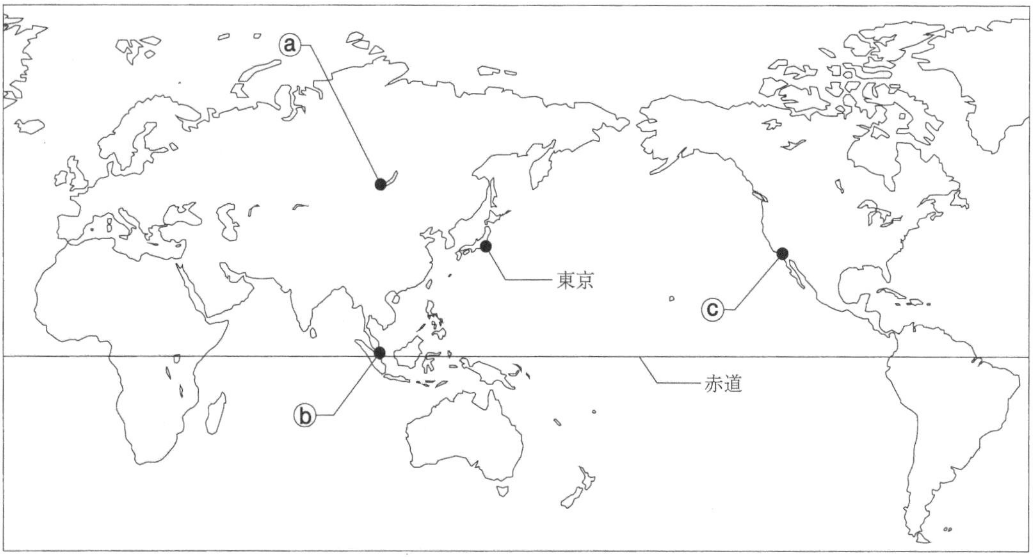

(1)　次の**ア**～**エ**の中から，東京を通る緯線と同じ緯線が通らない大陸に当たるものを１つ選び，記号で書きなさい。

ア　オーストラリア大陸　　**イ**　ユーラシア大陸

ウ　アフリカ大陸　　**エ**　北アメリカ大陸

(2)　**地図２**のⓐ～ⓒに関するａ，ｂの問いに答えなさい。

ａ　**グラフ４**の**ア**～**ウ**は，**地図２**のⓐ～ⓒのいずれかの都市の，気温と降水量を示したものである。**グラフ４**の**ア**～**ウ**の中から，ⓐの都市の，気温と降水量を示したものを１つ選び，記号で答えなさい。

グラフ４

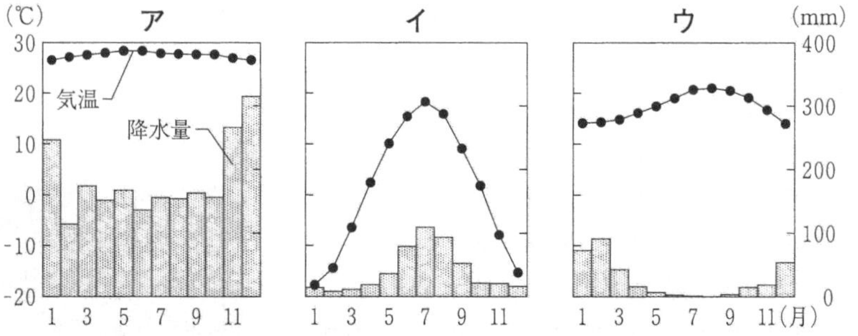

注「令和３年　理科年表」により作成

ｂ　ⓒは，ⓑと16時間の時差がある。ⓑの現地時間が８月３日午前10時のとき，ⓒの現地時間は何月何日何時であるかを，午前，午後の区別をつけて書きなさい。なお，サマータイム（夏に時間を標準時より一定時間進める制度）は考えないものとする。

(3)　東南アジアに関するａ，ｂの問いに答えなさい。

a　東南アジア地域の安定と発展を目指し，東南アジアの国々によって結成された組織の名称の略称は何とよばれるか。その略称を，アルファベットで書きなさい。

b　**表４**は，マレーシア，タイ，インドネシア，フィリピン，日本の，2000年，2010年，2018年における，人口と１人当たりの国民総所得を示している。近年，日本の製造業だけでなく，日本の商業・サービス業も東南アジアに進出するようになっている。日本の商業・サービス業が東南アジアに進出する理由を，**表４**から読み取れることとあわせて，簡単に書きなさい。ただし，**市場**《しじょう》という語を用いること。

表４

	人口（万人）			１人当たりの国民総所得（ドル）		
	2000年	2010年	2018年	2000年	2010年	2018年
マレーシア	2,319	2,821	3,153	3,716	8,753	10,968
タイ	6,295	6,720	6,943	1,968	4,864	6,925
インドネシア	21,151	24,183	26,767	804	3,147	3,773
フィリピン	7,799	9,397	10,665	1,218	2,560	3,723
日本	12,752	12,854	12,720	38,874	45,490	40,529

注　「世界国勢図会2020/21」などにより作成

(4)　農産物は，気候や需要量などの影響を受け，生産量が変化する。穀物は，主に食用や飼料用などに用いられるが，新たな用途が開発されると生産量が増加することがある。**グラフ５**は，1990年から2015年における，米，小麦，とうもろこしの，世界全体の生産量の推移を示している。地球環境問題に関係して生産量が増えている，**グラフ５**のⒶに当たるものは何か。次の**ア**～**ウ**の中から１つ選び，記号で答えなさい。また，Ⓐの生産量が増えている理由として考えられることを，地球環境問題に関係する新たな用途に着目して，簡単に書きなさい。

ア　米　　**イ**　小麦　　**ウ**　とうもろこし

グラフ５

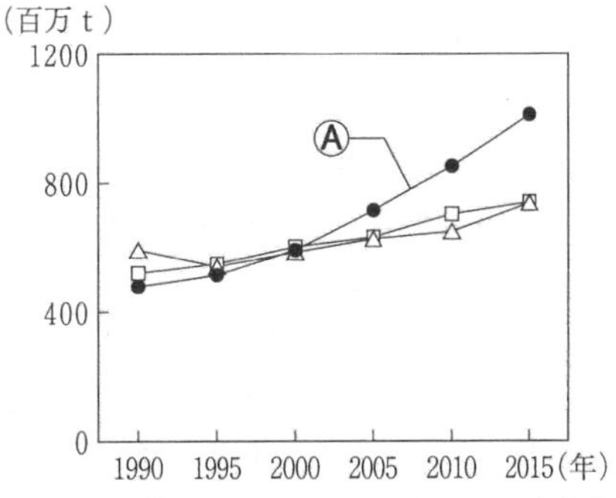

注　「世界国勢図会2018/19」などにより作成

4　次の(1)～(3)の問いに答えなさい。（11点）

(1)　次の［　　］の中の文は，日本国憲法第96条に定められている，憲法改正の手続きについてまとめたものである。この文に関するａ～ｃの問いに答えなさい。

> 日本国憲法の改正は，ⓐ衆議院と参議院の，それぞれ総議員の（　あ　）の賛成を得て，国会が発議する。この発議を受けて行われる（　い　）で，国民の承認を得ると改正案が成立し，ⓑ天皇が国民の名で公布する。

a　文中の下線部ⓐの議員は，それぞれ選挙で選ばれる。下線部ⓐの議員選挙でとられている，得票数に応じて政党に議席を配分するしくみは何とよばれるか。その名称を書きなさい。

b　文中の（あ），（い）に当てはまる語として正しい組み合わせを，次のページの**ア**～**エ**の中から１つ選び，記号で答えなさい。

ア　㋐　過半数　　　　㋑　国民投票　　**イ**　㋐　過半数　　　　㋑　国民審査
ウ　㋐　３分の２以上　㋑　国民投票　　**エ**　㋐　３分の２以上　㋑　国民審査

c　文中の下線部ⓑは，天皇が，内閣の助言と承認によって行う，形式的・儀礼的な行為の１つである。天皇が，内閣の助言と承認によって行う，形式的・儀礼的な行為は何とよばれるか。その名称を書きなさい。

(2)　経済に関するａ，ｂの問いに答えなさい。

a　次の［　　］の中の文は，日本銀行が行う公開市場操作について述べたものである。文中の（㋐）～（㋒）に当てはまる語として正しい組み合わせを，次の**ア**～**ク**の中から１つ選び，記号で答えなさい。

> 好景気（好況）のとき，日本銀行は国債を（　㋐　）。それによって一般の銀行は手持ちの資金が（　㋑　）ために，企業などへの貸し出しに慎重になる。その結果，景気が（　㋒　）。

ア　㋐　買う　㋑　増える　㋒　回復する　　**イ**　㋐　買う　㋑　増える　㋒　おさえられる
ウ　㋐　買う　㋑　減る　　㋒　回復する　　**エ**　㋐　買う　㋑　減る　　㋒　おさえられる
オ　㋐　売る　㋑　増える　㋒　回復する　　**カ**　㋐　売る　㋑　増える　㋒　おさえられる
キ　㋐　売る　㋑　減る　　㋒　回復する　　**ク**　㋐　売る　㋑　減る　　㋒　おさえられる

b　電気・ガス・水道などは，それぞれの地域で供給者が独占状態であることがほとんどである。これらは安定的に供給される必要があり，価格を自由に決めることが許されていない。電気・ガス・水道の料金のように，政府などが決定・認可する価格は何とよばれるか。その名称を書きなさい。また，この価格の決定・認可に政府などが関わり，価格の上昇などを規制する理由を，簡単に書きなさい。

(3)　1990年代から，地方自治に関する改革が行われている。**資料２**は，1999年に制定された，地方分権一括法の施行前後の，変化のようすをまとめたものである。**グラフ６**は，2006年度税制改正の前後の，年収500万円の世帯における，所得税（国に納める直接税）と住民税（都道府県と市町村に納める直接税）の，１年間の負担合計額を，所得税と住民税に分けて示している。**グラフ７**は，1997年度と2007年度の，全国の地方自治体の収入の総額を，自主財源と依存財源に分けて示している。国が地方自治に関する改革で行った，財政面での改革のねらいを，**資料２**から分かる，地方分権一括法を制定した目的と，**グラフ６**と**グラフ７**から分かる，改革の内容に関連づけて，70字程度で書きなさい。（**グラフ６**・**７**は次のページにあります。）

資料２

> ・地方分権一括法の施行前
> 　国と地方自治体は上下・主従の関係であり，地方自治体の仕事に国が強く関与したり，国が行うべき仕事を地方自治体が国の代わりに行ったりすることがあった。
> ・地方分権一括法の施行後
> 　国と地方自治体は対等・協力の関係となり，各地方自治体が特性を生かし，みずからの判断や責任に基づいた政治を行いやすくなった。

注　総務省資料などにより作成

グラフ6

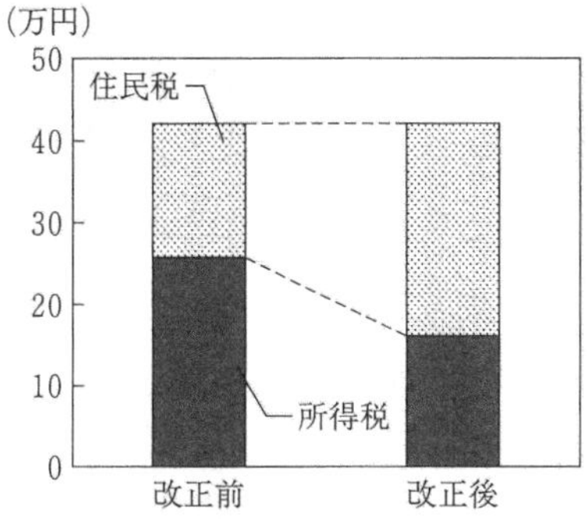

注1　総務省資料により作成
注2　所得税と住民税の負担額は，独身者の場合を示している。

グラフ7

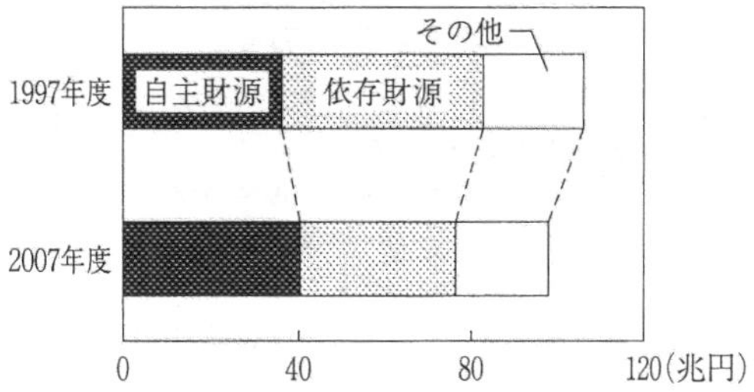

注　総務省資料により作成

語で簡単に書きなさい。

問四　「小倉山の色紙」を傍線（――）部のように考えた宗祇は、どのような行動をとったか。「小倉山の色紙」を傍線（――）部のように考えた宗祇がとった行動を、宗祇が「小倉山の色紙」を一人だけで所有することでおこりうる問題を含めて、簡単に書きなさい。

五　あなたのクラスでは、総合的な学習の時間の授業で環境問題について調べたことを、班ごとに発表することになった。あなたの班は、マイクロプラスチックによる環境への影響を調べ、調べた内容を**図**のようにまとめた。そして、調べた内容を他の班の生徒へ効果的に伝えるために、発表の際、**図**とともに、**A**、**B**のポスターのどちらかを掲示することにした。

あなたなら、マイクロプラスチックによる環境への影響について調べた内容を他の班の生徒へ効果的に伝えるために、**図**とともに掲示するポスターとして、**A**と**B**のどちらがより適切と考えるか。**A**と**B**のどちらかを選び、それを選んだ理由を含めて、あなたの考えを書きなさい。ただし、次の**条件**1、2にしたがうこと。（6点）

条件1　一マス目から書き始め、段落は設けないこと。

条件2　字数は、百五十字以上、百八十字以内とすること。

図

マイクロプラスチックによる環境への影響

○マイクロプラスチックとは？
大きさが5㎜以下のプラスチック片

○どのようにできるの？
ビニール袋や**ペットボトル**等のプラスチック製品が適切に処理されずに、主に川から海に流れ出る。
⇒海に流れ出た**プラスチック製品**が、波や紫外線などの影響により細かくなってできる。

○マイクロプラスチックは有害？
・マイクロプラスチックは自然には分解されにくい。
・マイクロプラスチックには有害な化学汚染物質が付着しやすい。
・海洋生物がえさと間違えて食べてしまい、成長に影響が出たり、死亡率が上昇したりする可能性がある。
・海洋生物が取り込んだ化学汚染物質は、その生物の体内にたまっていき、その生物を食べた別の生物の体内にもたまっていく可能性がある。

参考：『海洋プラスチックごみ問題の真実』
磯辺篤彦著　令和2年　化学同人　など

A

B

（令和二年度「こども教育支援財団　環境教育ポスター公募展」による。）

問三　傍線部3を、助詞だけを一語直すことによって、適切な表現にしたい。傍線部3の中の、直すべき助詞を含む一つの文節を、適切な形に直して書きなさい。

問四　本文中に、次の□の一文を補いたい。補うのに最も適切な箇所を、1～4の、いずれかの番号で答えなさい。

> それらのあらすじやおすすめポイントなどを図書委員がまとめ、図書室の壁に掲示します。

問五　あなたは、原稿が企画の説明で終わっていると考え、原稿の最後に次の□の中の文を付け加えたほうがよいと委員長に提案した。□の中の文が、本文で図書委員会が伝えたかった内容となるように、【　】の中に入る適切な言葉を考えて、十字以内で書きなさい。

> 図書委員会としては、この企画を通して、皆さんに、本の面白さや魅力を感じてもらい、【　　　　　】につなげたいと思いますので、ぜひ投票に来てください。

四　次の文章を読んで、あとの問いに答えなさい。（7点）

注①東下野守《とうしもつけのかみ》は、和歌の道に達し《深く通じ》、注②古今伝授《こきんでんじゅ》の人なりしが、注③宗祇《そうぎ》法師が、はるばる東国にアくだりて、野州《やしう》《東下野守》に謁して《お会いして》古今の伝授を得けり《受けた》。然《しか》るに《さて》、下野守、注④小倉山《をぐらやま》の色紙、百枚所持したまひけるに、宗祇が志《宗祇の思い》を感じて五十枚与へらる《お与えになる》。宗祇、京都へイ帰りし時、いづれにてかありけん《どこの誰かもわからない》注⑤水主《かこ》に、かの《その》色紙一枚ウくれて、これは天下の重宝《ちょうほう》にて、汝《なんぢ》、水主をやめて世を安くおくる《安心して生活できる》程の注⑥料《しろ》となるものなりといひふくむ《言い聞かせる》。水主へ与へくる《与えてやる》程の事なれば、知れる《知り合い》人毎《ごと》に一枚づつ、五十枚を皆くれたり。当時《現在》、世にエ残りしは、宗祇の《宗祇によって》散らされたる色紙なり。野州の方にありし五十枚は、野州没落の時《領地を奪われた時》、焼失して一字も残らずとなり。宗祇の意《考え》は、天下の重宝なれば、私にすべき《一人だけで所有するべき》にあらず、諸方《しょほう》に散らしおきなば《あちこちに散らしておけば》、時うつり世変わりしても少しは残るべし《残るだろう》、一所《ひとところ》《同じ所》にありては、不慮の変《思いがけない出来事》にて皆うするなるべし《失ってしまうだろう》と思ひてのことなり。誠に宗祇の志《考え》、ありがたきことにあり《立派なことである》。

（日夏繁高《ひなつしげたか》『兵家茶話《へいかちゃわ》』による。）

（注）①　東常縁《とうつねより》。室町時代の歌人で、美濃国郡上《みののくにぐじょう》の領主。
②　「古今和歌集」の解釈の秘話を弟子に伝えること。東常縁が始めたとされる。
③　室町時代の連歌師。
④　百人一首が、一枚に一首ずつ書かれた色紙。
⑤　船頭。小舟を操ることを職業とする人。　⑥　金銭。

問一　二重傍線（＝）部を、現代かなづかいで書きなさい。

問二　波線（〰）部ア～エの中で、その主語に当たるものが他と異なるものを一つ選び、記号で答えなさい。

問三　宗祇が船頭（水主）に渡した天下の重宝である「小倉山の色紙」一枚には、どれくらいの価値があると、宗祇は船頭に伝えているか。宗祇が船頭に伝えている「小倉山の色紙」一枚の価値を、現代

ア　柳宗悦の言葉をそのまま引用することで、本文の展開に対する興味や関心を読者に持たせる働き。

イ　引用した柳宗悦の言葉を筆者自身が解釈することで、本文で述べたい内容を読者に提示する働き。

ウ　筆者の言葉を抽象的な表現で言い換えることで、本文の展開を読者に分かりやすく説明する働き。

エ　筆者の考え方を柳宗悦の言葉を用いて表現することで、柳宗悦の主張への疑問を読者に投げかける働き。

問四　次のア～エの中から、本文中の□の中に補う語として、最も適切なものを一つ選び、記号で答えなさい。

ア　それとも　　イ　もしくは　　ウ　しかし　　エ　なぜなら

問五　本文には、筆者の考える、ものごとに対するときの理想的な過程について述べた一文がある。その一文の、最初の五字を抜き出しなさい。

問六　筆者は、本文で、作品に対するときの危険性の一つとして、傍線部2について述べているが、傍線部2とは異なる危険性についても述べている。筆者が述べている、傍線部2とは異なる危険性を、五十字程度で書きなさい。

三　次の文章は、図書委員会の委員長が、昼の放送で連絡事項を伝達するためにまとめている原稿である。あなたは、図書委員会の委員長から原稿についての助言を頼まれた。この文章を読んで、あとの問いに答えなさい。（9点）

> 図書委員会では、図書室を快適に利用してもらうために、今年は本の整頓や図書室の清掃を重点的に行っています。
> このような努力が[1]十分な結果として現れたためか、先月と先々月の図書室の来室者数の合計は、昨年度の同時期に比べて二割増加していました。
> 一方で、本の貸出冊数はそれほど増えてはいませんでした。貸出冊数が増えていない原因について、本を選ぶ際に、タイトルや表紙からだけでは本の面白さが伝わらず、読む本を選べないからではないか、と図書委員会の顧問の先生は[2]言っていました。図書委員会では、これを課題と考えています。
> これまで、[3]毎月一回のペースで作ってきた図書通信を通じて、本の紹介する活動を行ってきました。しかし、それだけでは、本の魅力を十分に伝えきることができていなかったのではないか、と考えました。
> そこで、新たな企画として、本の人気投票を実施したいと思います。［1］皆さんに投票してもらうため、図書委員が毎月、候補の本を数冊選びます。［2］その情報を参考にして、興味をもった本について、図書室に置いてある投票箱へ投票してもらいます。［3］皆さんの投票の結果は毎月、昇降口へ掲示します。［4］人気の出そうな本は、早めの貸出手続きをお勧めします。

問一　傍線部1を簡潔に表すために、慣用句を使った表現にしたい。傍線部1とほぼ同じ意味を表すように、次の（　）に適切な漢字一字を入れて、慣用句を完成させなさい。

> （　　）を結んだ

問二　傍線部2を、「図書委員会の顧問の先生」に対する敬意を表す表現にしたい。傍線部2を、敬意を表す表現に改めなさい。

二　次の文章を読んで、あとの問いに答えなさい。(14点)

注① 見テ　知リソ　知リテ　ナ見ソ

見てから知るべきである、知ったのちに見ようとしないほうがいい、という意味でしょうが、実はもっとア深い意味があるような気がする。つまり、われわれは〈知る〉ということをイとても大事なこととして考えています。しかし、ものごとを判断したり、それを味わったりするときには、その㋐よび知識や固定観念がかえって邪魔になることがある。だから、1まず見ること、それに触れること、体験すること、そしてそこから得る直感を大事にすること、それが大切なのだ、と言っているのではないでしょうか。

ひとつの美術作品にむかいあうときに、その作家の経歴や、その作品の意図するものや、そして世間でその作品がどのように評価されているか、また、有名な評論家たちがどんなふうにその作品を批評しているか、などという知識が頭の中にたくさんあればあるほど、一点の美術品をすなおに、自分の心のおもむくままに見ることが困難になってくる。それが人間というものなのです。実際にものを見たり接したりするときには、これまでの知識をいったん横へ置いておき、そして裸の心で自然に、また無心にそのものと接し、そこからうけた直感を大切にし、そのあとであらためて、横に置いていた知識をふたたび引きもどして、それと照らしあわせる、こんなことができれば素晴らしいことです。そうできれば、私たちの得る感動というものは、知識の光をうけてより深く、より遠近感を持った、㋑ゆたかなものになることはまちがいありません。□、実はこれはなかなかできないことです。

では、われわれは知る必要がウないのか、勉強する必要もなく、知識を得る必要もないのか、というふうに問われそうですが、これもまたちがいます。そのへんが非常に微妙なのですが、柳宗悦《やなぎむねよし》が㋒戒めているのは、知識に注②がんじがらめにされてしまって自由で柔軟な感覚を失うな、ということでしょう。おのれの直感をエ信じて感動しよう、というのです。どんなに偉い人が、どんなにオ有名な評論家が、自分とまったく正反対の意見をのべていたり解説をしていたとしても、その言葉に惑わされるなということです。

作品と対するのは、この世界でただひとりの自分です。自分には自分流の感じかたがあり、見かたがあります。たとえ百万人の人が正反対のことを言っていたとしても、自分が感じたことは絶対なのです。しかし、また、その絶対に安易によりかかってしまうと人間は単なる独断と偏見におちいってしまう。

自分の感性を信じつつ、なお一般的な知識や、他の人々の声に耳をかたむける余裕、このきわどいバランスの上に私たちの感受性というものは成り立たねばなりません。それは難しいことですが、少なくとも柳宗悦の言葉は、私たちに2〈知〉の危険性というものを教えてくれます。

(五木《いつき》寛之《ひろゆき》『生きるヒント』による。)

(注)① 日本の美術評論家である柳《やなぎ》 宗悦《むねよし》の言葉。
② 縛られて身動きの取れない状態。

問一　二重傍線(‖)部㋐、㋑のひらがなを漢字に直し、㋒の漢字に読みがなをつけなさい。

問二　波線(〰)部ア～オの中には、品詞の分類からみて同じものがある。それは、どれとどれか。記号で答えなさい。

問三　傍線部1は、本文全体の中で、どのような働きをしているか。その説明として、最も適切なものを、次のア～エの中から一つ選び、記号で答えなさい。

ⓐ割れた植木鉢と散らばった土を片づけ、汚れた床をきれいに雑巾で拭いた。雑巾がけをする最中、ぽろぽろと涙がこぼれて床に落ちるたび、それを気づかれないように素早く拭き取るのに、僕はいそがしかった。

「植木鉢は先生が片づけておくから、二人とも、雑巾、水道で洗ってちゃんと干しておきなさい。」先生は優しい口調で言った。

僕たちは土のにおいのする雑巾を持って廊下に出た。すでに三時間目が始まっていたので、廊下には誰もいなかった。

僕は、雑巾がけをしているあいだじゅう、この人はどうして僕をかばったのかと、ずっと考えていた。どう考えても僕が悪いのだ。面倒だから告げ口みたいなことをしなかっただけで、本当は怒っているに違いない。とにかく謝らなければいけないと思った。

唾を飲みこんで、今度こそ声が出ますようにと祈った。でも、このときもうまく声が出せなかった。謝るという簡単なことが、どうして僕にはできないんだ。

3もじもじしていると、僕より先にハセが口を開いた。「いけね、怒られちゃったな。むりやりノート覗きこんでごめん。でもさっきの絵、おれにも描いてくれよ。ほんとはずっと前から描いてほしいと思ってたんだ。おれ、絵、へただからさ。」

日焼けした顔が、無邪気に笑っていた。その笑顔に、僕は、また4ぽろぽろと涙をこぼしながら、首を縦に振ることしかできなかった。

このときからずっと、いつだってハセは僕が注③躊躇《ちゅうちょ》してできないことを簡単にこなして、僕の前を歩いていく。僕には、そんなハセの背中がたまにまぶしく見える。

（小《こ》嶋《じま》陽《よう》太《た》郎《ろう》『ぼくのとなりにきみ』による。）

（注）①　性格の明るくない人。　②　言いふらすこと。
③　ためらうこと。

問一　二重傍線（＝）部あ、いの漢字に読みがなをつけ、うのひらがなを漢字に直しなさい。

問二　次のア～エの中から、本文中の□の中に補う言葉として、最も適切なものを一つ選び、記号で答えなさい。

ア　気をまぎらわす　　イ　心を合わせる
ウ　気を悪くする　　エ　心を痛める

問三　本文には、教室にいた「僕」が、傍線部1と感じたことが分かる一文がある。その一文の、最初の五字を抜き出しなさい。

問四　本文には、植木鉢が床に落ちて割れた場面があり、傍線部2のように述べている。本文中から、「僕」は、植木鉢が床に落ちていく時間を、どのように感じていたと読み取ることができるか。植木鉢の落下にかかった実際の時間を含めて、簡単に書きなさい。

問五　「僕」が、傍線部3のようになっていたのはなぜか。その理由を、本文中のⓐで示した部分から分かる、植木鉢が割れた原因に対しての「僕」の認識と、「僕」が考える「僕」のとるべき行動を含めて、四十字程度で書きなさい。

問六　次のア～エの中から、「僕」が傍線部4のようになっていた理由として、最も適切なものを一つ選び、記号で答えなさい。

ア　「近くで見ていた女子」に、「ハセ」を突き飛ばしたことを先生に言われそうになったから。

イ　「ハセ」にむりやりノートを覗きこまれたことを、まだ許す気持ちにはなれなかったから。

ウ　「僕」にできないことを簡単にこなす「ハセ」の姿をずっと見てきて、「ハセ」に嫌われたくなかったから。

エ　「僕」に対して謝罪する「ハセ」の発言を聞き、「ハセ」の素直で悪意のない表情を見たから。

＜国語＞

時間　五〇分　満点　五〇点

一　次の文章を読んで、あとの問いに答えなさい。(14点)

ハセとは小三で同じクラスになった。そのころの僕は、いまよりもっとうじうじしていてクラスに友達がひとりもいなかった。もともと消極的だし、㋐臆病なので、友達ができるのに人より何倍も時間がかかる。それまで時間をかけて仲が良くなった同級生はみな別のクラスになってしまい、にぎやかな教室の中で、僕はいつもひとりだった。やることがないので、僕はよくノートに絵を描いていた。当時流行《はや》っていたアニメのキャラクターの絵だ。べつに、絵が好きなわけではなかった。休み時間にひとりぼっちであるという情けない状況から［　　］ための行動だった。

その日の休み時間も、僕は絵を描いていた。窓際《まどぎわ》の席だった。ノートに突然人影が落ちて、声がした。「すげえ。おまえ、絵、うまいな！」

顔を上げると、今年から同じクラスになった、声の大きな男子がいた。たしか、はせがわくん……と僕は思った。うまいなあ、と彼はもう一度言った。僕の絵はべつにうまくなかったし、ほめられるようなものでもなかった。ただ、休み時間にひとり、窓際で絵を描いている僕に気をつかってくれたのだろう。もしかしたら、本当にうまいと思って話しかけてくれたのかもしれないけど、それはわからない。

「なあ、ほかのも見せてくれよ。」

ハセは持ち前の無邪気さで、僕のノートをぐっと覗《のぞ》きこんできた。

僕は1急に話しかけられた驚きと、ひっそりと描いていた絵を見られた恥ずかしさで動転し、その瞬間に、なぜかハセを左手で強く払いのけてしまった。ハセは「うおっ」と言ってよろめいた。体勢をくずした拍子に、窓際に飾られていた植木鉢に肘をぶつけた。

2僕はその瞬間を、いまでもスローモーションで思い出すことができる。植木鉢が落ちて床にぶつかり、割れた。落下はおそらく一秒にも満たないくらいの時間だったが、僕には永遠にも感じられた。でも永遠なわけはなく、ちゃんと床にぶつかって割れた。すごく、大きな音がした。肥料の混ざった茶色い土が床に散らばり、むっとしたにおいが鼻をついた。

終わった。瞬間的に、僕はそう思った。大げさではなく、当時八歳だった僕は、本当にそう思ったのだ。教室で植木鉢を割るなんて、人生が終わるくらいの最悪な出来事だった。そして何よりもこたえたのが、これで間違いなく長谷川《はせがわ》君には嫌われただろうし、彼は僕を、注①根《ね》暗《くら》のうえに話しかけただけで突き飛ばしてきたイヤなやつとして、クラス中に注②吹聴《ふいちょう》して回るだろう、ということだった。

いまこの瞬間に、消えてなくなりたいと思った。でも、僕は一歩も動くことができなかった。せめて謝らなければ、と思ったが、㋑喉がカラカラに渇いて、まともに声が出なかった。すぐに先生が駆けつけてきた。

「どうしたの！」

近くで見ていた女子が、佐久田《さくた》君が長谷川君を、と言いかけた瞬間、

「佐久田君と㋒あそんでたら植木鉢にぶつかって割ってしまいました。」

さえぎるようにハセは言った。

先生は僕たちを廊下に連れて行って短く説教し、それから一緒に、

MEMO

大切なことはメモしておこうネ！

2022年度

解答と解説

《2022年度の配点は解答用紙集に掲載してあります。》

＜数学解答＞

1 (1) ア -18　イ $2a+9b$　ウ $\dfrac{3x+7y}{10}$
エ $9\sqrt{7}-10\sqrt{3}$　(2) 26　(3) $x=-2$, $x=6$

2 (1) 右図　(2) $y=\dfrac{4000}{x}$　(3) $\dfrac{4}{15}$

3 (1) 11　(2) (2010年) 4　(2020年) 7

4 24(方程式と計算の過程は解説参照)

5 (1) 8　(2) 48π　(3) $\sqrt{61}$

6 (1) $0\leqq y\leqq 9a$　(2) $y=-3x-9$
(3) $\dfrac{3}{4}$(求める過程は解説参照)

7 (1) 解説参照　(2) 36

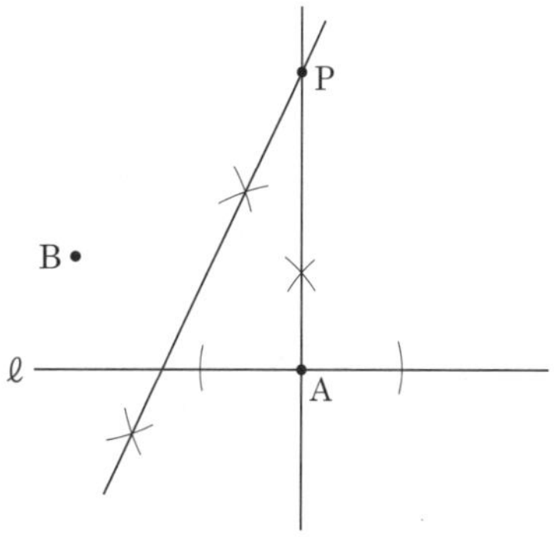

＜数学解説＞

1 (数・式の計算，平方根，式の値，2次方程式)

(1) ア　四則をふくむ式の計算の順序は，乗法・除法→加法・減法となる。$6+8\times(-3)=6+(-24)=-(24-6)=-18$

イ　$(8a^2b+36ab^2)\div 4ab=(8a^2b+36ab^2)\times\dfrac{1}{4ab}=8a^2b\times\dfrac{1}{4ab}+36ab^2\times\dfrac{1}{4ab}=\dfrac{8a^2b}{4ab}+\dfrac{36ab^2}{4ab}=$
$=2a+9b$

ウ　分母を5と2の最小公倍数の10に通分して，$\dfrac{4x+y}{5}-\dfrac{x-y}{2}=\dfrac{2(4x+y)-5(x-y)}{10}=$
$\dfrac{8x-5x+2y+5y}{10}=\dfrac{3x+7y}{10}$

エ　$\sqrt{7}(9-\sqrt{21})=\sqrt{7}\times 9-\sqrt{7}\times\sqrt{21}=9\sqrt{7}-\sqrt{7\times 21}=9\sqrt{7}-\sqrt{7\times 7\times 3}=9\sqrt{7}-7\sqrt{3}$，$\sqrt{27}=\sqrt{3^2\times 3}=3\sqrt{3}$ だから，$\sqrt{7}(9-\sqrt{21})-\sqrt{27}=9\sqrt{7}-7\sqrt{3}-3\sqrt{3}=9\sqrt{7}+(-7-3)\sqrt{3}=9\sqrt{7}-10\sqrt{3}$

(2)　$a=\dfrac{2}{7}$のとき，$(a-5)(a-6)-a(a+3)=a^2-11a+30-a^2-3a=-14a+30=-14\times\dfrac{2}{7}+30=-4+30=26$

(3)　$(x-2)^2=16$より，$x-2$は16の平方根であるから，$x-2=\pm\sqrt{16}=\pm 4$　よって，$x=2\pm 4$より，$x=-2$，$x=6$

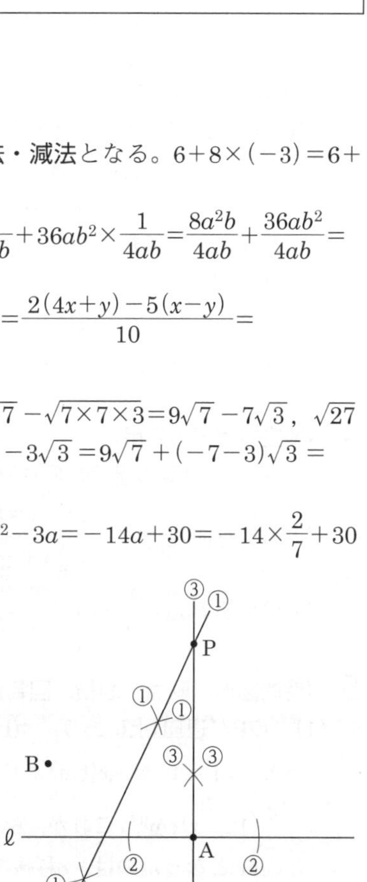

2 (作図，文字を使った式，確率)

(1) (着眼点)　**2点A，Bから等しい距離にある点は，線分ABの垂直二等分線上にある**から，点Pは線分ABの垂直二等分線と直線ℓ上の点Aを通り，直線ℓに垂直な直線との交点である。(作図手順)　次の①～③の手順で作図する。

①　点A，Bをそれぞれ中心として，交わるように半径の等

しい円を描き，その交点を通る直線(線分ABの垂直二等分線)を引く。　②　点Aを中心として円を描き，直線ℓ上に交点をつくる。　③　②でつくった交点をそれぞれ中心として，交わるように半径の等しい円を描き，その交点と点Aを通る直線(点Aを通る直線ℓの垂線)を引き，線分ABの垂直二等分線との交点をPとする。

(2)　水4L＝4000mLが入っている加湿器を，使い続けると水がなくなるまでにx時間かかるから，1時間当たりの水の減る量をymLとすると，y(mL)＝4000(mL)÷x(時間)，つまり，$y=\frac{4000}{x}$

(3)　袋の中に入っている6個の玉の中から，同時に2個の玉を取り出すとき，全ての取り出し方と，そのそれぞれにおける取り出した2個の玉に書いてある数の和は，(1個目の玉，2個目の玉，和)＝(2，1，3)，(2，0，2)，(2，−1，1)，(2，−2，0)，(2，−3，−1)，(1，0，1)，(1，−1，0)，(1，−2，−1)，(1，−3，−2)，(0，−1，−1)，(0，−2，−2)，(0，−3，−3)，(−1，−2，−3)，(−1，−3，−4)，(−2，−3，−5)の15通り。このうち，和が正の数になるのは〰〰を付けた4通りだから，求める確率は$\frac{4}{15}$

3　(資料の散らばり・代表値)

(1)　資料の最大の値と最小の値の差が**分布の範囲**。富士山が見えた日数の最大の日数は12日，最小の日数は1日だから，富士山が見えた日数の範囲は12−1＝11(日)

(2)　2010年から2019年までの10年間の，富士山が見えた日数の**平均値**は，{1(日)×1(年)＋3(日)×1(年)＋4(日)×3(年)＋6(日)×1(年)＋7(日)×3(年)＋12(日)×1(年)}÷10(年)＝55(日)÷10(年)＝5.5(日)　2011年から2020年までの10年間の，富士山が見えた日数の平均値は，2010年から2019年までの10年間の平均値より0.3日大きかったから，2011年から2020年までの10年間の，富士山が見えた日数の合計は，(5.5＋0.3)×10＝58(日)　これより，2010年と2020年の，4月の1か月間に富士山が見えた日数をそれぞれx日，y日とすると，$55-x+y=58$　つまり，$y-x=3$…①　が成り立つ。また，**中央値**は資料の値を大きさの順に並べたときの中央の値。年数は10年で偶数だから，日数の少ない方から5番目と6番目の平均値が中央値。①より，考えられるxとyの値は，$(x,\ y)=(1,\ 4)$，$(3,\ 6)$，$(4,\ 7)$，$(6,\ 9)$，$(7,\ 10)$，$(12,\ 15)$の6通り。それぞれの場合で中央値を求めると，5日，6日，6.5日，5.5日，5日，5日であり，条件を満たすのは$(x,\ y)=(4,\ 7)$である。

4　(連立方程式の応用)

(方程式と計算の過程)(例)初め水槽Aで飼育していたメダカの数をx匹，水槽Bで飼育していたメダカの数をy匹とする。$\begin{cases} x+y=86 \\ \frac{1}{5}x+\frac{1}{3}y=\frac{4}{5}x-4 \end{cases}$　これを解いて，$x=35$，$y=51$より，水槽Cに移したメダカは全部で$35\times\frac{1}{5}+51\times\frac{1}{3}=24$(匹)

5　(空間図形，動点，面積，回転体の体積，線分の長さの和)

(1)　点Pが辺ED上にあり，点Pが点Eを出発してからx秒後に，△ADPの面積が6cm^{2}となったとすると，EP＝1×x＝x(cm)より，△ADP＝$\frac{1}{2}$×DP×AD＝$\frac{1}{2}$×(DE−EP)×AD＝$\frac{1}{2}\times(12-x)\times3=\frac{3}{2}(12-x)$cm^2　これが，6cm^{2}に等しいから，$\frac{3}{2}(12-x)=6$　$12-x=4$　$x=8$　△ADPの面積が6cm^{2}となったのは，8秒後である。

(2)　点Pが点Eを出発してから14秒後のとき，点Pは辺AD上にあり，PD＝(DE＋PD)−DE＝1×14−12＝2(cm)だから，△APEを，辺APを軸として1回転させてできる立体の体積は，底面の円の半径がDE＝12cm，高さがAD＝3cmの円錐の体積から，底面の円の半径がDE＝12cm，高さがPD＝2cmの円錐の体積を引いたものに等しい。よって，求める立体の体積は$\frac{1}{3}\times\pi\times12^2\times3-\frac{1}{3}\times\pi\times12^2\times2=\frac{1}{3}\times\pi\times12^2\times(3-2)=48\pi$ (cm^3)

(3)　△ABCと長方形ADEBの部分の展開図を右図に示す。CP＋PDが最小となるのは，展開図上で点Pが線分CD上にあるとき。点Cから辺ABと直線ADへそれぞれ垂線CS，CTを引く。このとき，点Sは辺ABの中点である。また，△ACSと△ACTは合同な**直角二等辺三角形であり，3辺の比は1：1：$\sqrt{2}$** だから，AS＝CS＝AT＝CT＝$\frac{AB}{2}$＝6(cm)　△CDTに三平方の定理を用いて，CD＝$\sqrt{CT^2+DT^2}=\sqrt{CT^2+(AT+AD)^2}=\sqrt{6^2+(6+3)^2}=3\sqrt{13}$(cm)　AD//CSより，**平行線と線分の比の定理**を用いると，CP：DP＝CS：DA＝6：3＝2：1　CP＝CD$\times\frac{2}{2+1}=3\sqrt{13}\times\frac{2}{3}=2\sqrt{13}$(cm)　△PCFに三平方の定理を用いて，PF＝$\sqrt{CP^2+CF^2}=\sqrt{(2\sqrt{13})^2+3^2}=\sqrt{61}$(cm)

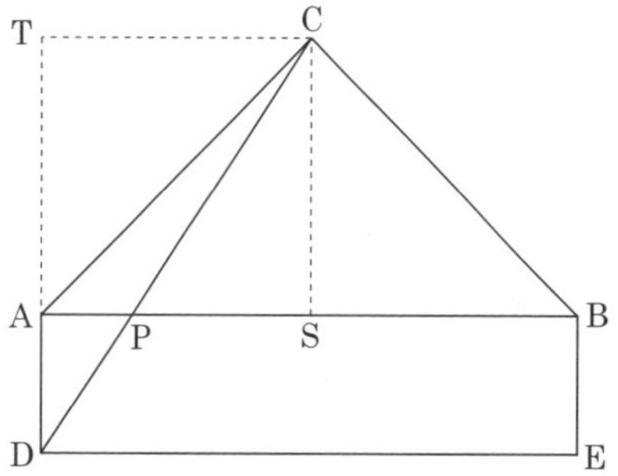

6 (図形と関数・グラフ)

(1)　関数$y=ax^2$がxの**変域**に0を含むときのyの変域は，$a>0$なら，$x=0$で**最小値**$y=0$，xの変域の両端の値のうち絶対値の大きい方のxの値でyの値は最大になる。xの変域が$-3<x<2$であるとき，xの変域に0を含むから，$x=0$で最小値$y=0$，xの変域の両端の値のうち絶対値の大きい方の$x=-3$でyの値は**最大値**$y=a\times(-3)^2=9a$になる。よって，yの変域は，$0\leqq y\leqq 9a$

(2)　直線$y=-3x+1$の傾きは-3で，これに平行な直線の傾きも-3だから，求める直線の式は$y=-3x+b$と表される。この直線が点Cを通るから，$-3=-3\times(-2)+b$　$b=-9$　求める直線の式は$y=-3x-9$

(3)　(求める過程)　(例)A$(-2,\ 4a)$，B$(4,\ 16a)$より，直線ABの式は，$y=2ax+8a$　よって，D$(0,\ 8a)$より，ED＝DO＝$8a$　△DCF＝四角形ACDE×2より，$\frac{1}{2}\times8a\times\{6-(-2)\}=\frac{1}{2}\times\{8a+4a-(-3)\}\times2\times2$　これを解いて，$a=\frac{3}{4}$　(補足説明1)　直線ABの式に関して，直線ABの傾きは$\frac{16a-4a}{4-(-2)}=2a$だから，その式は$y=2ax+c$と表される。点Aを通るから，$4a=2a\times(-2)+c$　$c=8a$　直線ABの式は$y=2ax+8a$である。　(補足説明2)　点Fの座標に関して，直線COの傾きは$\frac{-3-0}{-2-0}=\frac{3}{2}$だから，その式は$y=\frac{3}{2}x$　点Fは直線CO上の点であり，そのy座標は9だから，x座標は$9=\frac{3}{2}x$　$x=6$　よって，F(6，9)

7 (相似の証明，円の性質，角度)

(1)　(証明)　(例)△AGDと△ECBにおいて，仮定より，∠ABD＝∠EBC…①　$\overset{\frown}{AD}$の**円周角**より，∠ABD＝∠AFD…②　仮定より，AF＝ADだから，△AFDは二等辺三角形である。よって，∠AFD＝∠ADG…③　①，②，③より，∠ADG＝∠EBC…④　また，∠GAD＝∠BAC＋∠CAD…⑤　$\overset{\frown}{DC}$の円周角より，∠CAD＝∠CBD…⑥　①，⑥より，∠CAD＝∠ABD…⑦　△ABEの外角より，∠CEB＝∠BAC＋∠ABD…⑧　⑤，⑦，⑧より，∠GAD＝∠CEB…⑨　④，⑨より，2組の角がそれぞれ等しいから，△AGD∽△ECB

(2)　仮定より，$\overset{\frown}{AF}$：$\overset{\frown}{FB}$＝5：3＝10：6…①　(1)より，∠ADF＝∠AFD＝∠CADで，**1つの円**

で，長さの等しい弧に対する円周角の大きさは等しいので，$\overset{\frown}{AF}:\overset{\frown}{DA}:\overset{\frown}{CD}=1:1:1=10:10:10$…②　また，$\triangle AGD \backsim \triangle ECB$より，$\angle BAD=\angle DAG=\angle BEC=76°$　$\overset{\frown}{BCD}$に対する中心角と円周角の関係から，$\angle BOD=2\angle BAD=2\times 76°=152°$　よって，$\overset{\frown}{BCD}:\overset{\frown}{BFAD}=152:(360-152)=19:26$…③　①，②，③より，$\overset{\frown}{AF}:\overset{\frown}{FB}:\overset{\frown}{BC}:\overset{\frown}{CD}:\overset{\frown}{DA}=10:6:9:10:10$　これより，$\overset{\frown}{BC}$に対する中心角は$\angle BOC=152°\times\frac{9}{9+10}=72°$だから，$\angle BAC=\frac{1}{2}\angle BOC=\frac{1}{2}\times 72°=36°$

＜英語解答＞

1 (1) A エ　B エ　C イ　D ウ　(2) 質問1　7[seven]
質問2　ⓐ　cleaned　ⓑ　house　質問3　made a cake for them

2 (1) A ア　B ウ　C ア　(2) ⓐ イ　ⓑ エ　ⓒ ウ
(3) イ，ア，オ，ウ，エ　(4) (例1)Are you free next[this]Sunday?
(例2)How about next[this]Sunday?　(例3)Can you go next[this]Sunday?
(5) understand Japanese culture

3 (1) (例1)it's going to be sunny next week.　(例2)my father bought me a new bike.　(例3)we can save money if we go by bike.　(2) (例1)we can enjoy talking on the train.　(例2)we can[will]get to the sea earlier.
(例3)we can rest on the train when we go back home.

4 (1文目) (例1)I'll sing(some)English songs to[for]the children(who are) studying[learning]English next month.　(例2)Next month, I'm going to sing an English song to[for]the children who study[learn]English.
(2文目) (例1)Will you come to my room to play the piano?　(例2)Can you (also)come to my room and play the piano(for us)?　(例3)Please come to my room to play the piano.

5 (1) ⓐ took　ⓑ running　(2) ① She was planting sunflowers (with some people in the park.)　② (There were)Six(students).
(3) イ　(4) ア　(5) 町の多くの若者が，将来，大都市に住みたいと思っていること。　(6) 何かを変えるためには，他の人と話すことが必要であること。　(7) エ

＜英語解説＞

1 (リスニング)

放送台本の和訳は，42ページに掲載。

2 (会話文問題：文の挿入，語句補充・選択，語句の並べ換え，和文英訳，メモ・手紙・要約文などを用いた問題，間接疑問文，不定詞，分詞の形容詞的用法)

(全訳) (冬休み後，ジュディと京子は学校で話をしています)

ジュディ(以下J)：あなたの正月のカード，年賀状をどうもありがとう。とても美しかったので，私のホストファミリーの全員に見せました。／京子(以下K)：Aアそれを聞いてうれしいです。それは和紙と呼ばれる伝統的な日本の紙で作られているのです。／J：私は和紙が好きで，私のホ

ストファミリーがそれに関する興味深いビデオを私に見せてくれました。／K：ビデオですか？ Bウもっと話してください。／J：ビデオは正倉院の古い紙の書類に関するものでした。それらの紙の書類は，約1300年前に和紙から作られていました。人々はそれ以来和紙を使ってきたのです。／K：それは非常に長い間ですね！知らなかったです。／J：和紙に書かれたⓐさまざまな情報を読めば，過去の生活に関することを知ることができます。／K：なるほど。長い日本の歴史をⓑ学ぶことができるので，和紙は重要なのですね。私はそのことについて考えたことはなかったです。より日本の文化について理解できて，うれしいです。／J：ところで，どこでその美しいはがきを入手したのですか？／K：私が歴史博物館で作ったのです。／J：和紙を自分で作ったということですか？／K：Cアそのとおりです。私は小さなサイズの和紙を作って，それをはがきとして用いたのです。／J：素晴らしいわ！　でも，和紙を作るのは簡単ではないですよね。ⓒもし私があなたの立場ならば，私は店ではがきを買うでしょう。／K：あの……　あなたは日本の伝統的なものがとても好きなので，和紙を使ってあなたのために特別なものを作りかったのです。素晴らしい年賀状をどのようにして作ることができるかを考えることは，たのしかったですよ。／J：あなたの年賀状は素晴らしかったわ！　年賀状は，日本の文化の興味深い点について知る機会を私に与えてくれました。和紙は単に美しいだけでなくて，あなた方の文化において重要でもあるということに，私は気づきました。／K：あなたは和紙について新しいことを私に教えてくれて，私はそのことをあなたと話ができて楽しかったです。もしよければ，博物館へ行きましょう。今度の日曜日の都合はいかがですか。／J：ええ，もちろんいいですよ！

(1)　A　J：「年賀状はとても美しかったので，私のホストファミリーの全員に見せました」→K：Aアそれを聞いてうれしいです」他の選択肢は以下の通り。イ「怒らないでください」 ウ「私は全力を尽くそうと思う」do one's best「全力を尽くす」

B　J：「私は和紙が好きで，私のホストファミリーがそれに関する興味深いビデオを私に見せてくれた」→K：「ビデオですか？ Bウもっと話してください」空所B以降，ビデオに関する話が続いていることから考えること。他の選択肢は次の通り。ア「はい，どうぞ」**Here you are.** イ「どういたしまして」**You're welcome.**

C　J：「和紙を自分で作ったということか」→ K：Cア「そのとおり。私は小さなサイズの和紙を作って，それをはがきとして用いた」**by oneself**「ひとりぼっちで，ひとりで」他の選択肢は次の通り。イ「あなたはそうしたのか」 ウ「私はそうは思わない」

(2)　ⓐ　a variety of~「さまざまな~」 ⓑ「長い日本の歴史をⓑ学ぶことができるので，和紙は重要である」正解はエ　learn「~を学ぶ」。他の選択肢は次の通り。ア「借りる」 イ「失う」 ウ「終える」 ⓒ「ⓒもし私があなたの立場ならば，店ではがきを買うでしょう」正解はif「もし~ならば」。仮定法<**If+S+過去形~，S′+過去の助動詞+原形……**>「**もしSが~ならば，(S′は)……だろう**」他の選択肢は次の通り。ア「~であるので」 イ「~である時に」 エ「~である前に」

(3)　(It was fun to)think about how I could create(a great *nengajo*.)← How could I create~?　**間接疑問文(疑問文が他の文に組み込まれた形)<(疑問詞+)主語+動詞>**の語順になることに注意。<**It is+形容詞+to不定詞**>「**~[不定詞]するのは……である**」

(4)　「今度の日曜日の都合はいかがですか」「今度の日曜日」next[this]Sunday「~はいかがですか」How about ~?「都合はいかがですか」→「暇か」Are you free?「行くことはできるか」Can you go ~?

(5)　(全訳)「冬休み中に，京子は和紙でできた年賀状を私に送ってくれて，私はそれについてのビデオを見た。それで，和紙は美しくて，重要であることを私は知った。今日，私は彼女にそのビデオについて話をして，和紙には長い歴史があることを彼女は知った。彼女の年賀状は，私たちが日本文化をとてもよく理解する(understand Japanese culture)very well手助けとなったと思う。また，彼女は私に何か特別なものを送りたいと願っていた。彼女は素晴らしい！」<help＋人＋原形>「人が～する手助けをする」文脈から何が当てはまるか考えて，本文中から適切な3語を抜き出すこと。4番目の京子のせりふを参照。a *nengajo* made of washi ← <名詞＋過去分詞＋他の語句>「～された名詞」過去分詞の形容詞的用法

3 (会話文問題：条件英作文)

(全訳)　正太：やあ，マーク。来週，海へ行きましょう。／マーク：わかりました。(1) ので，自転車でそこへ行きましょう。／正太：わかったけれど，電車を使った方が良いです。もし電車を使えば，(2) ／マーク：なるほど。

(1)　(解答例訳)　(例1)「来週は晴れる」／(例2)「父が私に新しい自転車を買ってくれた」／(例3)「自転車で行けば，お金が節約できる」自転車で海へ行く理由を考える。

(2)　(解答例訳)　(例1)「電車で話をして楽しむことができます」／(例2)「海へより早く着くことができます」／(例3)「家に帰る時に，電車で休むことができます」電車で行くことのメリットを考える。いずれも7語以上という指示を守ること。

4 (条件英作文：未来，助動詞，関係代名詞，分詞の形容詞的用法)

「～するつもりだ」**<will＋原形>／<be動詞＋going＋to不定詞>**「英語を勉強している子供たち」children who study[learn]English／children studying[learning]English **<先行詞＋who＋動詞>**「～する先行詞」**<名詞＋-ing＋他の語句>**「～している名詞」現在分詞の形容詞的用法「～してくれますか」**Will you ～?／Can you ～?／<Please＋命令文>**

5 (長文読解問題・エッセイ：語形変化，英問英答・記述，語句補充・選択，日本語で答える問題，内容真偽，過去，接続詞，動名詞，進行形，比較，動名詞，助動詞，前置詞，不定詞，間接疑問文)

(全訳)　春のある日，私の教室であるポスターを見かけた。ポスターには「一緒に町の公園にひまわりを植えましょう」と書いてあった。それは私たちの町のボランティアグループにより計画された企画だった。私はそれが面白いとは思わなかったので，カバンを手にすると，教室から立ち去った。

次の土曜日の朝，私はバスケットボールを練習するために，学校へ向かった。町の公園のそばを歩いていると，私の祖母が公園で何人かの人々と一緒にひまわりを植えていた。その時，私はあのポスターのことを思い出した。私は彼女に尋ねた。「このボランティアグループに所属しているの？」彼女は答えた。「ええ。毎週土曜日になると，私たちはこの公園でごみを拾っているの。でも，今日は，ひまわりを植えるためにここに集まったのよ。私がこの新しい企画を立案したの」私は彼女に「本当？　なぜそれを計画したの？」と尋ねた。彼女は言った。「この町の多くの若者は，将来，大都市に住みたがっているの。私にとって，そのことは悲しいことだわ。もし美しいひまわりがこの大きな公園に植えられていれば，彼らの中には，この町が素晴らしい場所だと思う人も出てくると思うの」彼女はまた次のように言った。「直人，あなたも加わったら？私は多くの場所へポスターを送ったけれども，今，たった10名しかいないの」私は思った。「この公園は大きい。10名だけでひまわりを植えるのは大変だ。彼女には$_{\text{A}}$より多くの人々が必要だけれども，私にはバスケットボールの練習がある」そこで，私は彼女に「ごめんなさい，学校へ行かなければならないので」と言って，$_{\text{B}}$学校に向かって歩き出した。彼女は悲しそうだった。

私は学校の体育館に着くと，私にはそこは大きすぎると感じられた。私たちのチームには8名のメンバーがいたが，その内，2名がその日は来なかった。3名と私は懸命に練習をしたが，残りの2名は違った。彼らは時には走ることを止めて，練習中に座り込んだ。彼らは「僕らは小さなチームだから，いつも同じことを練習しなければならない。もっとチームメイトがいないと，試合には勝てない」と言った。彼らの話を聞いて，私は悲しく感じた。私は思った。「私たちには多くのメンバーがいないけれども，強いチームになるための方法は存在していると信じている」私は彼らに何か話したかったが，言葉にしなかった。

練習後に，私は再び町の公園のそばを通りかかった。そして，私は驚いた。公園では，およそ30名の人々がひまわりを植えていたのである。そこには祖母もいた。私は彼女に「なぜここにはこんなに多くの人々がいるの？」と尋ねた。彼女は「公園に多くの人々がいるのを見かけたので，なぜ私たちがひまわりを植えているのかを彼らに話したの。すると，多くの人々が私たちに加わったのよ」私は彼女に「それがしたことの全てなの？」と尋ねた。「そうよ，単に彼らと話しただけよ」と彼女は答えた。彼女の言葉が私の問題に答えを与えてくれた。そして，私はそのイベントに加わり，彼女と一緒に作業をした。

イベント後に，私のバスケットボールチームについて彼女に話をして，以下のように語った。「今日，何かを変えるには，他の人々と話をすることが必要であることに気づいた。来週，自分のチームメイトに，一緒にチームを強くしたいと私は願っている，ということを告げようと思う。彼らが理解してくれることを望んでる」彼女は私の話を耳にすると，微笑んだ。

(1)　同じ文の前半は didn't think と過去形なので，ⓐ (take)も過去形にする。**〜, so**……「〜，だから……」　ⓑ <stop ＋動名詞[原形＋ -ing]>「〜することを止める」

(2)　①　質問「土曜日の午前中に直人が公園のそばを歩いていた時に，直人の祖母は何をしていたか」第2段落第2文を参考にすること。**<be動詞＋-ing>進行形「〜しているところだ」**
②　質問「土曜日にバスケットボールの練習に何名の生徒がいたか」第3段落第2文を参照すること。**<How many＋複数名詞〜?>数を尋ねる文**　Are there 〜? に対しては，There are 〜 で答えること。

(3)　A　「この公園は大きい。10名だけでひまわりを植えるのは大変だ。彼女にはAより多くの人々が必要だけれども，私にはバスケットボールの練習がある」**more← many／much の比較級「もっと多数の，もっと大量の，もっと」** Planting sunflowers with only ten people is hard. **← 動名詞[原形＋ -ing]「〜すること」** 他の選択肢は次の通り。「誰も必要ない」　B　「私は彼女に『ごめんなさい，学校へ行かなければならないので』と言って，B学校に向かって歩き出した。彼女は悲しそうだった」**<have[has]＋ to不定詞>「〜しなければならない」<start＋動名詞[原形＋-ing]>「〜し始める」** 他の選択肢は次の通り。「公園で作業をし始めた」

(4)　「私たちには多くのメンバーがいないが，強いチームになるための方法は存在していると信じている」空所を含む文の前で，直人のチームメイトが「小さなチームなので，もっとチームメイトがいないと試合に勝てない」と嘆いていることや，**逆説のbut「しかし」**に注意して考えること。**without「〜がなしで」** 他の選択肢は次の通り。イ　「練習場所がない」a place to practice **← 不定詞の形容詞的用法「名詞＋不定詞」「〜するための名詞」**　ウ　「私たちのチームは常に試合に勝つ」　エ　「私たちのチームは常に練習を楽しんでいる」

(5)　第2段落の祖母の以下のせりふを参考にすること。Many young people in this town want to live in big cities in the future. It's sad to me.

(6)　第5段落第1文の後半(I found that talking with other people is necessary to change something)を参考にすること。

(7)　ア「直人が学校でポスターを見た時に，彼はそのボランティアのメンバーになりたかった」(×)ポスターを見た時の直人の反応は，第1段落最終文に I didn't think it was interesting とあり，興味を示さなかったので，不適。　イ「直人の祖母はボランティアグループに所属していて，毎春ひまわりを植えた」ひまわりを植えるというのは新企画で(I planned this new event.)，毎春植えたという記述が誤り。　ウ「直人の祖母はポスターをいくつかの学校に送ったので，およそ30名の人々がその企画に参加した」(×)　多くの人々が参加したのは，公園にいる人に直人の祖母が直接，声をかけたからである(第4段落第6・7文)。～, **so**「～それで[だから]……である」I told them why we were planting sunflowers ← Why were we planting sunflowers?　**間接疑問文(疑問文が他の文に組み込まれた形)＜(疑問詞＋)主語　＋動詞＞**の語順になる。　エ「バスケットボールの練習の後に，直人は公園で彼の祖母とひまわりを植えた」(○)　第4段落最終文に一致。

2022年度英語　放送による問題

〔放送台本〕

はじめに，(1)を行います。これから，中学生の健太(Kenta)と留学生のメアリー(Mary)が，英語で[A]，[B]，[C]，[D]の4つの会話をします。それぞれの会話のあとに英語で質問をします。その質問の答えとして最も適切なものを，ア，イ，ウ，エの4つの中から1つ選び，記号で答えなさい。なお，会話と質問は2回繰り返します。

[A]　Kenta:　You look tired, Mary. What time did you go to bed yesterday?

Mary:　At eleven thirty.

Kenta:　Oh, that's late. I always go to bed between ten and eleven.

Mary:　I usually go to bed at ten thirty, but I had many things to do yesterday.

質問　What time did Mary go to bed yesterday?

[B]　Mary:　I have a presentation about Japanese food next week. What should I do?

Kenta:　First, you should go to the library. Then, how about visiting a Japanese restaurant to ask some questions? After that, you can cook some Japanese food at your house.

Mary:　Thank you, but I went to the library yesterday. So, first, to find a Japanese restaurant, I'll use the Internet in the computer room this afternoon.

Kenta:　That's a good idea.

質問　What will Mary do first this afternoon?

[C]　Kenta:　Did you see my dictionary?

Mary:　I saw a dictionary on the table by the window.

Kenta:　It's yours. I checked my bag, too, but I couldn't find mine.

Mary:　Umm... Look! There is a dictionary under that desk.

Kenta: The desk by my bag?
Mary: No, the desk by the door. Some pencils are on it.
Kenta: Oh, that's mine.
質問 Where is Kenta's dictionary?

D Kenta: What is the most popular thing to do at home in your class, Mary?
Mary: Look at this paper. Watching TV is the most popular in my class.
Kenta: Really? In my class, listening to music is more popular than watching TV. Reading books is not popular.
Mary: In my class, reading books is as popular as listening to music.
質問 Which is Mary's class?

〔英文の訳〕

A ケンタ：メアリー，あなたは疲れているみたいですね。昨日，何時にあなたは寝ましたか？／メアリー：11時30分です。／ケンタ：あっ，それは遅いですね。私はいつも10時と11時の間に寝ます。／メアリー：私は通常10時30分に寝ますが，昨日はやることがたくさんありました。
質問：昨日メアリーは何時に寝ましたか？

B メアリー：来週，和食について発表があります。どうしたらよいでしょうか？／ケンタ：まず，図書館へ行くべきです。それから，いくつかの質問をするために，和食レストランへ行くのはいかがですか？その後に，家で和食を調理することができます。／メアリー：ありがとう，でも，私は昨日，図書館へ行きました。ですから，まず，和食レストランを見つけるために，今日の午後，コンピュータールームでインターネットを使いましょう。／ケンタ：それは素晴らしい考えです。
質問：今日の午後，まずメアリーは何をしますか？

C ケンタ：私の辞書を見かけませんでしたか？／メアリー：窓のそばのテーブルの上に辞書を見かけました。／ケンタ：それはあなたのものです。自分のかばんも調べましたが，私のものは見つけられませんでした。／メアリー：うーん，見て！　机の下に辞書があります。／ケンタ：私のかばんのそばの机ですか？／メアリー：いいえ，ドアのそばの机です。鉛筆が何本かその上にあります。／ケンタ：あっ，あれは私のものです。
質問：ケンタの辞書はどこですか？

D ケンタ：メアリー，あなたのクラスで，家で行う最も人気のあるものは何ですか？／メアリー：この紙を見て下さい。私のクラスでは，テレビを見ることが最も人気があります。／ケンタ：本当ですか？　私のクラスでは，音楽を聴くことが，テレビを見ることよりも，人気があります。本を読むことは人気がありません。／メアリー：私のクラスでは，本を読むことは，音楽を聴くことと同じくらい人気があります。
質問：メアリーのクラスはどれですか？

〔放送台本〕

次に，(2)を行います。これから，中学生の健太(Kenta)が，英語で話をします。その話の内容について，問題用紙にある3つの質問をします。それぞれの質問に対する正しい答えとなるように，(　　　)の中に，適切な数字や語，語句を記入しなさい。なお，先に問題用紙にある質問を2回繰り返し，そのあとで話を2回繰り返します。では，始めます。

質問1 How long did Kenta's parents stay in Nagano?

質問2　What did Kenta do with his sister before breakfast?

質問3　Why were Kenta's parents surprised when they came home?

続いて，話をします。

I live with my father, mother, and sister. My parents and my sister work hard every day.

Last summer, my parents went to Nagano to meet their friends and stayed there for seven days. My sister and I didn't go with them. When my parents stayed in Nagano, we did different things in our house. I cooked breakfast and dinner. My sister washed the dishes. But we cleaned the house together before breakfast. Life without our parents was hard but fun.

When my parents came home, they were surprised because I made a cake for them. They ate the cake and told me it was very good. So, I was happy.

Now I sometimes cook dinner for my family.

〔英文の訳〕

質問1：健太の両親は長野にどのくらい滞在しましたか？―　彼らは7日間そこに滞在しました。

質問2：健太は朝食の前に，彼の姉[妹]と何をしましたか？―　彼は彼の姉[妹]と一緒に家を掃除しました。

質問3：健太の両親が家に帰った時に，なぜ驚いたのですか？―　健太が彼らのためにケーキを作ったから。

私は父，母，姉[妹]と暮らしています。私の両親と姉[妹]は毎日懸命に働いています。

この前の夏，私の両親は友達と会うために長野へ行き，7日間そこへ滞在しました。私の姉[妹]と私は彼らと一緒に行きませんでした。私の両親が長野に滞在している時に，私たちの家で，私たちは違うことをしました。私は朝食と夕食を調理しました。私の姉[妹]は皿を洗いました。でも，私たちは朝食の前に，一緒に家を掃除しました。両親がいない生活は大変でしたが，楽しかったです。

両親が帰ってくると，彼らに私がケーキを作ったので，彼らは驚きました。彼らはケーキを食べると，とても美味しいと私に言いました。だから，私はうれしかったです。

現在，私は家族のために，時々，夕食を作っています。

＜理科解答＞

1　(1)　子房　(2)　イ　(3)　$2Mg + O_2 \rightarrow 2MgO$　(4)　海上と比べて陸上の方が気圧が低く，海から陸に向かって風が吹く。

2　(1)　①　イ，ウ　②　(あ)　中枢　(い)　末しょう　③　トカゲの卵には殻があり，乾燥に強いから。　④　増加　ⓑの生物を食物とするⓒの生物が減少したから。　減少　ⓑの生物の食物となるⓐの生物が不足するから。　(2)　記号　A　理由　微生物がデンプンを分解したから。　(3)　動物は有機物をとり入れることが必要であるが，有機物をつくることができるのは生産者だけだから。

3　(1)　①　不導体[絶縁体]　②　ア　(2)　①　ア，ウ　②　(あ)　イ　(い)　エ　(3)　①　右図1　②　次ページの図2　③　12.5

図1

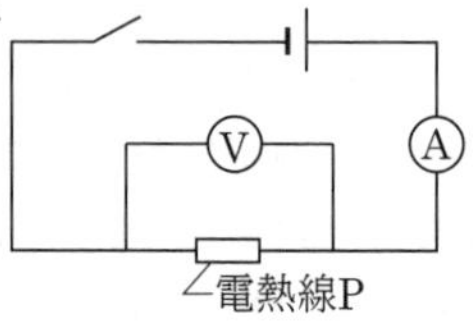

4 (1) 示準化石　(2) ① エ　② 流水によって運ばれたから。　③ 1.4
5 (1) ① イ　② 地球の影に入る
(2) ① ⓑ→ⓒ→ⓐ　② ウ
6 (1) ① イ　② a 試験管Pの中にあった空気が含まれているから。　b 空気よりも密度が大きいから。　c ア
(2) ① 1.5　② 中和　③ $\frac{3}{4}n$　④ 24

図2
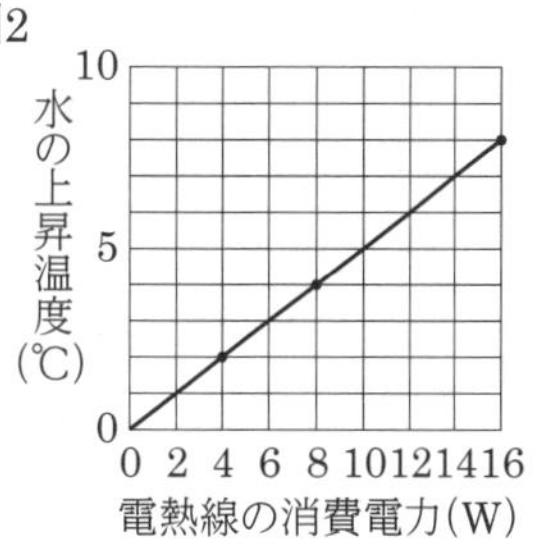

<理科解説>

1 (小問集合)

(1) めしべの根もとのふくらんだ部分を子房という。

(2) 弦の張りを強くすると，振動数が多くなって音が高くなる。440Hzにするためには，振動数を減らさなければならないので，弦の長さを長くすれば振動数が減り，音が低くなる。

(3) **マグネシウム＋酸素→酸化マグネシウム**という化学変化が起こる。矢印の左右で原子の種類と数が等しくなるようにして化学反応式をつくる。

(4) 晴れた日の昼間は，温度が高くなった陸上に上昇気流ができるので，海側から陸へ向かって風が吹く。

2 (生物・環境総合)

(1) ① ネズミとタカはともにセキツイ動物で，陸上でくらしているために肺で呼吸する。
② 神経系は，脳とせきずいを合わせた**中枢神経**と，感覚神経と運動神経を合わせた**末しょう神経**などからなる。　③ コイなど魚類は水中に産卵するため，卵の中身が乾燥することがないが，トカゲは陸上に産卵するため，卵の中身が乾燥する恐れがある。よって，卵を乾燥から守るために，卵の表面には殻がある。　④ ⓑの生物はⓒの生物に食べられるため，ⓒの生物が減少すると，ⓑの生物が食べられる量が減り，ⓑの生物は増加する。また，ⓑの生物が増加しすぎると，ⓑの生物が食べているⓐの生物が減少するため，ⓑの生物はえさが減少し，やがて個体数が減少し始める。

(2) 青紫色に変化しないということは，デンプンが分解されたということである。デンプンを分解するのは微生物なので，微生物が存在している試験管Aでは，デンプンの分解が行われる。試験管Bでは微生物がいなくなっているため，デンプンを分解することはない。

(3) **食物連鎖の始まりは生産者**なので，生産者がいなくなれば，食物連鎖は成り立たなくなる。消費者は直接あるいは間接的に，植物がつくった有機物を食べており，分解者は生産者や消費者の排出物をとり入れる。よって，消費者や分解者は，生産者がいなくなると生き続けることはできなくなる。

3 (物理総合)

(1) ① 電流を流しやすい物質を導体というのに対し，電流を通しにくい物質を不導体(絶縁体)という。　② **電流の進行方向に対して右回りに磁界ができる**。方位磁針のN極は，磁界の方向をさす。

(2) ① 磁界の中を流れる電流に力がはたらくとき，磁界の向きと電流の向き，生じる力の向き

がすべて直角になる。矢印の向きの力が点エではたらくと，コイルを回転させることができるが，点アではたらくと，コイルの回転を妨げることになる。そのため，点アでは電流の向きを変えて，点アではたらく力の向きが下向きになるようにすれば，コイルは回転を続ける。同様に，点ウでも電流の向きを変える。 ② ダムは川の上流につくられるため，ここにたまった水は，位置エネルギーをもつ。この水を下方に流すことで，水がもつ位置エネルギーを運動エネルギーに変え，運動エネルギーで発電機を動かすことで，最終的に電気エネルギーへと変換する。

(3) ① 電圧計は電熱線Pに並列につなぎ，電流計は電熱線Pに対して直列につなぐ。 ② 4Wで2.0℃，8Wで4.0℃，16Wで8.0℃の点を打点して線を引くと，原点を通る直線となる。
③ **電力〔W〕＝電流〔A〕×電圧〔V〕**より，電圧4Vのときに電熱線Qに流れている電流は8〔W〕÷4〔V〕＝2〔A〕より，抵抗は4〔V〕÷2〔A〕＝2〔Ω〕 電圧4Vのときに電熱線Rに流れている電流は16〔W〕÷4〔V〕＝4〔A〕より，抵抗は4〔V〕÷4〔A〕＝1〔Ω〕 よって，電熱線QとRを直列につなぐと，回路の全抵抗は，1＋2＝3〔Ω〕 この回路に7.5Vの電圧を加えると，7.5〔V〕÷3〔Ω〕＝2.5〔A〕の電流が流れる。よって，電熱線Qに加わる電圧は，2.5〔A〕×2〔Ω〕＝5〔V〕 よって，電熱線Qが消費する電力は，2.5〔A〕×5〔V〕＝12.5〔W〕

4 (大地の成り立ちと変化)

(1) 地層ができた年代を推定するために役立つ化石を示準化石といい，限られた時代に広い範囲で栄えた生物の化石が適している。

(2) ① それぞれの岩石を構成する粒の大きさを比べると，れき岩が2mm以上，砂岩が0.06～2mm，泥岩が0.06mm以下となっている。 ② れき岩などは，流れる水のはたらきで上流から運搬された土砂が堆積することによってできるので，運搬の途中で粒の角が削られて丸みを帯びる。 ③ 火山灰の層の上面の標高を求めると，A地点が38－9＝29〔m〕，B地点が40－8＝32〔m〕，C地点が50－11＝39〔m〕となる。これらの標高の差は，AB間で3m，BC間で7mとなっている。地層の傾きは一定になっていることから，標高差の比は，水平距離の比に等しいと考えられる。BC間での水平距離をxmとすると，3：7＝0.6：x x＝1.4〔km〕

5 (地球と宇宙)

(1) ① 月は地球の衛星なので，地球のまわりを公転している。衛星であるため，太陽の光を反射してかがやいており，およそ1か月の周期で満ち欠けを繰り返す。 ② 月食は，満月の**月が地球の影に入る**ことで起こる。

(2) ① おうし座の位置を午後9時にそろえると，ⓐは図の位置よりもさらに30°西に移動するので，地平線に近くなる。同じ時刻の星は，1か月たつと西へ30°ずつ移動して見えるので，ⓑ→ⓒ→ⓐの順となる。 ② 地球が2か月で公転する角度は，$360^\circ \times \frac{2\text{〔か月〕}}{12\text{〔か月〕}}=60^\circ$ 金星が2か月で公転する角度は，$360^\circ \times \frac{2\text{〔か月〕}}{12\times 0.62\text{〔か月〕}}=96.7\cdots^\circ$となる。図18の位置から地球が60°，金星が97°程度公転すると，金星がさらに地球に近づくことになる。金星は，地球に近くなるほど大きく見えるようになるが，地球から見えるかがやいている部分が少なくなるので，細長い形に見える。

6 (化学総合)

(1) ① 二酸化マンガンと過酸化水素水を混合すると，酸素が発生する。 ② a 初めに出てきた気体には，試験管Pに入っている空気が多くふくまれている。 b 下方置換法は，空気よりも密度が大きい気体を集めるときに用いられる。二酸化炭素は空気よりも密度が大きい。

c　青色リトマス紙を赤色に変化させるのは，酸性の水溶液である。食塩水，エタノールは中性，水酸化バリウム水溶液はアルカリ性である。

(2)　①　$50[g]\times0.03=1.5[g]$より，溶質の質量は1.5gである。　②　酸性とアルカリ性の水溶液を混ぜ合わせたときに，それぞれの性質を打ち消し合う反応を，**中和**という。　③　水酸化ナトリウム水溶液を$8cm^3$加えたときに中和し，n個あったH^+がなくなったことから，水酸化ナトリウム水溶液$8cm^3$中にはOH^-がn個ある。中和後に水酸化ナトリウム水溶液を加えても，中和によってなくなる水酸化物イオンはないので，水酸化ナトリウム$8cm^3$中には，$n\times\frac{6[cm^3]}{8[cm^3]}=\frac{3}{4}n$〔個〕の水酸化物イオンがある。　④　うすい塩酸$20cm^3$を完全に中和するのに必要なXの水酸化ナトリウム水溶液は$8cm^3$である。ビーカーBでは，うすい塩酸$20cm^3$を中和するのにXの水酸化ナトリウム水溶液$3cm^3$を使っているが，中和に必要な残りのX$5cm^3$分をYの水酸化ナトリウム$15cm^3$で代用している。つまり，X$5cm^3$とY$15cm^3$は，OH^-の数が等しいとわかる。ビーカーCではYの水酸化ナトリウム水溶液のみを用いているので，Xの水酸化ナトリウム水溶液$8cm^3$分をYの水酸化ナトリウム水溶液に置き換えたときに必要な水溶液の体積を$z$$cm^3$とすると，$5:15=8:z$　$z=24[cm^3]$

＜社会解答＞

1　(1)　a　中大兄皇子　　b　イ　　(2)　枕草子　　(3)　a　エ　　b　(例)領地が細分化し，幕府に緊急事態があったときに対応できなくなるから。　c　建武の新政　　(4)　a　南蛮貿易　　b　(例)プロテスタントが広まったが，カトリックを信仰していたから。[宗教改革に対抗し，カトリックを守ろうとしたから。]　　(5)　イ→ア→ウ

(6)　a　(例)綿糸の国内生産量が増え，原料としての綿花の需要が高まったから。　b　ア

(7)　a　ウ　　b　(例)投票権は平等に1票を与えられており，全加盟国に占める南北アメリカの割合が下がっているから。

2　(1)　a　広島　　b　三角州[デルタ]　　(2)　エ　　(3)　ウ　　(4)　(果実の国内生産量)　イ　(果実の輸入量)　ウ　　(5)　a　太平洋ベルト　　b　(例)原油の多くを輸入しており，海外から船で運び入れるのに便利であるから。　(6)　(記号)　ウ　　(理由)　(例)日照時間が長いから。[降水日数が少ないから。]

3　(1)　ア　　(2)　a　イ　　b　8月2日午後6時　　(3)　a　ASEAN　　b　(例)東南アジアの人口や1人当たりの国民総所得が増加しており，市場の拡大が期待できるから。

(4)　(記号)　ウ　　(理由)　(例)バイオ燃料として使われる量が増えているから。

4　(1)　a　比例代表　　b　ウ　　c　国事行為　　(2)　a　ク　　b　(名称)　公共料金

(理由)　(例)国民の生活に大きな影響を与えるから。　(3)　(例)地方自治体がみずからの判断や責任で政治を行う地方分権を推進するため，税制改革により住民税の割合を高くして自主財源による収入を増やすこと。

＜社会解説＞

1　**(歴史的分野―日本史―時代別―古墳時代から平安時代，鎌倉・室町時代，安土桃山・江戸時代，明治時代から現代，日本史―テーマ別―政治・法律，経済・社会・技術，文化・宗教・教育，外交，世界史―政治・社会・経済史)**

(1)　a　**大化の改新**は，中大兄皇子や中臣鎌足らが中心となって進められた。　b　**白村江の戦い**で唐・新羅の連合軍と戦った倭(日本)は大敗した。天智天皇の死後におこった**壬申の乱**に勝利した天智天皇の弟が，**天武天皇**として即位した。

(2)　平安時代中期の**国風文化**は，遣唐使の廃止をきっかけにおこった日本独自の文化。『枕草子』のほか，紫式部の『源氏物語』など**かな文字**を用いた女流文学が流行した。

(3)　a　**徳政令**(1297年)は，元寇(1274年・1281年)後の借金に苦しむ御家人を救済するために鎌倉幕府によって出された。アは鎌倉幕府が承久の乱(1221年)後の1232年に行った。イ・ウを行ったのは室町幕府。　b　資料1より，嫡子以外の子にも領地の一部を譲るという相続方法では代を経るごとに領地が細分化されて貧しくなり，戦乱などの緊急事態に備えられなくなることから，代替わりの際には嫡子のみに全ての領地を譲る相続方法に変えたことが読み取れる。

c　**建武の新政**は，武家の慣習を無視するものだったため武士の不満が高まり，わずか2年で瓦解した。

(4)　ポルトガル人やスペイン人は南蛮人とよばれ，**南蛮貿易**は江戸幕府が鎖国政策に踏み切るまで続いた。　b　ポルトガルやスペイン，イタリアなどのラテン系民族がくらす地中海沿岸の国々の多くでは，現在でもカトリックを信仰する人々の割合が高い。ルターによる**宗教改革**(1517年)以降，ヨーロッパでプロテスタントの勢力が強まり，これに対抗するためカトリックは**イエズス会**を結成し，海外での布教活動に乗り出した。

(5)　アの田沼意次が老中になったのが1772年。イの徳川綱吉が将軍になったのが1680年。ウの安政の大獄が行われたのは1859年。

(6)　a　1882年と比べたときの綿糸の輸入額の割合が1897年には激減していることから，日本で軽工業の産業革命がおこったのが1890年代であることがわかり，このころ綿糸の国内生産量が増加したと判断する。　b　下関条約は**日清戦争**の講和条約で，日本は台湾とともに**遼東半島**や約3億円の賠償金なども獲得した。

(7)　a　日本が国際連合に加盟したのは，ソ連と国交を回復した1956年。アが1945年，イが1951年，エが1972年。　b　国際連合の加盟国数に占める南北アメリカの割合について，1945年は4割を上回っているが，2019年は2割を下回っている。

2　(地理的分野—日本—地形図の見方，日本の国土・地形・気候，人口・都市，農林水産業，工業，資源・エネルギー)

(1)　a　広島県に位置する世界文化遺産としては，原爆ドームの他に**厳島神社**もある。　b　広島市の一部は，太田川の河口付近に広がる**三角州**上に位置する。川が山地から平地に出るところに土砂が堆積してできた地形は**扇状地**という。

(2)　Ⓐは島根県，Ⓑは鳥取県，Ⓒは広島県，Ⓓは愛媛県，Ⓔが香川県を示している。　ア　総面積が最大の県はⒸだが，過疎地域の面積の割合が最大の県はⒶ。　イ　総人口が最少の県はⒷだが，過疎地域の面積の割合が最低の県はⒺ。　ウ　総面積が最小の県はⒺだが，65歳未満の人口が最小の県はⒷ。なお，65歳未満の人口は，(総人口)－(65歳以上の人口)で求められる。

(3)　西側は，東側に比べて等高線の間隔が広いことが読み取れる。東側の土地は針葉樹林として利用されている。

(4)　1960年度のウ・エの数値がともに0(万t)であることから，野菜か果実いずれかの輸入量に当たることがわかる。自給率が高い品目ほど，国内生産量が多く輸入量が少なくなることから判断する。

(5)　a　瀬戸内工業地域のほか，中京・阪神・京浜といった**三大工業地帯**もつらなっている。

b　鉱産資源に乏しい日本では**加工貿易**がさかんに行われていたため，海上輸送に便利な工場の立地が重要となる。

(6)　瀬戸内海沿岸の気候の特徴として，年間降水量が少ないことが挙げられる。

3 (地理的分野―世界―人々のくらし，地形・気候，資源・エネルギー)

(1)　東京は**北緯35度**付近に位置する。オーストラリア大陸は南半球に位置する。

(2)　a　ⓐは冷帯(亜寒帯)に属する。ⓑはア，ⓒはウ。　b　ⓑが東経，ⓒが西経に位置するため，ⓑの方が16時間進んでいると考える。

(3)　a　ASEANは，東南アジア諸国連合の略称。　b　表4より，東南アジアの国々の人口と1人当たりの国民総所得が年々増加していることが読み取れる。市場とは，売買取引を行う場や機会のこと。

(4)　**バイオ燃料**はバイオエタノール，バイオマス燃料などともよばれる。バイオ燃料はとうもろこしやさとうきびなどを原料に生成されることが多い。

4 (公民的分野―憲法の原理・基本的人権，三権分立・国の政治の仕組み，地方自治，財政・消費生活・経済一般)

(1)　a　**比例代表制**は死票が減らせて少数意見を反映させやすいという利点がある一方で，議会が多党化しやすくなる。　b　日本国憲法が改正されたことは，まだ一度もない。(2022年現在)　c　**国事行為**には改正憲法の公布のほか，内閣総理大臣や最高裁判所長官の任命や国会の召集などがある。

(2)　a　好景気のときは，景気の過熱を防ぐため，通貨量を減らす政策がとられる。　b　公共料金には，市場価格の原理は用いられない。

(3)　**地方分権一括法**を制定した目的は，資料2中の施行後の内容から読み取れる。また，改革の内容については，グラフ6からは住民税の割合を増やしたこと，グラフ7からは自主財源の割合が増えたことが読み取れる。

＜国語解答＞

一　問一　(あ)　おくびょう　(い)　のど　(う)　遊　問二　ア　問三　ノートに突
問四　(例)(おそらく)一秒にも満たないくらいの時間だったが，永遠のように感じていた。
問五　(例)自分が悪いと認識し，ハセに謝らなければいけないが，謝ることができないでいたから。　問六　エ

二　問一　(あ)　予備　(い)　豊　(う)　いまし　問二　アとウ　問三　イ　問四　ウ
問五　実際にもの　問六　(例)自分が感じたことを絶対と信じ，その絶対に容易によりかかることで，独断と偏見におちいってしまう危険性。

三　問一　実　問二　(例)おっしゃって[言われて]　問三　本を　問四　[2]
問五　(例)貸出冊数の増加

四　問一　たまい　問二　エ　問三　(例)船頭をやめても安心して生活できるくらいの金銭となる価値。　問四　(例)(同じ所にあると)思いがけない出来事ですべて失ってしまうことがあるので，知り合いごとに一枚ずつ五十枚をすべて与えた。

五　(例)　私はBのポスターが適切だと考える。マイクロプラスチックが環境に悪影響だという

ことはAでも伝わるが，見る人に環境問題は自分の生活エリア外で起こっているという印象を与え，他人事のように捉えられてしまうかもしれない。環境問題を自分の問題としてより深く考えてもらうために，自分の生活にも関わってくることなのだという認識を与えるポスターが望ましいと考える。

＜国語解説＞

一 (小説―情景・心情，内容吟味，文脈把握，脱文・脱語補充，漢字の読み)

問一 (あ) 新しいことに足を踏み出す勇気がまったくないこと。 (い) 「喉」の訓読みは，「のど」。音読みは「コウ」。「耳鼻咽喉科(ジビインコウカ)」。 (う) 「遊」の部首は，しんにょう。

問二 「僕」は，**自分がひとりぼっちであるという情けない状況にあることから逃れたい・目をそらしたい**と思って絵を描いていた。したがって「気をまぎらわす」というのが適切である。

問三 傍線部1「急に」と同様の表現を探すと「ノートに**突然**」とあるので，この文を抜き出す。

問四 「僕」は植木鉢が床に落ちていく時間を**「永遠にも感じられた」**としていたが，**実際は「おそらく一秒にも満たないくらいの時間**だった」。この二点を含めてまとめる。

問五 「僕」は植木鉢が割れたことに対して**「どう考えても僕が悪い」と認識**していて，**「とにかく謝らなければならない」と自分のとるべき行動**がわかっていたにもかかわらず，どうしても**謝ることが「できない」でいたから**傍線部3「もじもじしている」のである。

問六 「僕」が圧倒的に悪いにもかかわらず，**ハセが「僕」に謝罪し，親愛の気持ちを含めた言葉をかけて**くれたときの**「無邪気に笑っていた。その笑顔」を見て，泣いて**しまったのだ。

二 (随筆―大意・要旨，文脈把握，内容吟味，接続語の問題，漢字の読み書き，品詞・用法)

問一 (あ) あらかじめ用意しておくこと。 (い) 「豊」の訓読みは「ゆた・か」。送りがなに注意する。 (う) 「戒める」は，「こういうことはいけないことだ」とあらかじめ言って，させないようにすること。

問二 ア 「深い」は，**活用があり「～い」で言い切る**から形容詞。 イ 「とても」は，形容動詞「大事だ」を修飾する**連用修飾語で活用がない**から副詞。 ウ 「ない」は，**活用があり「～い」で言い切る**から形容詞。 エ 「信じ」の基本形は「信じる」。**活用があり「ウ段」の音で言い切る**から動詞。 オ 「有名な」の基本形は「有名だ」。**活用があり「～だ」で言い切る**から形容動詞。

問三 傍線部1は冒頭の柳宗悦の言葉を筆者が解釈したものだ。アは「そのまま引用」という点，ウは「抽象的な表現」という点，エは筆者の考えを柳の言葉で表現したという点が不適切である。

問四 □の前は美術作品に向かい合う際の理想的な姿勢を述べている。そうできたならどんなに素晴らしいかと**前向きな理想を述べているにも関わらず，それが現実にはなかなかできない難しいこと**だという理想と現実の違いが明確になる接続詞を入れる。したがって逆接の接続詞を補うのがよい。

問五 筆者の理想は「こんなことができれば素晴らしいことです。」という表現から描かれている箇所を特定できる。「こんなこと」が述べられた前述の部分を抜き出せばよい。

問六 傍線部2「〈知〉の危険性」とは，知識にがんじがらめにされて自由な感受性をなくすことである。作品に向き合った際のもう一つの危険性とは，**作品の感じ方には自分流の感じかたがあって，自分が感じたことが絶対であるがゆえに，「その絶対に安易によりかかってしまうと人間は単なる独断と偏見におちいってしまう」こと**である。これを用いて指定字数でまとめればよい。

三 (会話・議論・発表―文脈把握，脱文・脱語補充，ことわざ・慣用句，品詞・用法，敬語・その他)

問一　「実を結ぶ」は，努力をした成果が現れること。

問二　先生に敬意を払うので，用いる敬語は尊敬語。**「言う」の尊敬語は，おっしゃる・言われる，**など。

問三　「の」は連体修飾格であることを示す格助詞。**「本」は「紹介する」という用言を修飾する連用修飾語**になる。したがって，**連用修飾語であることを示す格助詞「を」を伴うのが適切**だ。

問四　指示語「それら」が指し示す内容をおさえ，その後に補充すればよい。**「それら」は，図書委員が毎月選ぶ数冊の本**である。

問五　図書委員は，本の貸出冊数がそれほど増えていないことを問題視している。伝えたかったのは，本は面白いのでたくさん読んでもらいたいということだ。本の魅力を伝えて読む人を増やす，すなわち**「本の貸出冊数の増加」がこの放送のポイント**である。

四 (古文―大意・要旨，文脈把握，古文の口語訳，仮名遣い)

【現代語訳】　東下野守は，和歌の道に深く通じ，『古今和歌集』の解釈の秘話を弟子に伝えた人であるが，宗祇法師が，はるばる東国にやってきて，東下野守にお会いして，『古今和歌集』の解釈の伝授を受けた。さて，下野守が百人一首の色紙を百枚お持ちでいらしたが，宗祇の思いを感じ五十枚を宗祇にお与えになる。宗祇は京都に帰った時，どこの誰かもわからない船頭に，その一枚を渡し，これは天下の宝物であるからあなたが船頭を辞めて安心して生活できるほどの金銭となるものであると言い聞かせる。船頭に与えてやるほどのことであるから，知り合いごとに一枚ずつ，五十枚をすべてあげてしまった。現在残っている色紙は，この宗祇によってあちこちに渡されていった色紙である。野州(東下野守)のところにあった五十枚は，野州が領地を奪われた時，焼けてなくなり一枚も残っていない状態となった。宗祇のお考えは，天下の宝物であるならば，一人だけで所有するべきではない，あちこちに散らしておけば，時が流れ世の中が移り変わっても少しは残るだろう。同じ所にあっては，思いがけない出来事ですべて失ってしまうだろうと思ってのことである。

本当に宗祇の考えは，立派なことである。

問一　**語中・語尾の「は・ひ・ふ・へ・ほ」は，現代かなづかいで「ワ・イ・ウ・エ・オ」**と書く。

問二　主語はそれぞれ，アは宗祇，イは宗祇，ウは宗祇，エは色紙である。

問三　本文「水主をやめて……安くおくる程の料となるものなり」の部分を口語訳して解答する。

問四　一人で所有することでおこりうる問題は**「不慮の変にて皆うする」**ということだ。そこで宗祇は**「知れる人毎に一枚づつ，五十枚を皆くれたり」**という行動をとった。この二つのポイントを含めてまとめればよい。

五 (作文)

まず，AとBのポスターから最も伝わってくる内容をそれぞれおさえよう。**Aでは海洋生物がマイクロプラスチックによって被害を受けること**が伝わってくる。**Bではマイクロプラスチックが自分たちの身体にも影響を与えること**が伝わってくる。この違いをふまえ，あなたがどちらのポスターが適切とするか，立場を決める。作文の冒頭は，自分の立場を明確に示すことから始めよう。そして，そう考えた理由を述べていく。**自分が選んだポスターによって最も伝えることができるのは何か，というポイントを見失わず**に作文を書ききろう。

MEMO

大切なことはメモしておこうネ！

静岡県公立高等学校

2021年度

入試問題

●くわしい解説……33ページ

＜数学＞

時間 50分 満点 50点

1 次の(1)～(3)の問いに答えなさい。(12点)

(1) 次の計算をしなさい。

ア $18 \div (-6) - 9$

イ $(-2a)^2 \div 8a \times 6b$

ウ $\dfrac{4x-y}{7} - \dfrac{x+2y}{3}$

エ $(\sqrt{5}+\sqrt{3})^2 - 9\sqrt{15}$

(2) $a=11$, $b=43$のとき，$16a^2-b^2$ の式の値を求めなさい。

(3) 次の２次方程式を解きなさい。

$(x-2)(x-3)=38-x$

2 次の(1)，(2)の問いに答えなさい。(５点)

(1) 図１において，２点A，Bは円Oの円周上の点である。∠AOP＝∠BOPであり，直線APが円Oの接線となる点Pを作図しなさい。

ただし，作図には定規とコンパスを使用し，作図に用いた線は残しておくこと。

図１

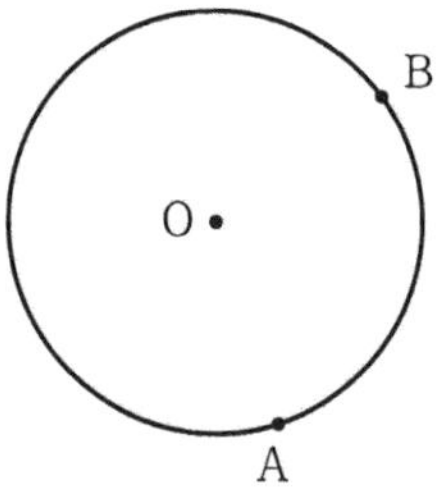

(2) １から３までの数字を１つずつ書いた円形のカードが３枚，4から９までの数字を１つずつ書いた六角形のカードが６枚，10から14までの数字を１つずつ書いた長方形のカードが５枚の，合計14枚のカードがある。図２は，その14枚のカードを示したものである。

１から６までの目がある１つのさいころを２回投げ，1回目に出る目の数をa，2回目に出る目の数をbとする。

このとき，次の**ア**，**イ**の問いに答えなさい。

図２

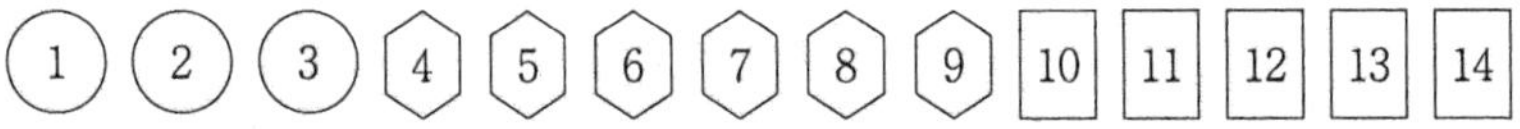

ア 14枚のカードに書かれている数のうち，小さい方からa番目の数と大きい方からb番目の数の和を，a，bを用いて表しなさい。

イ 14枚のカードから，カードに書かれている数の小さい方から順にa枚取り除き，さらに，カードに書かれている数の大きい方から順にb枚取り除くとき，残ったカードの形が２種類になる確率を求めなさい。ただし，さいころを投げるとき，1から６までのどの目が出ることも同様に確からしいものとする。

3　ある中学校の，3年1組の生徒30人と3年2組の生徒30人は，体力測定で長座体前屈を行った。このとき，次の(1)，(2)の問いに答えなさい。(4点)

(1)　3年1組と3年2組の記録から，それぞれの組の記録の，最大値と中央値を求めて比較したところ，最大値は3年2組の方が大きく，中央値は3年1組の方が大きかった。次の**ア**～**エ**の4つのヒストグラムのうち，2つは3年1組と3年2組の記録を表したものである。3年1組と3年2組の記録を表したヒストグラムを，**ア**～**エ**の中から1つずつ選び，記号で答えなさい。

ア

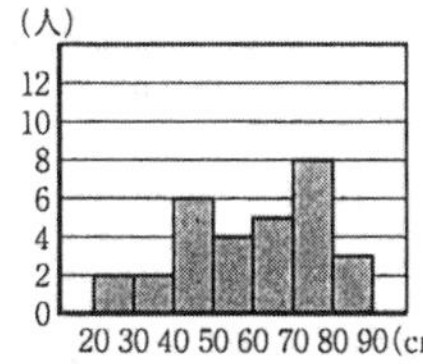

イ

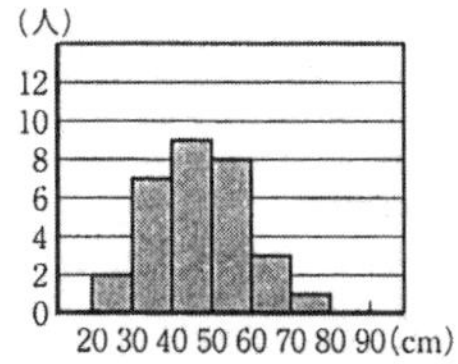

ウ

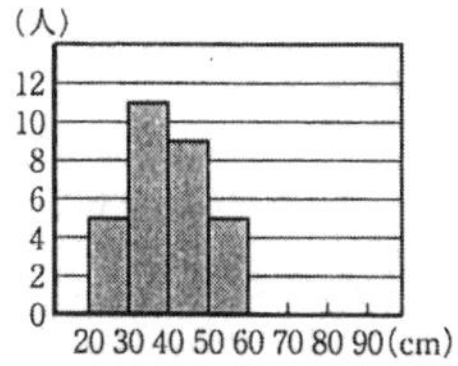

エ

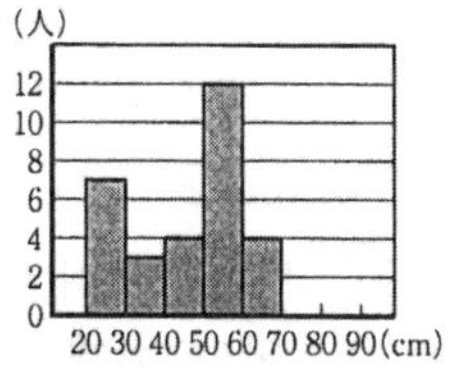

(2)　2つの組の生徒60人の記録の平均値は45.4cmであった。また，この生徒60人の記録のうち，上位10人の記録の平均値は62.9cmであった。2つの組の生徒60人の記録から上位10人の記録を除いた50人の記録の平均値を求めなさい。

4　ある中学校では，学校から排出されるごみを，可燃ごみとプラスチックごみに分別している。この中学校の美化委員会が，5月と6月における，可燃ごみとプラスチックごみの排出量をそれぞれ調査した。可燃ごみの排出量については，6月は5月より33kg減少しており，プラスチックごみの排出量については，6月は5月より18kg増加していた。可燃ごみとプラスチックごみを合わせた排出量については，6月は5月より5％減少していた。また，6月の可燃ごみの排出量は，6月のプラスチックごみの排出量の4倍であった。

このとき，6月の可燃ごみの排出量と，6月のプラスチックごみの排出量は，それぞれ何kgであったか。方程式をつくり，計算の過程を書き，答えを求めなさい。(5点)

5　図3の立体は，点Aを頂点とし，正三角形BCDを底面とする三角すいである。この三角すいにおいて，底面BCDと辺ADは垂直であり，AD＝8cm，BD＝12cmである。

このとき，次の(1)～(3)の問いに答えなさい。(7点)

(1)　この三角すいにおいて，直角である角はどれか。すべて答えなさい。

図3

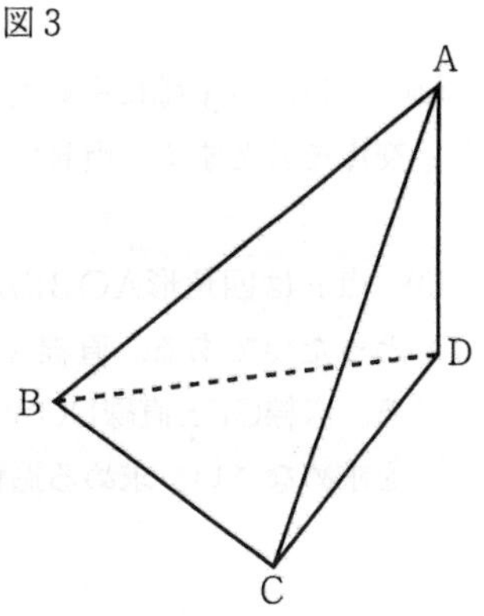

(2)　この三角すいにおいて，図４のように，辺BD，CD上にDP＝DQ＝９㎝となる点P，Qをそれぞれとる。四角形BCQPの面積は，△BCDの面積の何倍か，答えなさい。

図４

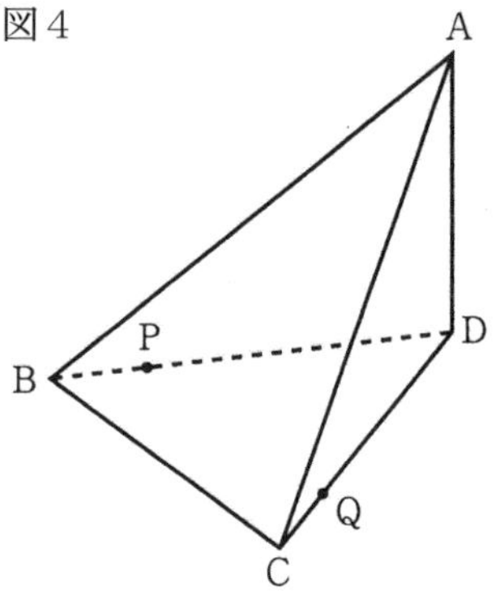

(3)　この三角すいにおいて，図５のように，辺AB，AC，BD，CDの中点をそれぞれK，L，M，Nとし，KNとLMの交点をＥとする。線分BEの長さを求めなさい。

図５

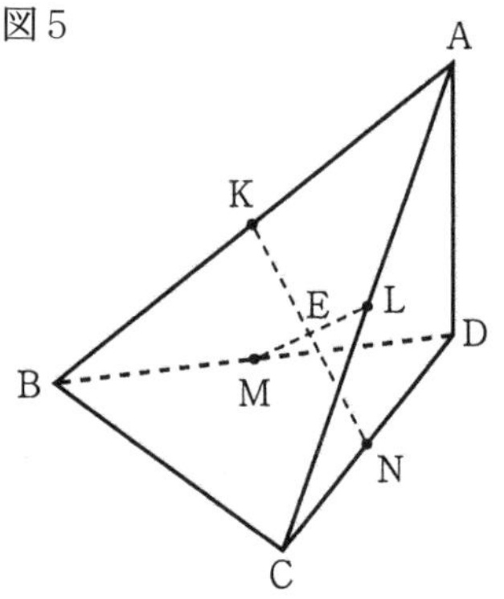

6　図６において，①は関数 $y=ax^2$ $(a>0)$ のグラフであり，②は関数 $y=-\frac{1}{2}x^2$ のグラフである。２点A，Bは，放物線①上の点であり，その x 座標は，それぞれ -3，４である。点Ｂを通り y 軸に平行な直線と，x 軸，放物線②との交点をそれぞれC，Dとする。

このとき，次の(1)～(3)の問いに答えなさい。（８点）

(1)　x の変域が $-1\leqq x\leqq 2$ であるとき，
関数 $y=-\frac{1}{2}x^2$ の y の変域を求めなさい。

(2)　点Dから y 軸に引いた垂線の延長と放物線②との交点をＥとする。点Ｅの座標を求めなさい。

(3)　点Ｆは四角形AOBFが平行四辺形となるようにとった点である。直線ABと y 軸との交点をＧとする。直線CFと直線DGが平行となるときの，a の値を求めなさい。求める過程も書きなさい。

図６

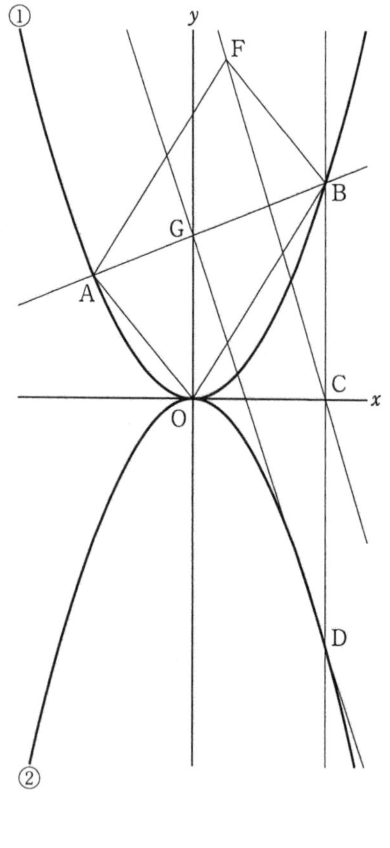

7　図7において，3点A，B，Cは円Oの円周上の点であり，BCは円Oの直径である。$\overset{\frown}{\mathrm{AC}}$上に∠OAC＝∠CADとなる点Dをとり，BDとOAとの交点をEとする。点Cを通りODに平行な直線と円Oとの交点をFとし，DFとBCとの交点をGとする。

このとき，次の(1)，(2)の問いに答えなさい。（9点）

(1)　△BOE≡△DOGであることを証明しなさい。

(2)　∠BGF＝72°，円Oの半径が6cmのとき，小さい方の$\overset{\frown}{\mathrm{AD}}$の長さを求めなさい。ただし，円周率はπとする。

図7

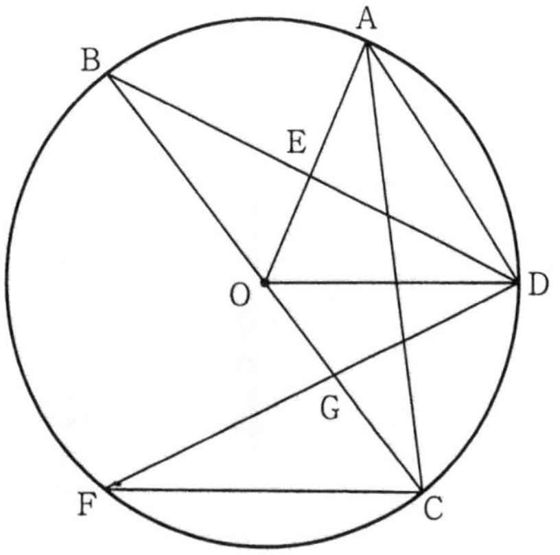

＜英語＞

時間　50分　　満点　50点

1　放送による問題（14点）

(1)　由美（Yumi）とジョン（John）の会話を聞いて，質問の答えとして最も適切なものを選ぶ問題

A

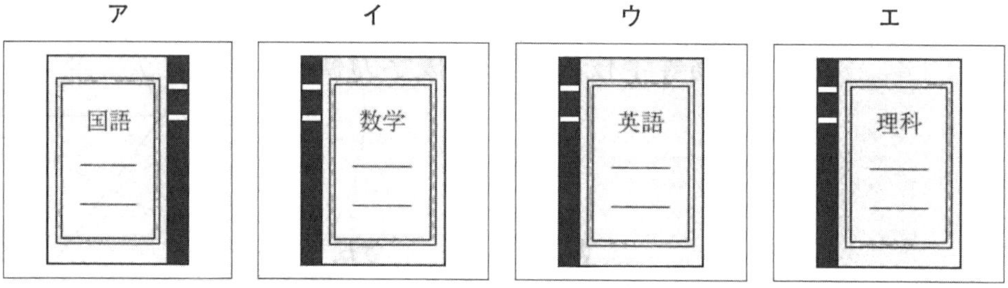

B

C

	ドッジボール大会　対戦結果					
	クラス	A組	B組	C組	D組	結果
ア	A組		×	○	×	1勝
イ	B組	○		○	○	3勝
ウ	C組	×	×		×	0勝
エ	D組	○	×	○		2勝

D

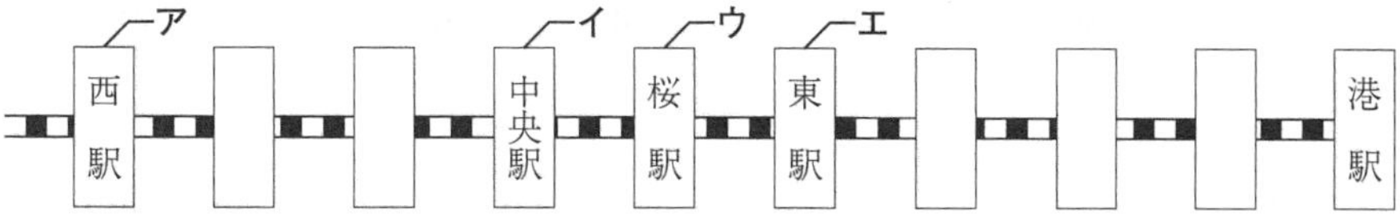

(2)　由美の話を聞いて，質問に対する答えとなるように（　）の中に適切な語や語句を記入する問題

質問1　What does Yumi want to do in the future?

She wants to (　　　) with animals.

質問2　What does Yumi's brother do for Pochi?

He (ⓐ) Pochi (ⓑ) every month.

質問3　Why was Yumi surprised last Saturday?

Because (______________________________).

2　次の英文は，拓真（Takuma）と，拓真の通う中学校でALTとして英語を教えているベル先生（Ms. Bell）との会話である。この英文を読んで，(1)～(5)の問いに答えなさい。(12点)

(*After school, Takuma and Ms. Bell are talking in the classroom.*)

Takuma: You have lived in Japan (ⓐ) last month. How is your life here?

Ms. Bell: Wonderful! Japanese people are kind to me. And I recently found something new.

Takuma: [A]

Ms. Bell: It's *noren*, a cloth hung on the door of a shop. Do you know *noren*?

Takuma: Of course. [　　　　　　]

Ms. Bell: *Noren* have a lot of designs. A *noren* is like a curtain or a sign, right?

Takuma: Yes. Like a curtain, *noren* can protect the things in a shop from the sun.

Ms. Bell: That's right. Also, like a sign, a *noren* is always hung outside the shop to (ⓑ) the name of the shop.

Takuma: It is not always hung outside the shop.

Ms. Bell: I didn't know that. When [ア the shop イ put ウ the *noren* エ into オ is]?

Takuma: Just before the shop closes.

Ms. Bell: I see. People can know that the shop is open or closed by seeing where the *noren* is. I never knew that there is such a special way of using *noren*.

Takuma: You've just found something new!

Ms. Bell: Yes. Also, I recently took many pictures of *noren*. Please look at these!

Takuma: Wow! So many *noren*!

Ms. Bell: I saw a lot of *ramen* restaurants. All of them used a red *noren*. Is the color for *ramen* restaurants always red?

Takuma: [B] *Ramen* restaurants can choose the color. My favorite *ramen* restaurant uses a white *noren*.

Ms. Bell: I want to see other *noren*!

Takuma: In my house, there is a *noren* with a beautiful design. My mother hangs *noren* (ⓒ) are good for each season.

Ms. Bell: *Noren* in houses? I didn't know that. I'd like to see the *noren* used in your house.

Takuma: Shall I bring some pictures of the *noren*?

Ms. Bell: [C] I can't wait to see them!

（注） recently：最近　cloth：布　hang：～を掛ける（hung は過去分詞形）　curtain：カーテン
sign：看板　protect：～を守る　outside：～の外に　*ramen*：ラーメン

(1) 本文中の（ⓐ）～（ⓒ）の中に補う英語として，それぞれ**ア**～**エ**の中から最も適切なものを1つ選び，記号で答えなさい。

（ⓐ） **ア** at　**イ** for　**ウ** with　**エ** since

（ⓑ） **ア** carry　**イ** meet　**ウ** show　**エ** wear

（ⓒ） **ア** how　**イ** who　**ウ** when　**エ** which

(2) 会話の流れが自然になるように，本文中の [A] ～ [C] の中に補う英語として，それぞれ**ア**～**ウ**の中から最も適切なものを1つ選び，記号で答えなさい。

[A] **ア** What are you doing?　**イ** How about you?　**ウ** What's that?

[B] **ア** That's too bad.　**イ** I don't think so.　**ウ** You're welcome.

[C] **ア** Yes, please.　**イ** Did you?　**ウ** No, I can't.

(3) 本文中の [　] で，拓真は，のれんのどこに興味があるのかという内容の質問をしている。その内容となるように，[　] の中に，適切な英語を補いなさい。

(4) 本文中の［　］の中の**ア**～**オ**を，意味が通るように並べかえ，記号で答えなさい。

(5) 次の英文は，拓真がこの日に書いた日記の一部である。本文の内容と合うように，次の [　] の中に補うものとして，本文中から最も適切な部分を3語で抜き出しなさい。

Ms. Bell and I talked about *noren*. She recently found *noren* have many designs. She thought a *noren* is used just like a curtain or a sign. But today, she found *noren* is used in [　　　　] to tell that the shop is open or not. I'll take some pictures of the *noren* in my house to her.

3　次の英文は，彩香（Ayaka）とニック（Nick）との会話である。会話の流れが自然になるように次の [(1)]，[(2)] の中に，それぞれ７語以上の英語を補いなさい。（４点）

Ayaka: Hi, Nick. You look nice in that shirt.
Nick: My mother got it for me on the Internet.
Ayaka: Buying clothes on the Internet is useful, because [　　(1)　　]
Nick: Last week, I visited a store near my house and got a shirt. Buying clothes in stores is sometimes better than on the Internet, because [　　(2)　　]
Ayaka: I see.

4　翔太（Shota）は，カナダ（Canada）へ帰国することになった留学生のキャシー（Cathy）に，メッセージカードを渡すことにした。伝えたいことは，カナダの若者の間で流行している音楽を教えてくれたことに感謝しているということと，電子メール（Ｅメール）を送るから返信してほしいということである。あなたが翔太なら，これらのことを伝えるために，どのようなメッセージを書くか。次の [　] の中に英語を補い，メッセージを完成させなさい。（４点）

Dear Cathy.   Shota

5　次の英文は，バレーボール部に所属する中学生の早紀（Saki）が，転校生の恵子（Keiko）とのできごとを振り返って書いたものである。この英文を読んで，(1)～(7)の問いに答えなさい。（16点）

On the first day after the summer vacation, our class had a new student, Keiko. She ⓐ(stand) in front of us and said, "Hello, my name is Keiko. Nice to meet you." Everyone in our class gave a warm applause to Keiko. Then, she sat next to me.

In the short break, I found that Keiko and I had the same towel. So, my towel gave me a chance to speak to her. I said to her, "Look at my towel!" Keiko said, "Wow, the character on our towels is my favorite!" Then, [　　　　] and both of us talked a lot together. When the break finished, I felt we were becoming friends. I thought, "I want to know more about Keiko."

The next day, I said to Keiko, "I'm on the volleyball team. What club were you in before?" Keiko said, "I was on the volleyball team, too." At that time, she tried to say something more, but she [　A　] saying the next words. I didn't know what she wanted to say and what club she wanted to be in, [　B　] to invite her to the practice of our volleyball team. I said to her,

"Why don't you practice volleyball with us after school?" She said, "OK." Keiko joined our practice on that day. She played volleyball well. In that week, she practiced with us two more days. We had a good time with Keiko and asked her to be on the volleyball team. But she didn't say anything about it.

On Monday of the next week, just before ⓑ(go) to the gym, I said to Keiko, "You didn't join the volleyball practice yesterday. Will you join it today?" Then, she said, "Sorry, Saki. I won't practice volleyball." I asked, "Oh, why?" Keiko said, "Well...I have something to do." She left the classroom quickly and didn't join the volleyball practice. When I was practicing volleyball, I thought only about Keiko.

The next morning, when Keiko came in the classroom, I spoke to her. I said, "Good morning. Well...what did you do yesterday?" Keiko thought about what to say, and then she said, "I joined the practice of the brass band. I want to be a member of it." I asked, "Why didn't you tell me about that?" Keiko said, "My last school doesn't have the brass band, and I have never been in it. So, I'm not sure I will do well. Being a member of it will be a big challenge." When I heard Keiko's words, I found the thing she wanted to try was different from the thing I wanted her to do. After school, I said to Keiko, "You should be in the brass band. You will get a good experience and learn something important. I hope you can do well!" Keiko looked glad to hear my words. She said, "OK...I will try."

Now, Keiko is doing well in the brass band, and she is my best friend.

（注） applause：拍手　break：休憩　towel：タオル　character：キャラクター
brass band：吹奏楽部　member：部員　challenge：挑戦

(1) ⓐ，ⓑの（ ）の中の語を適切な形に直しなさい。

(2) 次の質問に対して，英語で答えなさい。

① Why did Saki's towel give her a chance to speak to Keiko?

② How many days did Keiko join the practice of the volleyball team?

(3) 本文中の □ の中に補う英語として，次のア～エの中から最も適切なものを１つ選び，記号で答えなさい。

ア I didn't listen to Keiko

イ Keiko finished talking with me

ウ I asked Keiko about many things

エ Keiko didn't spend the break with me

(4) 本文中の [A]，[B] の中に補う英語の組み合わせとして，次のア～エの中から最も適切なものを１つ選び，記号で答えなさい。

ア A：stopped　B：but I decided

イ A：didn't stop　B：but I decided

ウ　A：stopped　B：because I didn't decide

エ　A：didn't stop　B：because I didn't decide

(5) 本文中の下線部で，恵子は，用事があると早紀に伝えて，早紀の誘いを断っている。早紀の誘いを断った日に恵子がしていたことを，日本語で書きなさい。

(6) 恵子の不安な気持ちを聞いたとき，早紀はどのようなことに気付いたか。早紀が気付いたことを，日本語で書きなさい。

(7) 次のア～エの中から，本文の内容と合うものを１つ選び，記号で答えなさい。

ア　On the first day as a new student, Keiko sat next to Saki without saying hello to her class.

イ　When Keiko was asked to be a member of the volleyball team, she said nothing about it.

ウ　After Keiko left the classroom quickly, Saki didn't join the volleyball practice that day.

エ　Saki and Keiko left the volleyball team and joined the brass band to get a good experience.

<理科>　時間 50分　満点 50点

1 次の(1)~(4)の問いに答えなさい。(6点)

(1) セキツイ動物のうち，外界の温度が変化しても体温がほぼ一定に保たれる動物は何とよばれるか。その名称を書きなさい。

(2) 質量パーセント濃度が12%の塩化ナトリウム水溶液が150gあるとき，この水溶液の溶媒の質量は何gか。計算して答えなさい。

(3) **図1**は，静岡県内のある場所における，1年間の太陽の南中高度の推移を破線（------）で表したものである。地球の地軸が公転面に対して垂直であるとしたとき，この場所における1年間の太陽の南中高度の推移を表すグラフはどのようになると考えられるか。図1に実線（——）でかきなさい。

図1

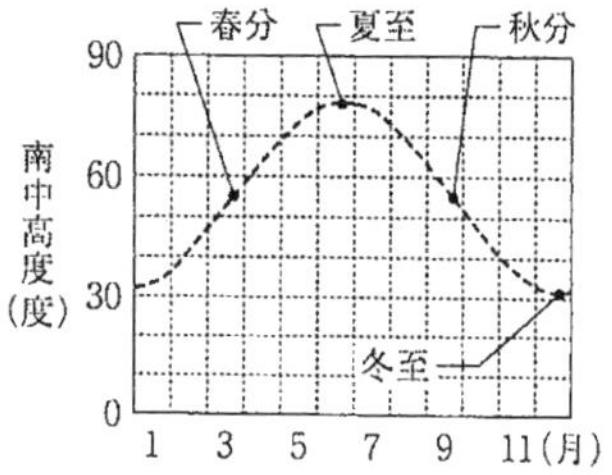

(4) **図2**のように，直方体のレンガを表面が水平な板の上に置く。レンガの**A**の面を下にして置いたときの板がレンガによって受ける圧力は，レンガの**B**の面を下にして置いたときの板がレンガによって受ける圧力の何倍になるか。計算して答えなさい。

図2

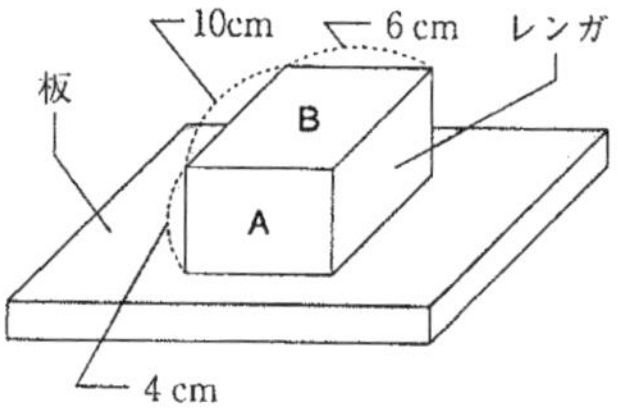

2 植物の生活と種類及び生命の連続性に関する(1)~(4)の問いに答えなさい。(11点)

(1) 被子植物に関する①，②の問いに答えなさい。

① 次の**ア**~**エ**の中から，被子植物を1つ選び，記号で答えなさい。

ア イチョウ　**イ** スギ　**ウ** イヌワラビ　**エ** アブラナ

② 被子植物の受精に関する**a**，**b**の問いに答えなさい。

a 次の［　］の中の文が，被子植物の受精について適切に述べたものとなるように，文中の（あ）に言葉を補いなさい。また，文中の（い）を**精細胞**，**卵細胞**という2つの言葉を用いて，適切に補いなさい。

> 花粉がめしべの先端にある（　あ　）につくと，花粉から花粉管がのびる。花粉管がのびることによって，（　い　）ために受精することができる。

b ある被子植物の個体の自家受粉において，精細胞1個の染色体の数を**x**とするとき，その個体の卵細胞1個の染色体の数と，その個体の受精直後の受精卵1個の染色体の数を，それぞれ**x**を用いて表しなさい。

(2) 次のページの**図3**のように，発芽しているソラマメの根に，等間隔に印を付けた。

① **図3**のソラマメの根を，ルーペを用いて観察したところ，細い毛のような部分が見られた。

このように，植物の根に見られる，細い毛のような部分は何とよばれるか。その名称を書きなさい。また，この細い毛のような部分が土の細かいすき間に入り込むことで，植物は水や水に溶けた養分を効率よく吸収することができる。この細い毛のような部分が土の細かいすき間に入り込むことで，植物が水や水に溶けた養分を効率よく吸収することができる理由を，簡単に書きなさい。

図3

② **図4**は，根の成長を観察するために，水でしめらせたろ紙をつけた板に，**図3**のソラマメをピンでとめ，ソラマメが水につからないように，集気びんに水を入れた装置である。**図4**の装置を暗室に置き，ソラマメの根の成長を観察した。観察を始めて2日後の，このソラマメの根の様子として最も適切なものを，次の**ア**～**エ**の中から1つ選び，記号で答えなさい。

図4

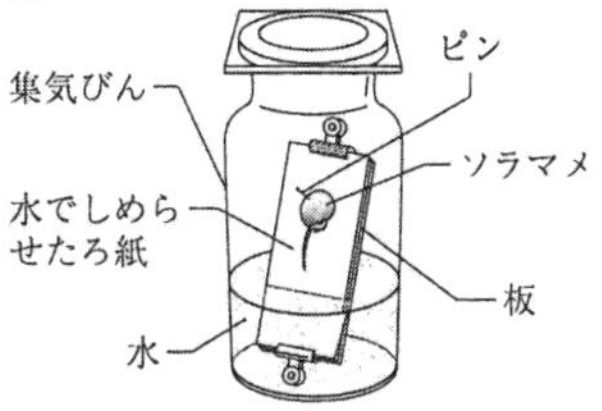

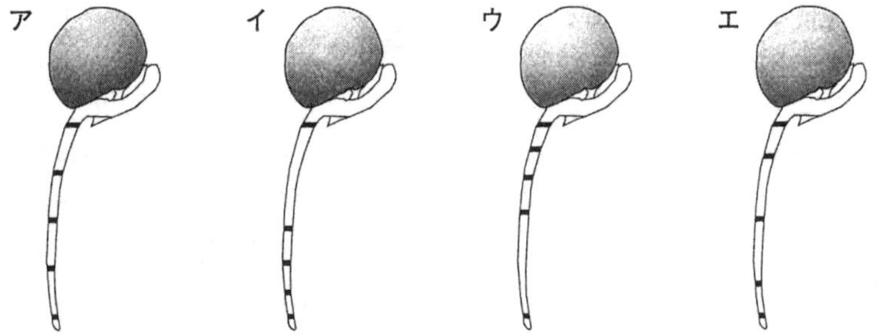

(3) ソラマメの根の体細胞分裂について調べた。**図5**は，ソラマメの根の1つの細胞が，体細胞分裂によって2つに分かれるまでの過程を表した模式図であり，**A**は体細胞分裂を始める前の細胞を，**B**は体細胞分裂後に分かれた細胞を示している。**図5**の □ の中の**ア**～**エ**を体細胞分裂していく順に並べ，記号で答えなさい。

図5

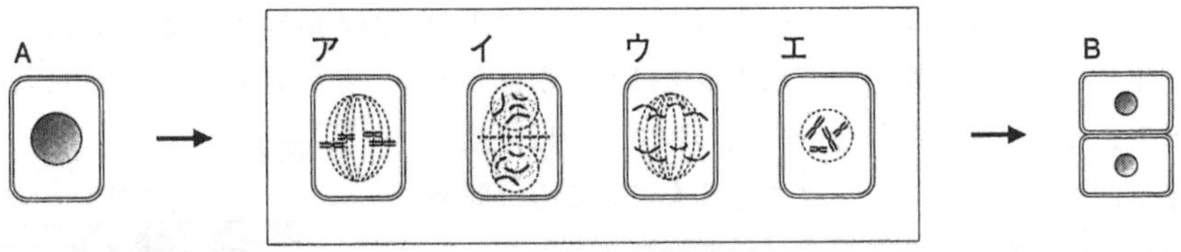

(4) 農作物として果樹などを栽培するとき，無性生殖を利用することがある。農作物として果樹などを栽培するとき，無性生殖を利用する利点を，**染色体**，**形質**という2つの言葉を用いて，簡単に書きなさい。

3 運動とエネルギー，電流とその利用及び身近な物理現象に関する(1)～(4)の問いに答えなさい。

(11点)

(1) 次のページの**図6**のように，質量400 gのおもりを床に置き，おもりとモーターを糸で結ぶ。糸がたるんでいない状態で，モーターに電圧をかけ，糸を等速で巻き上げて，おもりを床から真上に60cm引き上げる。おもりを床から真上に60cm引き上げる仕事をするのに12秒かかったときの，モーターがおもりに対してした仕事の仕事率は何Wか。計算して答えなさい。ただし，100 gの物体にはたらく重力の大きさを1 Nとし，糸の質量は無視できるものとする。

図6

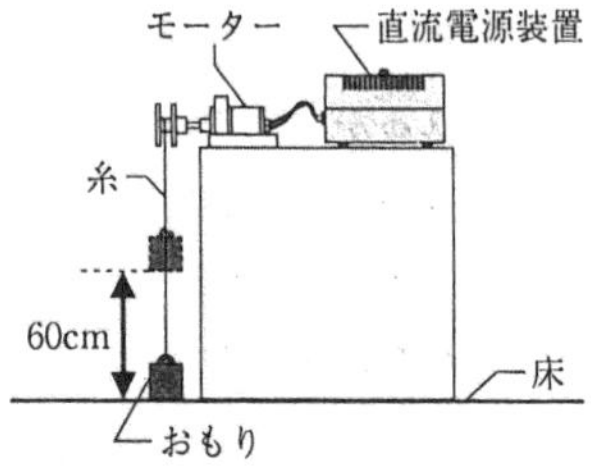

(2) 図7のように，上部に定滑車をつけた斜面を床に固定し，質量400 gのおもりを斜面の最も低い位置に置き，おもりとモーターを，定滑車を通した糸で結ぶ。ただし，おもりから定滑車までの糸は斜面と平行であるものとする。

図7

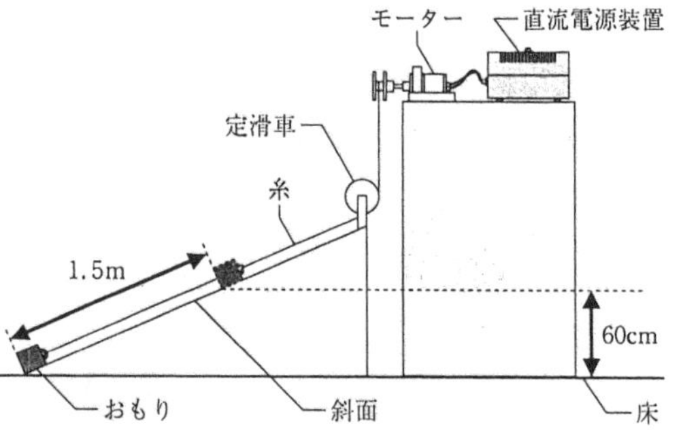

① 図7のモーターに電圧をかけ，糸を等速で巻き上げて，おもりを斜面に沿って1.5m引き上げたところ，おもりの床からの高さは60cmであった。このときのおもりを引く力の大きさは何Nか。計算して答えなさい。ただし，100 gの物体にはたらく重力の大きさを1 Nとし，定滑車や糸の質量は無視でき，おもりと斜面の間にはたらく摩擦や定滑車の摩擦はないものとする。

② おもりが斜面に沿って等速で引き上げられている間において，おもりのもつ力学的エネルギーの大きさは，どのようになっていくと考えられるか。次のア～ウの中から1つ選び，記号で答えなさい。

ア　増加していく。　**イ**　変わらない。　**ウ**　減少していく。

(3) モーターの内部には，磁石とコイルが使われている。モーターと構造が似ているものに，手回し発電機がある。手回し発電機は，磁石にとり囲まれているコイルを回転させることによって，コイルの内部の磁界が変化し，その変化にともないコイルに電圧が生じて，コイルに電流が流れる現象を利用するしくみになっている。コイルの内部の磁界が変化することでコイルに電圧が生じ，コイルに電流が流れる現象は何とよばれるか。その名称を書きなさい。

(4) 図8のように，焦点距離8 cmの凸レンズをつけた箱Aに，半透明のスクリーンをつけた箱Bをさしこみ，簡易カメラを作成した。この簡易カメラで観察するときは，箱Bは固定し，箱Aを前後に動かして観察する。ただし，物体に光を当て，明るい物体を観察するものとする。

図8

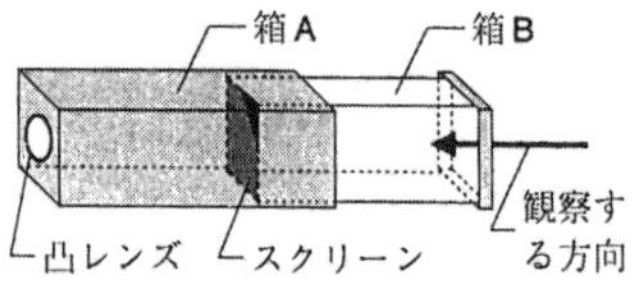

① 図9のように，矢印を組み合わせた図形がかかれた厚紙の中心と，観察者の目，スクリーンの中心，凸レンズの中心が一直線上にくるようにする。箱Aを前後に動かして，凸レンズの位置を調節し，スクリーンにはっきりとした像をうつした。次のア～エの中から，スクリーンにはっきりとした像がう

図9

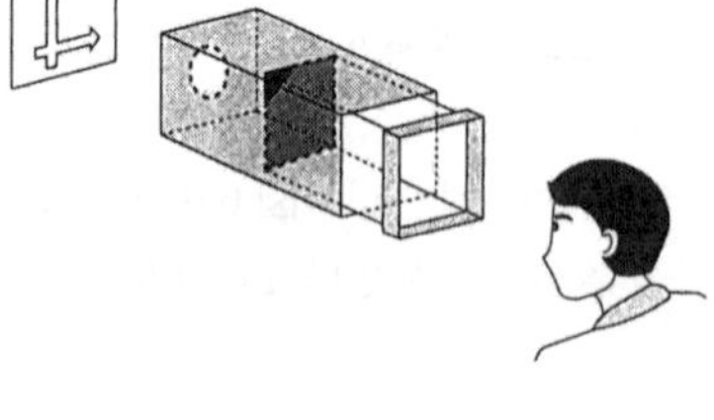

つったときの，観察者側から見えるスクリーンにうつる像として，最も適切なものを１つ選び，記号で答えなさい。

ア 　イ 　ウ 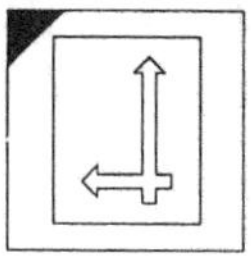　エ 

② 焦点距離８㎝の凸レンズをつけた図８の簡易カメラで，高さ８㎝の平面の物体を，平面の物体の中心が凸レンズの軸（光軸）上にくるように置いて観察し，スクリーンにはっきりとした像をうつした。図10は，このときの，真横から見たようすを模式的に表したものであり，凸レンズの中心からスクリーンの中心までの距離は12㎝，凸レンズの中心から平面の物体の中心までの距離は24㎝であった。また，図10の凸レンズは，図10の位置からＸ，Ｙの矢印の方向に，それぞれ８㎝まで動かすことができる。図10をもとにして，ａ，ｂの問いに答えなさい。

図10

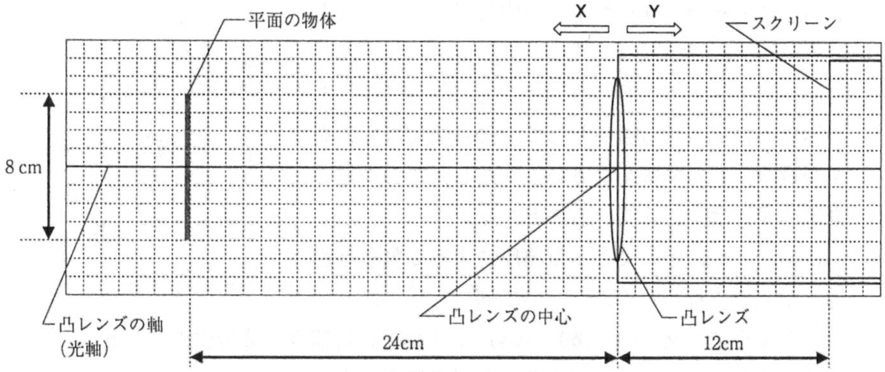

ａ　スクリーンにうつる像の高さを答えなさい。

ｂ　平面の物体を，図10の位置から６㎝移動させ，凸レンズの中心から平面の物体までの距離を30㎝にしたところ，スクリーンにはっきりとした像はうつらなかった。スクリーンにはっきりとした像をうつすためには，凸レンズを，図10の，Ｘ，Ｙのどちらの矢印の方向に動かせばよいか。また，凸レンズを動かしてスクリーンにはっきりとした像がうつるときの像の大きさは，図10でスクリーンにはっきりとうつった像の大きさと比べて，どのように変化するか。下のア～エの中から，凸レンズを動かす方向と，スクリーンにうつる像の大きさの変化の組み合わせとして，最も適切なものを１つ選び，記号で答えなさい。

	凸レンズを動かす方向	スクリーンにうつる像
ア	Ｘ	大きくなる
イ	Ｘ	小さくなる
ウ	Ｙ	大きくなる
エ	Ｙ	小さくなる

4　大地の成り立ちと変化に関する(1)，(2)の問いに答えなさい。(５点)

(1)　日本付近には，太平洋プレート，フィリピン海プレート，ユーラシアプレート，北アメリカプレートがある。次の**ア**～**エ**の中から，太平洋プレートの移動方向とフィリピン海プレートの移動方向を矢印（⇨）で表したものとして，最も適切なものを１つ選び，記号で答えなさい。

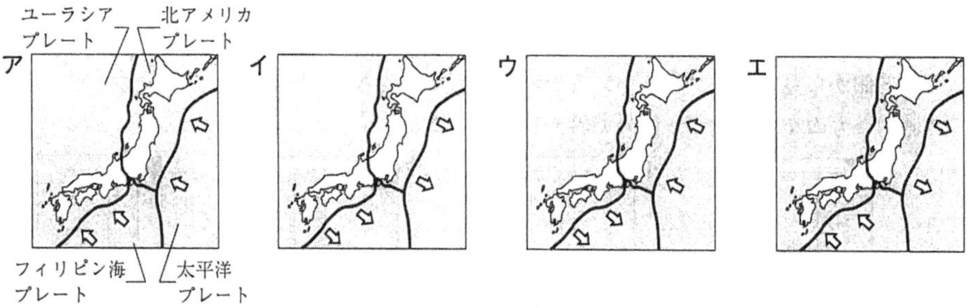

(2)　**図11**は，中部地方で発生した地震において，いくつかの観測地点で，この地震が発生してからＰ波が観測されるまでの時間（秒）を，○の中に示したものである。

図11

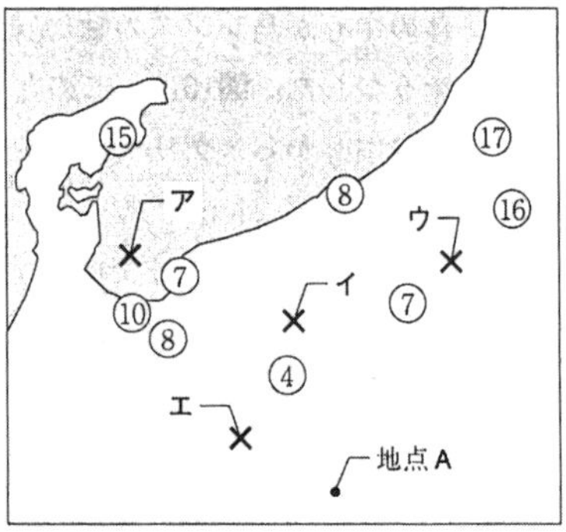

①　**図11**の**ア**～**エ**の**×**印で示された地点の中から，この地震の推定される震央として，最も適切なものを１つ選び，記号で答えなさい。ただし，この地震の震源の深さは，ごく浅いものとする。

②　次の［　　］の中の文が，気象庁によって緊急地震速報が発表されるしくみについて適切に述べたものとなるように，文中の（ⓐ），（ⓘ）のそれぞれに補う言葉の組み合わせとして，下の**ア**～**エ**の中から正しいものを１つ選び，記号で答えなさい。

> 緊急地震速報は，Ｐ波がＳ波よりも速く伝わることを利用し，（　ⓐ　）を伝えるＳ波の到達時刻やゆれの大きさである（　ⓘ　）を予想して，気象庁によって発表される。

ア　ⓐ　初期微動　ⓘ　震度
イ　ⓐ　主要動　ⓘ　震度
ウ　ⓐ　初期微動　ⓘ　マグニチュード
エ　ⓐ　主要動　ⓘ　マグニチュード

③　地震発生後，震源近くの地震計によってＰ波が観測された。観測されたＰ波の解析をもとに，気象庁によって**図11**の地点**Ａ**を含む地域に緊急地震速報が発表された。震源から73.5km離れた地点Ａでは，この緊急地震速報が発表されてから，3秒後にＰ波が，12秒後にＳ波が観測された。Ｓ波の伝わる速さを3.5km/sとすると，Ｐ波の伝わる速さは何km/sか。小数第２位を四捨五入して，小数第１位まで書きなさい。ただし，Ｐ波とＳ波が伝わる速さはそれぞれ一定であるものとする。

5　気象とその変化に関する(1)，(2)の問いに答えなさい。(６点)

(1)　**図12**は，ある年の９月３日９時における天気図であり，図中の矢印（⟶）は，9月３日の９時から９月４日の21時までに台風の中心が移動した経路を示している。

①　**図12**の地点**A**を通る等圧線が表す気圧を答えなさい。

②　**図12**の中には，前線の一部が見られる。この前線は，勢力がほぼ同じ暖気と寒気がぶつかりあってほとんど動かない前線である。時期によっては梅雨前線や秋雨《あきさめ》前線ともよばれる，勢力がほぼ同じ暖気と寒気がぶつかりあってほとんど動かない前線は何とよばれるか。その名称を書きなさい。

図12

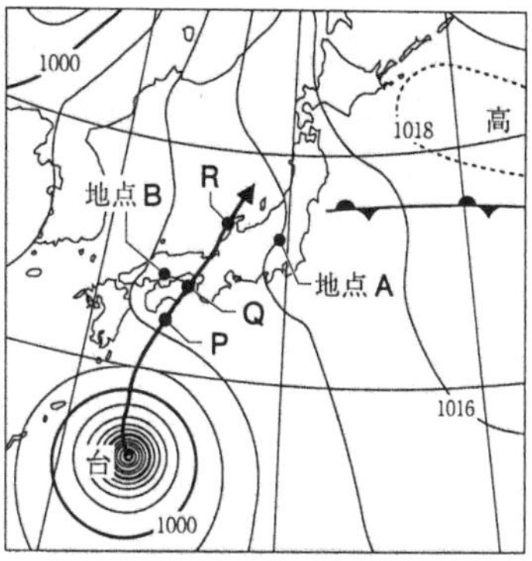

③　**図12**の**P**，**Q**，**R**は，それぞれ９月４日の９時，12時，18時の台風の中心の位置を表している。次の**ア**～**エ**の中から，台風の中心が**P**，**Q**，**R**のそれぞれの位置にあるときの，**図12**の地点**B**の風向を**P**，**Q**，**R**の順に並べたものとして，最も適切なものを１つ選び，記号で答えなさい。

ア　北西→南西→南東　　**イ**　北西→北東→南東

ウ　北東→北西→南西　　**エ**　北東→南東→南西

(2)　**図13**は，8月と10月における，台風の主な進路を示したものである。８月から10月にかけて発生する台風は，小笠原《おがさわら》気団（太平洋高気圧）のふちに沿って北上し，その後，偏西風に流されて東寄りに進むことが多い。

①　小笠原気団の性質を，温度と湿度に着目して，簡単に書きなさい。

②　10月と比べたときの，8月の台風の主な進路が**図13**のようになる理由を，小笠原気団に着目して，簡単に書きなさい。

図13

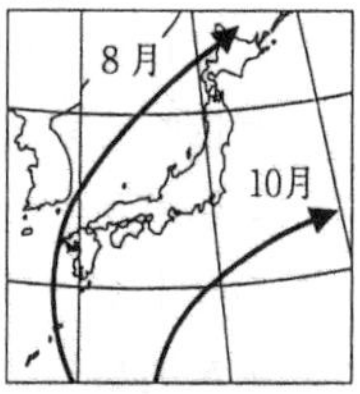

6　化学変化とイオン及び化学変化と原子・分子に関する(1)～(3)の問いに答えなさい。(11点)

(1)　**図14**の装置を用いて，塩化銅水溶液の電気分解を行ったところ，陰極の表面には銅が付着し，陽極の表面からは気体の塩素が発生した。

①　銅と塩素は，ともに単体である。次の**ア**～**エ**の中から，単体を１つ選び，記号で答えなさい。

ア　酸素　　　**イ**　水

ウ　硫化鉄　　**エ**　塩酸

図14

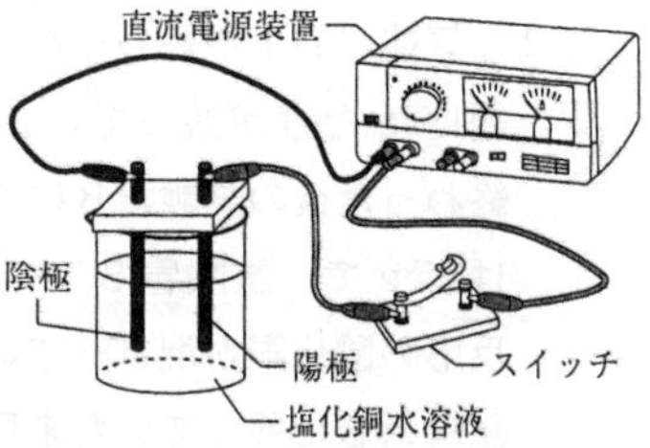

②　塩化銅水溶液の電気分解で，銅と塩素が生じるときの化学変化を，化学反応式で表しなさい。

③　塩化銅を水にとかしたときは電流が流れるが，砂糖を水にとかしても電流が流れない。砂糖を水にとかしても電流が流れない理由を，**イオン**という言葉を用いて，簡単に書きなさい。

(2)　３つのステンレス皿**A**～**C**を用意する。次のページの**図15**のように，ステンレス皿**A**に銅粉

0.4gを入れ，5分間加熱する。その後十分に冷ましてから，加熱後の物質の質量をはかる。このように，5分間加熱してから質量をはかるという操作を何回かくり返し，加熱後の物質の質量の変化を調べた。その後，ステンレス皿Bに0.6g，ステンレス皿Cに0.8gの銅粉を入れ，同様の実験を行った。図16は，このときの，加熱回数と加熱後の物質の質量の関係を表したものである。

図15

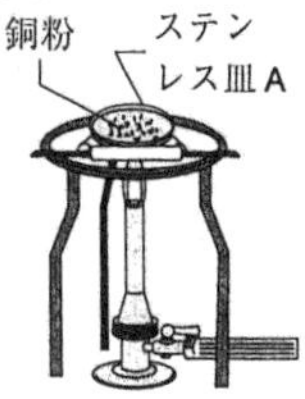

図16

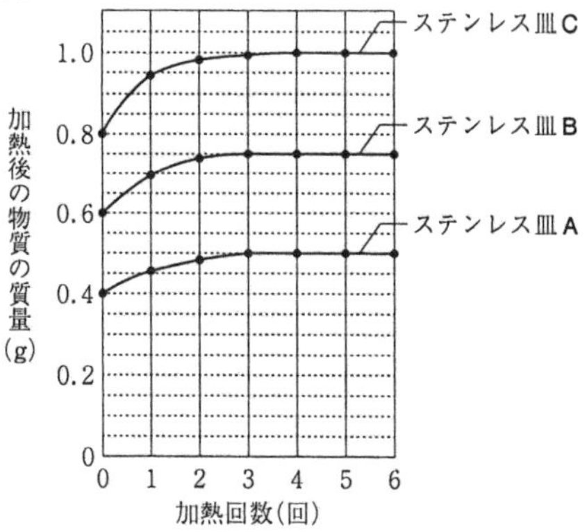

① 図16から，加熱をくり返していくと，ステンレス皿A～Cの加熱後の物質の質量が変化しなくなることが分かる。加熱をくり返していくと，ステンレス皿A～Cの加熱後の物質の質量が変化しなくなる理由を，簡単に書きなさい。

② 図16をもとにして，銅粉を，質量が変化しなくなるまで十分に加熱したときの，銅の質量と化合する酸素の質量の関係を表すグラフを，図17にかきなさい。

図17

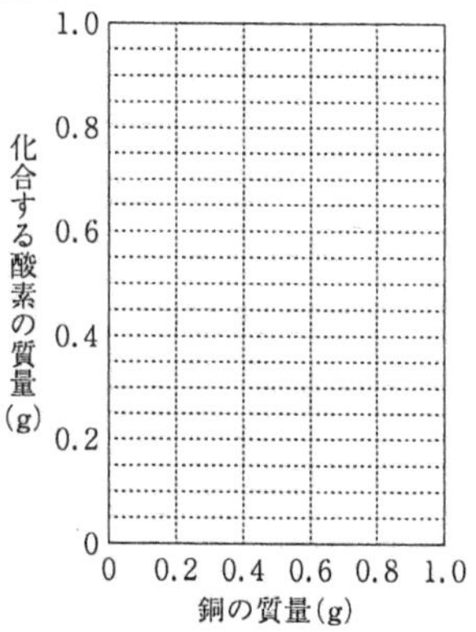

(3) 試験管A，Bを用意し，試験管Aには黒色の酸化銅2.0gと炭素粉末0.15gをよく混ぜ合わせて入れ，試験管Bには黒色の酸化銅2.0gと0.15gよりも少ない量の炭素粉末をよく混ぜ合わせて入れた。図18のように，試験管Aを加熱すると，気体が発生して試験管Cの中の石灰水が白くにごった。気体の発生が終わったところでガラス管を石灰水からとり出し，火を消して，ピンチコックでゴム管を閉じた。その後，試験管Bでも同様の実験を行った。

① 石灰水が白くにごったことから，発生した気体は二酸化炭素であることが分かる。この二酸化炭素は，酸化銅が炭素によって酸素をうばわれたときに発生した気体である。このように，酸化物が酸素をうばわれる化学変化は一般に何とよばれるか。その名称を書きなさい。

② 気体の発生が終わった後の試験管Aには銅1.6gだけが残っていた。気体の発生が終わった後の試験管Bに残った物質の質量は1.7gで，試験管Bに残った物質には未反応の酸化銅が混ざっていた。このとき，試験管Bに残っていた未反応の酸化銅の質量は何gか。計算して答えなさい。ただし，酸化銅と炭素粉末の反応以外の反応は起こらないものとする。

図18

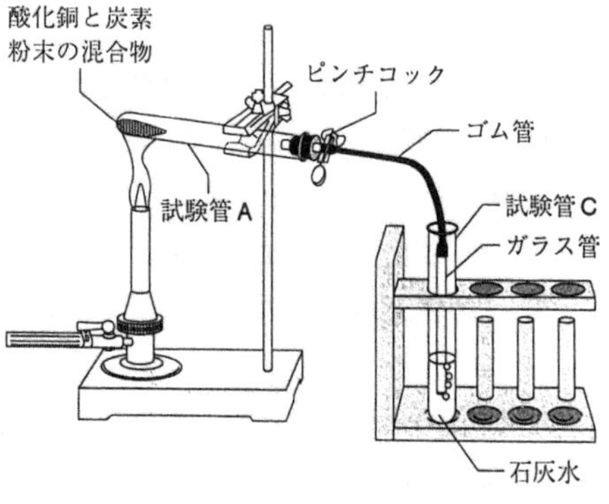

＜社会＞

時間　50分　　満点　50点

1　次の略年表を見て，(1)～(7)の問いに答えなさい。(18点)

時代	飛鳥《あすか》	奈良《なら》	平安	鎌倉	室町	安《あ》土《づち》桃山	江戸	明治	大正	昭和	平成
日本のできごと	①律令《りつりょう》国家が成立する	天平《てんぴょう》文化が栄える	院政が始まる	②鎌倉幕府が成立する ←Ⓐ→	③勘合貿易が始まる	④太閤《たいこう》検地が始まる	⑤享保《きょうほう》の改革が始まる	日清《にっしん》戦争がおこる	⑥第一次世界大戦に参戦する	⑦ポツダム宣言を受諾する	京都議定書が採択される

(1)　傍線部①に関するａ～ｃの問いに答えなさい。

ａ　傍線部①では，都から地方へ役人が派遣された。傍線部①で，都から地方へ派遣された役人の名称を，次のア～エの中から１つ選び，記号で答えなさい。

ア　国司　　**イ**　執権　　**ウ**　関白　　**エ**　防人《さきもり》

ｂ　大宝律令の制定後，傍線部①の新たな都として奈良につくられた都は何とよばれるか。その名称を書きなさい。

ｃ　傍線部①では，戸籍をつくることが定められていたが，平安時代になると，戸籍にいつわりが多くなった。**表１**は，10世紀につくられた戸籍に登録された人の，性別，年齢階級別の人数を示している。**表２**は，傍線部①で定められた主な税と，その負担者を示している。このことに関する①，②の問いに答えなさい。

表１

	男子（人）	女子（人）
16歳以下	4	0
17歳～65歳	23	171
66歳以上	15	137

注「延喜二年阿波国《あわのくに》戸籍」により作成

表２

税	負担者
租	6歳以上の男女
調	17～65歳の男子
庸	21～65歳の男子
雑徭《ぞうよう》	17～65歳の男子

①　**表１**の，男子の人数と女子の人数に大きな差が見られることから，性別のいつわりが行われていたと考えられる。**表２**をもとにして，人々が性別をいつわった理由を，簡単に書きなさい。

②　**表１**に，66歳以上の人が多く見られることから，実際には死亡している人を，人々が戸籍に登録し続けるといういつわりが行われていたと考えられる。人々が，戸籍に死亡している人を登録し続けた理由を，簡単に書きなさい。

(2)　傍線部②に関するａ，ｂの問いに答えなさい。

ａ　傍線部②の将軍と，御恩と奉公による主従関係を結んだ武士は何とよばれるか。その名称を書きなさい。

ｂ　傍線部②は武士の政権である。次のア～ウは，略年表中のⒶの期間におこった，武士に関係したできごとについて述べた文である。ア～ウを時代の古い順に並べ，記号で答えなさい。

ア　天皇家や藤原《ふじわら》氏の争いによって，保元《ほうげん》の乱がおこった。

イ　後鳥羽《ごとば》上皇が，朝廷の力を回復させようと考えて兵を挙げた。

ウ　源頼朝《みなもとのよりとも》が，朝廷に守護と地頭の設置を認めさせた。

(3)　傍線部③において，明《みん》は，朝貢する日本の船に勘合を持たせた。明が，朝貢する日本の船に勘合を持たせた目的を，朝鮮半島や中国の沿岸を襲った集団の名称を用いて，簡単に書きなさい。

(4)　豊臣秀吉《とよとみひでよし》は，傍線部④などを行い，兵農分離を進めた。兵農分離を進めるために，豊臣秀吉が行った，農民などから武器を取り上げた政策は何とよばれるか。その名称を書きなさい。

(5)　傍線部⑤に関するａ，ｂの問いに答えなさい。

ａ　傍線部⑤を行った江戸幕府の８代将軍はだれか。その人物名を書きなさい。

ｂ　傍線部⑤は，江戸時代の学問の発達に影響を与えた。**図１**は，江戸時代後期に杉田玄白らが出版した，「解体新書」の扉絵である。「解体新書」の出版以降に本格的に広まった，ヨーロッパの学術や文化を研究する学問は何とよばれるか。その名称を書きなさい。また，この学問の発達に影響を与えた，傍線部⑤における，ヨーロッパの書物に関する政策の内容を，簡単に書きなさい。

図１

(6)　傍線部⑥に関するａ，ｂの問いに答えなさい。

ａ　傍線部⑥は，オーストリア皇太子夫妻が殺害されたことをきっかけに始まり，ドイツが連合国と休戦条約を結んだことで終わった。傍線部⑥の期間中のできごとを，次の**ア**～**エ**の中から１つ選び，記号で答えなさい。

ア　日本は国際連盟から脱退した。　　**イ**　日本が韓国《かんこく》を併合した。

ウ　日本が中国に二十一か条の要求を示した。　　**エ**　日本は日独伊三国同盟を結んだ。

ｂ　傍線部⑥の末期以降，欧米の多くの国では，女性の要求にこたえ，女性の参政権が認められるようになった。傍線部⑥の末期以降，欧米の多くの国で，女性の要求を無視できなくなった理由を，傍線部⑥が長期化したことによってつくられた戦争の体制に関連づけて，簡単に書きなさい。

(7)　傍線部⑦後の農村では，農地改革が行われた。**グラフ１**は，1940年と1950年における，自作農家，自作兼小作農家，小作農家の，戸数の合計に占める，それぞれの農家の割合を示している。農地改革が行われたことによって，戦前からの地主が農村を支配する力はどのように変化したか。その変化を，**グラフ１**から読み取れる，小作農家の割合の変化に関連づけて，簡単に書きなさい。

グラフ１

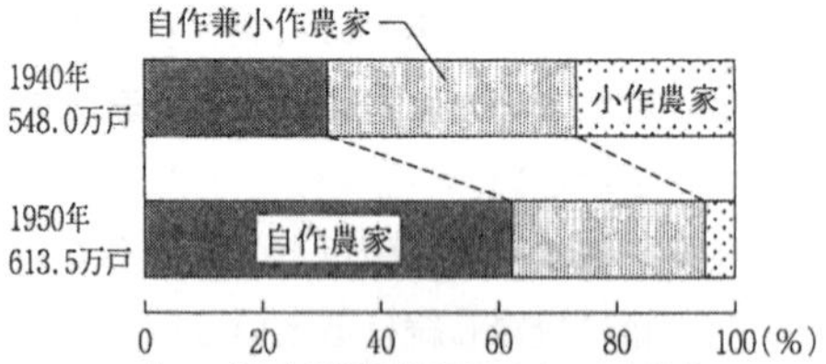

注１　「日本長期統計総覧」などにより作成

注２　自作農家は，耕作地の90％以上が自作地の農家を，自作兼小作農家は，耕作地の10％以上90％未満が自作地の農家を，小作農家は，耕作地の90％以上が小作地の農家を，それぞれ指している。

2　次の(1)～(5)の問いに答えなさい。なお，**地図１**の中のⒶ～Ⓓは県を，ⓐ～ⓒは都市を，それぞれ示している。(12点)

(1)　**図２**は，日本の南端に位置する島を撮影した写真である。**図２**に関するａ，ｂの問いに答えなさい。

図２

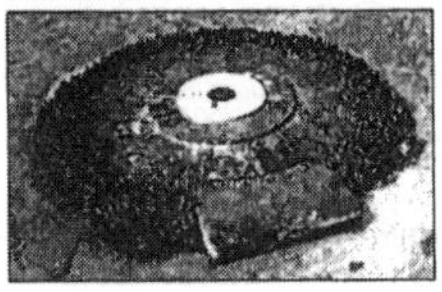

地図１

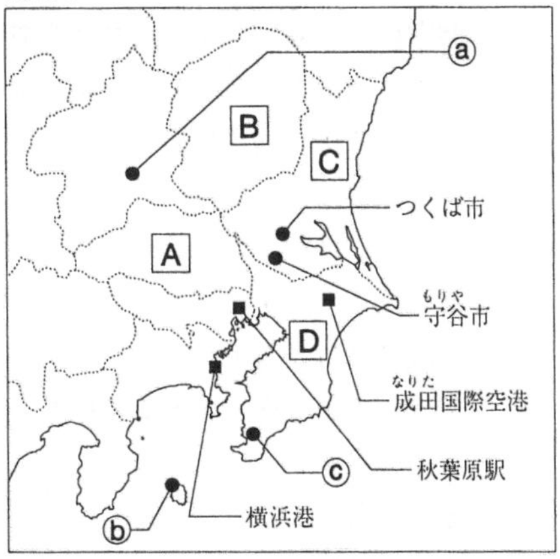

ａ　日本の南端に位置する島の名称を，次の**ア**～**エ**の中から１つ選び，記号で答えなさい。

ア　南鳥島　　**イ**　沖ノ鳥島
ウ　与那国島　　**エ**　択捉島《えとろふ》

ｂ　**図２**の島には護岸工事が施され，領海の外側で，海岸線から200海里以内と定められた範囲を確保している。領海の外側で，海岸線から200海里以内と定められた，沿岸国が水産資源や鉱産資源を利用する権利をもつ範囲は何とよばれるか。その名称を書きなさい。

(2)　**表３**は，2017年における，**地図１**のⒶ～Ⓓの，総人口，県庁所在地の人口，漁業漁獲量を示している。**表３**の中の**ア**～**エ**は，Ⓐ～Ⓓのいずれかを表している。**ア**～**エ**の中から，Ⓑに当たるものを１つ選び，記号で答えなさい。また，Ⓑの県名を書きなさい。

表３

	総人口（万人）	県庁所在地の人口（万人）	漁業漁獲量（万ｔ）
ア	195.7	52.2	0.0
イ	289.2	27.3	29.8
ウ	624.6	96.6	12.0
エ	731.0	128.1	0.0

注　「データでみる県勢2020」などにより作成

(3)　**グラフ２**の**ア**～**ウ**は，**地図１**のⓐ～ⓒのいずれかの都市の，気温と降水量を示したものである。**グラフ２**の**ア**～**ウ**の中から，ⓐの都市の，気温と降水量を示したものを１つ選び，記号で答えなさい。

グラフ２

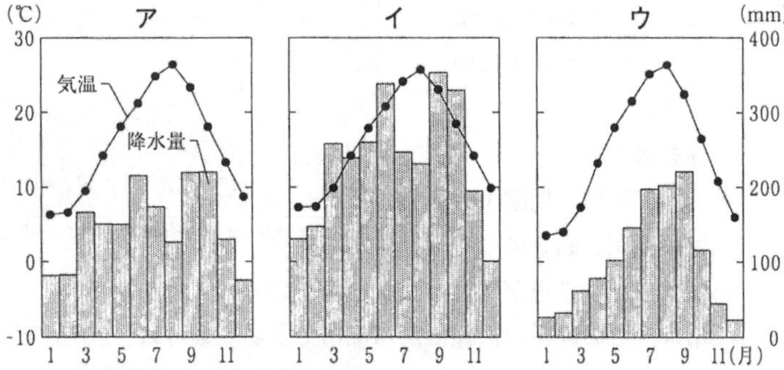

注　「平成31年　理科年表」などにより作成

(4)　工業に関するａ，ｂの問いに答えなさい。

ａ　**グラフ３**は，2017年における，北関東工業地域，京葉工業地域，京浜工業地帯の，工業出荷額と，それぞれの工業出荷額に占める工業製品の割合を示している。**グラフ３**の**ア**～**ウ**の中から，北関東工業地域に当たるものを１つ選び，記号で答えなさい。

グラフ３

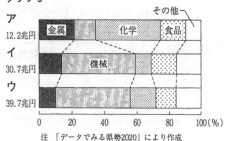

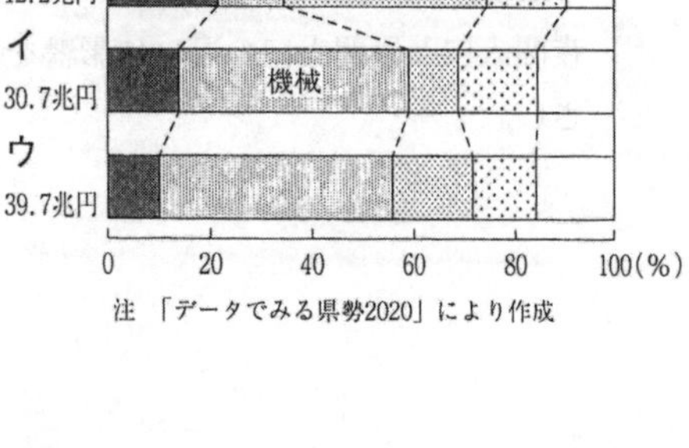

注　「データでみる県勢2020」により作成

b　**グラフ4**は，2019年における，**地図1**の，成田国際空港と横浜港で扱った輸出品の，重量と金額を示している。成田国際空港と横浜港を比べると，それぞれで扱う輸出品の傾向には，違いがあると考えられる。**グラフ4**から読み取れる，成田国際空港で扱う輸出品の重量と金額の関係を，横浜港で扱う輸出品の重量と金額の関係との違いに着目して，簡単に書きなさい。

グラフ4

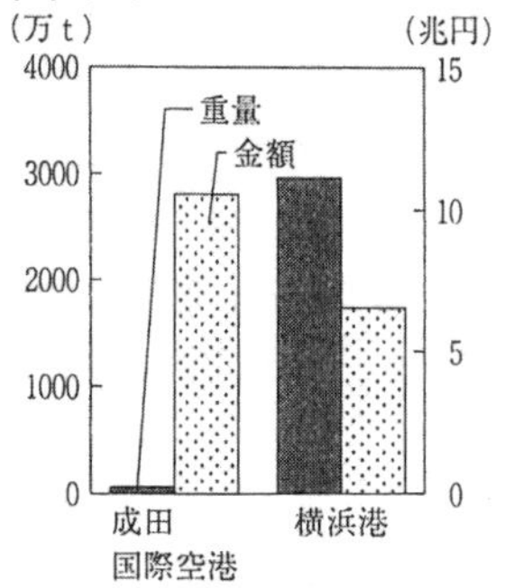

注　東京税関資料などにより作成

(5)　**図3**は，**地図1**のつくば市の一部の地域を示した地形図である。**図3**に関するa～cの問いに答えなさい。

a　**図3**には，Ｙの地図記号が見られる。Ｙの地図記号が表すものを，次の**ア**～**エ**の中から1つ選び，記号で答えなさい。

ア　図書館
イ　官公署
ウ　郵便局
エ　消防署

図3

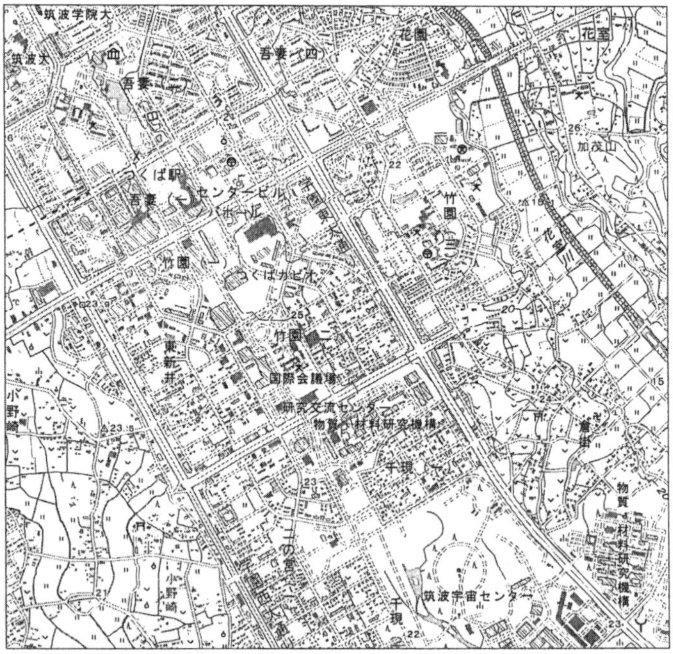

注　国土地理院の電子地形図(タイル)により作成

b　**図3**の大部分は台地である。関東平野には，富士山などからの火山灰が積もってできた赤土におおわれた台地が多く見られる。関東平野に多く見られる台地をおおう，富士山などからの火山灰が積もってできた赤土は何とよばれるか。その名称を書きなさい。

c　2005年に，**地図1**の秋葉原駅と**図3**のつくば駅を結ぶ鉄道が開通した。**地図1**の，つくば市と守谷市は，この鉄道の沿線にある都市である。**表4**は，2015年における，つくば市と守谷市の，夜間人口（常住人口）と昼間人口（夜間人口から，通勤・通学による人口の流入・流出を加減した人口）を示している。**表4**から考えられる，つくば市の通勤・通学による人の動きの特徴を，**図3**から読み取れる，つくば市の，夜間人口と昼間人口の違いに影響を与えているつくば市の特徴に関連づけて，簡単に書きなさい。

表4

	夜間人口（人）	昼間人口（人）
つくば市	226,963	244,164
守谷市	64,753	53,615

注　総務省資料により作成

3　次の(1)～(4)の問いに答えなさい。なお，**地図２**は，緯線と経線が直角に交わった地図であり，**地図３**は，東京を中心とし，東京からの距離と方位が正しい地図である。**地図２**の中のA，Bは国を，**地図２**と**地図３**の中のⓐは都市を，**地図３**の中のXは大陸を，それぞれ示している。（９点）

地図２

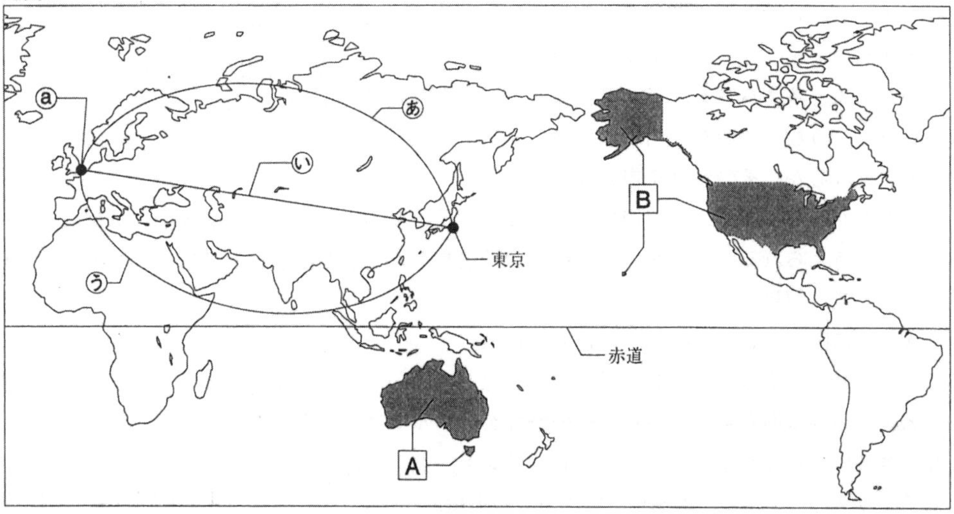

(1)　**地図２**，**地図３**に関するａ～ｃの問いに答えなさい。

ａ　航空機を利用して東京からⓐに行くときの最短経路を示したものとして最も適切なものを，**地図２**のあ～うの中から１つ選び，記号で答えなさい。

ｂ　**地図３**のXは，世界の六大陸のうちの１つである。Xの大陸の名称を書きなさい。

ｃ　**地図２**において，赤道は直線で示されるが，**地図３**において，赤道は曲線で示される。**地図３**において，直線ですべて示される線を，次の**ア**～**エ**の中から１つ選び，記号で答えなさい。

地図３

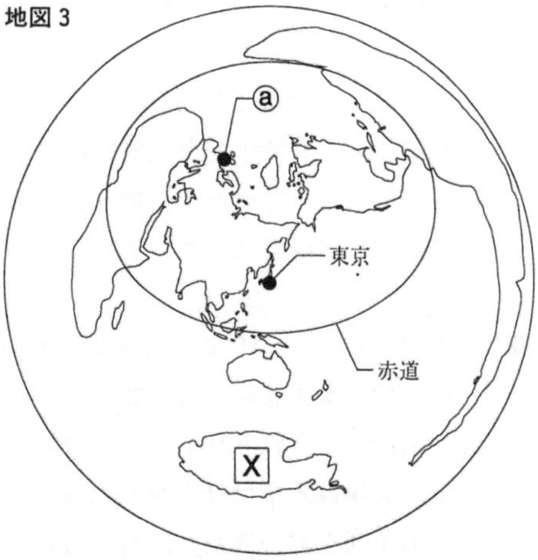

ア　東京を通る緯線　　**イ**　ⓐを通る緯線　　**ウ**　東京を通る経線　　**エ**　ⓐを通る経線

(2)　次の［　］の中の文は，ⓐの気候についてまとめたものである．文中の（あ），（い）に当てはまる語として正しい組み合わせを．次の**ア**～**エ**の中から１つ選び，記号で答えなさい。

> ⓐは，大西洋を北上する（　あ　）の北大西洋海流と，その上空を吹く偏西風の影響を受けて，（　い　）気候となる。

ア　あ　寒流　い　地中海性　　**イ**　あ　寒流　い　西岸海洋性
ウ　あ　暖流　い　地中海性　　**エ**　あ　暖流　い　西岸海洋性

(3)　**表５**は，A，B，インド，イギリスの，1970年，1990年，2010年における人口と，1985～1990

年と2005～2010年における自然増加率（出生率から死亡率を引いた数）を示している。表５に関するａ，ｂの問いに答えなさい。

ａ　インドの急激な人口増加は，出生率が高いまま，死亡率が下がったためであると考えられる。インドに見られるような，急激な人口増加は何とよばれるか。その名称を書きなさい。

表５

	人口（万人）			自然増加率（‰）	
	1970年	1990年	2010年	1985～1990年	2005～2010年
[A]	1,279	1,696	2,216	7.6	5.9
[B]	20,951	25,212	30,901	6.3	6.4
インド	55,519	87,328	123,428	20.7	14.5
イギリス	5,557	5,713	6,346	1.5	2.3

注１　「世界の統計2020」などにより作成
注２　‰（パーミル）は，千分率のこと。１‰は1000分の１。

ｂ　表５から，[A]と[B]の人口増加の理由には，インドの人口増加の主な理由とは異なる理由があると考えられる。[A]と[B]の人口増加の理由を，[A]と[B]が国家として形成されてきた過程に着目して，簡単に書きなさい。

(4)　[A]，[B]に関するａ，ｂの問いに答えなさい。

ａ　[A]，[B]，日本は，アジア太平洋地域の経済協力のための会議に参加している。この会議の名称の略称は何とよばれるか。その略称を，アルファベットで書きなさい。

ｂ　表６は，2013年における，[A]，[B]，インド，イギリスの，小麦の，生産量，輸入量，輸出量，自給率を示している。表６から，[A]や[B]と，インドやイギリスでは，小麦を生産する主な目的が異なっていると考えられる。表６から考えられる，[A]と[B]で小麦を生産する主な目的を，[A]と[B]で行われている大規模な農業による小麦の生産費への影響に関連づけて，簡単に書きなさい。

表６

	生産量（万ｔ）	輸入量（万ｔ）	輸出量（万ｔ）	自給率（％）
[A]	2,286	28	1,817	342
[B]	5,797	549	3,469	170
インド	9,351	3	717	108
イギリス	1,192	435	131	82

注　「世界国勢図会2019/20」により作成

4　次の(1)～(3)の問いに答えなさい。（11点）

(1)　社会権に関するａ，ｂの問いに答えなさい。

ａ　労働者に保障されている，労働基本権に関する①，②の問いに答えなさい。

①　労働基本権は社会権に含まれる権利である。社会権のうち，「健康で文化的な最低限度の生活を営む権利」に当たるものを，次の**ア**～**エ**の中から１つ選び，記号で答えなさい。

ア　請願権　　**イ**　生存権　　**ウ**　選挙権　　**エ**　自己決定権

②　労働基本権のうち，団結権とは，労働者が団結して労働組合を結成する権利である。労働者が団結して労働組合を結成する目的を，労働者と使用者の関係に関連づけて，簡単に書きなさい。

ｂ　労働三法のうち，使用者が最低限守るべき，賃金，休日，労働時間などの労働条件について定めた法律は何とよばれるか。その名称を書きなさい。

(2)　内閣に関するａ～ｃの問いに答えなさい。

ａ　次の［　　］の中の文は，日本国憲法の，内閣に関する条文の一部である。文中の（あ），（い）に当てはまる語として正しい組み合わせを，次の**ア**～**エ**の中から１つ選び，記号で答えなさい。

第65条　（ ㋐ ）権は，内閣に属する。
第66条①　内閣は，法律の定めるところにより，その首長たる内閣総理大臣及びその他の（ ㋑ ）でこれを組織する。

ア　㋐ 立法　㋑ 国務大臣　　**イ**　㋐ 立法　㋑ 国会議員
ウ　㋐ 行政　㋑ 国務大臣　　**エ**　㋐ 行政　㋑ 国会議員

b　国会の信任に基づいて成立し，国会に対して連帯して責任を負う内閣のしくみは何とよばれるか。その名称を書きなさい。

c　衆議院による内閣不信任案の可決に対し，内閣が国民の意思を直接問おうとするとき，内閣が国会に対して行うことを，簡単に書きなさい。

(3)　農家や農業協同組合などが，自ら生産した農産物を販売する直売所が，全国各地に設立されている。**表７**は，2017年における，直売所に対する調査結果をまとめたものである。**グラフ５**は，2018年における，全国の直売所の年間販売金額に占める地元産の割合と，中央卸売市場（卸売市場のうち，地方公共団体などが国の認可を受けて開設したもの）の年間取扱金額に占める地元産の割合を示している。**図４**は，商品が消費者に届くまでの主な流通経路を示している。**表７**から分かる，消費者が直売所で商品を購入するときの利点と，**表７**，**グラフ５**，**図４**から考えられる，小売業者から購入する場合と比べて，消費者が商品を購入するときに直売所で発生しやすい問題点を，70字程度で書きなさい。

表７

	直売所における販売商品のこだわり	直売所を営業する上での課題
1位	商品鮮度	季節による商品不足
2位	同一市町村産の商品のみ販売	従業員の人材確保
3位	農薬使用の軽減	生鮮物の品質管理
4位	同一都道府県産の商品のみ販売	時間帯による商品不足

注　都市農山漁村交流活性化機構資料により作成

グラフ５

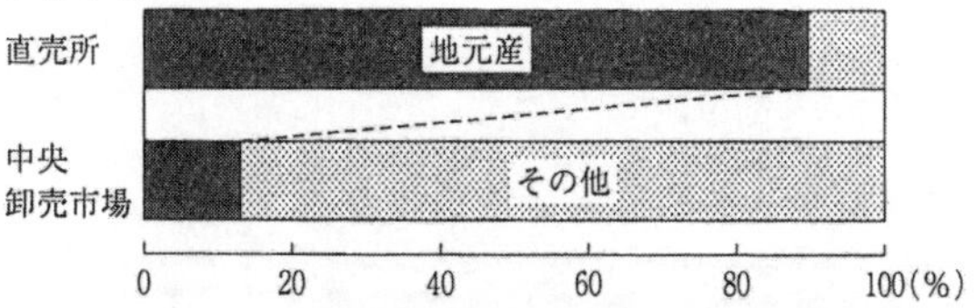

注１　農林水産省資料などにより作成
注２　たとえば静岡県の場合では，「地元産」は静岡県産を示し，「その他」は静岡県以外の都道府県産と外国産を示す。
注３　直売所の年間販売金額は，野菜類，果実類，きのこ類・山菜，畜産物，農産加工品，花き・花木の合計。中央卸売市場の年間取扱金額は，青果，食肉，花き・花木，その他の合計。

図４

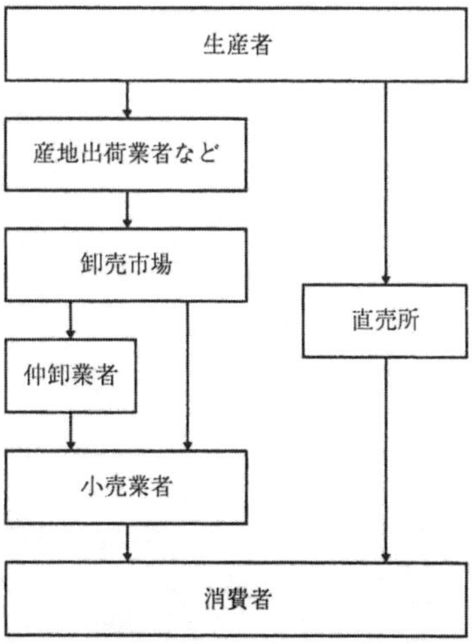

注　全国農業協同組合中央会資料などにより作成

五　あなたのクラスでは、国語の授業で、次の□の中の文章が紹介された。

> 読書や一人旅には、一人で過ごす時間の中で、自分なりの楽しさを見つけることができるという魅力があります。そのような、自分が見つけた楽しさを、周囲の人に伝える人もいますが、自分の中だけで楽しむ人もいます。
>
> あなたなら、自分が見つけた楽しさを、周囲の人に伝えますか。

この文章について感想を述べ合ったところ、「**自分が見つけた楽しさは、自分の中だけで楽しめばよい。**」という発言をした人がいた。そこで、この発言について、それぞれが賛成、反対の立場に立って意見を述べることになった。あなたならどちらの立場で、どのような意見を述べるか。そう考える理由を含めて、あなたの意見を書きなさい。ただし、次の**条件1**、**2**にしたがうこと。（6点）

条件1　一マス目から書き始め、段落は設けないこと。

条件2　字数は、百五十字以上、百八十字以内とすること。

四　次の文章には、江戸時代の大名、板倉重宗《いたくらしげむね》が、京都の警備や訴訟の処理などを行う京都所司代《きょうとしょしだい》を務めたときのことが書かれている。この文章を読んで、あとの問いに答えなさい。（7点）

周防守《すはうのかみ》（板倉重宗）は、注①父伊賀守《いがのかみ》の役儀（任務）を受け継いで、二代の誉《ほまれ》（名誉）を得たり。ある時、茶屋長古と言ふ者ア伺候《しこう》しける（参上したところ）に、「我等《われら》（私）の事、悪し様《あしざま》に（悪く言う）批判を聞きたらば（聞いたならば）、言ひ聞かせよ。心得《こころえ》に成るぞ（私の戒めになるのだ）。」と申されしに、長古言はく、「公事《くじ》御判断（裁判）の節《せつ》（時）、非分《ひぶん》に聞こゆる方（道理に合わないように聞こえる方）を、お叱りに成らるるゆゑ（ため）、イうろたへ（うろたえまして）候《さぶら》ひて、口上《こうじゃう》前後いたし（話の内容が相違して）、いよいよ（ますます）非公事（道理に合わない訴え）に成り候ふと取りざた（世間の評判）仕《つかまつ》るよし（でございますと）ウ言ひければ、周防守、手を打ちて、「よくこそ申したれ（よく言ってくれた）。なるほど役所へ出てエ決断（裁決）するに、非公事（道理のない訴え）と見えたる（感じられた）者の面体《めんてい》を見れば（顔かたちを見ると）、先《ま》づ悪《あ》しく（憎く）成りて、自《おのづか》ら（自然と）の怒りを発する（生じる）ゆゑに、それに恐れて不弁の者（口べたな者）は理を言ひ解く（道理を説明する）事、能《あた》はざるべし（できなくなるのだろう）。向後《きゃうこう》（今後）は心得たり。」とて、それより注②茶うすをもうけて（用意して）、これを挽《ひ》き（回し）ながら訴人《そにん》の面《つら》（訴え出た人の顔）を見ずに公事（訴え）を聴かれける。

（神沢杜口《かんざわとこう》『翁草』による。）

（注）① 板倉勝重《かつしげ》。江戸時代初期の人。京都所司代を務めた。
② 茶葉を挽いて粉末状にする道具。下の図参照。

問一　二重傍線（‖）部を、現代かなづかいで書きなさい。

問二　波線（〰）部**ア**～**エ**の中から、その主語に当たるものが同じであるものを二つ選び、記号で答えなさい。

問三　傍線（──）部について、周防守は、自身の発言の中でその理由を推測して述べている。周防守が述べている、傍線（──）部のようになる理由を、周防守の気質を含めて、簡単に書きなさい。

問四　次の**ア**～**エ**の中から、本文から読み取れる、周防守の人物像について述べた文として、最も適切なものを一つ選び、記号で答えなさい。

ア　周囲からの評判に耳を傾け、父親から伝えられた教訓を固く守り通す人。
イ　周囲からの評判に耳を傾け、現状を改善するための手段を取ることができる人。
ウ　周囲からの評判に耳を傾けるが、任務よりも自分の趣味を優先する人。
エ　周囲からの評判に耳を傾けるが、自分に都合が悪い話は聞き入れない人。

なたは、給食委員会の委員長から原稿についての助言を頼まれた。この文章を読んで、あとの問いに答えなさい。（9点）

先日、学校の近くにあるコンビニエンスストアの前を歩いていたときのことです。店頭には、「食品ロスの削減を推進しています」という1表示を掲げていました。現在、食品ロスの削減に向けて、企業や商店などの事業所では、様々な取り組みが始まっているようです。

食品ロスという言葉は、どのような意味で使われているのでしょうか。

ア　その食品ロスの現状を理解するために。日本の食品ロス量と国連の食料援助量を調べて、比較してみました。

イ　それは「本来食べることができるのに捨てられる食品」という意味で使われています。

ウ　次に、国連の食料援助量は、年間約三九〇万トンだと分かりました。

エ　まず、日本の食品ロス量は、年間約六一二万トンでした。

日本の食品ロス量は、国連の食料援助量の約一・六倍に相当します。日本では、毎日、国民一人当たり茶わん一杯分の食品を捨てていることになるそうです。食料不足で苦しむ国の人々に対して、2恥ずかしくてひけめを感じました。

日本の食品ロス量の内訳を示した、この図を見てください。（※）

ⓐ「そのために、私たち中学生ができる具体的な方法を、学校の栄養士の方から三つ3聞いたので、伝えます。買い物の際には、冷蔵庫の在庫を確認して食品を買いすぎないこと。調理の際には、作りすぎないこと。また、野菜や果物の皮を厚くむきすぎないことです。」

以上で発表を終わります。ありがとうございました。

問一　傍線部1は、受け身の表現にした方が適切であると考えた。傍線部1を、受け身の表現に直しなさい。

問二　本文中の［　］の中にあるア～エの文を、適切な順序に並べ替えたい。ア～エの文を文脈が通るように並べ替え、記号で答えなさい。

問三　傍線部2を印象的に表すために、慣用句を使った表現にしたい。傍線部2とほぼ同じ意味になる慣用句を使った表現として、最も適切なものを、次のア～エの中から一つ選び、記号で答えなさい。

ア　歯が立ちませんでした　　イ　頭をかかえました

ウ　耳に逆らいました　　エ　肩身が狭くなりました

問四　傍線部3を、「栄養士」に対する敬意を表す表現にしたい。傍線部3を、敬意を表す表現に改めなさい。

問五　あなたは、給食委員会の委員長から、本文中の（※）の部分で、次の図を聞き手に示し、本文中のⓐで示した内容につながる一文を入れたいと相談を受けた。（※）の部分に付け加えるのに適切な一文を、図から分かることを含めて、書きなさい。

図

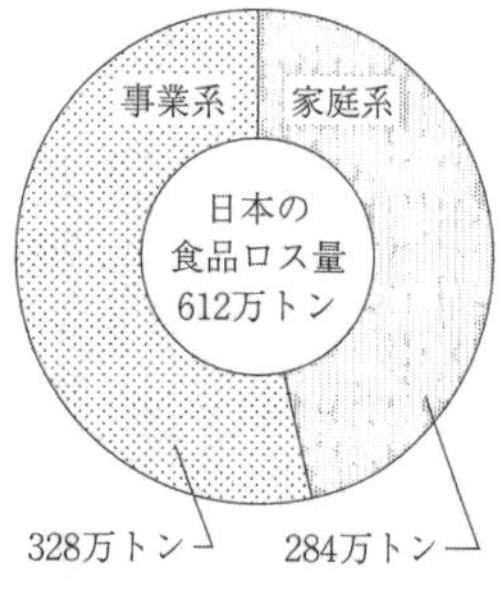

注1　農林水産省資料より作成
注2　数値は平成二十九年度の推計値

の気配に満ちあふれていた。

11 目をこらすと、生き物同士が関わりあい、いまそこで命のやりとりが淡々とおこなわれている。そのなかに身を置くのは、ざわざわするような、ひりひりするような格別の感覚だった。

12 そんなふくざつな生態系のなかでは、すぐ先の未来も予測がつかない。次の瞬間に、おいしい餌にありつけるかもしれないけれど、次の瞬間には捕食者に襲われて命を落とすかもしれない。うっかり大きな生き物に踏みつぶされたり、注⑨スコールで吹き飛ばされたりすることだってある。だからこそ、恐怖は多くの動物にとって、生死に直結するだいじな情動として進化してきた。

13 人間の場合はさらに、想像力を手に入れたことで、未来におこりうるよくない出来事を予想し、さきまわりの恐怖を感じるようになった。「不安」だ。だからこそ、危険を遠ざけるために、知恵をしぼって身のまわりの環境をつくりかえてきた。

14 でも「美しい」ものにぞくぞくする感覚は、頭で考えるもやもやした不安ではない。それは、予測のつかない自然のなかに身を置くときの、ざわざわひりひりするような感覚と似ている。

（齋藤《さいとう》亜矢『ルビンのツボ』による。）

（注）①・④　それぞれ、脳の一部の名称。
②・③・⑤　それぞれ、神経の系統の名称。
⑥　眼球の中央部にある黒い部分。
⑦　神経細胞の間の接合部。　⑧　東南アジアにある島。
⑨　熱帯地方特有の激しいにわか雨。強風や雷を伴うこともある。

問一　二重傍線（‖）部㋐、㋒のひらがなを漢字に直し、㋑、㋓の漢字に読みがなをつけなさい。

問二　波線（〰）部**ア**～**オ**の動詞の中には、活用の種類が一つだけ他と異なるものがある。それはどれか。記号で答えなさい。

問三　本文には、傍線部**1**について述べた一文がある。その一文の、最初の五字を抜き出しなさい。

問四　次の**ア**～**エ**の傍線部の中から、傍線部**2**を漢字に直した熟語と同じものを一つ選び、記号で答えなさい。

ア　産業革命が進み、資本主義体制が確立する。

イ　長年の努力が実り、作曲家として大成する。

ウ　不測の事態に備えて、万全の態勢をとる。

エ　雪解けのぬかるみに足を取られて、体勢が崩れる。

問五　筆者は、本文の10～13の段落で、人間が「不安」を感じるようになった理由を述べている。その理由を、多くの動物にとって恐怖がどのようなものとして進化してきたかを含めて、六十字程度で書きなさい。

問六　次の**ア**～**エ**の中から、本文で述べている内容として適切でないものを一つ選び、記号で答えなさい。

ア　ジェットコースターなど、安全が保証された範囲での恐怖が癖になるのは脳の報酬系が原因だとされる。

イ　恐怖を感じた出来事は記憶に鮮明に残るように、こころをざわざわさせた芸術作品も記憶に残りやすい。

ウ　生き物同士の命のやりとりが淡々とおこなわれる熱帯雨林のような場所にだけ、本当の美は存在する。

エ　美しいものにぞくぞくする感覚は、予測のつかない自然のなかでのざわざわひりひりするような感覚と似ている。

三

次の文章は、給食委員会の委員長が、委員会活動で調べて分かったことを、全校集会で発表するためにまとめている原稿である。あ

た。佐藤が、傍線部3のような気持ちになったのは、岩崎の言葉をきっかけとして、どのようなことを推測したからか。佐藤が推測したことを、本文中のⓑで示した部分から分かる、佐藤に対する岩崎のこれまでの態度を含めて、五十字程度で書きなさい。

二 次の文章を読んで、あとの問いに答えなさい。なお、文章中の1～14は、段落を示す番号である。(15点)

1 恐怖は、身の危険を回避するための基本的な情動の一つであり、多くの動物に共通して備わっている。危険なものを察知すると、瞬時に身がすくんだり、飛びのいたりする。注①大脳辺縁系や、注②自律神経系を中心とした原始的なシステムだ。

2 危険に対する選択肢は二つ。逃げるか、ア戦うか。注③交感神経系を優位にして、心拍や血圧を上げ、筋肉や脳に優先して血液を送る。だからふだんは出せないような大きな力が発揮できることもある。1「窮鼠《きゅうそ》猫を嚙《か》む」や「火事場の馬鹿力」の科学的な根拠だ。

3 人間の場合、原始的な恐怖発生システムが作動してから、注④大脳新皮質の理性によるシステムで、危険の正体をつきとめる。さまざまな知識や経験を参照して、だいじょうぶ、これは危険ではない、あるいは危険は去ったと判断すると、注⑤副交感神経系が優位になり、恐怖の臨戦2たいせいが解かれる。そのほっとするスイッチが、脳の報酬系だ。脳内麻薬物質ともいわれるエンドルフィンなどの神経伝達物質が放出され、快を感じる。ジェットコースターなど、安全が保証された範囲での恐怖が癖になるのはそのせいだとされる。

4 「美しい」が「怖い」と親和的な要因も、一つはこの報酬系にありそうだ。神経美学の川畑秀明《ひであき》さんらの研究によると、絵を見て美しいと感じるときにも、やはり報酬系が関わっているという。

5 自分が恐怖を感じた体験をあらためて思い返してみると、「美しい」につうじる部分はほかにもありそうだ。

6 たとえば、恐怖は頭よりも先にからだで感じるということ。原始的なシステムの方が、危険を察知してからの反応時間が短いからだ。見た物が「なにか」を認識するより先に、身がすくんで、冷や汗をかき、心臓がどきどきする。ふだん自分の心臓の動きを自覚することはあまりないけれど、このときばかりは心臓がその存在を主張する。自分のからだに、自分の意思や意識をイ超えた「自然」を感じるときでもある。

7 また、恐怖の反応としてウ置かれた状況を正しく把握するために、感覚や知覚が鋭敏になるということもある。神経伝達物質のノルアドレナリンが作用して、注⑥瞳孔も開かれ、世界がいつもより色鮮やかに感じられる。

8 そして、恐怖を感じた出来事は記憶にも鮮明にエ残る。今後似たような危険に遭遇したときに、もっとすばやく対応できるよう、神経細胞をつなぐ注⑦シナプスの結びつきを強めるからだ。たしかに、こころをざわざわさせた芸術作品も、記憶に残りやすい。

9 あらためて考えてみると、それは「生きている」ことを実感させるような部分なのかもしれない。恐怖が、危険や死に直面したときのしくみであるからこそ感じる「生きている」という感覚だ。

10 はじめて注⑧ボルネオの熱帯雨林を(あ)おとずれたとき、驚いたのは、森がたくさんの音にあふれていることだった。圧倒的な種類の鳥や昆虫、ヤモリにカエルに、テナガザル。たくさんの生き物が発する声や音、なかにはいままで聞いたことのないような(い)奇妙な物音までが、折り重なるように聞こえてくる。音だけではない。土のなかから樹高三〇メートルの木々の上まで、大小さまざまな無数の生き物

あって、そう思ったら何だかおかしくなってきてさ。」

ⓑぼくは、すっきりとうれしい気持ちになっていた。岩崎と最後に二人きりでこんな風に話ができるなんて、思ってもいなかったからだ。「あんなに反発していなかったらもっと親しくなれたのにって思うと、自分がちょっと嫌になるよ。正直に言うと少し後悔してる。」岩崎は今までになく素直な口調で言った。いいよ岩崎、時間なんてまだぼくらの前には無限に思えるほどあるんだから。もう少しぼくらが自由に動けるようになったら、きっとまた会うことができる……いや、ぼくは絶対にまたここに戻ってくるつもりだから。早い話、来年の三月にはあの廃屋注②でまた再会するのだから。

「吉田もな、時々羨ましいんだよ。」岩崎が言った。「俺と違ってストレートな奴《やつ》だから。」吉田のストレートに岩崎のくせ球。でもバッターを打ち取ろうと思ったらその両方をうまく(い)おり交ぜることが必要なんだ、きっと。

そのとき、車内放送がまもなく次の駅に到着することを告げた。岩崎はゆっくりと立ち上がった。「次で降りるよ。」それから岩崎は少し間を置いてから、「絶対にまた戻ってこいよ。」と言った。

3うれしかった。おそらく岩崎はこのことをぼくに伝えるためだけに、みんなと離れて、一人だけで、ぼくのいる列車に乗り込んできたのだろう。

ぼくも立ち上がり、「本当にありがとう。」と言いながら右手を岩崎の前に差し出した。岩崎はちょっと照れたような表情でぼくの顔と手を交互に見ていたけれど、やがておずおずとぼくの右手をとった。ぼくらは力強く握手をした。

(阪口正博《さかぐちまさひろ》『カントリー・ロード』による。)

(注) ① 野球部の部員。佐藤が入部したことで、ピッチャーになれなかった。
② ここでは、友人たちとの再会を約束した場所のこと。

問一 二重傍線（‖）部(あ)の漢字に読みがなをつけ、(い)のひらがなを漢字に直しなさい。

問二 次のア〜エの中から、波線（〰）部と同じ構成の熟語を一つ選び、記号で答えなさい。

ア 創造　**イ** 越境　**ウ** 速報　**エ** 禍福

問三 佐藤が傍線部1のような気持ちになったのは、どのようなことに対してか。その内容を、簡単に書きなさい。

問四 次の**ア**〜**エ**の中から、本文中のⓐで示した部分の表現の特徴として、最も適切なものを一つ選び、記号で答えなさい。

ア 擬音語や擬態語を用いて、登場人物の心情や様子が表現されている。

イ 対句や倒置法などの技巧的な言い方が使われ、登場人物の感動が強調されている。

ウ 比喩表現を多用して、車窓からの眺めと登場人物の心情が印象深く表現されている。

エ 登場人物の心の中での語りかけが描写され、心情が分かりやすく表されている。

問五 佐藤は、岩崎に傍線部2のように感じさせてきたのは、自分のどのようなことが原因であると考えているか。次の**ア**〜**エ**の中から、その原因であると佐藤が考えていることとして、最も適切なものを一つ選び、記号で答えなさい。

ア みんなと離れても必ず再会できると信じてきたこと。

イ いつも傷ついたりイライラしながら生活してきたこと。

ウ 転校を繰り返す中で仲間をどの場所でも作ってきたこと。

エ 自分の感情を抑えて外に表さないように過ごしてきたこと。

問六 佐藤は、岩崎の言葉を聞いて、傍線部3のような気持ちになっ

＜国語＞

時間　五〇分　　満点　五〇点

一　次の文章には、中学二年生で野球部員の佐藤が、十一か月を過ごした町から引っ越すことになり、友人たちに見送られた後のことが書かれている。この文章を読んで、あとの問いに答えなさい。（13点）

列車が速度を増し、みんなの顔がすごい早さで流れていった。吉《よし》田《だ》、杉本、森田、中野美香《みか》、小森瑞穂《みずほ》、辻内早苗《つじうちさなえ》……。胸の中がぽっかりと（あ）空洞になったようで、それでいてぐっとひきつっているような感覚を覚えた。ぼくは大きなため息をついてから、再び車窓に目を向けた。

何も考えることができなかった。ただみんなの顔が浮かんでは消えていった。注①岩崎の顔が浮かんだ時、彼はとうとう今日、ホームに姿を見せなかったと思った。それが1唯一の心残りだった。五分ほどで次の駅に着いた。人影のないその駅から、一人だけ乗客があった。その乗客はゆっくりとぼくのそばに近づいてきた。

岩崎だった。あっけにとられて見つめているぼくを尻目に、岩崎はそのまま何食わぬ顔で、ぼくの前の座席に腰を下ろした。「勘違いすんなよ。」岩崎がいつものようにぶっきらぼうな調子で言った。「ちょうど用事があって、たまたま同じ列車に乗っただけだからな。」「でもうれしいよ、もう会えないのかなって思っていたとこⓐだったから。」ぼくは岩崎に言った。岩崎はしばらくの間、ぶすっとした顔で車窓から外の景色を眺めていたけれど、突然、「何でだよ。」とぼくを見ずに、つぶやくように言った。「なんでこんなに早く行っちゃうんだよ。俺からピッチャーを取り上げといてさ。」「父さんが転勤だから仕方がないんだ。」ぼくがそう言うと、岩崎はちぇっと小さく舌打ちをした。「そんなことは、知ってるよ。」

ぼくは岩崎が何を言うつもりなのかわからなかった。「正直に言うと、俺、佐藤のことが気になりながらもちょっと憎らしかった。」「……。」「俺がいくらくってかかっても、2いつも悠然としてるってところがだよ。」

ぼくが、悠然としてるなんてことは全然ない。ぼくはぼくなりにいつも傷ついたり、イライラしたりしているのだ。でも、もしぼくのことがそんな風に見えるなら、ぼくは転校を繰り返すうちに、自分の感情を表に出すことがへたくそになっていたのだと思う。本当だよ、岩崎、ぼくは本当はそんなんじゃないんだ。ぼくは心の中でそう繰り返した。

「でも佐藤、なんでそんなに無理してるんだよ。」突然の岩崎の言葉だった。ぼくは思わず岩崎を見た。「なんでもっと怒らないんだよ。なんでもっと感情をむき出しにしないんだよ。」ぼくは、少しの間何も言えずに岩崎の顔を見続けていた。ぼくが自分の感情を押し殺しながら生きてきたことは確かだ。それが転校生として生きていく最善の方法のように思っていたからかもしれない。

「じゃあ、聞くけど、岩崎もけっこう無理してるだろ。」ぼくがそう言うと岩崎はえっという表情でぼくを見た。「いつも、自分を過剰にカバーして。」岩崎はしばらく黙っていたけれどすぐににやっと笑ってぼくを見た。そのうちそれがこらえきれないというような笑いに変わっていった。「何がおかしいのさ。」ぼくは少し怒ったような口調で言った。「なんか似てるかもな、俺たち。」岩崎は笑いをかみ殺すようにしながら言った。「俺も佐藤と同じで、確かにかなり無理してるな

2021年度

解　答　と　解　説

《2021年度の配点は解答用紙集に掲載してあります。》

＜数学解答＞

1　(1)　ア　-12　　イ　$3ab$　　ウ　$\dfrac{5x-17y}{21}$
　エ　$8-7\sqrt{15}$　　(2)　87　　(3)　$x=-4$，$x=8$

2　(1)　右図　　(2)　ア　$a-b+15$　　イ　$\dfrac{5}{9}$

3　(1)　(3年1組)　エ　　(3年2組)　イ　　(2)　41.9

4　(6月の可燃ごみ)　228kg　　(6月のプラスチックごみ)　57kg　(方程式と計算の過程は解説参照)

5　(1)　∠ADB，∠ADC　　(2)　$\dfrac{7}{16}$　　(3)　$\sqrt{67}$

6　(1)　$-2\leqq y\leqq 0$　　(2)　E$(-4,\ -8)$
　(3)　$\dfrac{3}{8}$(求める過程は解説参照)

7　(1)　解説参照　　(2)　$\dfrac{14}{5}\pi$

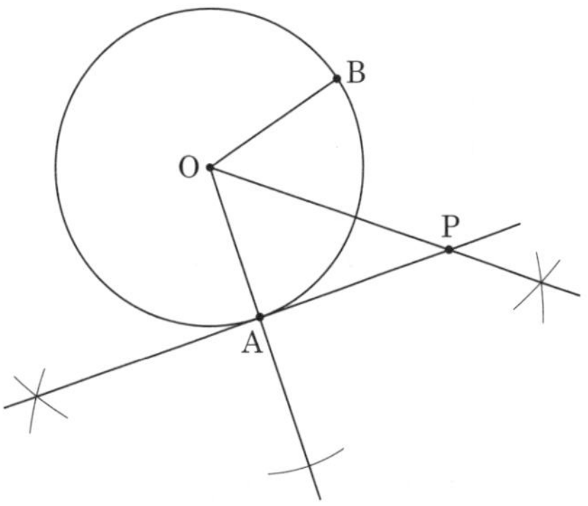

＜数学解説＞

1　(数・式の計算，平方根，式の値，二次方程式)

(1)　ア　**四則をふくむ式の計算の順序は，乗法・除法→加法・減法**　となる。$18\div(-6)-9=(-3)-9=(-3)+(-9)=-(3+9)=-12$

イ　$(-2a)^2=(-2a)\times(-2a)=4a^2$だから，$(-2a)^2\div 8a\times 6b=4a^2\times\dfrac{1}{8a}\times 6b=\dfrac{4a^2\times 6b}{8a}=3ab$

ウ　分母を7と3の**最小公倍数**の21に通分して，$\dfrac{4x-y}{7}-\dfrac{x+2y}{3}=\dfrac{3(4x-y)}{21}-\dfrac{7(x+2y)}{21}=\dfrac{3(4x-y)-7(x+2y)}{21}=\dfrac{12x-3y-7x-14y}{21}=\dfrac{12x-7x-3y-14y}{21}=\dfrac{5x-17y}{21}$

エ　**乗法公式$(a+b)^2=a^2+2ab+b^2$**より，$(\sqrt{5}+\sqrt{3})^2=(\sqrt{5})^2+2\times\sqrt{5}\times\sqrt{3}+(\sqrt{3})^2=5+2\sqrt{15}+3=8+2\sqrt{15}$だから，$(\sqrt{5}+\sqrt{3})^2-9\sqrt{15}=8+2\sqrt{15}-9\sqrt{15}=8+(2-9)\sqrt{15}=8-7\sqrt{15}$

(2)　$a=11$，$b=43$のとき，$16a^2-b^2=(4a)^2-b^2=(4a+b)(4a-b)=(4\times 11+43)(4\times 11-43)=87\times 1=87$

(3)　2次方程式$(x-2)(x-3)=38-x$　左辺を展開して，$x^2-5x+6=38-x$　整理して，$x^2-4x-32=0$　たして-4，かけて-32になる2つの数は，$(+4)+(-8)=-4$，$(+4)\times(-8)=-32$より，$+4$と-8だから　$x^2-4x-32=\{x+(+4)\}\{x+(-8)\}=(x+4)(x-8)=0$　$x=-4$，$x=8$

2　(作図，文字を使った式，確率)

(1)　(着眼点)　∠AOP＝∠BOPより，点Pは∠AOBの二等分線上にある。また，**接線と接点を通る半径は垂直に交わる**ので，点Pは，点Aを通り直線OAに垂直な直線上にある。

(作図手順)　次の①～④の手順で作図する。　①　点A，Bをそれぞれ中心として，交わるように半径の等しい円を描き，その交点と点Oを通る直線(∠AOBの二等分線)を引く。　②　半直線

OAを引く。　③　点Aを中心として，半径OAの円を描き，半直線OA上に交点をつくる。
④　点Oと，③でつくった半直線OA上の交点をそれぞれ中心として，交わるように半径の等しい円を描き，その交点と点Aを通る直線(円Oの接線)を引き，∠AOBの二等分線との交点をPとする。

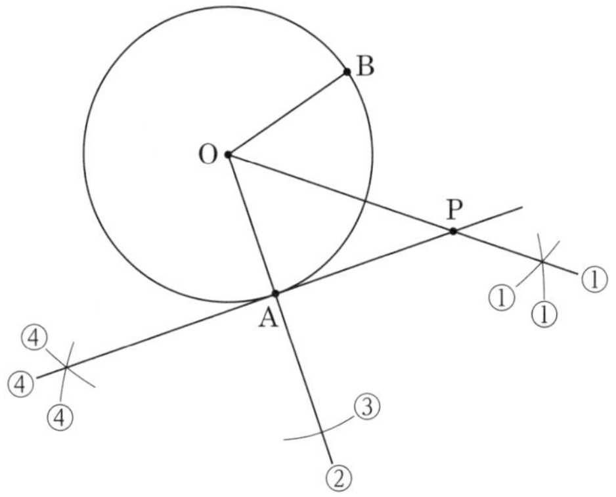

(2)　ア　14枚のカードに書かれている数のうち，小さい方からa番目の数はa，大きい方からb番目の数は$14-b+1$だから，2つの数の和は$a+(14-b+1)=a-b+15$

イ　1つのさいころを2回投げるとき，全ての目の出方は　$6\times6=36$通り。このうち，残ったカードの形が2種類になるのは，$(a,\ b)=(1,\ 5)$，$(1,\ 6)$，$(2,\ 5)$，$(2,\ 6)$，$(3,\ 1)$，$(3,\ 2)$，$(3,\ 3)$，$(3,\ 4)$，$(4,\ 1)$，$(4,\ 2)$，$(4,\ 3)$，$(4,\ 4)$，$(5,\ 1)$，$(5,\ 2)$，$(5,\ 3)$，$(5,\ 4)$，$(6,\ 1)$，$(6,\ 2)$，$(6,\ 3)$，$(6,\ 4)$の20通り。よって，求める確率は，$\frac{20}{36}=\frac{5}{9}$

3　(資料の散らばり・代表値)

(1)　ア～エの4つの**ヒストグラム**に関して，**最大値**が入っている**階級**を小さい順に並べると，(ウのヒストグラム)<(エのヒストグラム)<(イのヒストグラム)<(アのヒストグラム)　また，**中央値**は資料の値を大きさの順に並べたときの中央の値。生徒の人数は30人で偶数だから，記録の小さい方から15番目と16番目の生徒が入っている階級が，中央値の入っている階級。アのヒストグラムに関して，記録が60cm未満には生徒が$2+2+6+4=14$人入っていて，記録が70cm未満には生徒が$14+5=19$人入っているから，記録の小さい方から15番目と16番目の生徒が入っている階級，即ち，中央値の入っている階級は，60cm以上70cm未満。同様に考えて，イのヒストグラムの中央値の入っている階級は，40cm以上50cm未満。ウのヒストグラムの中央値の入っている階級は，30cm以上40cm未満。エのヒストグラムの中央値の入っている階級は，50cm以上60cm未満。ア～エの4つのヒストグラムに関して，中央値が入っている階級を小さい順に並べると，(ウのヒストグラム)<(イのヒストグラム)<(エのヒストグラム)<(アのヒストグラム)
以上より，最大値が入っている階級と中央値の入っている階級の大小関係が入れ替わっているのは，イとエのヒストグラムであり，中央値の入っている階級が大きい方のエが3年1組の記録を表したヒストグラムであり，最大値の入っている階級が大きい方のイが3年2組の記録を表したヒストグラムである。

(2)　2つの組の生徒60人の記録の合計は，45.4(cm)×60(人)＝2724(cm)　また，この生徒60人の記録のうち，上位10人の記録の合計は，62.9(cm)×10(人)＝629(cm)だから，2つの組の生徒60人の記録から上位10人の記録を除いた50人の記録の合計は，2724(cm)－629(cm)＝2095(cm)　その**平均値**は，2095(cm)÷50(人)＝41.9(cm)

4　(連立方程式の応用)

(方程式と計算の過程)　(解答例1)5月の可燃ごみの排出量を$x$kg，5月のプラスチックごみの排出量を$y$kgとする。$\begin{cases}(x-33)+(y+18)=(x+y)\times\left(1-\frac{5}{100}\right)\\ x-33=4(y+18)\end{cases}$　これを解いて，$x=261$，$y=39$　より，

6月の可燃ごみの排出量は，$261-33=228$kg　6月のプラスチックごみの排出量は，$39+18=57$kg
(解答例2)6月のプラスチックごみの排出量を$x$kgとする。$\{(4x+33)+(x-18)\}\times\left(1-\dfrac{5}{100}\right)=4x+x$
これを解いて，$x=57$より，6月の可燃ごみの排出量は，$4\times57=228$kg　6月のプラスチックごみの排出量は，57kg

5 (直線と平面の位置関係，面積比，線分の長さ)

(1)　**一般に，直線ℓが平面Pと点Aで交わっていて，点Aを通る平面P上のすべての直線と垂直であるとき，直線ℓと平面Pは垂直であるという。**底面BCDと辺ADが垂直であるということは，点Dを通る底面BCD上のすべての直線と辺ADが垂直であるということだから，AD⊥BD，AD⊥CDである。

(2)　△PQDと△BCDで，仮定より，DP：DB＝DQ：DC＝9：12＝3：4…①　共通な角より，∠PDQ＝∠BDC…②　①，②より，2組の辺の比とその間の角がそれぞれ等しいので，△PQD∽△BCD　**相似な図形では，面積比は相似比の2乗に等しいから**，△PQD：△BCD＝3^2：4^2＝9：16　△PQD＝$\dfrac{9}{16}$△BCD　以上より，四角形BCQP＝△BCD－△PQD＝△BCD－$\dfrac{9}{16}$△BCD＝$\dfrac{7}{16}$△BCD　四角形BCQPの面積は，△BCDの面積の$\dfrac{7}{16}$倍である。

(3)　辺BCの中点をTとし，点Eから底面BCDへ垂線ESを引く。△BDTは**30°，60°，90°の直角三角形で，3辺の比は2：1：$\sqrt{3}$**だから，BT＝$\dfrac{1}{2}$BC＝$\dfrac{1}{2}\times12=6$(cm)，DT＝$\sqrt{3}$BT＝$\sqrt{3}\times6=6\sqrt{3}$(cm)　△BCDで，点M，Nはそれぞれ辺BD，CDの中点だから，**中点連結定理**より，MN//BC　**平行線と線分の比の定理**を用いると，DT：ST＝BD：BM＝2：1　ST＝$\dfrac{1}{2}$DT＝$\dfrac{1}{2}\times6\sqrt{3}$＝$3\sqrt{3}$(cm)　△ACDで，点L，Nはそれぞれ辺AC，CDの中点だから，中点連結定理より，LN//AD，LN＝$\dfrac{1}{2}$AD＝$\dfrac{1}{2}\times8=4$(cm)　LN//ADより，LN⊥底面BCDであるから，ES//LNである。平行線と線分の比の定理を用いると，ES：LN＝MS：MN＝1：2　ES＝$\dfrac{1}{2}$LN＝$\dfrac{1}{2}\times4=2$(cm)　以上より，△BESと△BSTに**三平方の定理**を用いて，BE＝$\sqrt{\mathrm{ES}^2+\mathrm{BS}^2}$＝$\sqrt{\mathrm{ES}^2+\mathrm{BT}^2+\mathrm{ST}^2}$＝$\sqrt{2^2+6^2+(3\sqrt{3})^2}$＝$\sqrt{67}$(cm)

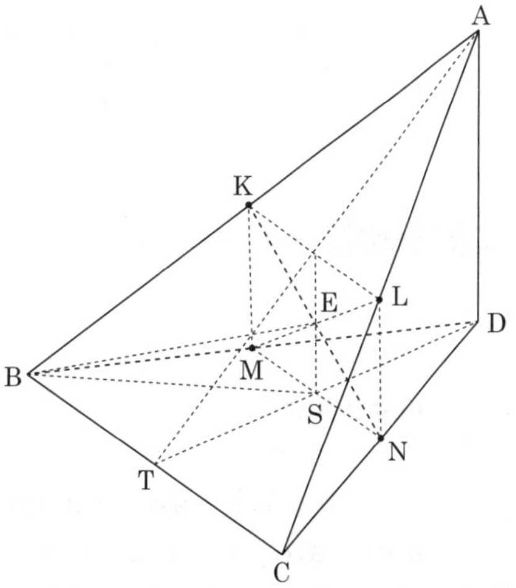

6 (図形と関数・グラフ)

(1)　xの**変域**に0が含まれているから，yの最大値は0。$x=-1$のとき，$y=-\dfrac{1}{2}\times(-1)^2=-\dfrac{1}{2}$　$x=2$のとき，$y=-\dfrac{1}{2}\times2^2=-2$　よって，yの**最小値**は-2　yの変域は，$-2\leqq y\leqq0$

(2)　BD//y軸より，点Dのx座標は点Bのx座標と等しく4　点Dは$y=-\dfrac{1}{2}x^2$上にあるから，$y=-\dfrac{1}{2}\times4^2=-8$　よって，D$(4,\ -8)$　**放物線はy軸について対称な曲線**であることと，ED⊥y軸より，2点D，Eはy軸に関して対称な位置にあり，よって，E$(-4,\ -8)$

(3)　(求める過程)　(例)A$(-3,\ 9a)$，B$(4,\ 16a)$より，F$(1,\ 25a)$　点Gは直線ABとy軸との交点より，$(0,\ 12a)$　直線CFと直線DGの傾きが等しいから，$\dfrac{0-25a}{4-1}=\dfrac{-8-12a}{4-0}$　これを解いて，$a=\dfrac{3}{8}$　(補足説明1)点Fの座標に関して，四角形AOBFが平行四辺形であることから，AF//OB，

AF＝OB　これより，点Fと点Aのx座標，y座標の差は，それぞれ，点Bと点Oのx座標，y座標の差と等しい。よって，$F(-3+4,\ 9a+16a)=F(1,\ 25a)$　(補足説明2)点Gの座標に関して，2点A，Bを通る直線の式は，傾きが$\frac{16a-9a}{4-(-3)}=a$なので，$y=ax+b$とおいて点Bの座標を代入すると，$16a=a\times4+b$　$b=12a$　直線ABの式は$y=ax+12a$　切片が$12a$であることから，$G(0,\ 12a)$

7　(円の性質，合同の証明，弧の長さ)

(1)　(証明)　(例)△BOEと△DOGで，仮定より，円Oの半径だから，BO＝DO…①　$\overset{\frown}{CD}$の円周角は等しいから，∠OBE＝∠CFD…②　OD//FCより，平行線の錯角は等しいから，∠CFD＝∠ODG…③　②，③より，∠OBE＝∠ODG…④　同じ弧の中心角は円周角の2倍と等しいから，∠BOE＝2∠BCA…⑤　△OCAはOA＝OCの二等辺三角形より，∠BCA＝∠OAC…⑥　仮定より，∠OAC＝∠CAD…⑦　同じ弧の中心角は円周角の2倍と等しいから，∠DOG＝2∠CAD…⑧　⑤，⑥，⑦，⑧より，∠BOE＝∠DOG…⑨　①，④，⑨より，1組の辺とその両端の角がそれぞれ等しいから，△BOE≡△DOG

(2)　$\overset{\frown}{CD}$の円周角は等しいから，∠CAD＝∠CFD　これと，前問(1)の③より，∠ODG＝∠CAD　△DOGの内角と外角の関係から，∠BGF＝∠ODG＋∠DOG＝∠CAD＋2∠CAD＝3∠CAD＝72°　∠CAD＝24°　△AODがOA＝ODの二等辺三角形であることを考慮すると，∠AOD＝180°－2∠OAD＝180°－2×2∠CAD＝180°－4×24°＝84°　以上より，小さい方の$\overset{\frown}{AD}$の長さは　$2\pi\times AO\times\frac{\angle AOD}{360^\circ}=2\pi\times6\times\frac{84^\circ}{360^\circ}=\frac{14}{5}\pi$ (cm)

＜英語解答＞

1　(1)　A イ　B エ　C ア　D イ　(2)　質問1　work
質問2　ⓐ　(例)washes　ⓑ　(例)twice　質問3　(例)her father brought another dog home

2　(1)　ⓐ　エ　ⓑ　ウ　ⓒ　エ　(2)　A　ウ　B　イ　C　ア
(3)　(例1)Why are you interested in *noren*？　(例2)What part[point]of *noren* are you interested in？　(4)　オ→ウ→イ→エ→ア　(5)　a special way

3　(1)　(例1)we don't have to go to a shop.　(例2)you can buy a lot of things at (your)home.　(2)　(例)we can try them on[see and touch clothes]at a[the] store.

4　(例)(I) Thank you for telling me(about)[introducing me]the music that [which]is popular among[loved by]young people in Canada. I'll send you an e-mail. Will[Can／Would／Could]you send me an e-mail back [answer it]?

5　(1)　ⓐ　stood　ⓑ　going　(2)　①　(例)(Because she found that)They had the same towel.　②　(例)(She joined it)Three(days).　(3)　ウ　(4)　ア
(5)　(例)吹奏楽部の練習に参加していた。　(6)　(例)恵子が挑戦したいことは早紀が彼女に望むことと違うということ。　(7)　イ

＜英語解説＞

1　(リスニング)

放送台本の和訳は，40ページに掲載。

2 (会話文問題：語句補充・選択・記述，文の挿入，語句の並べ換え，要約文などを用いた問題，現在完了，不定詞，関係代名詞，前置詞，進行形，助動詞，受け身，間接疑問文，動名詞)

(全訳)　放課後，拓真とベル先生は教室で話をしている。拓真(以下T)：先生は先月ⓐエより日本に住んでいますよね。ここでの生活はいかがですか。／ベル先生(以下B)：すばらしいわ。日本の人たちは私に親切です。それに，私は最近新たなことを発見したの。／T：Aウそれは何ですか。／B：暖簾《のれん》よ。店の扉にかかった布の。あなたは暖簾を知っていますか。／T：もちろん，知っています。なぜ先生は暖簾に[暖簾のどんなところに]興味があるのですか。／B：暖簾にはたくさんの模様があるでしょう。暖簾はカーテンや標識のようなものよね。／T：ええ，そうです。カーテンのように，暖簾は太陽から店内のものを守ることが可能です。／B：その通り。また，標識のように，店名ⓑウを示すために，暖簾は店の外側に常に掛かっているわ。／T：いつも外側に掛かっているわけではありません。／B：それは知らなかったわ。いつ暖簾は店の中に入れられるのかしら。／T：閉店する直前です。／B：なるほど。どこに暖簾があるかを見ることで，店が開いているか，あるいは，閉まっているかが，人々にはわかるのね。暖簾を使うそのような特別な方法があることを，全く知らなかったわ。／T：新しいことをちょうど発見したわけですね。／B：ええ，そうね。また，最近，暖簾の多くの写真を撮影したの。これらを見て。／T：わぁ！　暖簾がたくさんありますね！／B：私は多くのラーメン店を訪れているのよ。それらの全てが赤い暖簾を用いていたわ。ラーメン店の色は常に赤なのですか。T：Bイそうとは思いません。ラーメン店は色を選ぶことができます。私の好きなラーメン店は白い暖簾を使っています。／B：別の暖簾も見たいわ。／T：私の家には，美しい模様の暖簾があります。母が各季節に適した暖簾をかけるのです。／B：家に暖簾ですか？それは知らなかった。あなたの家で使われている暖簾を見てみたいわ。／T：その暖簾の写真を数枚持ってきましょうか。／B：Cアええ，お願いします。それらを見るのが待ちきれないわ。

(1)　ⓐ　You have lived in Japan since last month.　since「～以来」 have lived ← <**have** + 過去分詞> 現在完了(完了・継続・結果・経験)　ⓑ　a *noren* is always hung outside the shop to show the name of the shop「店名を示す(show)ために，暖簾は店の外側にかけられている」is hung ← <**be**動詞 + 過去分詞> 受け身「～される，されている」to show「～を示すために」不定詞[**to** + 原形]の目的を表す副詞的用法「～するために」他の選択肢は次の通り。ア「～を運ぶ」　イ「～に会う」　エ「～を着る」　ⓒ　My mother hangs *noren* which are good for each season.<先行詞(もの) + 主格の関係代名詞 **which** + 動詞>「～する先行詞」

(2)　［A］　空所Aは，ベル先生の「最近新たなことを発見しました」という発言を受けた応答文なので，ウ「それは何ですか」を当てはめれば，後続の「それは暖簾です」に文脈上，上手くつながる。他の選択肢は次の通り。ア「あなたは何をしているのですか」<**be**動詞 + 現在分詞[原形 + **-ing**]>「～しているところだ」進行形　イ「元気ですか」**How are you ?**　［B］　ベル先生「ラーメン店の(暖簾の)色は常に赤か？」→ 拓真：［B］ラーメン店は色を選ぶことができる。私の好きなラーメン店は白い暖簾を使っている」以上より，正解は，イ「そうは思わない」。他の選択肢は次の通り。ア「お気の毒に」**That's too bad.**　ウ「どういたしまして」**You're welcome.**　［C］　拓真：「暖簾の写真をもってきましょうか」→　ベル先生：「［C］それを見るのが待ちきれない」文脈から，正解は，ア「はい，お願いします」**Shall I ～ ?**「～しましょうか」(申し出)他の選択肢は次の通り。イ「そうしたのですか」ウ「いいえ，できません」

(3)　「暖簾のどこに興味があるのか」という意味を表す英文を文中に補う問題。「どこに」→「なぜ」why ~ ?　「~に興味がある」**<be動詞 + interested in>**

(4)　(When)is the *noren* put into the shop(?)　<疑問詞 + be動詞 + 主語 + 過去分詞> 疑問詞付きの受け身の疑問文

(5)　(全訳)「ベル先生と僕は暖簾について話した。最近，暖簾には多くの模様があるということを彼女は発見した。暖簾はちょうどカーテンや標識のように使われている，と彼女は考えていた。でも，今日では，開店している，あるいは，閉店しているということを告げる，特別な方法[a special way]で，暖簾が使われていることを彼女は知った。僕の家の暖簾の写真を数枚彼女へ持っていこうと思う」ベル先生の6番目のセリフを参考にすること。is used ← **<be動詞 + 過去分詞>** 受け身「~される」 不定詞[**to** + 原形]の目的を表す副詞的用法「~するために」 seeing where the *noren* is ← Where is the noren ?　他の文中に疑問文が組み込まれる(間接疑問文)と，<疑問詞 + 主語 + 動詞>の語順になることに注意すること。**<There + be動詞 + S + 場所>**「Sは~にある」 by seeing／of using← <前置詞 + 動名詞[原形 + -ing]>

3　**(会話文問題：条件英作文)**

(全訳)「彩香：こんにちは，ニック。そのシャツを着ていると，あなたは素敵に見えますね。／ニック：母がインターネットで私にこのシャツを買ってくれたのです。／彩香：インターネットで服を買うと便利ですよね。(1)店に行く必要がないです[自宅に居ながら多くの服を買うことができます]からね。／ニック：先週，家の近くの店に行き，シャツを1枚買いました。インターネット上よりも，店で服を購入した方が良いこともあります。(2)実店舗では，試着する[服を見て触れる]ことができますからね。／彩香：なるほど」 2箇所の空所に7語以上の英語を補う問題。「~する必要がない」<have + 不定詞[to + 原形]の否定形>　「試着する」try on

4　**(条件英作文)**

(例訳)「カナダの若者の間で人気のある音楽について私に話してくれてありがとう。私はあなたに電子メールを送ります。電子メールを送り返してくれますか」 カナダの若者の間で流行している音楽を教えてくれたことへの感謝，電子メールを送るから返信してほしい，という内容の英文を作成する問題。「~してくれてありがとう」thank you for ~　「~の間で人気がある」popular among ~　「電子メールを返信する」send an e-mail back

5　**(長文読解問題・エッセイ：語形変化，英問英答・記述，語句補充・選択，日本語で答える問題，内容真偽，過去，接続詞，前置詞，動名詞，不定詞，比較，間接疑問文，関係代名詞)**

(全訳)　夏休み明けの初日に，私たちのクラスに新入生の恵子がやって来た。彼女は私たちの前にⓐ立って言った。「こんにちは，私の名前は恵子です。みなさんにお会いできてうれしいです」私たちのクラスの全員が，恵子に暖かい拍手を送った。そして，彼女は私の隣に座ったのである。

短い休み時間に，恵子と私が同じタオルを持っていることに気づいた。つまり，私のタオルが彼女に話しかける機会を私に与えてくれたのだ。私は彼女に話しかけた。「私のタオルを見て！」恵子は応じた。「えっ，私たちのタオルのキャラクターは，私が大好きなものなのよ」そして，私は恵子に多くのことを尋ねて，私たちは互いに一緒にたくさん話をした。休み時間が終わると，私たちは親しくなっていく，と私は感じた。私は「もっと恵子について知りたい」と思った。

翌日，私は恵子に言った。「私はバレーボール部員なの。あなたは(前の学校で)何部に入っていたのかしら」恵子は答えた。「私もバレーボール部だったのよ」その時，彼女はもっと何かを語ろうとしたが，彼女は次の言葉を発言することを${}_{\mathrm{A}}$止めてしまった。彼女が何と言いたかったのか，そして，どのクラブに入りたいのかは，不明だったが，私たちのバレーボール部の練習に彼女を誘うことを${}_{\mathrm{B}}$決断した。私は彼女に言った。「放課後，私たちと一緒にバレーボールの練習をしない？」恵子は「わかったわ」と答えた。その日，恵子は私たちの練習に参加した。彼女はバレーボールが上手だった。その週には，さらに2日間，彼女は私たちと練習をした。私たちは恵子と楽しいひと時を送ることができ，彼女をバレーボール部に誘った。でも，そのことに関して，彼女は一言も言葉を発しなかった。

翌週の月曜日に，体育館へⓑ向かう直前に，私は恵子に「昨日バレーボール部の練習へ参加しなかったよね。今日は参加するのかしら」と尋ねた。すると彼女は「ごめん，早紀。私はバレーボールを練習しないわ」と答えた。私は「えっ，なぜかしら」と尋ねると，恵子は「うん，やるべきことがあるから」と答えた。彼女は教室を足早に後にすると，バレーボールの練習には参加しなかった。バレーボールの練習をしている最中は，私が考えていたのは恵子のことだけだった。

翌朝，恵子が教室へ入ってきた際に，私は彼女に話しかけた。「おはよう。あの…，昨日，何をしてたのかしら」彼女は何を言おうか考えてから，次のような内容の話をした。「私は吹奏楽部の練習に参加したわ。吹奏楽部の部員になりたいのよ」「なぜそのことを私に言わなかったの」と私は尋ねた。恵子は次のように応答した。「前の学校では吹奏楽部がなくて，参加したことはなかったの。だから，うまくできるかは確信がもてないのよ。吹奏楽部の部員になることは大挑戦になるわ」恵子の言葉を聞いたときに，私が彼女に求めていたことと，彼女がしたいことは，異なっていることに気づいた。放課後，私は恵子に「あなたは吹奏楽部に入部するべきだわ。そこで，良い経験を積み，大切なことを身につけることができるでしょうね。うまくいくことを願っているわ」恵子は私の言葉を聞いて，うれしそうだった。

現在，恵子は吹奏楽部で順調に活動しており，私の一番の親友でもある。

(1) ⓐ She ⓐ(stood) in front of us and said～ 接続詞 and「そして」の後ろが，saidとsayの過去形なので，空所ⓐも stand の過去形，stoodにする。in front of「～の前に」 ⓑ 前置詞before の後ろなので，名詞相当語句にするために，動名詞[原形 ＋ -ing](going)に変える。

(2) ①「なぜ早紀のタオルが恵子に話しかける機会を彼女に与えることになったのか」第2段落の1・2文参考にすること。a chance to speak to ← **<名詞 ＋ 不定詞[to ＋ 原形]> 不定詞の形容詞的用法「～するための[するべき]名詞」** speak to「～に話かける」 ②「何日間，恵子はバレーボール部の練習に参加したか」恵子が初めて練習に参加した様子が描かれている第3段落の最後から3文目に In that week, she practiced with us two more days とあり，以降の段落より，恵子はそれ以上練習に参加していないことがわかる。バレーボール部の練習に参加したのは3日間である。**<How many ＋ 複数名詞 ＋ 疑問文?>数を尋ねる表現**

(3) 空所の前で，共通のキャラクター商品に話が盛り上がっていること，及び，空所後の英文が「そして，私たちはお互いに一緒にたくさん話をした」の意味であることから考えること。正解は，ウ「私は恵子に多くのことを尋ねた」他の選択肢は次の通りだが，いずれも文脈上成立しない。ア「私は恵子の話に耳を傾けなかった」 イ「恵子は私と話すことを止めた」<finish ＋ 動名詞[原形 ＋ -ing]>「～することを止める」 エ「恵子は私と一緒に休み時間を過ごさなかった」

(4)「その時，彼女はもっと何かを語ろうとしたが，彼女は次の言葉を発言することを${}_{\mathrm{A}}$止めてしまった[stopped]。彼女が何と言いたかったのか，そして，どのクラブに入りたいのかは不明だったが，私たちのバレーボール部の練習に参加するように彼女を誘う${}_{\mathrm{B}}$決断をした[but I

decided]。私は彼女に言った。「放課後，私たちと一緒にバレーボールの練習をしない？」
[A] 後続箇所に，恵子の真意がわからない，とあるので，話すことを止めたことになる。**＜stop ＋ 動名詞[原形 ＋ -ing]＞「～することを止める」 more ← many／much の比較級「もっと多くの／もっと多い」** know what she wanted to say and what club she wanted to be in **← 疑問文が他の文に組み込まれる(間接疑問文)と，＜疑問詞 ＋ 主語 ＋ 動詞＞の語順**になる。 [B] 後続箇所で，実際に恵子を練習に誘っていることから，練習に参加することを誘う決心をしたことになる。＜decide ＋ 不定詞[to ＋ 原形]＞「～することを決心する」

(5) 下線部は「するべきことがある」の意。第5段落で，早紀が恵子に What did you do yesterday？と尋ねると，早紀は I joined the practice of the brass band. と答えている。**＜名詞 ＋ 不定詞[to ＋ 原形]＞「するための[するべき]名詞」不定詞の形容詞的用法**

(6) 第5段落で，I found the thing she wanted to try was different from the thing I wanted her to do.と答えていることから考えること。the things ▼ she wanted to try「彼女がしたいこと」／the thing ▼ I wanted her to do「私が彼女にして欲しいこと」← **＜先行詞(＋目的格の関係代名詞)＋ 主語 ＋ 動詞＞「主語が動詞する先行詞」目的格の関係代名詞は省略可。 ＜be動詞 ＋ different from＞「～とは違う」**

(7) ア 「新入生としての最初の日に，クラスに挨拶もせずに，恵子は早紀の隣に座った」(×) 第1段落の第2文で，挨拶をしたことが確認できる。next to「～の隣に」 **＜without ＋ 動名詞＞「～しないで」** イ 「恵子はバレーボール部の部員になるように頼まれると，彼女はそのことに関して何も言わなかった」(○) 第3段落の最終文と最後から2文目に一致。＜ask ＋ 人 ＋ to do＞ ⇔＜人 ＋ be動詞 ＋ asked ＋ to do＞ **← ＜be動詞 ＋ 過去分詞＞ 受け身「～される」** ウ 「恵子が素早く教室を去った後に，その日，早紀はバレーボールの練習に加わらなかった」(×) 第4段落の最終文で，恵子が教室を去った後のことを，「練習中に恵子のことばかり考えていた」と記されているので，不可。 エ 「早紀と恵子はバレーボールチームを辞めて，良い体験を積むために，吹奏楽部に入部した」(×) 早紀がバレーボールチームを離れて，吹奏楽部に入部したという事実はない。

2021年度英語　放送による問題

〔放送台本〕

はじめに，(1)を行います。これから，中学生の由美(Yumi)と留学生のジョン(John)が，英語で🄰，🄱，🄲，🄳の4つの会話をします。それぞれの会話のあとに，英語で質問をします。その質問の答えとして最も適切なものを，ア，イ，ウ，エの4つの中から1つ選び，記号で答えなさい。なお，会話と質問は2回繰り返します。では，始めます。

🄰 John: Hi, Yumi. What subject did you study yesterday?
Yumi: I studied Japanese. Did you study it, too?
John: No. I studied math yesterday. Well, what are you doing now?
Yumi: I'm doing my English homework. It's really difficult.
John: I will finish my science homework first. After that, I'll help you.
質問 What subject did John study yesterday?

🄱 John: Yumi, you have wanted to see this movie, right? I will see the movie with Takashi tomorrow. Why don't you come with us?

Yumi: Thank you, but I saw the movie last Sunday.
John: Really? Who did you go with? With Haruna and Tomoko?
Yumi: Haruna had a piano lesson and couldn't go on that day. So, I only went with Tomoko.
John: I see.
質問 Who went to the movie with Yumi last Sunday?

C Yumi: All of the games have finished. How many games did your class win?
John: We didn't win all of them, but we won two games. How about your class?
Yumi: Not good. My class won just one game, so two classes were better than mine. I wanted to win more games.
John: Don't be so sad. You had a good time, right?
Yumi: Of course.
質問 Which is Yumi's class?

D Yumi: Our train has just left Nishi Station. We will be at Higashi Station in twenty minutes.
John: Can we get there without changing trains?
Yumi: No, we can't. This train only stops at Chuo Station before arriving at Minato Station.
John: Then, how can we get to Higashi Station?
Yumi: We will change trains at the next station.
John: OK.
質問 Where will Yumi and John change trains?

〔英文の訳〕

A ジョン(以下J)：こんにちは，由美。昨日，あなたは何の教科を勉強しましたか。／由美(以下Y)：国語を勉強しました。あなたも国語を勉強しましたか。／J；いいえ。私は昨日数学を勉強しました。あの一，今あなたは何をしているところですか。／Y：私は英語の宿題をしています。本当に難しいです。／J：まず，自分の理科の宿題を終わらせます。その後に，あなたを手伝いましょう。
質問：昨日，ジョンはどの教科を勉強したか。　答え：イの数学。

B ジョン(以下J)：由美，あなたはずっとこの映画を見たかったのですよね。明日，私はこの映画をタカシと見ることになっています。あなたも私たちと一緒に来ませんか。／由美(以下Y)：ありがとう，でも，私はこの前の日曜日にその映画を見ました。／J：本当ですか？　あなたは誰と行ったのですか。はるなやともこと一緒ですか。／Y：その日には，はるなはピアノのけいこがあって，行くことができませんでした。だから，私はともこと行きました。／J：なるほど。
質問：この前の日曜日に，誰が由美と一緒に映画に行ったか。　答え：エのともこ。

C 由美(以下Y)：すべての試合が終わりましたね。あなたのクラスはいくつの試合に勝ちましたか。／ジョン(以下J)：私たちは試合のすべてに勝ったわけではありませんが，2試合に勝ちました。あなたのクラスはどうでしたか。／Y：あまり良くなかったですね。私のクラスは1試合に勝っただけなので，2クラスが私のクラスよりも良かったことになります。私としては，もっと多くの試合に勝利したかったですね。／J：そんなに悲観しないでください。楽しい時を過ごしたのでしょう。／Y：もちろんです。

質問：どれが由美のクラスですか。　答え：勝利数が1試合，かつ，勝利数が上位から3番目のア。

D　由美(以下Y)：私たちの電車は西駅をちょうど出発しました。あと20分で，東駅に到着します。／ジョン(以下J)：電車の乗り換えなしで，そこまで行けるのですか。／Y：いいえ，行けません。この電車は港駅に着く前に，中央駅しか止まりません。／J：それでは，どうやって東駅まで行くことができるのでしょうか。／Y：次の駅で電車を乗り換えます。／J：わかりました。

質問：どこで由美とジョンは電車を乗り換えますか。　答え：イの中央駅。

〔放送台本〕

次に，(2)を行います。これから，中学生の由美(Yumi)が，英語で話をします。その話の内容について，問題用紙にある3つの質問をします。それぞれの質問に対する正しい答えとなるように，(　　　　)の中に，適切な語や語句を記入しなさい。なお，先に問題用紙にある質問を2回繰り返し，そのあとで話を2回繰り返します。では，始めます。

質問1　What does Yumi want to do in the future?

質問2　What does Yumi's brother do for Pochi?

質問3　Why was Yumi surprised last Saturday?

続いて，話をします。

I like to go to the zoo to watch animals and people taking care of them. I want to work with animals in the future. So, I like to read books and watch TV programs about animals.

My family loves animals. We have a dog called Pochi. Each of us does a different thing for Pochi. My mother usually gives food to Pochi. My brother washes Pochi twice every month, and I walk Pochi for about thirty minutes every day.

Last Saturday, I walked Pochi to a park and played together with a ball there in the morning. I finished playing with Pochi at noon. One hour after I got home, my father brought another dog home. I was surprised by that.

Now, we have two dogs and enjoy a life with them.

〔英文の訳〕

私は動物園に行き，動物やその世話をする人々を見るのが好きです。将来，私は動物に関する仕事に就きたいと思っています。だから，動物に関するテレビ番組を見たり，本を読んだりするのが好きです。

私の家族は動物を愛しています。私たちにはポチと呼ばれている犬がいます。私たちのめいめいが，ポチに対して異なったことをしています。通常私の母は，ポチに食べ物を与えます。私の兄[弟]は毎月2回ポチを洗い，私は毎日30分間ポチを散歩させます。

この前の土曜日に，朝，私はポチを公園へ連れていき，そこでボールを使って，一緒に遊びました。正午には，ポチとの遊びを終えました。帰宅して1時間後，父が別の犬を自宅に連れてきました。私はそのことに驚きました。

今，私たちは2匹の犬を飼い，犬との生活を楽しんでいます。

質問1：「将来由美は何をしたいか」(模範解訳)「彼女は動物と一緒に働きたい(She wants to work with animals.)」

質問2：「由美の兄[弟]はポチのために何をするか」(模範解訳)「彼は毎月ポチを2回洗う(He ⓐwashes Pochi ⓑtwice every moth.)」

質問3：「この前の土曜日に，なぜ由美は驚いたのか」(模範解訳)「父が家に別の犬を連れてきたから(because her father brought another dog home)」

<理科解答>

1 (1) 恒温動物　(2) 132　(3) 右図　(4) 2.5

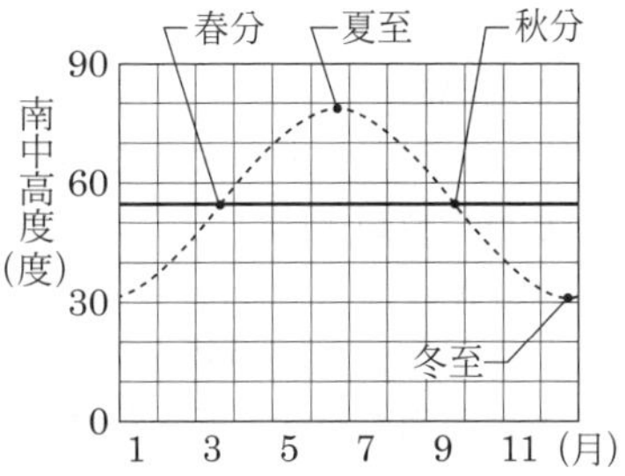

2 (1) ① エ　② a あ 柱頭　い (例)精細胞が卵細胞まで移動する　b (卵細胞) x　(受精卵) 2x
(2) ① (名称) 根毛　(理由) (例)土と接する面積が大きくなるから。　② ウ　(3) エ→ア→ウ→イ
(4) (例)子は親と同じ染色体を受けつぐため，形質が同じ農作物をつくることができる。

3 (1) 0.2　(2) ① 1.6　② ア　(3) 電磁誘導
(4) ① イ　② a 4　b エ

4 (1) ア　(2) ① イ　② イ　③ 6.1

5 (1) ① 1012　② 停滞前線　③ ウ
(2) ① (例)あたたかく湿っている。　② (例)小笠原気団が発達しているから。又は，小笠原気団が日本列島をおおっているから。

6 (1) ① ア　② $CuCl_2 \rightarrow Cu + Cl_2$　③ (例)イオンが生じないから。　(2) ① (例)一定量の銅と化合する酸素の質量は決まっているから。又は，すべての銅が酸素と化合したから。　② 右図　(3) ① 還元　② 0.5

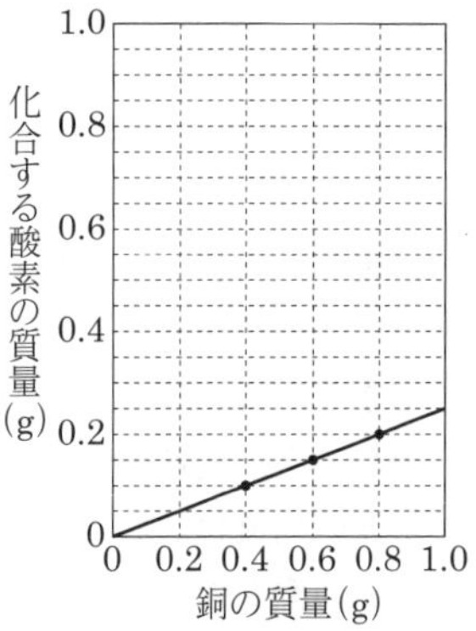

<理科解説>

1 (小問集合)

(1) 外界の温度が変化しても体温が一定に保たれる動物を，恒温動物という。

(2) 溶質の質量は，150〔g〕×0.12＝18〔g〕　よって，溶媒の質量は，150－18＝132〔g〕

(3) 春分や秋分の南中高度が一年中続く。

(4) Aの面積は4×6＝24〔cm^2〕＝0.0024〔m^2〕，Bの面積は10×6＝60〔cm^2〕＝0.0060〔m^2〕　圧力〔Pa〕＝$\frac{\text{力の大きさ〔N〕}}{\text{力が加わる面積〔}m^2\text{〕}}$より，レンガの重さを$x$Nとすると，Aの面を下にして置いたときの圧力は，$\frac{x}{0.0024}$〔Pa〕，Bの面を下にして置いたときの圧力は，$\frac{x}{0.0060}$〔Pa〕　よって，Aの面を下にして置いたときの圧力は，Bの面を下にしておいたときの圧力に比べ，$\frac{x}{0.0024} \div \frac{x}{0.0060} =$ 2.5〔倍〕

2 (生物総合)

(1) ① イチョウ・スギは裸子植物，イヌワラビはシダ植物である。　② a　花粉の中の精細胞が花粉管の中を移動して卵細胞に達すると，生殖細胞の核の合体(受精)が行われる。　b　精細胞や卵細胞などの生殖細胞の核が合体して受精卵の核ができるので，受精卵の核にふくまれる染色体の数は，生殖細胞にふくまれる染色体の数の2倍になる。

(2)　①　根毛があることで，土と根の接触する面積が広がり，効率よく水分の吸収が行われる。

②　成長点のある根の先端のみが大きくのびる。

(3)　染色体が縦に2つに分かれたあと，染色体が細胞の中央に並び，これが細胞の両端へ分かれたあと新しい核を形成する。

(4)　無性生殖では，親の細胞が分裂することで子ができるため，子の形質は親の形質と同じになる。

3 (物理総合)

(1)　**仕事〔J〕＝力の大きさ〔N〕×力の向きに移動した距離〔m〕，仕事率〔W〕＝仕事〔J〕÷仕事にかかった時間〔s〕**より，この仕事の大きさは4〔N〕×0.6〔m〕＝2.4〔J〕　仕事率は，2.4〔J〕÷12〔s〕＝0.2〔W〕

(2)　①　おもりを0.60mの高さまで直接上げる仕事は2.4〔J〕。**仕事の原理**より，この仕事の大きさは斜面を使って行った場合も変わらない。よって，斜面上でおもりを引く力の大きさは，2.4〔J〕÷1.5〔m〕＝1.6〔N〕　②　運動エネルギーは一定で変化しないが，高さが高くなることで位置エネルギーが増加していくため，運動エネルギーと位置エネルギーの和である力学的エネルギーも増加していく。

(3)　コイル内部の磁界を変化させると電流が流れる現象を，**電磁誘導**という。

(4)　①　凸レンズによって上下左右が逆向きにスクリーン上にうつし出された像を，スクリーンの裏側から観察していることに注意する。　②　a　物体の上端と下端からそれぞれ出て，凸レンズの中心を通る直線を引く。この線がスクリーンと交わった位置に，物体の像の上端と下端ができる。スクリーン上のその長さは4cmとなる。　b　物体を凸レンズから30cmの位置に置いた場合でも，物体の上端から出て凸レンズの軸に平行に進んで凸レンズに入射する光の入射光と屈折光の角度は変わらない。また，物体の上端から出て凸レンズの中心を通る光は，物体が凸レンズから離れたために道筋が異なっている。この2本の光が交差する点で像ができるが，図10に作図をすると，この点はスクリーンよりも凸レンズ側にある。物体の上端から出て凸レンズの中心を通る光の道すじは変わらないので，凸レンズをYの方へ動かすことで，2本の光がスクリーン上で交差するようにすればよい。

4 (大地の成り立ちと変化)

(1)　海のプレート(フィリピン海プレートと太平洋プレート)が陸のプレート(ユーラシアプレートと北アメリカプレート)の下にもぐりこんでいる。

(2)　①　**初期微動継続時間**が短い地点ほど，震源からの距離が短い。また，初期微動継続時間が等しい2地点から震源までの距離はほぼ等しい。　②　P波は初期微動，S波は主要動を起こす。また，ゆれの大きさを表すのは震度であるが，地震の規模を表すのはマグニチュードである。

③　P波の伝わる速さを$x$km/sとすると，**初期微動継続時間＝S波の到着時刻－P波の到着時刻**より，$\frac{73.5\text{〔km〕}}{3.5\text{〔km/s〕}}-\frac{73.5\text{〔km〕}}{x\text{〔km/s〕}}=12-3\text{〔s〕}$　$x=6.125\cdots\rightarrow 6.1\text{〔km/s〕}$

5 (気象)

(1)　①　等圧線は，1000hPaを基準に4hPaおきに引かれている。　②　停滞前線は，勢いがほぼ等しい暖気団と寒気団がぶつかりあってできるため，ほぼ動かない。　③　台風は低気圧であるため，まわりから空気が反時計回りにふきこんでいく。よって，台風の中心の真北では北東の風，真西では北西の風，真南では南西の風，真東では南東の風がふいている。

(2) ① 小笠原気団は，日本の南の海上にできる気団であるため，温度が高く，しめっている。 ② 夏は高気圧である**小笠原気団**が日本をおおうように発達している。そのため，台風は小笠原気団のへりに沿うように進む。

6 (化学総合)

(1) ① 単体とは，1種類の元素によってできている物質である。 ② **塩化銅→銅＋塩素**となる。化学反応式では，矢印の左右で原子の種類と数が同じになるようにする。 ③ 砂糖の分子は，水にとけたときにイオンに分かれる性質をもたない。

(2) ① 金属が酸素と結びつくことができる質量には限界がある。 ② (化合する酸素の質量)＝(質量の変化がなくなったときの加熱後の物質の質量)－(使用した金属の質量)で求められる。

(3) ① 酸化物から酸素がとり去られる化学変化を**還元**という。 ② 図16より，0.4gの銅に結びつく酸素の質量は，0.5－0.4＝0.1〔g〕 反応した酸素と生じた酸化銅の質量の比は，酸素：酸化銅＝0.1：0.5＝1：5 試験管Bでは，炭素はすべて反応していることから，還元でとり去られた酸素の質量は，2.0－1.7＝0.3〔g〕 このことから，還元された酸化銅の質量をxgとすると，酸素：酸化銅＝1：5＝0.3：x x＝1.5〔g〕 よって，未反応の酸化銅の質量は，2.0－1.5＝0.5〔g〕

<社会解答>

1 (1) a ア b 平城京 c ① (例)調・庸・雑徭の負担から逃れようとしたから。[男子の税負担が重かったから。] ② (例)口分田[班田]を返したくなかったから。
(2) a 御家人 b ア→ウ→イ (3) (例)倭寇と区別するため。 (4) 刀狩
(5) a 徳川吉宗 b (名称) 蘭学[洋学] (内容) (例)ヨーロッパの書物の輸入禁止をゆるめた。 (6) a ウ b (例)戦争が総力戦となり，女性も戦争に貢献したから。
(7) (例)小作農家の割合が減少しており，地主の支配する力は衰えた。

2 (1) a イ b 排他的経済水域[経済水域] (2) (記号) ア (県名) 栃木
(3) ウ (4) a イ b (例)重量が軽い割に金額が高い。 (5) a エ b 関東ローム c (例)研究機関や大学があり，市外から通勤・通学してくる人が多い。

3 (1) a ㋐ b 南極 c ウ (2) エ (3) a 人口爆発 b (例)外国からの移民が多いから。 (4) a APEC b (例)生産量を安くおさえて輸出するため。

4 (1) a ① イ ② (例)使用者に対して弱い立場にある労働者が，対等な立場で使用者と交渉するため。 b 労働基準法 (2) a ウ b 議院内閣制 c (例)衆議院を解散する。 (3) (例)直売所は卸売業者を通して商品を集める小売業者に比べて，地元産の商品が多く商品の鮮度も高いが，季節や時間帯による商品不足が起こりやすいという問題点がある。

<社会解説>

1 (歴史的分野―時代別―古墳時代から平安時代，鎌倉・室町時代，安土桃山・江戸時代，明治時代から現代，日本史―テーマ別―政治・法律，経済・社会・技術，文化・宗教・教育，外交，世界史―政治・社会・経済史)

(1)　a　都から派遣された**国司**が，郡司や里長に任命された地方豪族を監督した。　b　**大宝律令**が制定されたのは701年。**平城京**に都が移されたのは710年。　c　①　表2から，女子の税負担が男子よりも軽いことが読み取れる。　②　**班田収授法**では，死亡したときは口分田を国へ返さなければならなかった。

(2)　a　将軍と**御家人**は，土地を仲立ちとした御恩と奉公による主従関係を結んだ。　b　アが1156年，イの承久の乱が1221年，ウが1185年のできごと。

(3)　**明**と**勘合貿易**が行われた頃に朝鮮半島や中国の沿岸を襲った集団を**倭寇**という。

(4)　**刀狩**は，農民などの一揆を防ぐ目的で実施された。

(5)　a　**徳川吉宗**は**享保の改革**で，新田開発をすすめて上米を実施し，大名に米を多く納めさせた。また，目安箱を設置して庶民の意見を取り入れ，**公事方御定書**を制定するなどした。
b　徳川吉宗がキリスト教に関係しない洋書の輸入制限を緩和したことで，医学や測量学，天文学などが発達した。

(6)　a　第一次世界大戦は，**1914年**に「ヨーロッパの火薬庫」とよばれた**バルカン半島**でおこったサラエボ事件をきっかけに始まり，1918年に休戦した。アは1933年，イは1910年，ウは1915年，エは1940年のできごと。　b　第一次世界大戦では，全国民が戦争に動員される**総力戦**体制がとられた。

(7)　地主は，所有する農地を小作人に貸与し耕作させ，小作料という形で小作人から地代を取っていた。グラフ1より，小作農家の割合の減少が読み取れることから，地主が農村におよぼす力が弱まったと考えられる。

2　(地理的分野―日本―地形図の見方，日本の国土・地形・気候，人口・都市，農林水産業，工業，貿易)

(1)　島が水没することによる**排他的経済水域**の減少を防ぐために，**沖ノ鳥島**には護岸工事が施された。

(2)　🄰が埼玉県，🄱が栃木県，🄲が茨城県，🄳が千葉県。内陸に位置し，東京都に隣接していない🄱の栃木県は，漁業漁獲量が0.0(万t)となる県のうち，総人口が少ない方と判断する。🄰がエ，🄲がイ，🄳がウ。

(3)　ⓐの都市は内陸に位置するため，年間降水量が少なく冬の気温が比較的低くなることから判断する。アがⓒ，イがⓑのグラフ。

(4)　a　**北関東工業地域**は内陸に位置するため，沿岸部でさかんな**化学工業**の割合が低いと判断する。アが京葉工業地域，ウが京浜工業地帯のグラフ。　b　横浜港は成田国際空港に比べて，扱う輸出品の重量が重い割に金額が低いことが読み取れる。重量があるものは海上輸送，小型で軽量なものは航空輸送されることが多い。

(5)　a　図書館はつくば駅北側，官公署と郵便局はつくば駅東側，消防署は物質・材料研究機構(図3の南東)南側などに見られる。　b　水持ちの悪い**関東ローム**におおわれている関東平野の大部分は稲作に不向きなため，畑作がさかんに行われている。　c　表4から，守谷市は夜間人口と比べて昼間人口が少なく，つくば市は夜間人口と比べて昼間人口が多いことが読み取れる。また，図3から，つくば市には「筑波学院大」「筑波大」などの大学や「研究交流センター」「物質・材料研究機構」などの研究機関が集まっていることが読み取れる。

3　(地理的分野―世界―地形・気候，人口・都市，産業，交通・貿易)

(1)　a　地図3は東京を中心とした**正距方位図法**で表されたもので，この地図中の東京からⓐを直線で結んだ経路が，最短距離を表す。　b　東京から見てオーストラリア大陸より南に位置することから判断する。　c　正距方位図法では，図の中心の都市から南北に地球を1周する経線だけが直線で表される。地図3の場合であれば，東京を通る東経140度線と，その裏側に位置する西経40度線のみが直線で表される。

(2)　ⓐはイギリスのロンドンで，北半球に位置する。赤道から北極または南極に向かって流れる海流が暖流，逆が寒流となることから判断する。また，**偏西風**の影響を受けることから，季節による降水量の変化が少ない**西岸海洋性気候**となると判断する。

(3)　a　**人口爆発**はアフリカなどでもみられる。　b　Aのオーストラリアは，1970年代に**白豪主義**による移民の制限を緩和して以降，人口増加につながったと考えられる。Bのアメリカは，アジアやヨーロッパ，南米など，さまざまな地域からの移民を受け入れている。

(4)　a　**APEC**は，アジア太平洋経済協力の略称。　b　表6より，AやBはインドやイギリスと比べて自給率が高いことから，海外への輸出が目的で小麦の生産を行っていると考えられる。また，アメリカでは大規模農業を行い，単位面積当たりの農業従事者数を減らすことで，小麦の生産コストを浮かせていると考えられる。

4 (公民的分野―憲法の原理・基本的人権，三権分立・国の政治の仕組み，財政・消費生活・経済一般)

(1)　a　①　社会権は，日本国憲法第**25条**で規定されている。　②　労働基本権(労働三権)には**団結権**のほか，**団体交渉権**と**団体行動権**が含まれ，日本国憲法第28条で規定されている。

b　労働三法には労働基準法のほか，労働組合法と労働関係調整法が含まれる。

(2)　a　**立法権**は国会に属する。国務大臣は，内閣総理大臣が任命する。　b　内閣不信任案が衆議院において可決された場合，内閣は**10日**以内に**総辞職**するか，**衆議院を解散**する。　c　内閣不信任案が可決された場合に内閣が衆議院を解散するのは，総選挙を行うことで民意を問うためである。

(3)　消費者が直売所で商品を購入する利点と，問題点をそれぞれ読み取る。鮮度などにこだわった商品を購入しやすいが，卸売業者を通して商品を集められる小売業者に比べて，地元産の商品が多い直売所は，商品不足がおこりやすい。

＜国語解答＞

一　問一　ⓐ　くうどう　ⓘ　織　問二　イ　問三　(例)岩崎がホームに姿を見せなかったこと。　問四　ア　問五　エ　問六　(例)反発してきた岩崎が，絶対にまた戻ってこいよと伝えるためだけに一人だけで列車に乗り込んできたこと。

二　問一　ⓐ　訪　ⓘ　きみょう　ⓤ　複雑　ⓔ　おそ　問二　イ　問三　交感神経系　問四　ウ　問五　(例)生死に直結するだいじな情動として進化してきた恐怖に加え，想像力を手に入れたことで未来におこりうるよくない出来事を予想するから。

問六　ウ

三　問一　(例)表示が掲げられていました　問二　イ→ア→エ→ウ　問三　エ

問四　(例)うかがった[お聞きした]　問五　(例)日本の食品ロス量の約半分を家庭が占めており，各家庭での工夫により食品ロス量を減らすことができます。

四　問一　ゆえ　問二　アとウ　問三　(例)道理のない訴えと感じられた者の顔かたち

を見ると憎くなって自然と怒りを生じるため，口べたな者が恐れるから。　問四　イ

五　(例)　私も自分の中で楽しめばよいと考える。自分が何かをして手に入れた楽しさは，自分自身を豊かにしてくれるものだ。もし，誰かにわかってもらおうとして，楽しさを伝えることばかりに熱中すると，本来の楽しさがなくなってしまうように感じる。自分自身で楽しさを味わうことに集中した方が，楽しさの価値が生きるはずだ。人それぞれが「楽しい」と感じることを大切にするのが良い。

＜国語解説＞

一　(小説―情景・心情，内容吟味，文脈把握，文章・段落構成，漢字の読み書き，熟語)

問一　㋐　内部がからっぽの状態。　㋑　「織」は，いとへん。

問二　波線部「握手」は，**下の字が上の字の目的語。**　ア　「創造」は似た意味の字の組み合わせ。　イ　「越境」は，「境を越す」から下の字が上の字の目的語となっている熟語。　ウ　「速報」は，上の字が下の字を修飾する熟語。　エ　「禍福」は，逆の意味の字の組み合わせ。

問三　「心残り」を「それ」という指示語で表しているので，「それ」の内容をつかめばよい。すると前文の「岩崎の顔……彼はとうとう今日，ホームに姿を見せなかった」ことだとわかる。

問四　「ぶすっと」や「ちぇっ」という擬音語や擬態語が用いられているのでアが適切だ。

問五　傍線2のように言われた後，ぼくは心の中で「ぼくは転校を繰り返すうちに，**自分の感情を表に出すことがへたくそになっていった**のだと思う」「ぼくが**自分の感情を押し殺しながら生きてきた**ことは確かだ」と考えている。これをふまえて選択肢を選べばよい。

問六　推測したことは，傍線3直後の「おそらく」という言葉がヒントになって見つけられる。「おそらく**岩崎はこのことをぼくに伝えるためだけに，みんなと離れて，一人だけで，ぼくのいる列車に乗り込んできた**のだろう。」ということだ。解答の際は**「このこと」が，「また絶対戻ってこい」ということ**であるという点を具体的に説明しておきたい。さらに，うれしかったのは，乗り込んできたのが「岩崎」だからであることもポイントだ。**反発していた岩崎に言われたことが何よりうれしかった**のだ。これらを指定字数でまとめよう。

二　(論説文―大意・要旨，文脈把握，内容吟味，段落・文章構成，漢字の読み書き，品詞・用法)

問一　㋐　「訪」の訓読みは「おとず・れる」，音読みは「ホウ」。　㋑　どうしてそうなのか分からないが，とにかく普通とは違っている様子。　㋒　「複」は，ころもへん。　㋓　「襲」の訓読みは「おそ・う」，音読みは「シュウ」。

問二　動詞の活用の種類は，**「〜ない」に続く未然形にして識別**する。アは基本形が「戦う」で，未然形にすると「戦わ(wa)ない」となり，「a」段だから五段活用。イは基本形が「超える」で，未然形にすると「超え(e)ない」となり，**「e」段だから下一段活用**。ウは基本形が「置く」で，未然形にすると「置か(ka)ない」となり，「a」段だから五段活用。エは基本形が「残る」で，未然形にすると「残ら(ra)ない」となり，「a」段だから五段活用。オは基本形が「こらす」で，未然形にすると「こらさ(sa)ない」となり，「a」段だから五段活用。

問三　傍線1の前文「ふだんは出せないような大きな力が発揮」できる仕組みを述べた文を示せばよく，「交感神経系を優位にして，心拍や血圧を上げ，筋肉や脳に優先して血液を送る。」が，その仕組みだ。

問四　ア　「体制」は組織を運営するうえでの指導方針や政治構造のあり方。　イ　「大成」は長い時間をかけて一つの仕事を仕上げること。　ウ　**「態勢」は準備が整って，いつでも何かができ**

る身構えや状態。　エ 「体勢」はからだ全体の構え。

問五　まず**「恐怖」は，「多くの動物にとって，生死に直結するだいじな情動として進化」した**ことは必須だ。そして**「不安」を感じる理由は，その恐怖に加えて「想像力を手に入れたことで，未来におこりうるよくない出来事を予想」するようになったから**だ。この二点を指定字数でまとめよう。

問六　アは[3]段落に，イは[8]段落に，エは[14]段落に述べられている。ウのような記述はない。

三 (会話・議論・発表—文脈把握，段落・文章構成，ことわざ・慣用句，短文作成，敬語・その他)

問一　**受身の助動詞「られる」**を用いる。さらに「表示」に付ける助詞を「が」とするのがよい。

問二　「どのような意味で使われているでしょうか」の後に続くものとして，[イ]が適切だ。そのあと，日本と国連の比較をするという文脈にするために，[ア]を置く。[ウ]と[エ]は，「まず」という語から始まる[エ]が先で，「次に」で始まる[ウ]が後になる。

問三　ア 「歯が立たない」は，相手が強くて勝ち目がないこと。　イ 「頭を抱える」は，悩むこと。　ウ 「耳に逆らう」は，他人の言ったことが自分にとって都合の悪いことなので快く聞けないこと。　エ **「肩身が狭い」は，世間に対して引け目を感じる状態**のこと。

問四　「聞く」は自分の行為だ。「栄養士」に対して敬意を払うためには，自分の「聞く」行為を謙譲語にする。**「聞く」の謙譲語「うかがう」**や，**「お(ご)〜する」にあてはめて謙譲語**にする。

問五　ⓐは，家庭で出来る工夫の具体的な方法を述べている。したがって，図を示して言えることは，**日本の食品ロス量の約半分が家庭系のゴミを示しているという事実**だ。これをふまえて，**家庭で食品ロスを減らす呼びかけ**をすればⓐにつながっていく。

四 (古文—大意・要旨，文脈把握，古文の口語訳，仮名遣い)

【現代語訳】　周防守の板倉重宗は，父の板倉勝重の任務を受け継いで，二代続けての名誉を得た。ある時，茶屋長古という者が参上したところ，(重宗が)「私のことを悪く言う批判を聞いたならば，言い聞かせなさい。私の戒めになるのだ。」とおっしゃったので，長古が言うことに「裁判の時，道理に合わないように聞こえる方を，お叱りになられるため，うろたえまして，話の内容が相違して，ますます道理に合わない訴えになってしまうと世間の評判でございます」と言ったので，重宗は，手をたたいて，「よく言ってくれた。なるほど役所に出て裁決するとき，道理のない訴えだと感じられた者の顔かたちを見ると，まず憎らしくなって，自然と怒りが生じてしまうがために，それを怖がって口べたな者は道理を説明することができなくなるのだろう。今後は気を付けよう。」と言って，それからは裁決に茶臼を用意して，これを回しながら訴え出た人の顔を見ないで訴えをお聞きになった。

問一　**「ゐ・ゑ・を」は，現代仮名遣いで「い・え・お」**と書く。

問二　主語はそれぞれ，アは長古，イは非分に聞こゆる方，ウは長古，エは周防守(重宗)。

問三　本文の「非公事と見えたる者の……能はざるべし。」の部分を口語訳して解答する。

問四　重宗は，長古に自分の評判を尋ね，その内容に**耳を傾ける**ことができる。また，「向後は心得たり」と，**改善策を講じることのできる柔軟な考え方**をする人だ。

五 (作文)

提示されたテーマに関して自分自身の立場が，賛成か反対かをしっかりと決める。論じているうちにあやふやになってしまうことのないようにしたい。作文の初めに**自分の立場を明確**に示し，そのあとで理由・根拠を論じるようにしよう。

MEMO

大切なことはメモしておこうネ！

静岡県公立高等学校

2020年度

★★★★★★★★★★★★★★★★★★★★★★★★

入試問題

●くわしい解説……41ページ

＜数学＞

時間　50分　　満点　50点

1　次の⑴～⑶の問いに答えなさい。（12点）

⑴　次の計算をしなさい。

ア　$5+(-3)\times 8$　　　　**イ**　$(45a^2-18ab)\div 9a$

ウ　$\dfrac{x-y}{2}-\dfrac{x+3y}{7}$　　　　**エ**　$\dfrac{42}{\sqrt{7}}+\sqrt{63}$

⑵　$a=\dfrac{7}{6}$ のとき，$(3a+4)^2-9a(a+2)$ の式の値を求めなさい。

⑶　次の２次方程式を解きなさい。

$x^2+x=21+5x$

2　次の⑴～⑶の問いに答えなさい。（６点）

⑴　図１のように，２つの辺AB，ACと，点Ｐがある。次の□の中に示した条件①と条件②の両方に当てはまる円の中心Oを作図しなさい。

条件①　円の中心Oは，点Ｐを通り辺ACに垂直な直線上の点である。 条件②　円Oは，２つの辺AB，ACの両方に接する。

ただし，作図には定規とコンパスを使用し，作図に用いた線は残しておくこと。

図１

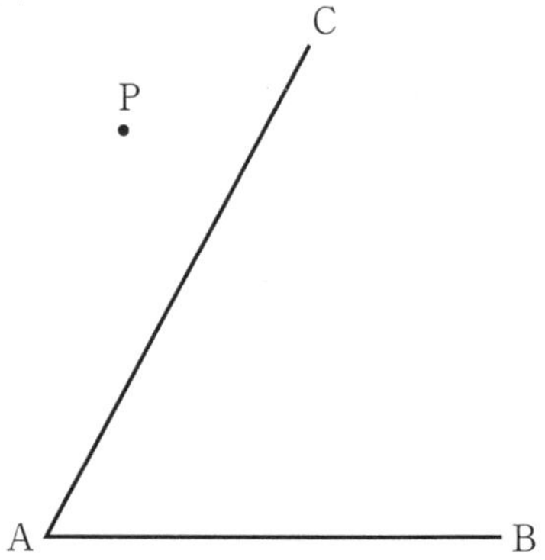

⑵　図２は，半径２㎝の円を底面とする円すいの展開図であり，円すいの側面になる部分は半径５㎝のおうぎ形である。このおうぎ形の中心角の大きさを求めなさい。

図２

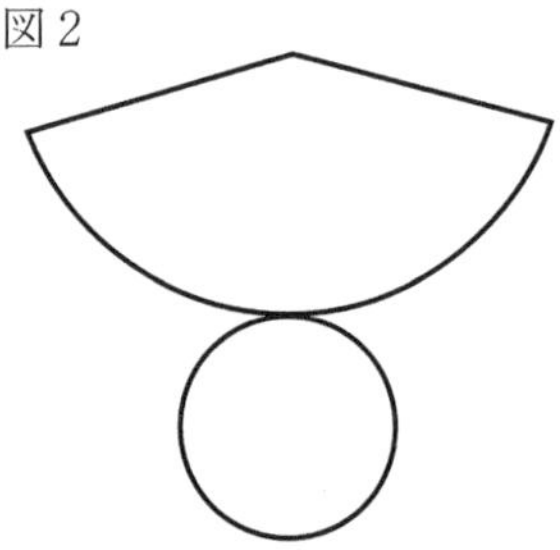

⑶　１から６までの数字を１つずつ書いた６枚のカードがある。図３は，その６枚のカードを示したものである。この６枚のカードをよくきってから同時に２枚引くとき，引いたカードに書いてある２つの数の公約数が１しかない確率を求めなさい。ただし，カードを引くとき，どのカードが引かれることも同様に確からしいものとする。

図３

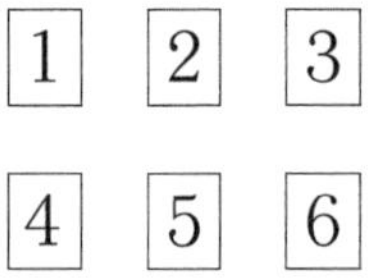

3　ある都市の，1月から12月までの1年間における，月ごとの雨が降った日数を調べた。表1は，その結果をまとめたものである。ただし，6月に雨が降った日数を a 日とする。

このとき，次の⑴，⑵の問いに答えなさい。(3点)

表1

月	1	2	3	4	5	6	7	8	9	10	11	12
日数(日)	4	6	7	10	7	a	10	15	16	7	13	7

⑴　この年の，月ごとの雨が降った日数の最頻値を求めなさい。

⑵　この年の，月ごとの雨が降った日数の範囲は12日であり，月ごとの雨が降った日数の中央値は8.5日であった。

このとき，次の □ に当てはまる数を書き入れなさい。

a がとりうる値の範囲は，□ $\leqq a \leqq$ □ である。

4　ある中学校の2年生が職場体験活動を行うことになり，Aさんは美術館で活動した。この美術館の入館料は，大人1人が500円，子ども1人が300円であり，大人のうち，65歳以上の人の入館料は，大人の入館料の1割引きになる。美術館が閉館した後に，Aさんがこの日の入館者数を調べたところ，すべての大人の入館者数と子どもの入館者数は合わせて183人で，すべての大人の入館者数のうち，65歳以上の人の割合は20%であった。また，この日の入館料の合計は76750円であった。

このとき，すべての大人の入館者数と子どもの入館者数は，それぞれ何人であったか。方程式をつくり，計算の過程を書き，答えを求めなさい。(5点)

5　図4の立体は，1辺の長さが4cmの立方体である。

このとき，次の⑴〜⑶の問いに答えなさい。(7点)

図4

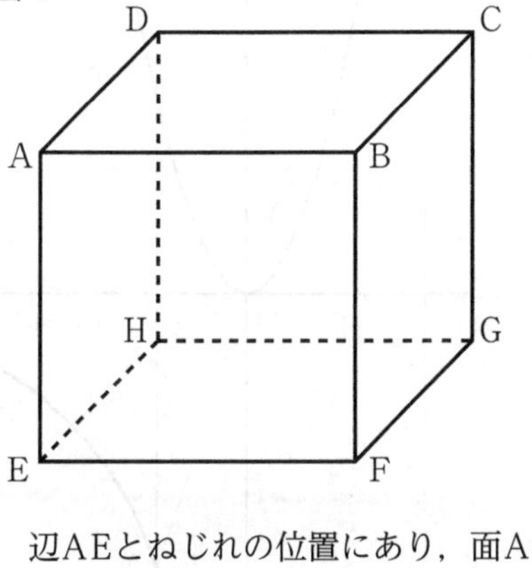

図5

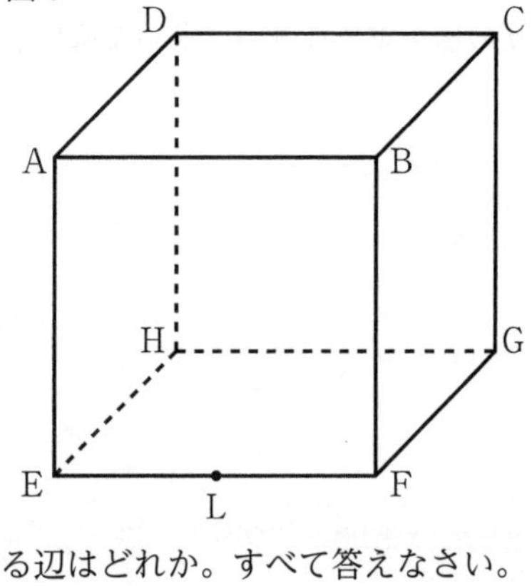

⑴　辺AEとねじれの位置にあり，面ABCDと平行である辺はどれか。すべて答えなさい。

⑵　この立方体において，図5のように，辺EFの中点をLとする。線分DLの長さを求めなさい。

⑶　この立方体において，図６のように，辺AD，BCの中点をそれぞれM，Nとし，線分MN上にMP＝１㎝となる点Ｐをとる。四角形AFGDを底面とする四角すいPAFGDの体積を求めなさい。

図６

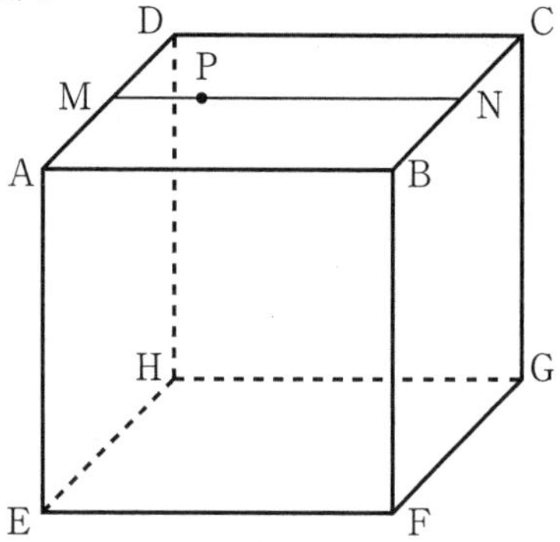

6　図７において，点Ａの座標は（２，－６）であり，①は，点Ａを通り，xの変域が$x > 0$であるときの反比例のグラフである。また，②は，関数$y = ax^2$（$a > 1$）のグラフである。２点Ｂ，Ｃは，放物線②上の点であり，そのx座標は，それぞれ－４，３である。

このとき，次の⑴～⑶の問いに答えなさい。（８点）

⑴　曲線①をグラフとする関数について，yをxの式で表しなさい。

⑵　関数$y = ax^2$おいて，xの値が－５から－２まで増加するときの変化の割合を，aを用いて表しなさい。

⑶　点Ｄの座標は（２，８）であり，直線ＡＤと直線BCとの交点をＥとする。点Ｂを通りy軸に平行な直線と直線ＡＯとの交点をＦとする。直線DFが四角形BFAEの面積を二等分するときの，aの値を求めなさい。求める過程も書きなさい。

図７

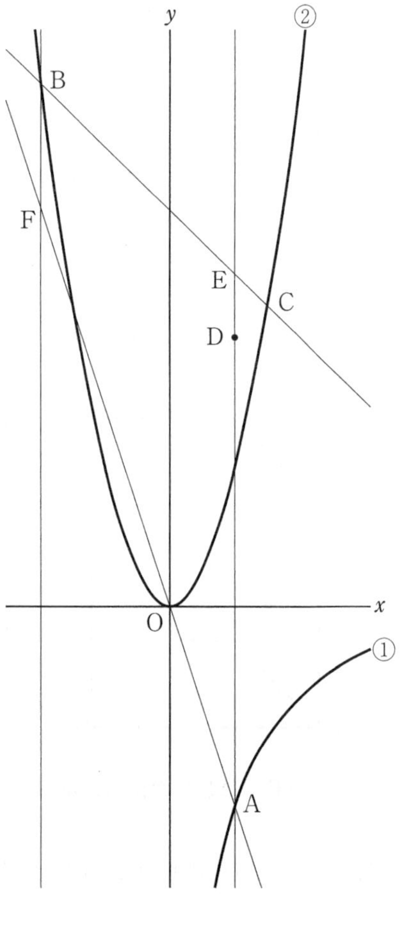

7　図８において，４点A，B，C，Dは円Oの円周上の点であり，△ACDはAC＝ADの二等辺三角形である。また，$\overset{\frown}{BC}=\overset{\frown}{CD}$である。$\overset{\frown}{AD}$上に∠ACB＝∠ACEとなる点Eをとる。ACとBDとの交点をFとする。

このとき，次の⑴，⑵の問いに答えなさい。（９点）

⑴　△BCF∽△ADEであることを証明しなさい。

⑵　AD＝６㎝，BC＝３㎝のとき，BFの長さを求めなさい。

図８

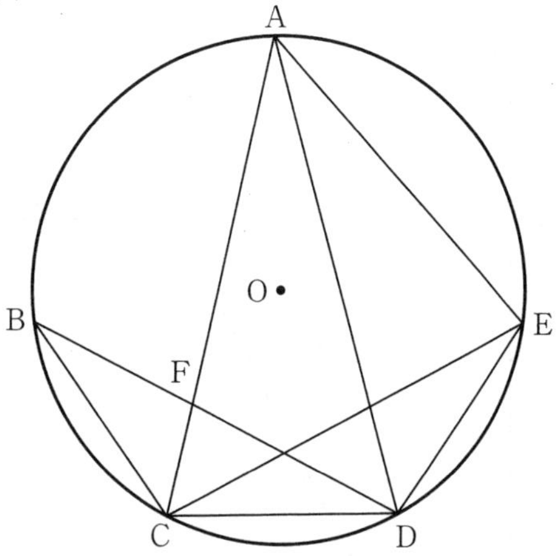

数　学　解答用紙

受検番号		氏　名	

1

(1)	ア		イ	
	ウ		エ	
(2)		(3)		

2

(1)

図 1

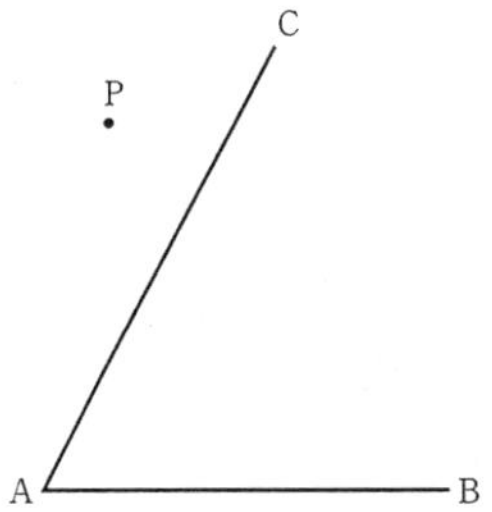

(2)	度	(3)	

3

(1)	日	(2)	$\leqq a \leqq$

4

(方程式と計算の過程)

(答)　すべての大人の入館者数　　人
　　　子どもの入館者数　　人

5

(1)		(2)	cm
(3)	cm³		

6

(1)		(2)	

(3)　(求める過程)

(答)　$a =$

7

(1)　(証明)

(2)　　cm

※この解答用紙は161％に拡大していただきますと，実物大になります。

＜英語＞

時間　50分　　満点　50点

1　放送による問題（14点）

⑴　寛太（Kanta）とジュディ（Judy）の会話を聞いて，質問の答えとして最も適切なものを選ぶ問題

A

ア　　イ　　ウ　　エ

B

ア　　イ　　ウ　　エ

C

ア　　イ　　ウ　　エ

D

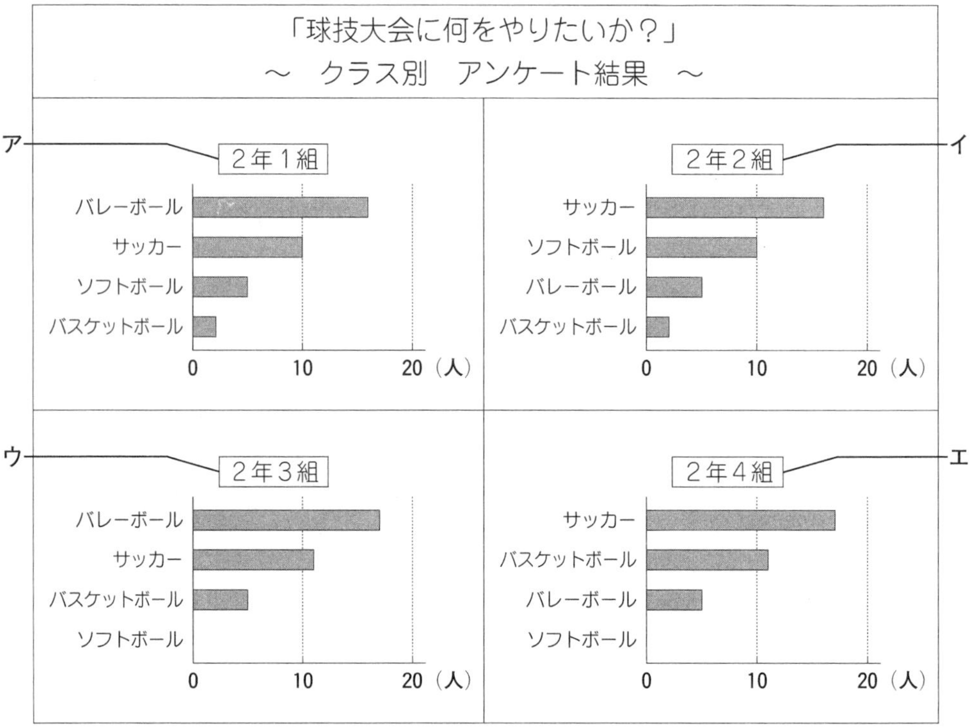

(2) 寛太の話を聞いて，質問に対する答えとなるように（　）の中に適切な数字や語，語句を記入する問題

質問1　When did Kanta begin to take guitar lessons?

When he was (　　　　) years old.

質問2　What was fun for Kanta in the guitar lessons?

It was fun for him to (　ⓐ　) to play the (　ⓑ　) song.

質問3　Why was Kanta happy when he met his mother at the town music festival?

Because he (　　　　　　　　　　　　　　).

2　次の英文は，静岡県でホームステイをしているアメリカ人のジョン（John）と，友人の由紀（Yuki）との会話である。この英文を読んで，(1)～(5)の問いに答えなさい。（12点）

(*John and Yuki are walking in a park.*)

John : Wow, this park has many *sakura*. I think everyone from abroad should see *sakura*.

Yuki : [　A　] *Sakura* is a symbol of spring in Japan.

John : Look! Many people are watching *sakura* and having picnics under the trees.

Yuki : In Japan, this event is called *hanami*. Every year, many people have *hanami* with their family or friends. It's a popular event with a long history. So, many Japanese people can't imagine spring (ⓐ) *sakura*.

John : I see. In this park, [　　　　　　　　　].

Yuki : I think so, too. Oh, I want to show you some spring sweets. I don't think they can be found in your country. [B] Let's go!

(*At a department store*)

Yuki : Look, there are many spring sweets! For example, *sakura* flowers are put on the cakes. Their flavor is good.

John : [C] I didn't know *sakura* flowers can be eaten.

Yuki : *Sakura* flowers are pickled, and then used in sweets.

John : Oh really? What is that food wrapped in a leaf?

Yuki : It's a *sakuramochi*, a Japanese sweet eaten in spring. That leaf is from a *sakura* tree. Japanese people have eaten *sakuramochi* for hundreds of years.

John : You enjoy spring in many ways. Um...I feel like buying a *sakura* sweet now.

Yuki : OK. What will you buy? You can buy cakes, *sakuramochi* and many other sweets.
Can [ア sweet　イ which　ウ decide　エ to　オ you] buy?

John : No. This department store sells too many sweets. It's difficult for me to (ⓑ) only one.

Yuki : OK. How about buying a few of the sweets? Then, you will enjoy spring more. Let's look around this floor and find (ⓒ) *sakura* sweets!

John : You look happy, Yuki. Are you going to buy some sweets, too?

Yuki : Of course! I like eating sweets more than just seeing flowers.

(注) symbol：象徴　picnic：ピクニック　sweet：甘い菓子　flavor：風味
pickle：～を塩水に漬ける　wrap：～を包む　leaf：葉

(1) 会話の流れが自然になるように本文中の [A] ～ [C] の中に補う英語として，それぞれア～ウの中から最も適切なものを１つ選び，記号で答えなさい。

[A]　ア I agree.　イ Yes, please.　ウ That's too bad.

[B]　ア What's up?　イ I can't hear you.　ウ You'll be surprised.

[C]　ア Did you?　イ Is it?　ウ Was it?

(2) 本文中の（ⓐ）～（ⓒ）の中に補う英語として，それぞれア～エの中から最も適切なものを１つ選び，記号で答えなさい。

(ⓐ)　ア across　イ without　ウ against　エ through

(ⓑ)　ア　collect　　イ　cover　　ウ　change　　エ　choose

(ⓒ)　ア　fast　　イ　tired　　ウ　different　　エ　hungry

(3)　本文中の □ で，ジョンは，桜を見るには今週末が良いという内容を伝えている。その内容となるように，□ の中に，適切な英語を補いなさい。

(4)　本文中の［　］の中の**ア**～**オ**を，意味が通るように並べかえ，記号で答えなさい。

(5)　次の英文は，ジョンがこの日に書いた日記の一部である。本文の内容と合うように，次の □ の中に補うものとして，本文中から最も適切な部分を3語で抜き出しなさい。

Today, I went to a park and saw *sakura* with Yuki. Yuki told me about a popular Japanese event, *hanami*. Then, she showed me some spring sweets at a department store. One of them was a *sakuramochi*. It's a Japanese sweet that has □. Japanese people eat it in spring.

3　ルーシー（Lucy）と直人（Naoto）の会話に関する，(1)，(2)の問いに答えなさい。（4点）

(1)　次の □ において，(　) 内に示されていることを伝える場合，どのように言えばよいか。□ の中に，適切な英語を補いなさい。

Lucy：I used the Internet and bought the thing that I wanted! The Internet is very useful.

Naoto：I think so, too. □

（今の私たちに欠かせないね。）

(2)　会話の流れが自然になるように，次の □ の中に，7語以上の英語を補いなさい。

Lucy：Oh, I forgot to return this book to the library. I often forget to do things.

Naoto：Really?

Lucy：What can I do to stop forgetting to do things?

Naoto：□

Lucy：I see. I'll try that.

4　中学生の友恵（Tomoe）は，友人のマーク（Mark）に，旅先のロンドンから手紙を送ることにした。伝えたいことは，昨日ロンドンに着いて今日は市内観光をしているということと，見るものすべてにわくわくしているということである。あなたが友恵なら，これらのことを伝えるために，どのような手紙を書くか。次の □ の中に英語を補い，手紙を完成させなさい。（4点）

Dear Mark,
Hello.

　　　　　　　　　　　　　　　Your friend,
　　　　　　　　　　　　　　　Tomoe

5　次の英文は，中学生の健（Ken）が，ボランティア活動（a volunteer activity）をしたときのことについて書いたものである。この英文を読んで，(1)～(7)の問いに答えなさい。(16点)

During the summer vacation, I visited a nursing home for four days to work as a volunteer.

In the afternoon of the first day, many residents were enjoying their teatime. Eight residents were sitting around a big table in the dining room. A care worker said to me, "Ken, come here. Why don't you talk together?" I felt a little nervous. But I went to the table and said to the eight residents, "Good afternoon, I'm Ken. Nice to meet you." Then, I ⓐ(sit) next to an old woman called Reiko-san. She smiled and said to me, "Hello. How old are you? Where do you live?" I answered, "Well, I'm fourteen. I live near this nursing home." I was happy when Reiko-san talked to me. Then, I wanted to ask some questions about her, but I [A] what I should ask. So, I [B], and we kept quiet. I felt sorry for her.

In the teatime of the second day, Reiko-san was drinking tea. When I saw her, I wanted to talk a lot with her. So, I told her about various things. But she just smiled and listened to me. I didn't think Reiko-san was enjoying her time with me.

In the afternoon of the next day, I helped to clean the hall at the nursing home. When I was cleaning, I found many pictures painted by the residents. I stopped cleaning to look at the pictures because I liked painting. At that time, a wonderful picture caught my eye. I found Reiko-san's name under it. I said to a care worker, "This picture painted by Reiko-san is wonderful." He said, "Yes. She can paint pictures the ⓑ(well) of all the residents." I was glad I found a topic to share with Reiko-san.

On the last day, I met Reiko-san. I said to her, "I saw your wonderful picture. Actually, I like painting pictures. Do you like painting, too?" Reiko-san answered, "Yes, I love painting." Then, I continued, "Can I ask you [　　　]?" She smiled and answered, "Sure...since I was about forty years old." We talked a lot about painting pictures. I enjoyed talking with Reiko-san. At the end of the day, she said, "Thank you." I didn't know why she said that. I just looked at her for a minute. Then, Reiko-san continued, "You told me a lot of things that I didn't know. And, you gave me a chance to talk about things that I was interested in." I was happy to hear that. I asked her, "Could you show me some other pictures?" Reiko-san answered, "Sure. I want to see your pictures, too. Can you visit me again and bring them?" I said, "No problem!" We smiled at each other.

I'm very glad I visited the nursing home as a volunteer. I'll see her again soon.

(注) nursing home：老人ホーム　resident：入居者　teatime：お茶の時間　dining room：食堂
care worker：介護福祉士　various：さまざまな　hall：大広間　paint：～を描く
topic：話題　actually：実は

(1) ⓐ，ⓑの（　）の中の語を適切な形に直しなさい。

(2) 本文中の A ， B の中に補う英語の組み合わせとして，次のア～エの中から最も適切なものを１つ選び，記号で答えなさい。

ア　A：knew　B：asked many questions
イ　A：knew　B：didn't ask anything
ウ　A：didn't know　B：asked many questions
エ　A：didn't know　B：didn't ask anything

(3) 次の質問に対して，英語で答えなさい。

① How did Ken feel before talking to the eight residents on the first day?
② What did Ken do to talk a lot with Reiko-san on the second day?

(4) 健は，老人ホームでのボランティア活動で礼子さん（Reiko-san）と出会った。そのボランティア活動の３日目に，健にとってうれしいことがあった。ボランティア活動の３日目にあった，健にとってのうれしかったことを，日本語で書きなさい。

(5) 本文中の □ の中に補う英語として，次のア～エの中から最も適切なものを１つ選び，記号で答えなさい。

ア　when you started to live in the nursing home
イ　why you didn't tell me about your picture
ウ　how long you have painted pictures
エ　how you painted the picture well

(6) 本文中の下線部で，礼子さんは，健に感謝の気持ちを伝えている。礼子さんが健に感謝していることをすべて，日本語で書きなさい。

(7) 次のア～エの中から，本文の内容と合うものを１つ選び，記号で答えなさい。

ア　On the first day, Reiko-san invited Ken to the afternoon teatime with the eight residents.
イ　On the second day, Ken thought Reiko-san enjoyed talking with him because she smiled.
ウ　On the third day, Ken told Reiko-san that he also liked painting pictures very much.
エ　On the fourth day, Reiko-san asked Ken to meet her again to show her his pictures.

英　語　解答用紙

受検番号		氏　名	

1 (1) A　B　C　D

(2) 質問1（　　）　質問2　ⓐ（　　）　ⓑ（　　）

質問3　Because he ＿＿＿＿.

2 (1) A　B　C　(2) ⓐ　ⓑ　ⓒ

(3) In this park, ＿＿＿＿.

(4)

(5)

3 (1)

(2)

4

Dear Mark,
Hello.

Your friend,
Tomoe

5 (1) ⓐ（　　）　ⓑ（　　）　(2)

(3) ①

②

(4)

(5)

(6)

(7)

※この解答用紙は159％に拡大していただきますと，実物大になります。

＜理科＞

時間　50分　　満点　50点

1　次の(1)～(4)の問いに答えなさい。(６点)

(1)　自然界で生活している生物の間にある，食べる・食べられるという関係のつながりは，一般に何とよばれるか。その名称を書きなさい。

(2)　次のア～エの中から，ろ過のしかたを表した図として，最も適切なものを１つ選び，記号で答えなさい。

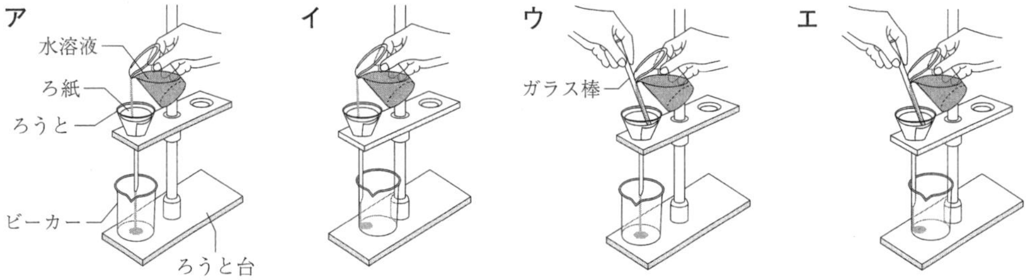

(3)　**図１**は，異なる高さに同じ大きさの穴をあけた，底のある容器である。この容器の**A**の位置まで水を入れ，容器の穴から飛び出る水のようすを観察する。この容器の穴から，水はどのように飛び出ると考えられるか。次の**ア**～**ウ**の中から，適切なものを１つ選び，記号で答えなさい。また，そのように考えられる理由を，水の深さと水圧の関係が分かるように，簡単に書きなさい。

図１

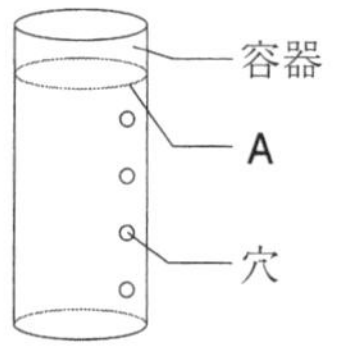

ア　上の穴ほど，水は勢いよく飛び出る。

イ　下の穴ほど，水は勢いよく飛び出る。

ウ　穴の高さに関係なく，水はどの穴からも同じ勢いで飛び出る。

(4)　**図２**は，雲仙普賢岳《うんぜんふげんだけ》と三原山《みはらやま》の火山灰を，双眼実体顕微鏡を用いて観察したときのスケッチである。**図２**の火山灰に含まれる鉱物の色に着目すると，それぞれの火山におけるマグマのねばりけと火山の噴火のようすが推定できる。三原山と比べたときの，雲仙普賢岳のマグマのねばりけと噴火のようすを，それぞれ簡単に書きなさい。

図２

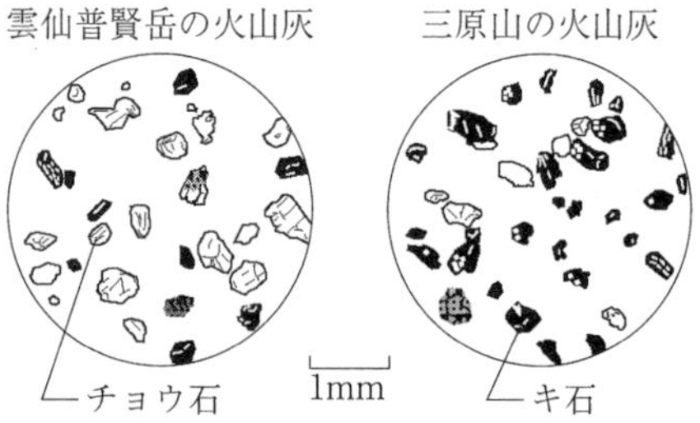

2　植物の生活と種類及び動物の生活と生物の変遷に関する(1)，(2)の問いに答えなさい。(11点)

(1)　ツユクサの葉を採取し，葉のようすを観察した。

①　ツユクサの葉脈は平行に通っている。このように，被子植物の中で，葉脈が平行に通っているなかまは何とよばれるか。その名称を書きなさい。

②　ツユクサの葉の裏の表皮をはがしてプレパラートをつくり，次のページの**図３**のように，

顕微鏡を用いて観察した。

a　観察に用いる顕微鏡には，10倍，15倍の２種類の接眼レンズと，4倍，10倍，40倍の３種類の対物レンズが用意されている。400倍の倍率で観察するには，接眼レンズと対物レンズは，それぞれ何倍のものを使えばよいか。それぞれ書きなさい。

図３

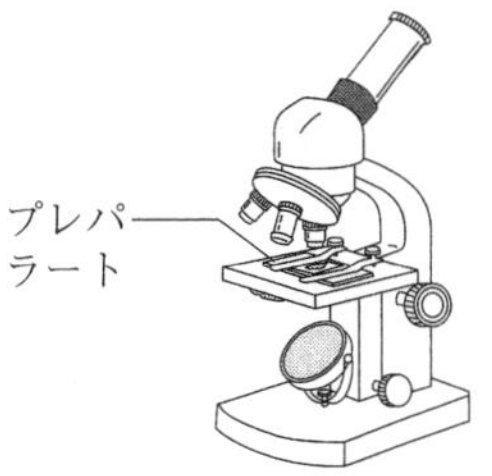

b　図４は，ツユクサの葉の裏の表皮を顕微鏡で観察したときのスケッチである。図４のア～エの中から，気孔を示す部分として，最も適切なものを１つ選び，記号で答えなさい。

図４

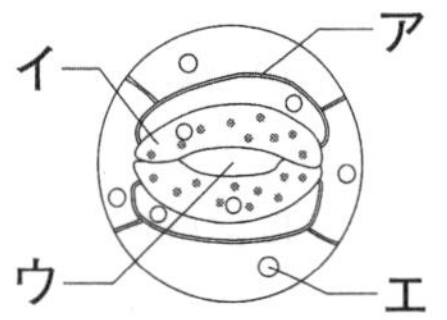

③　次の ⬚ の中の文が，気孔について適切に述べたものとなるように，文中の（あ），（い）のそれぞれに補う言葉の組み合わせとして，下のア～エの中から正しいものを１つ選び，記号で答えなさい。

> 光合成や呼吸にかかわる二酸化炭素や酸素は，おもに気孔を通して出入りする。また，根から吸い上げられた水は，（　あ　）を通って，（　い　）の状態で，おもに気孔から出る。

ア　あ　道管　い　気体　　イ　あ　道管　い　液体
ウ　あ　師管　い　気体　　エ　あ　師管　い　液体

(2)　図５は，ヒトの血液の循環経路を模式的に表したものである。図５の矢印（──→）は，血液の流れる向きを表している。空気中の酸素は，肺による呼吸で，肺の毛細血管を流れる血液にとり込まれ，全身の細胞に運ばれる。

図５

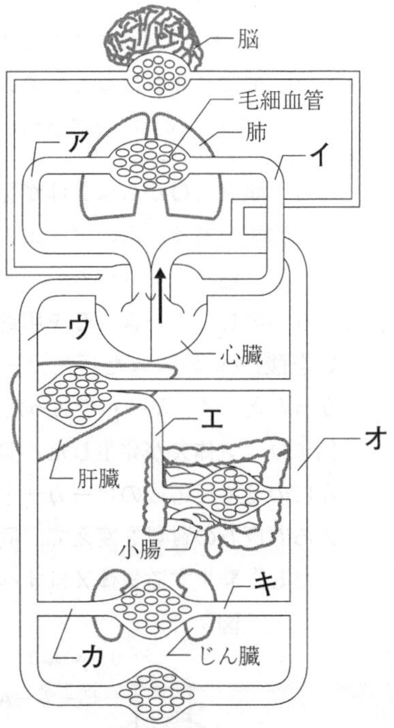

①　血液中の赤血球は，酸素を運ぶはたらきをしている。このはたらきは，赤血球に含まれるヘモグロビンの性質によるものである。赤血球によって，酸素が肺から全身の細胞に運ばれるのは，ヘモグロビンがどのような性質をもっているからか。その性質を，酸素の多いところにあるときと，酸素の少ないところにあるときの違いが分かるように，簡単に書きなさい。

②　一般的な成人の場合，体内の全血液量は5600㎤であり，心臓の拍動数は１分につき75回で，1回の拍動により心臓の右心室と左心室からそれぞれ64㎤の血液が送り出される。このとき，体内の全血液量に当たる5600㎤の血液が心臓の左心室から送り出されるのにかかる時間は何秒か。計算して答えなさい。

③　図５のア～キの血管の中から，ブドウ糖を最も多く含む血液が流れる血管を１つ選び，記号で答えなさい。

④　ヒトが運動をすると，呼吸数や心臓の拍動数が増え，多くの酸素が血液中にとり込まれ，全身に運ばれる。ヒトが運動をしたとき，多くの酸素が血液中にとり込まれて全身に運ばれる理由を，細胞の呼吸のしくみに関連づけて，簡単に書きなさい。

3　化学変化と原子・分子に関する(1)，(2)の問いに答えなさい。(11点)

(1)　試験管**P**，**Q**を用意し，それぞれに鉄粉と硫黄をよく混ぜ合わせて入れた。試験管**P**は，そのままおき，試験管**Q**は，**図6**のように加熱した。このとき，試験管**Q**では，光と熱を出す激しい反応が起こり，黒色の硫化鉄ができた。

図6

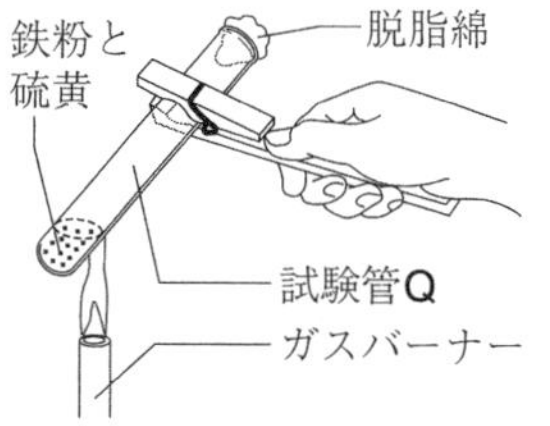

①　化学変化が起こるときに熱を放出し，まわりの温度が上がる反応は何とよばれるか。その名称を書きなさい。

②　鉄と硫黄が化合して硫化鉄ができるときの化学変化を，化学反応式で表しなさい。

③　試験管**P**と，反応後の試験管**Q**に，うすい塩酸を数滴加え，それぞれの試験管で起こる反応を観察した。

a　次の　　　の中の文が，試験管**P**にうすい塩酸を加えたときに起こる反応について適切に述べたものとなるように，文中の（あ）には言葉を，（い）には値を，それぞれ補いなさい。

> 塩酸中では，塩化水素は電離して，陽イオンである水素イオンと，陰イオンである（　あ　）イオンを生じている。うすい塩酸を加えた試験管**P**の中の鉄は，電子を失って陽イオンになる。その電子を水素イオンが１個もらって水素原子になり，水素原子が（　い　）個結びついて水素分子になる。

b　試験管**Q**からは気体が発生し，その気体は硫化水素であった。硫化水素は分子からなる物質である。次の**ア**～**エ**の中から，分子からなる物質を１つ選び，記号で答えなさい。

ア　塩化ナトリウム　　**イ**　マグネシウム　　**ウ**　銅　　**エ**　アンモニア

(2)　５つのビーカー**A**～**E**を用意し，それぞれにうすい塩酸12cm^{3}を入れた。**図７**のように，うすい塩酸12cm^{3}の入ったビーカー**A**を電子てんびんにのせて反応前のビーカー全体の質量をはかったところ，59.1ｇであった。次に，このビーカー**A**に石灰石0.5ｇを加えたところ，反応が始まり，気体**X**が発生した。気体**X**の発生が見られなくなってから，ビーカー**A**を電子てんびんにのせて反応後のビーカー全体の質量をはかった。その後，ビーカー**B**～**E**のそれぞれに加える石灰石の質量を変えて，同様の実験を行った。**表１**は，その結果をまとめたものである。ただし，発生する気体**X**はすべて空気中に出るものとする。

図７

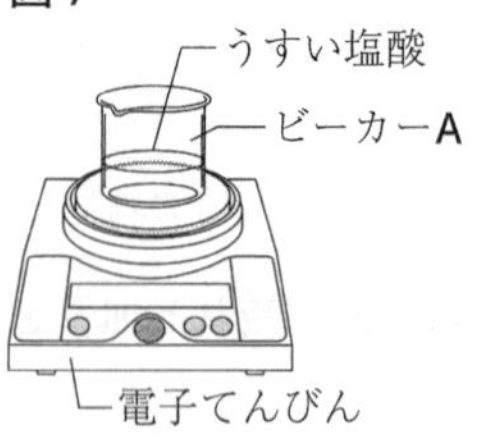

表１

	A	B	C	D	E
加えた石灰石の質量　(g)	0.5	1.0	1.5	2.0	2.5
反応前のビーカー全体の質量　(g)	59.1	59.1	59.1	59.1	59.1
反応後のビーカー全体の質量　(g)	59.4	59.7	60.0	60.5	61.0

① 気体Xは何か。その気体の名称を書きなさい。

② 表1をもとにして，a，bの問いに答えなさい。

a　うすい塩酸12cm^{3}の入ったビーカーに加えた石灰石の質量と，発生した気体Xの質量の関係を表すグラフを，図8にかきなさい。

b　ビーカーFを用意し，ビーカーA～Eに入れたものと同じ濃度のうすい塩酸を入れた。続けて，ビーカーFに石灰石5.0gを加え，いずれか一方が完全に反応するまで反応させた。このとき，発生した気体Xは1.0gであった。ビーカーFに入れたうすい塩酸の体積は何cm^{3}と考えられるか。計算して答えなさい。ただし，塩酸と石灰石の反応以外の反応は起こらないものとする。

図8

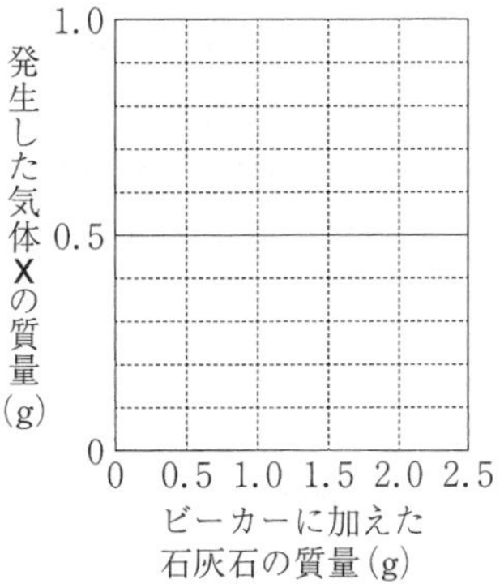

4　地球と宇宙に関する⑴，⑵の問いに答えなさい。(5点)

静岡県内のある場所で，ある年の3月1日の，正午に太陽を，真夜中に星を観察した。

⑴　図9のように，天体望遠鏡で投影板に太陽の像を投影して，太陽を観察した。

① 太陽は，自ら光を出している天体である。太陽のように，自ら光を出している天体は，一般に何とよばれるか。その名称を書きなさい。

② 図10は，この日の正午に太陽の表面のようすを観察し，スケッチしたものである。図10のように，太陽の表面には，黒点とよばれる黒く見える部分がある。黒点が黒く見える理由を，簡単に書きなさい。

図9

図10

⑵　図11は，この年の3月1日の真夜中に南の空を観察し，しし座のようすをスケッチしたものである。図12は，この日から3か月ごとの，地球と火星の，軌道上のそれぞれの位置と，太陽と黄道付近にある星座の位置関係を表した模式図である。図11，図12をもとにして，あとの①，②の問いに答えなさい。

図11

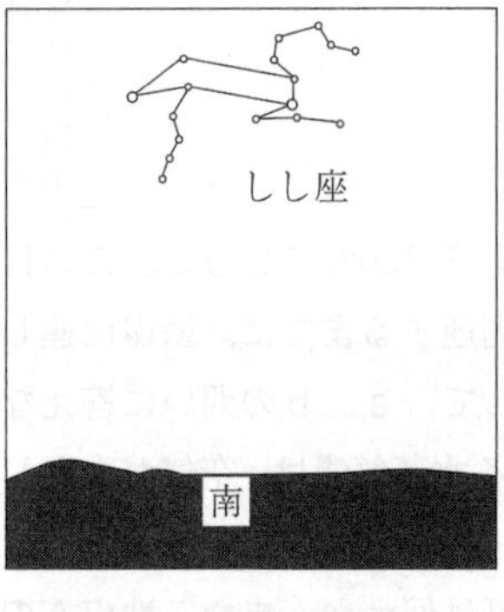

図12

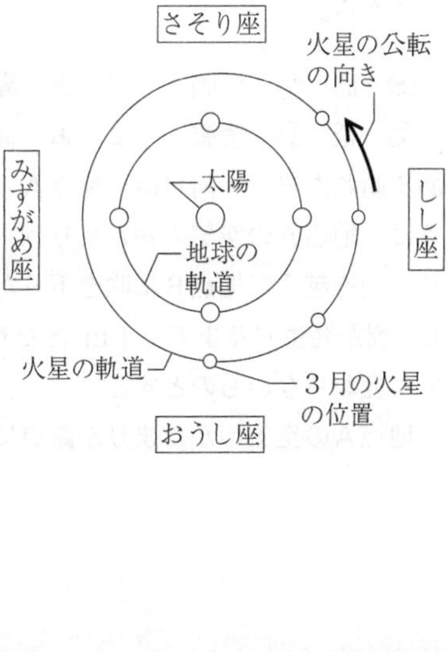

①　次のア～エの中から，この年の６月１日の真夜中に，静岡県内のある場所で，東の空に見える星座を１つ選び，記号で答えなさい。

ア　おうし座　　**イ**　しし座　　**ウ**　さそり座　　**エ**　みずがめ座

②　次のア～エの中から，この年に地球から見て，一日中火星が観察できない時期を１つ選び，記号で答えなさい。

ア　３月　　**イ**　６月　　**ウ**　９月　　**エ**　12月

5　気象とその変化に関する⑴，⑵の問いに答えなさい（６点）

⑴　次の**ア**～**エ**は，それぞれ異なる時期の，特徴的な天気図である。**ア**～**エ**の中から，梅雨の時期の特徴的な天気図として，最も適切なものを１つ選び，記号で答えなさい。

ア
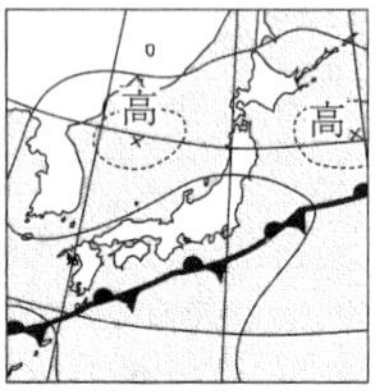

イ
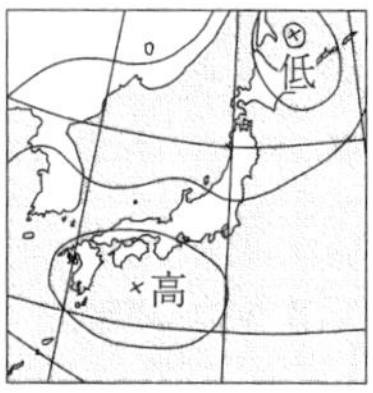

ウ
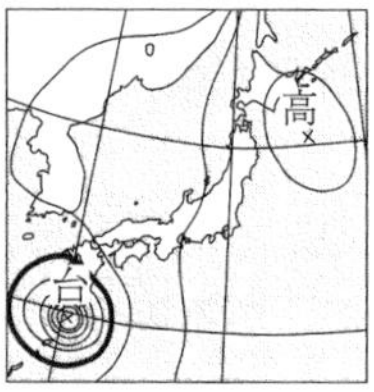

エ
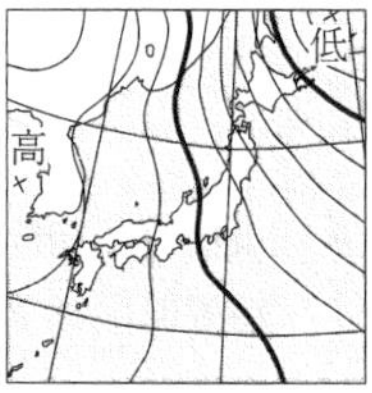

⑵　**図13**は，空気のかたまりが，標高０ｍの地点**A**から斜面に沿って上昇し，ある標高で露点に達して雲ができ，標高1700ｍの山を越え，反対側の標高０ｍの地点**B**に吹き下りるまでのようすを模式的に表したものである。**表２**は，気温と飽和水蒸気量の関係を示したものである。

図13

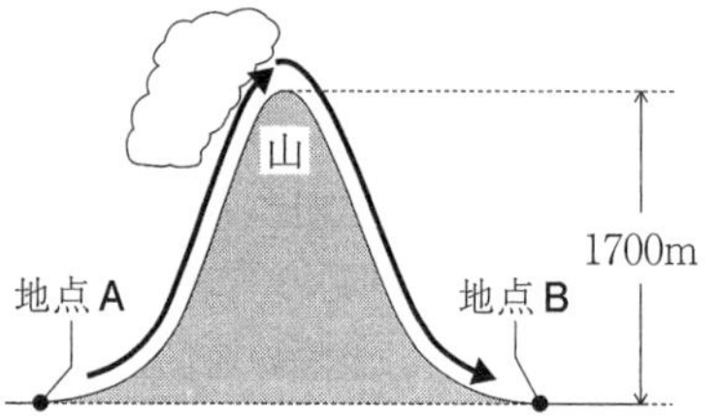

表２

気温（℃）	飽和水蒸気量（g/m^3）
1	5.2
2	5.6
3	6.0
4	6.4
5	6.8
6	7.3
7	7.8
8	8.3
9	8.8
10	9.4
11	10.0
12	10.7
13	11.4
14	12.1
15	12.8
16	13.6
17	14.5
18	15.4
19	16.3
20	17.3

①　次の□の中の文が，空気のかたまりが上昇すると，空気のかたまりの温度が下がる理由について適切に述べたものとなるように，文中の（あ），（い）のそれぞれに補う言葉の組み合わせとして，下の**ア**～**エ**の中から正しいものを１つ選び，記号で答えなさい。

> 上空ほど気圧が（　あ　）くなり，空気のかたまりが（　い　）するから。

ア　あ　高　い　膨張　　**イ**　あ　高　い　収縮
ウ　あ　低　い　膨張　　**エ**　あ　低　い　収縮

②　ある晴れた日の午前11時，地点**A**の，気温は16℃，湿度は50％であった。この日，**図13**のように，地点**A**の空気のかたまりは，上昇して山頂に到達するまでに，露点に達して雨を降らせ，山を越えて地点**B**に吹き下りた。**表２**をもとにして，**a**，**b**の問いに答えなさい。ただし，雲が発生するまで，１m^3あたりの空気に含まれる水蒸気量は，空気が上昇しても下降しても変わらないものとする。

a　地点**A**の空気のかたまりが露点に達する地点の標高は何ｍか。また，地点**A**の空気のかたまりが標高1700mの山頂に到達したときの，空気のかたまりの温度は何℃か。それぞれ計算して答えなさい。ただし，露点に達していない空気のかたまりは100m上昇するごとに温度が１℃下がり，露点に達した空気のかたまりは100m上昇するごとに温度が0.5℃ 下がるものとする。

b　山頂での水蒸気量のまま，空気のかたまりが山を吹き下りて地点Ｂに到達したときの，空気のかたまりの湿度は何％か。小数第２位を四捨五入して，小数第１位まで書きなさい。ただし，空気のかたまりが山頂から吹き下りるときには，雲は消えているものとし，空気のかたまりは100m下降するごとに温度が１℃上がるものとする。

6　電流とその利用及び運動とエネルギーに関する⑴，⑵の問いに答えなさい。(11点)

図14のように，棒磁石を台車に固定する。また，図15のように，斜面Ｐ，水平面，斜面Ｑをなめらかにつなぐ。

図14

図15

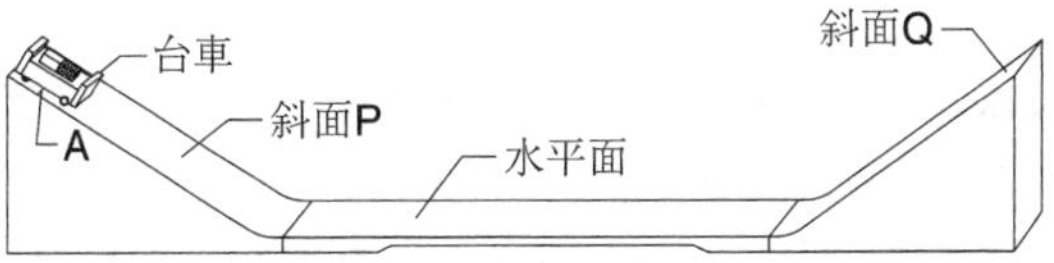

⑴　図15のように，図14の台車を，Ａに置き，静かにはなした。このとき，台車は，斜面Ｐを下り，水平面を進み，斜面Ｑを上った。ただし，摩擦や空気の抵抗はないものとする。

①　台車が水平面を進む速さは一定であった。このように，直線上を一定の速さで進む運動は何とよばれるか。その名称を書きなさい。

②　図16は，図14の台車が斜面Ｑを上っているときの模式図である。図16の矢印（⟶）は，台車にはたらく重力を表している。このとき，台車にはたらく重力の，斜面に平行な分力と斜面に垂直な分力を，図16に矢印（⟶）でかきなさい。

図16

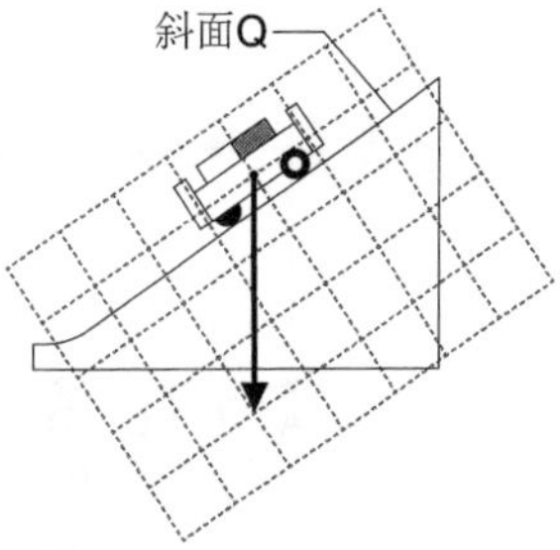

⑵　図17のように，コイルと検流計をつないだ。棒磁石のＮ極を，コイルのⓐ側から近づけると，検流計の指針は左に振れ，コイルのⓑ側から近づけると検流計の指針は右に振れた。

次に，次のページの図18のように，図15の水平面を，図17のコイルに通した装置をつくり，図14の台車をＡに置き，静かにはなした。このとき，台車は斜面Ｐを下り，コイルを通り抜け，斜面ＱのＤで静止した後，斜面Ｑを下り，コイルを通り抜けてＢを通過した。ただし，摩擦や空気の抵抗はないものとする。

図17

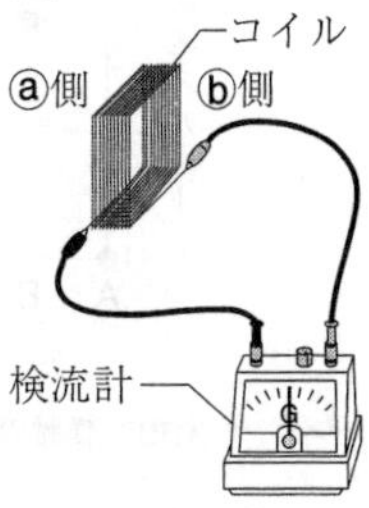

図18

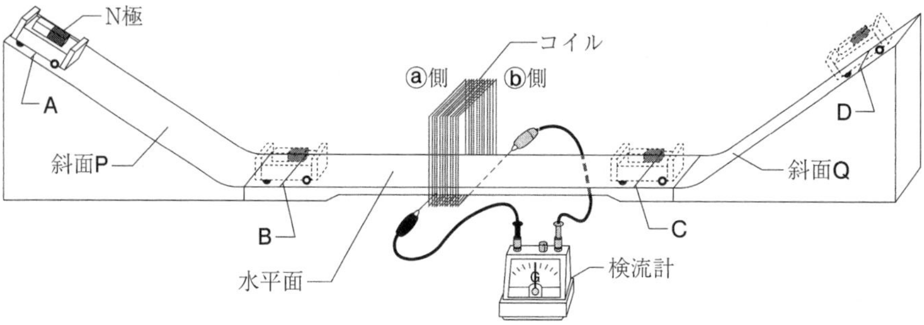

① 台車が斜面Qを下り，CからBに向かってコイルを通り抜けるときの，検流計の指針の振れ方として最も適切なものを，次の**ア**～**エ**の中から１つ選び，記号で答えなさい。ただし，検流計の指針は，はじめは０の位置にあるものとする。

ア 左に振れ，０に戻ってから右に振れる。

イ 左に振れ，０に戻ってから左に振れる。

ウ 右に振れ，０に戻ってから右に振れる。

エ 右に振れ，０に戻ってから左に振れる。

② 図18のように，台車が，AからB，Cを通過してDで静止した後，再びC，Bを通過した。このとき，台車のもつ運動エネルギーはどのように変化すると考えられるか。次の**ア**～**カ**の中から，台車がA，B，C，Dの，それぞれの位置にあるときの，台車の位置と台車のもつ運動エネルギーの関係を表したものとして，最も適切なものを１つ選び，記号で答えなさい。ただし，水平面における台車のもつ位置エネルギーを０としたときの，Aにおける台車のもつ位置エネルギーを１とする。

ア

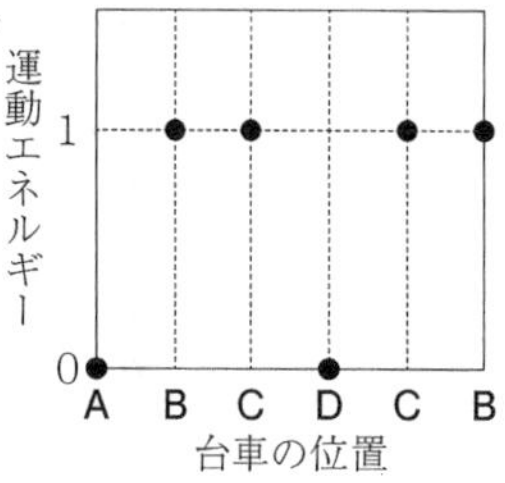

イ

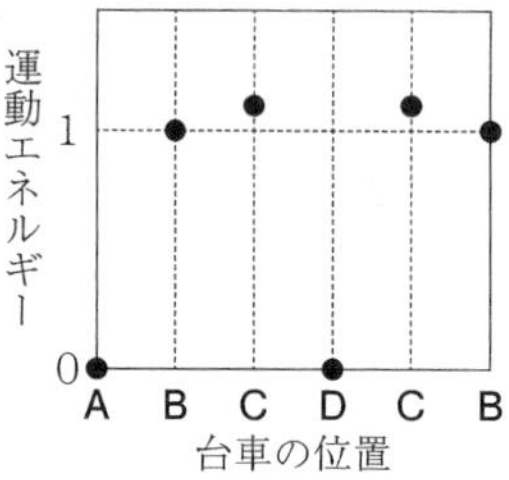

ウ

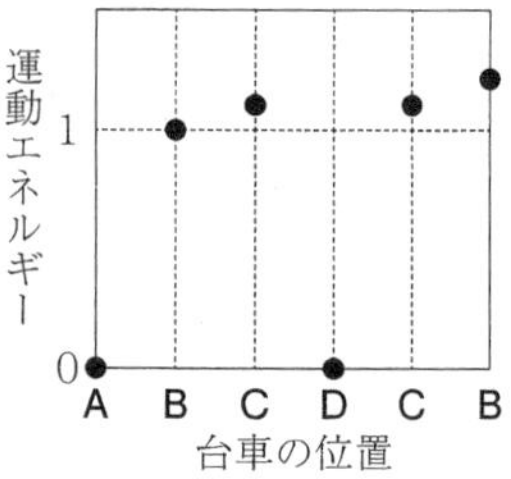

エ

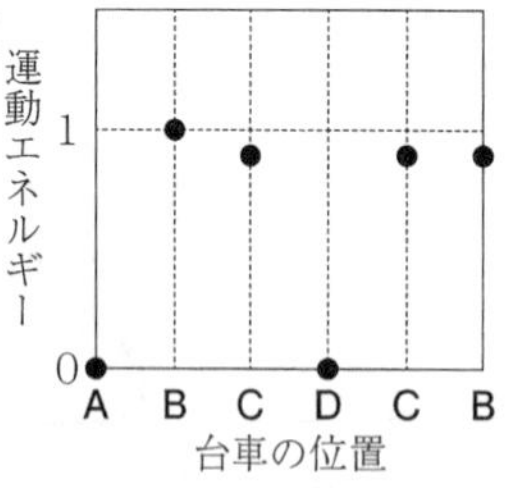

オ

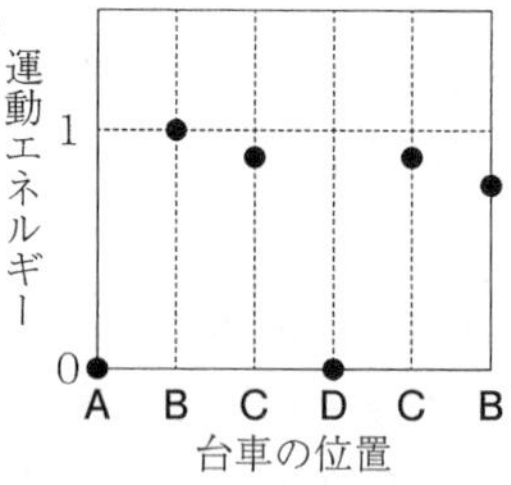

カ

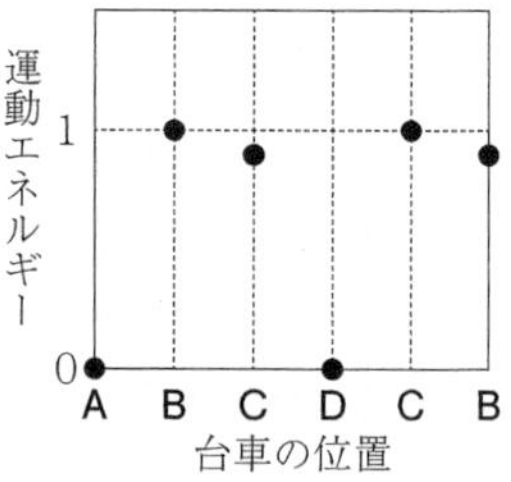

（注） 横軸の「台車の位置」は，台車が移動した順に並べたものである。

③ 次のページの図19のように，図18の斜面Pを，傾きの大きい斜面Rに変え，斜面Rを水平面となめらかにつなげた装置をつくる。水平面からの高さがAと同じであるEから前のページの図14の台車を静かにはなした。

Aから静かにはなした場合と比べて，Eから静かにはなした場合の，台車が最初にコイルを通り抜けるときのコイルに流れる電流の大きさは，どのようになると考えられるか。次の**ア**～**ウ**の中から，適切なものを１つ選び，記号で答えなさい。また，そのように考えられる理由を，台車のもつエネルギーに関連づけて，簡単に書きなさい。ただし，摩擦や空気の抵抗はないものとする。

図19

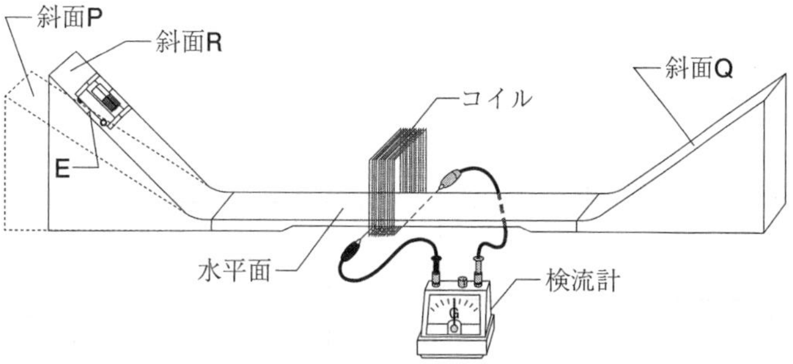

ア　小さくなる。　**イ**　変わらない。　**ウ**　大きくなる。

④　火力発電所などでは，コイルに磁石を近づけたときに起こる現象を利用して電気エネルギーをつくっている。照明器具は，この電気エネルギーを光エネルギーに変換しているが，その際，電気エネルギーは熱エネルギーにも変換される。

明るさがほぼ同じ，40Wの白熱電球と4.8WのLED電球を10分間点灯させたとき，白熱電球で発生した熱エネルギーは，LED電球で発生した熱エネルギーの何倍か。小数第２位を四捨五入して小数第１位まで書きなさい。ただし，白熱電球のエネルギー変換効率は10%，LED電球のエネルギー変換効率は30%とし，電気エネルギーは光エネルギーと熱エネルギー以外に変換されないものとする。

理　　科　解答用紙

受検番号		氏　名	

1

(1)		
(2)		
(3)	記号	
	理由	
(4)	マグマのねばりけ	
	噴火のようす	

2

(1)	①					
	②	a	接眼レンズ	倍	対物レンズ	倍
		b				
	③					
(2)	①					
	②	秒				
	③					
	④					

3

(1)	①					
	②					
	③	a	㋐		㋑	
		b				
(2)	①					
	②	a	図8			
		b	cm³			

図8

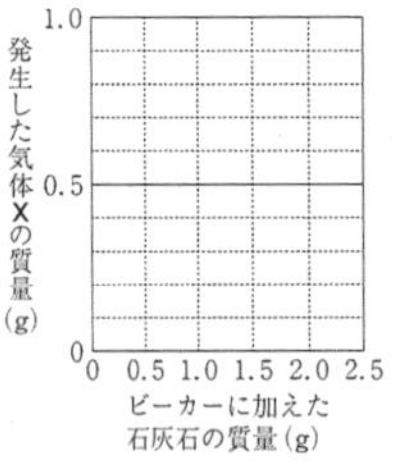

4

(1)	①	
	②	
(2)	①	
	②	

5

(1)				
(2)	①			
	②	a	標高	m
			温度	℃
		b	%	

6

(1)	①		
	②	図16	
(2)	①		
	②		
	③	記号	
		理由	
	④	倍	

図16

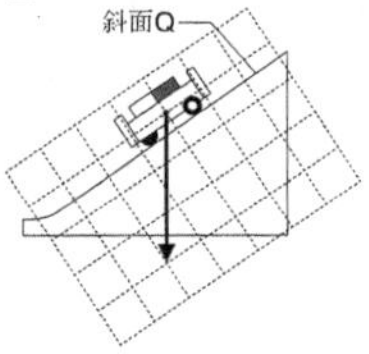

※この解答用紙は159%に拡大していただきますと，実物大になります。

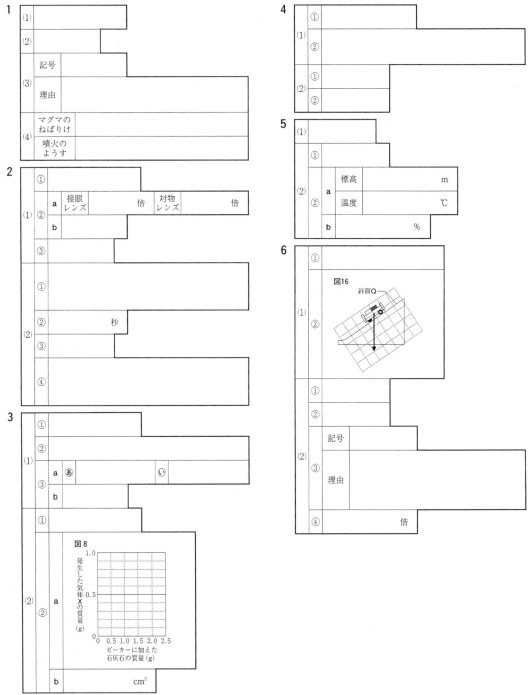

＜社会＞

時間　50分　　満点　50点

1　次の略年表を見て⑴〜⑻の問いに答えなさい。（18点）

時代	飛鳥《あすか》	奈《な》良《ら》	平安	鎌倉	室町	安《あ》土《づち》桃山	江戸	明治	大正	昭和	平成
日本のできごと	①遣隋使《けんずいし》が派遣される	②天平《てんぴょう》文化が栄える	③藤原《ふじわら》氏が最も栄える	鎌倉幕府が成立する	④最初の土一揆《いっき》がおこる	太閤《たいこう》検地が始まる	⑤徳川家康《とくがわいえやす》が征夷《せいい》大将軍となる ⑥ペリーが浦賀に来航する	⑦日露戦争がおこる	第一次世界大戦に参戦する	石油危機がおこる	⑧バブル経済が崩壊する

⑴　傍線部①に関するａ，ｂの問いに答えなさい。

ａ　傍線部①は，中国の進んだ文化を取り入れるなどの目的で派遣された。傍線部①として派遣された人物を，次の**ア**〜**エ**の中から１つ選び，記号で答えなさい。

ア　中大兄皇子《なかのおおえのおうじ》　**イ**　蘇我馬子《そがのうまこ》　**ウ**　小野妹子《おののいもこ》　**エ**　中臣鎌足《なかとみのかまたり》

ｂ　**図１**は，現存する世界最古の木造建築を含む寺院を撮影した写真である。傍線部①が派遣されたころに建てられたとされる，**図１**の寺院は何とよばれるか。その名称を書きなさい。

図１

⑵　傍線部②は，聖武《しょうむ》天皇のころに最も栄えた文化である。傍線部②について述べた文として最も適切なものを，次の**ア**〜**エ**の中から１つ選び，記号で答えなさい。

ア　上方が中心の，経済力をもつ町人を担《にな》い手とする文化である。

イ　仏教と唐の文化の影響を強く受けた，国際色豊かな文化である。

ウ　台頭してきた武士の気風にあった，力強い印象の文化である。

エ　武家と公家《くげ》の文化がとけあい，禅宗の影響も受けた文化である。

⑶　**図２**は，傍線部③と皇室の関係を示した系図の一部である。藤原道長は，三条天皇を退位させ，まだ幼い後一条天皇を即位させた。藤原道長は，まだ幼い後一条天皇を即位させることで，何という職に就こうとしたと考えられるか。**図２**から読み取れる，藤原道長と後一条天皇の関係とあわせて，簡単に書きなさい。

図２

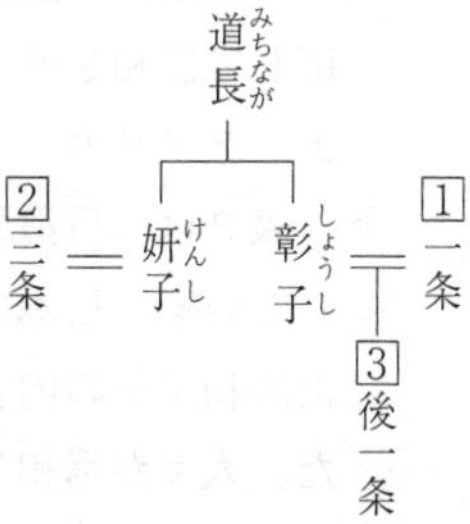

注　□内の数字は天皇の即位順を，二重線（＝）は夫婦関係を，それぞれ表している。

⑷ 傍線部④に関するa，bの問いに答えなさい。

a 傍線部④は，近江国《おうみのくに》の運送業者が中心となっておこした。傍線部④をおこした，このころの運送業者の名称を，次のア～エの中から1つ選び，記号で答えなさい。

ア 座 イ 馬借 ウ 町衆 エ 惣《そう》

b 傍線部④では，土倉や酒屋に加えて寺院も襲われた。傍線部④をおこした人々が寺院を襲った理由は，土倉や酒屋を襲った理由と同じである。傍線部④をおこした人々が寺院を襲った理由を，傍線部④をおこした人々が要求したことに関連づけて，簡単に書きなさい。

⑸ 傍線部⑤が開いた江戸幕府に関するa，bの問いに答えなさい。

a 大名は，江戸幕府から領地を与えられ，その領地を支配した。大名が，江戸幕府から与えられた領地とその領地を支配するしくみは何とよばれるか。その名称を書きなさい。

b **表1**は，譜代大名と外様《とざま》大名が，徳川氏に従った時期を示している。**図3**の ▒ は，外様大名に与えられた領地を示している。**表1**から，江戸幕府にとって，外様大名はどのような存在であったと考えられるか。**図3**から読み取れる，江戸からみた外様大名の配置の特徴とあわせて，簡単に書きなさい。

表1

	徳川氏に従った時期
譜代大名	関ヶ原の戦い以前
外様大名	関ヶ原の戦い以後

図3

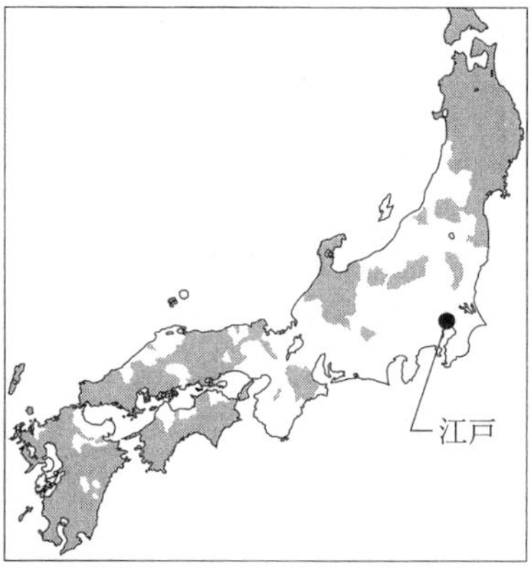

注 外様大名の領地は，1664年ごろのもの。

⑹ 次のア～ウは，傍線部⑥以前におこったできごとについて述べた文である。ア～ウを時代の古い順に並べ，記号で答えなさい。

ア アヘン戦争で清《しん》が敗れたことを知った幕府は，日本に来航する外国船への対応を改めた。

イ 幕府は異国船打払《うちはらい》令（外国船打払令）を出し，接近する外国船を追い払う方針を示した。

ウ 蝦夷地《えぞち》の根室に来航したロシアの使節が日本との通商を求めたが，幕府は要求を断った。

⑺ 傍線部⑦に関するa，bの問いに答えなさい。

a 傍線部⑦の講和会議は，日本の求めに応じて講和を仲介した国で開かれた。日本の求めに応じて講和を仲介した国を，次のア～エの中から1つ選び，記号で答えなさい。

ア アメリカ イ ドイツ ウ イギリス エ フランス

b **表2**は，日清戦争と日露戦争の，日本の死者と戦費を示している。日本は日露戦争に勝利したが，1905年に結ばれた講和条約の内容に不満をもった人々による暴動がおこった。人々が講和条約の内容に不満をもった理由を，**表2**から読み取れることに関連づけて，簡単に書きなさい。

表2

	死者（万人）	戦費（億円）
日清戦争	1.4	2.3
日露戦争	8.5	18.3

注 「日本長期統計総覧」により作成

(8)　傍線部⑧は，1980年代の後半におこり，1990年代の初めに崩壊した。傍線部⑧が崩壊した後の日本は，長い不況に入った。**グラフ１**は，1985年度から2017年度における，消費税と所得税の，税収の推移を示している。**グラフ１**の，消費税と所得税の，税収の推移から考えられる，国の税収にとっての消費税の利点を，景気変動に関連づけて，簡単に書きなさい。

グラフ１

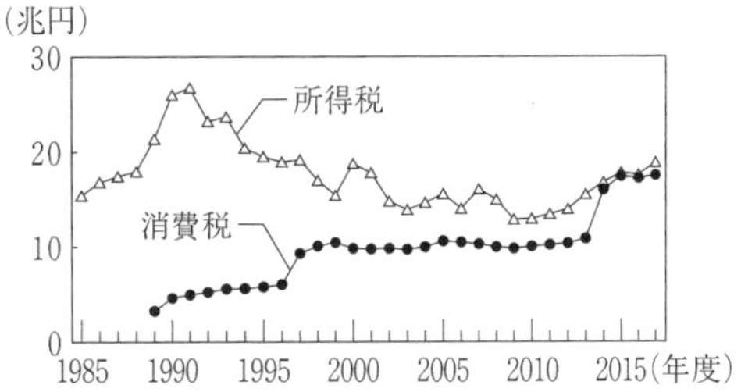

注１　財務省資料などにより作成
注２　消費税は，1989年４月１日に導入された。

2　次の(1)～(6)の問いに答えなさい。なお，**地図１**の中のA，Bは県を，Xは海を，それぞれ示している。(12点)

(1)　**地図１**のXは，九州と南西諸島，中国南部，台湾，朝鮮半島に囲まれた海である。Xの名称を書きなさい。

(2)　Aに関するａ，ｂの問いに答えなさい。

ａ　Aでは，豊富にわき出る温泉を利用した観光業がさかんである。Aの県名を書きなさい。

ｂ　Aにある八丁原発電所では，火山活動を利用した発電が行われている。八丁原発電所で行われている発電方法を，次の**ア**～**エ**の中から１つ選び，記号で答えなさい。

ア　原子力　　**イ**　火力
ウ　水力　　**エ**　地熱

地図１

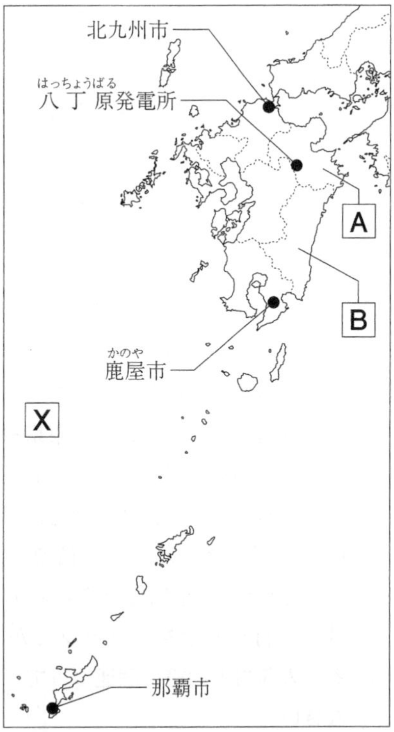

(3)　次のページの**図４**は，**地図１**の鹿屋市の一部の地域を示した地形図である。このことに関するａ，ｂの問いに答えなさい。

ａ　**図４**に関する①，②の問いに答えなさい。

①　**図４**を含む九州地方南部には，古い火山の噴出物によってできた台地が広がっている。九州地方南部に広がる，古い火山の噴出物によってできた台地は何とよばれるか。その名称を書きなさい。

②　①の台地では，大雨による土砂災害がおこりやすい。そこで，鹿屋市では，災害による被害をできるだけ少なくするため，地域の危険度を住民にあらかじめ知らせる地図を作成し，公開している。このような目的で作成され，公開されている地図は何とよばれるか。その名称を書きなさい。

ｂ　次のページの［　　］の中の文は，**図４**の土地のようすや利用についてまとめたものである。文中の（あ），（い）に当てはまる語として正しい組み合わせを，あとの**ア**～**エ**の中から１つ選び，記号で答えなさい。

> Zは，北西から南東に向かうゆるやかな傾斜地で，Yに比べて標高が（　あ　）場所にある。また，Zの付近の土地は，主に（　い　）として利用されている。

ア　あ　高い　い　畑　　　イ　あ　高い　い　田
ウ　あ　低い　い　畑　　　エ　あ　低い　い　田

図４

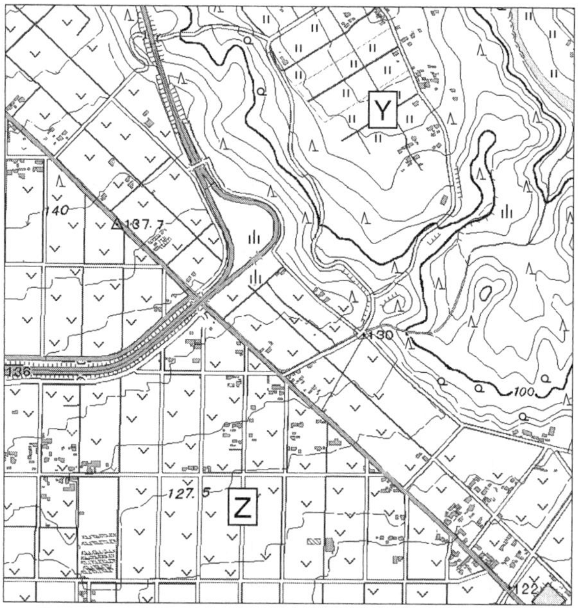

注　国土地理院の電子地形図(タイル)により作成

(4)　前のページの**地図１**のBでは，ピーマンの促成栽培がさかんであり，東京や大阪などに出荷している。**グラフ２**は，2018年の東京の市場における，B，関東地方，その他の道府県の，ピーマンの月別入荷量と，ピーマン1kg 当たりの平均価格を示している。促成栽培を行う利点を，**グラフ２**から読み取れる，入荷量と価格に関連づけて，簡単に書きなさい。

グラフ２

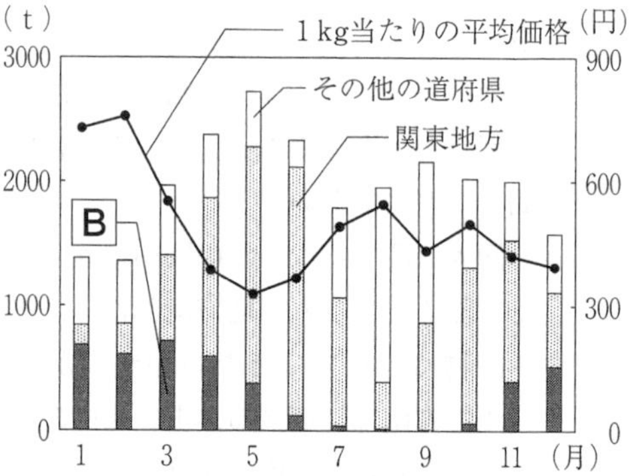

注　東京都中央卸売市場資料により作成

(5)　**地図１**の北九州市は，北九州工業地域（北九州工業地帯）の中心的な都市である。次のページの**グラフ３**は，1960年と2014年における，福岡県の工業出荷額と，工業出荷額に占める工業製品の割合を示している。**図５**は，2014年における，北九州市周辺の工場の分布を示している。**グラフ３**のⓐ～ⓒ，次のページの**図５**のⓓ～ⓕは，機械工業，金属工業，化学工業のいずれかを表している。**グラフ３**のⓐ～ⓒ，**図５**のⓓ～ⓕの中から，機械工業に当たるものを１つずつ選び，記号で答えなさい。

グラフ3

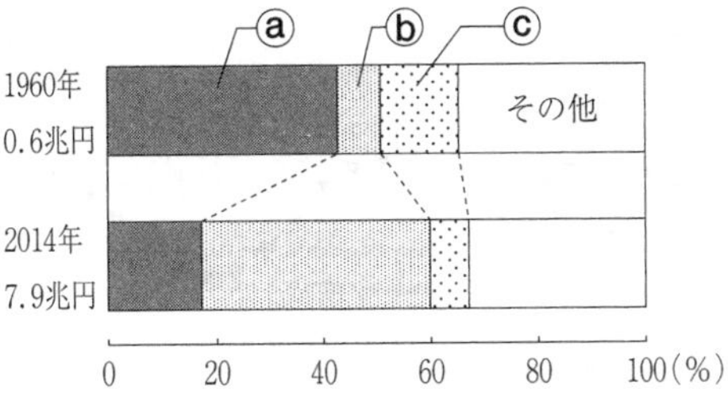

注 「平成26年　工業統計表」などにより作成

図5

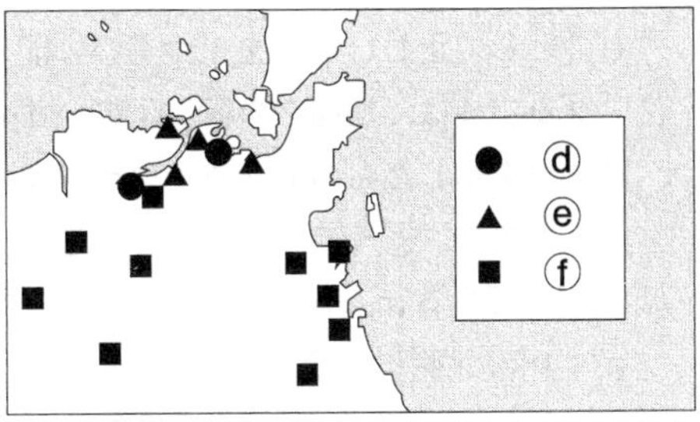

注 「平成27年度版　福岡県の工業団地」などにより作成

(6) **表3**は，沖縄県と沖縄県を除いた全国の，河川の長さの平均を示したものである。**図6**は，沖縄島南部の代表的な河川を示した図である。那覇市は，全国平均よりも年間降水量が多いが，人々は昔から水不足に悩まされてきた。そのため，那覇市では，建造物の屋根の上にタンクを設置し，雨水をためて使用することが広く行われている。全国平均よりも年間降水量が多い那覇市が水不足になりやすい理由を，**表3**と**図6**から考えられる河川の特徴に関連づけて，簡単に書きなさい。

表3

	河川の長さの平均(km)
沖縄県	7.0
全国	44.6

注1　国土交通省資料により作成
注2　河川の長さは，1級河川と2級河川の平均。

図6

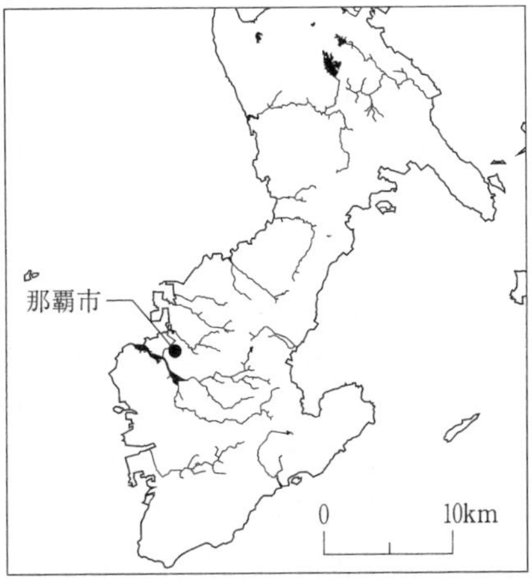

3　次のページの(1)～(4)の問いに答えなさい。なお，**地図2**は，緯線と経線が直角に交わった地図であり，**地図2**の中のA，Bは国を，ⓐ～ⓒは都市を，それぞれ示している。(9点)

地図2

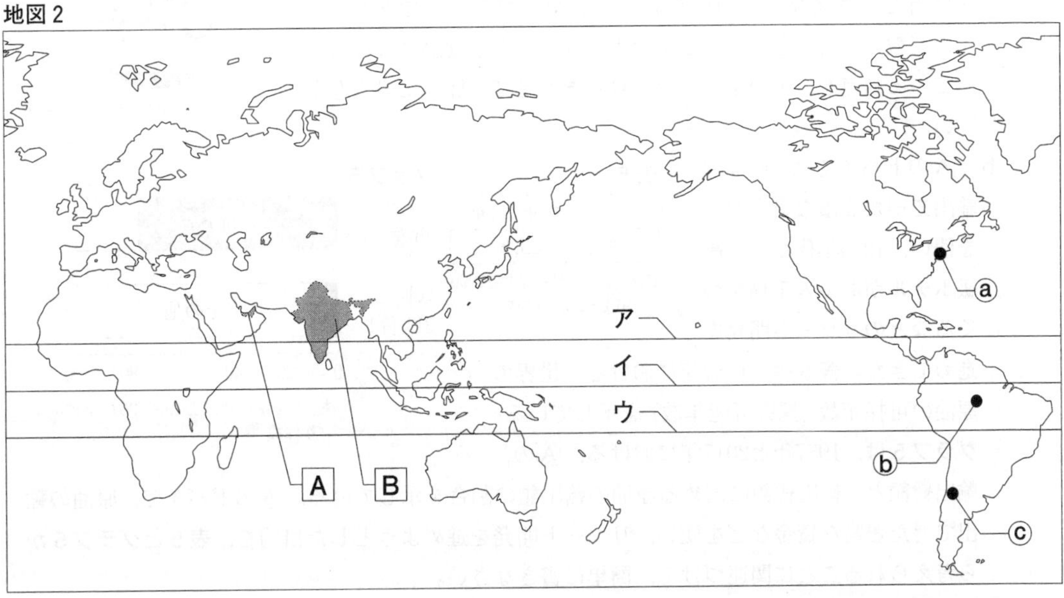

(1)　前のページの**地図2**の**ア～ウ**の中から，赤道を示しているものとして正しいものを１つ選び，記号で答えなさい。

(2)　**グラフ4**は，**地図2**のⓐ～ⓒのいずれかの都市の，気温と降水量を示したものである。**グラフ4**に当たる都市として適切なものを，ⓐ～ⓒの中から１つ選び，記号で答えなさい。

グラフ4

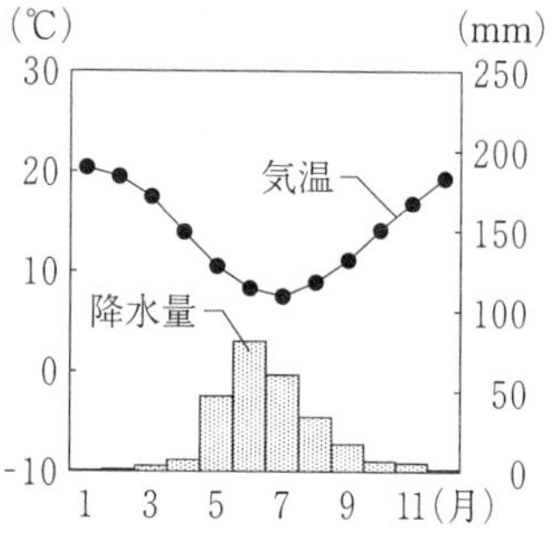

注　「平成30年　理科年表」により作成

(3)　Bに関するa，bの問いに答えなさい。

a　Bの北側には標高8000m級の山々が連なる高い山脈がみられる。この山脈を含む，ヨーロッパからインドネシアにのびる造山帯は何とよばれるか。その名称を書きなさい。

b　**表4**は，B，中国，ブラジル，オーストラリア，日本の，1990年と2016年における人口と，2016年における１人当たりの国民総所得を示している。**表4**の中の**ア～エ**は，B，中国，ブラジル，オーストラリアのいずれかを表している。**ア～エ**の中から，Bに当たるものを１つ選び，記号で答えなさい。

表4

	人口（万人）		１人当たりの国民総所得（ドル）
	1990年	2016年	
ア	117,245	140,350	7,963
イ	1,704	2,413	52,730
ウ	87,013	132,417	1,685
エ	14,935	20,765	8,467
日本	12,452	12,775	39,881

注　「世界国勢図会2018/19」により作成

(4)　西アジアに関するa，bの問いに答えなさい。

a　宗教に関する①，②の問いに答えなさい。

①　７世紀に西アジアでおこり，現在は西アジアを中心に，広い地域で信仰されている宗教がある。この宗教には，信者が聖地に向かって１日５回の礼拝を行うなどの特徴がある。この宗教は何とよばれるか。その名称を書きなさい。

②　①の宗教には，この宗教の教えやきまりに適合していることを意味する「ハラール」という言葉がある。**図7**は，「ハラール」に当たる食品などにつけられているマークの１つである。①の宗教の信者にとって，**図7**のようなマークが食品につけられている利点を，①の宗教のきまりとあわせて，簡単に書きなさい。

図7

注　日本アジアハラール協会ホームページより

b　Aのドバイでは，原油の輸出で得た豊富な資金などを使い，1990年代から，高級ホテルがある人工島をつくるなどのリゾート開発を進めてきた。**表5**は，1987年における，世界の原油の可採年数（採掘可能年数）を示している。**グラフ5**は，1987年と2017年における，Aの，輸出総額と，輸出総額に占める原油の輸出額の割合を示している。Aのドバイで，原油の輸出で得た豊富な資金などを使い，リゾート開発を進めようとした目的を，**表5**と**グラフ5**から考えられることに関連づけて，簡単に書きなさい。

表5

	可採年数(年)
原油	43.6

注　「世界国勢図会1990/91」により作成

グラフ5

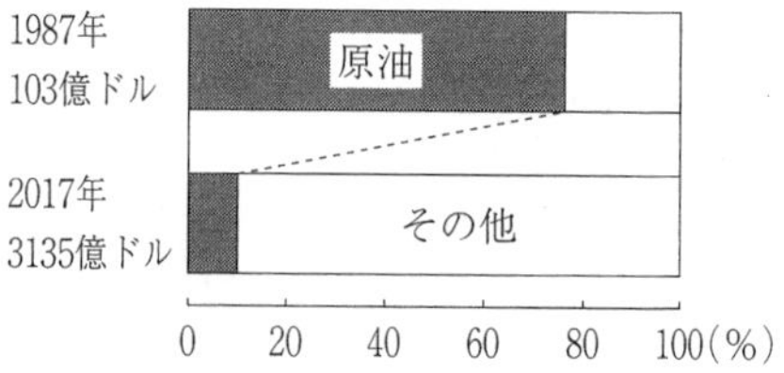

注　「世界国勢図会1995/96」などにより作成

4　次の⑴～⑷の問いに答えなさい。(11点)

⑴　人権に関するａ，ｂの問いに答えなさい。

ａ　日本国憲法は，法の下の平等を掲げ，誰もが等しく扱われる権利を保障している。職場での男女平等を実現するために，1985年に制定され，翌年に施行された法律は何とよばれるか。その名称を書きなさい。

ｂ　社会の変化とともに，日本国憲法に明確に規定されてはいない新しい人権が登場してきた。このような人権に当たるものを，次の**ア**～**エ**の中から１つ選び，記号で答えなさい。

ア　請求権　　**イ**　団結権　　**ウ**　参政権　　**エ**　環境権

⑵　国会に関するａ，ｂの問いに答えなさい。

ａ　国会の仕事に当たるものを，次の**ア**～**エ**の中から１つ選び，記号で答えなさい。

ア　内閣総理大臣の指名　　**イ**　条例の審議

ウ　違憲立法審査　　**エ**　衆議院解散の決定

ｂ　政党は，国会で多くの議席を獲得することで，政権を担当しようとする。複数の政党が集まってつくる政権は何とよばれるか。その名称を書きなさい。

⑶　1997年に採択された京都議定書では，1990年を基準として，2008年から2012年までの二酸化炭素などの削減目標が，数値目標として定められた。京都議定書が2005年に発効すると，2008年から2012年の期間中に，各国で二酸化炭素などの排出量を削減する取り組みが行われた。このことに関するａ，ｂの問いに答えなさい。

ａ　二酸化炭素やメタンなど，地球温暖化の原因と考えられている気体の総称は何か。その総称を書きなさい。

ｂ　**表６**は，2008年から2012年における，国・地域別の二酸化炭素の削減義務の有無を示している。**グラフ６**は，1990年と2012年における，二酸化炭素の，世界の総排出量と，国・地域別の排出量の割合を示している。2008年から2012年の期間中に，各国が二酸化炭素の削減に取り組んだにもかかわらず，二酸化炭素の排出量を削減する取り組みが不十分になった理由の１つは，アメリカ合衆国が京都議定書から離脱したからである。このこととは別に，世界全体の二酸化炭素の排出量が増えている理由を，**表６**と**グラフ６**から考えられることに関連づけて，簡単に書きなさい。

表６

削減義務	国・地域
あり	日本，EU25か国，ロシア，ウクライナ，アイスランド，ノルウェー，スイス，リヒテンシュタイン，モナコ，クロアチア，オーストラリア，ニュージーランド
なし	発展途上国など計155か国

注１　環境省資料により作成
注２　アメリカ合衆国，カナダは京都議定書から離脱。アンドラ，パレスチナ，南スーダンは京都議定書に不参加。

グラフ６

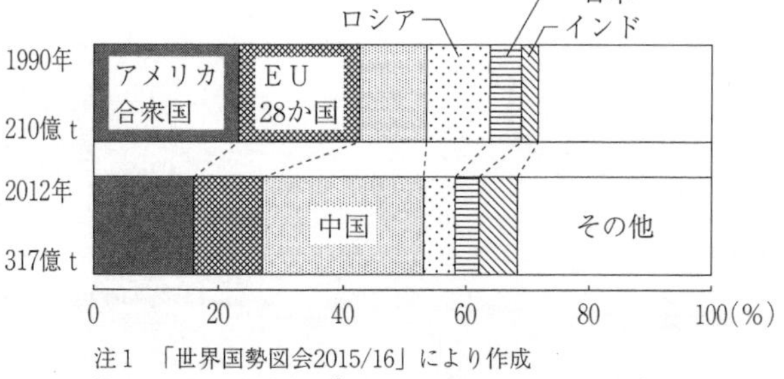

注１　「世界国勢図会2015/16」により作成
注２　ＥＵ28か国は，**表６**の25か国に，マルタ，キプロス，クロアチアを加えたものである。

(4) 政府は，大阪・関西万博が開催される2025年までに，キャッシュレス決済比率を40%にする目標を発表し，キャッシュレス決済を推進している。キャッシュレス決済とは，クレジットカード，電子マネー，スマートフォンなどを使って，現金を使用せずにお金を払うことである。**資料1**は，キャッシュレス決済の推進の取り組みをまとめたものである。**グラフ7**は，2005年，2015年，2025年の日本の総人口の推移と予測を，年少人口（0～14歳の人口），生産年齢人口（15～64歳の人口），老年人口（65歳以上の人口）に分けて示している。**グラフ8**は，2015年における，各国のキャッシュレス決済比率を示している。キャッシュレス決済の普及によっておこる問題点はあるが，利点もある。**資料1**，**グラフ7**，**グラフ8**から考えられる，キャッシュレス決済が普及することで期待される，日本の事業者にとっての利点を，国内の雇用と外国人観光客の消費の面から，70字程度で書きなさい。

資料1

- 政府は，キャッシュレス決済に対応した端末やレジを増やすため，補助金を出す制度を整えた。
- あるレストランチェーンには，テーブルにあるタブレット型端末で注文を行い，テーブルでキャッシュレス決済を行える店がある。
- 観光地では，電子マネーやスマートフォンを使った支払いを取り入れた店が増えている。

注 経済産業省資料などにより作成

グラフ7

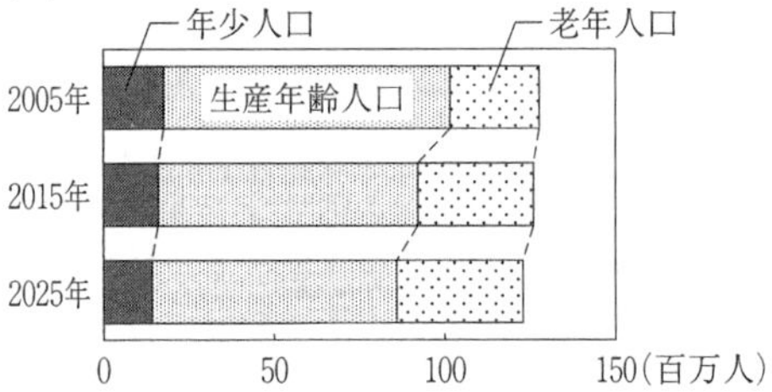

注 「日本の統計2019」により作成

グラフ8

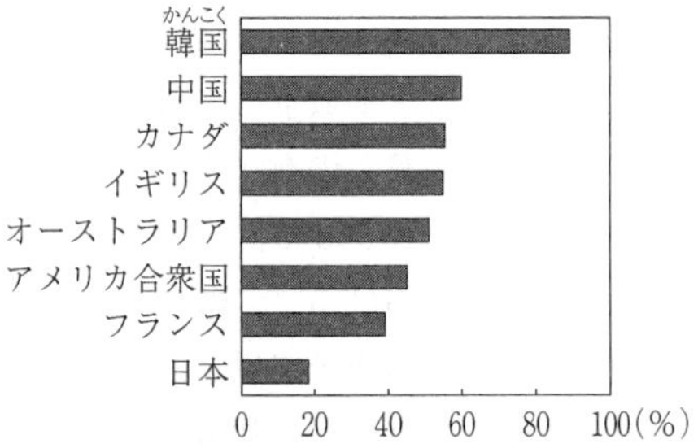

注 経済産業省資料により作成

社　　会 解答用紙

受検番号		氏　名	

1
(1) a
b
(2)
(3)
(4) a
b
(5) a
b
(6) →　→
(7) a
b
(8)

2
(1)
(2) a 県
b
(3) a ① 台地
②
b
(4)
(5) グラフ 3
図 5
(6)

3
(1)
(2)
(3) a 造山帯
b
(4) a ①
②
b

4
(1) a
b
(2) a
b 政権
(3) a
b
(4)
70

※この解答用紙は159%に拡大していただきますと，実物大になります。

国語 解答用紙

受検番号		氏名	

一

問一 あ　い（まり）　う（いだ）　え

問二

問三

問四　と

問五

問六　50

二

問一 あ　い

問二

問三

問四

問五

問六　40

三

問一

問二

問三

問四

問五　図2には、

四

問一

問二　と

問三 (1)　(2)

五

150

180

※この解答用紙は156％に拡大していただきますと、実物大になります。

条件2　字数は、百五十字以上、百八十字以内とすること。

「なし崩し」理解2割

借金の「なし崩し」や、「げきを飛ばす」の本来の意味を理解している人が2割程度にとどまり、指揮をすることを意味する「采配を振る」を「采配を振るう」と認識している人は5割超を占めることが、文化庁の二〇一七年度国語に関する世論調査で分かった。

慣用句などの意味や使い方
（○が本来正しいとされる使い方・意味）

意味	なし崩し	**○少しずつ返していく**	19.5%
		なかったことにする	65.6%
	げきを飛ばす	**○自分の考えを広く人々に知らせ同意を求める**	22.1%
		元気のない者に刺激を与えて活気づける	67.4%
使い方	チームや部署に指図を与え、指揮する	**○采配を振る**	32.2%
		采配を振るう	56.9%

（二〇一八年九月二十六日付の新聞記事による。）

四　次の文章を読んで、あとの問いに答えなさい。（7点）

注①永田《ながた》佐吉《さきち》は、注②美濃《みの》の国羽栗《はくり》郡竹ヶ鼻の人にして、親につかふ（つくす）ることたぐひ無し（ことにおいて他に比較するものがないほど優れている）。又、仏を信ず。大かた貧しきを（貧しい人を気の毒に思い）ア憐《あはれ》み、なべて人（総じて人と）に交じるに誠あれば（付き合う時に真心を持って接するので）、誰となく仏佐吉とはイ呼びならしけり（通称として呼んだ）。幼《いと》けなき時（幼い時）、注③尾張《をはり》名古屋、紙屋某《なにがし》といふ家に僕たりしが（召し使われていたが）、暇《いとま》（休暇）ある時は砂にて手習ふこと（文字を習うこと）をし、又注④四書を習ひ読む。朋輩《ほうばい》（（仕事の）仲間の者）の者ねたみて、読書（読書）にことをよせ（のことを口実にして）、悪《あ》しき所に遊ぶなどウ讒《ざん》しければ（事実ではない悪口を言ったので）、主《あるじ》（家の主人）もエ疑ひて竹ヶ鼻にかへしぬ（帰した）。されども（そうであってもやはり）なほ旧恩を忘れず、道の（道中）ついで（機会）であれば必ず訪《たづ》ね寄りて安否（無事かどうか）を問ふ。年経《へ》て後、其の家大きに衰へければ、又よりより（たびたび）に物を贈りけるとかや（物を贈ったとかいうことである）。主の暇を得て（主人から解雇された）後は、綿の注⑤仲買《なかがひ》といふ業《わざ》（仕事）をなせしが、秤《はかり》といふものをオ持たず、買ふ時は買ふ人（（佐吉が）買う相手）に任せ、売る時は売る人（（佐吉が）売る相手）に任す。後には佐吉が直《すぐ》なる（正直なこと）を知りて、売る人（（佐吉に）売る人）は心して（気を配って）重くやり（与え）、買ふ人（（佐吉から）買う人）は心して軽《かろ》くはかりければ（（秤のおもりを）軽くしてはかったので）、いくほどなく豊かに暮らしける。

（三熊花顛《みくまかてん》・伴蒿蹊《ばんこうけい》『続近世畸人伝《ぞくきんせいきじんでん》』による。）

（注）①　江戸時代中期の人。　②　今の岐阜県羽島市の一部。
③　昔の国名。今の愛知県の一部。
④　儒教の経典である四つの書物。『大学』『中庸《ちゅうよう》』『論語』『孟子《もうし》』。
⑤　売り手と買い手との間に立って、物品の売買の仲介をして利益を得ること。

問一　二重傍線（‖）部を、現代かなづかいで書きなさい。

問二　波線（〰〰）部ア～オの中から、その主語に当たるものが同じであるものを二つ選び、記号で答えなさい。

問三　傍線（――）部は、「仏のような佐吉」という意味である。これについて、次の⑴、⑵の問いに答えなさい。

⑴　佐吉は、竹ヶ鼻に帰されても、主から受けた恩を忘れることなく、「仏佐吉」にふさわしい行動を取っている。「仏佐吉」にふさわしい、主に対する佐吉の行動を、現代語で二つ書きなさい。

⑵　佐吉が「いくほどなく豊かに暮らしける」となったのはなぜか。その理由を、佐吉の人物像を含めて書きなさい。

五　あなたのクラスでは、国語の授業で、次のページの□の中の新聞記事が紹介された。

この記事について感想を述べ合ったところ、**「言葉がもつ本来の意味や使い方を大切にするべきだ。」**という発言をした人がいた。そこで、この発言について、それぞれが賛成、反対の立場に立って意見を述べることになった。あなたならどちらの立場で、どのような意見を述べるか。そう考える理由も含めて、あなたの意見を書きなさい。ただし、次の**条件**1、2にしたがうこと。（6点）

条件1　一マス目から書き始め、段落は設けないこと。

がありますか。この言葉には「すべての人が使いやすいように工夫された設計」という意味があります。

　具体的には、建築や設備、製品や情報などの設計があります。あらゆる人が使用しやすいように工夫されたデザインなのです。ユニバーサルデザインの考えが表れたものとして、自動販売機を例に挙げます。1これまで、硬貨投入口の形式は硬貨は一枚ずつ入れる形でした。また、商品選択ボタンは、地面から高い位置にありました。ユニバーサルデザインの考えが反映された自動販売機では、受け皿型の硬貨投入口となっています。商品選択ボタンは、誰でも利用しやすいように、低い位置にも設けられています。

　もう一つの例としてピクトグラムを紹介します。ピクトグラムとは、何らかの情報や注意を示すための絵文字のことです。皆さんも一度は、非常口のピクトグラムを2見たことがあると思います。東京五輪でも、一九六四年大会と二〇二〇年大会のそれぞれに、競技種目を示すピクトグラムが存在します。柔道のピクトグラムを比較してみると、二〇二〇年大会のピクトグラムの工夫点が分かります。（※）このように、すべての人に内容を直感的に理解してもらう目的で作られたピクトグラムは、ユニバーサルデザインの一つであることが分かります。以上で発表を終わります。

問一　第一段落には、聞き手を意識して工夫した、効果的な表現がある。次の**ア**～**エ**の中から、第一段落にある効果的な表現を説明したものとして、適切でないものを一つ選び、記号で答えなさい。

ア　問いかけることで、聞き手の注意や関心をひきつける。

イ　はじめに、発表する内容の主題を聞き手に伝える。

ウ　語句の意味を説明することで、聞き手の理解を助ける。

エ　自分の体験を交えて伝え、聞き手の共感を得る。

問二　傍線部1を、助詞だけを一語直すことによって、適切な一文にしたい。傍線部1の中の、直すべき助詞を含む一つの文節を、適切な形に直して書きなさい。

問三　本文中の、第二段落において、第一段落の内容と重なりがあるために、ある一文を削除したい。その一文の、最初の五字を抜き出しなさい。

問四　傍線部2を、発表を聞いている人に対する敬意を表す表現にしたい。傍線部2を、敬意を表す表現に改めなさい。

問五　あなたは、本文中の（※）の部分で、次の**図1**と**図2**を聞き手に示し、**図2**の工夫点が分かる一文を付け加えるとよいと考えた。本文中の（※）の部分に付け加えるのに適切な、**図2**の工夫点を伝える一文を、「**図2**には、」の書き出しで書きなさい。なお、説明は一文で書くこと。

図1　一九六四年大会「柔道」

図2　二〇二〇年大会「柔道」

るからである。夢は視覚的な光の注⑧インプットは全くなく、心の中の情報だけで見ている風景である。そして夢を見ている時にはそこに広がる風景を、私たちは確かな現実だと思い込んでいる。

　目が覚めた時に、今まで見ていた風景が夢であったことに私たちはようやく気づくが、夢から覚めるまではそれが現実かどうかは分からないことが多い。そしてその感覚を延長していくと、夢から覚めた現実でさえも、本当の現実かどうかの確信を持つことは実は難しい。夢か現実かを確かめる方法は、それを抜けだした状態になるまでは、本来は分からないからだ。

　つまり私たちは現実の風景を見ていると思っているが、その風景の半分は想像でできている。だから想像が変われば風景も当然変わるのである。この事実は当たり前すぎるため、普段改めて考えることはないのだが、実は人間にとって本質的な問題である。

（ハナムラチカヒロ『まなざしのデザイン』による。）

（注）① 視覚における錯覚。　② 中立的。　③ 先入観。
④ 過程。　⑤ 眼球の内面を覆う膜。
⑥ 異なったものを混ぜ合わせること。
⑦ 物事を選び分ける際に、その判断のもととなる心情や観点。
⑧ 入力。

問一　二重傍線（＝）部あ、いの漢字に読みがなをつけなさい。

問二　次のア～エの中から、本文中の□の中に補う言葉として、最も適切なものを一つ選び、記号で答えなさい。

ア　やがて　　イ　まるで　　ウ　もちろん　　エ　たとえ

問三　本文中の波線（～～）部と、品詞の分類からみて同じものを、次のア～エの波線部の中から一つ選び、記号で答えなさい。

ア　お互いに面識がない関係。
イ　斜面に置かれた机は安定しない。
ウ　旅立ちの場面で切ない気持ちになる。
エ　人口は増加傾向にはない。

問四　筆者は本文において、夢とはどのようなものだと述べているか。本文中から十五字以内で抜き出しなさい。

問五　次のア～エの中から、本文の構成について説明したものとして最も適切なものを一つ選び、記号で答えなさい。

ア　冒頭から同じ主張を繰り返し述べ、最後は読者に問いかける形で話題をさらに広げている。
イ　冒頭で一般に知られている現象を提示し、具体例と説明を加えながら主張を展開している。
ウ　はじめに提起した問題の答えを本文の半ばで述べ、根拠となる文献を引用して主張をまとめている。
エ　前半と後半で対照的な内容を示し、それぞれの比較を通して主張を明確にしている。

問六　筆者は、傍線（――）部について、想像が変われば風景も変わる理由を、本文を通して述べている。その理由を、ものを見る時の二つの過程を含めて、四十字程度で書きなさい。

三

あなたのクラスでは、総合的な学習の時間の授業で調べたことを、地域の人に向けて、班ごとに発表することになった。次の文章は、あなたの班の原稿である。あなたはこの原稿を推敲《すいこう》することになった。この文章を読んで、あとの問いに答えなさい。（9点）

　私たちの班は、ユニバーサルデザインについて発表します。皆さんは、ユニバーサルデザインという言葉をお聞きになったこと

問六　傍線部3から、「少年」が喜んでいることと、その場にいた生徒たちが羨んでいることが分かる。「少年」が喜び、生徒たちが羨んでいるのは、どのような出来事があったからか。その出来事を、「少年」が喜ぶきっかけとなった紺野先生の行動を含めて、五十字程度で書きなさい。

二　次の文章を読んで、あとの問いに答えなさい。（13点）

経験的に理解できると思うが月が低い位置にある時と、高い位置にある時では大きさが異なって見える。これは「月の注①錯視」として古くから知られた現象である。これが(あ)幻であることは理解しているが何度経験しても不思議な風景である。

錯視がなぜ起こるのかには様々な仮説があるが、未《いま》だにその原因は解明されていない。というのも錯視の原因は錯視の数だけあると言われており、一概にその原因を説明することは難しいからである。しかしそれらに共通しているのは、私たちが何かを見る時に、目で捉えた眺めを脳が勝手に補正して認識することである。

こうした錯視の事例が何を教えてくれるのかというと、私たちのまなざしは世界を注②ニュートラルに知覚するようにできていないという事実である。［　　］程度の差はあるが、私たちが何かを見る時は、自分の都合に合わせるように世界を歪《ゆが》めて見ている。そうやって何かの注③バイアスがかかった状態で見ているにもかかわらず、私たちはそれを現実だと信じて疑わないのである。

現実を歪めて捉えてしまう大きな理由に、私たちがものを見る時には、「眼」の働きだけではなく、「心」が働くからである。心理学では、見る注④プロセスを「知覚」と「認知」の二つとして捉えている。「知覚」とは眼の場合は視覚であり、主に眼球の働きである。その他の五感においても耳や鼻や舌や肌の働きがあるが、これらの感覚器を通じて外の情報が入ってくるプロセスが知覚と呼ばれるものである。その一方で「認知」とは、主に心や脳がもたらす心理的な働きと考えてもいいだろう。眼や耳で知覚して捉えた情報を、脳の中で処理するプロセスである。この両方のプロセスがないと〝見る〟ということには至らない。

私たちが見るすべては、ひとまず光として眼から入ってくる。それは山や空であろうと、ビルや車であろうとその区別はなく、すべて光としてまとめて眼に飛び込み注⑤網膜に像を結ぶ。その像の情報は視神経を伝わって脳へ送られる。その情報が脳の中で記憶や感情と注⑥ブレンドされ、処理されたものを認識した時に、私たちは初めて「見る」ということを経験する。

つまり私たちは何かを見る時に、(い)純粋に眼から入る光を見ているわけではなく、同時に心の注⑦フィルターを通して見ているのである。だから視界には入っているが、それが見えていない時というのは、〝心が認知できていない〟状態である。錯視や錯覚とは、眼で捉えたものと、心が捉えたものの間にズレがある場合に起こる。

私たちが見る風景というのは、むしろこの心のフィルターの方が強く影響する。だから全く同じ場所であっても、どのような想像力を込めるのかによって、まるで違った風景に見えることがある。例えば子供の時に見た場所を大人になってからもう一度訪れると、同じ場所であってもまるで異なる風景のように感じる。その場所に対して抱いていたイメージが強い時ほど、実際にそこに立ってみた時に、記憶との落差が意識される。

この心の中の風景というのは、実は視覚以上に本質的であるのかもしれない。なぜなら私たちは眠っている時でも「夢」という風景を見

「先生、注⑧ハッチ・アウトはどうです。始まりましたか。」
島に住む、あの少年である。
「まもなくだよ。」
ちょうど、ひびが入り始めたので、紺野先生は送信機を卵のすぐ近くへ置いて生徒たちを呼びに行った。紺野先生が戻り、ほかの授業をしていた生徒たちが飼育器のまわりに集まったとき、卵の殻にはすでに小さな穴があいていて、ひな鳥のくちばしの先が見えた。無線機の少年が言う。
「先生、もしかしたら、殻の破れる最初の瞬間に立ち合ったのはぼくだけですか。」
「そのようだね。声を聞いたかい。」
3「ええ、もちろん。」明朗な声が答えた。その場にいた生徒たちが羨んだのは言うまでもない。それから、ひな鳥は休みながら少しずつ殻を破り、数十分かけてようやくクシャクシャの全貌をあらわした。やがて、ぬれてしぼんでいた羽がふくらみ、注⑨キャラコの毛糸のようになった。
翌日は風がおさまった。紺野先生は無線機に耳をそばだてていたあの少年に、ひなが残した卵の殻を手渡した。少年は最初のひとかけらに違いない小さな一片を、愛《いと》おしげに手のひらにのせている。

（長野まゆみ『夏帽子』による。）

（注）① ここでは、入り江に架けられた橋。
② 船を進めるためにかじを操作すること。　③ 小形の鶏。
④ 濃い青色。　⑤ 鮮やかな青色。
⑥ 船が通ったあとに残る水の筋。
⑦ 船をつなぎとめるために立てた柱。　⑧ 孵化。
⑨ 薄くて光沢のある綿布。

問一　二重傍線（‖）部(あ)の漢字に読みがなをつけ、(い)、(う)、(え)のひらがなを漢字に直しなさい。

問二　傍線部1は、どのような意味の慣用句か。その意味を、「少年」が住む島の位置が分かるように、簡単に書きなさい。

問三　傍線部2のように「少年」が翌日の天候を気にしているのは、いくつかの状況をふまえてのものである。その状況として適切でないものを、次のア～エの中から一つ選び、記号で答えなさい。
ア　強い風が吹いて波が高くなること。
イ　飼育器の卵がもうすぐかえりそうだということ。
ウ　祖父が操舵する渡し船が出なくなりそうだということ。
エ　入り江の架橋が閉鎖され遠回りをすること。

問四　波線（〰）部の熟語は、上の漢字を訓、下の漢字を音で読む「湯桶《ゆとう》読み」とよばれる読み方をする熟語である。次のア～オの中から、「湯桶読み」をするものを二つ選び、記号で答えなさい。
ア　雨具　イ　番組　ウ　荷物
エ　若者　オ　着陸

問五　次のア～エの中から、本文中のⓐで示した部分の表現の特徴として、最も適切なものを一つ選び、記号で答えなさい。
ア　文末に体言止めを多用することで、簡潔で引き締まった印象を与えている。
イ　比喩表現を用いることで、「少年」の心情を効果的に表すとともに読者に親近感を与えている。
ウ　短い文を多く用いてその場の状況を語ることで、臨場感を高める効果を持たせている。
エ　回想的な場面を挿入することで、何気ない日常と過去につながりを持たせている。

＜国語＞

時間　五〇分　満点　五〇点

一　次の文章には、岬にある学校に、船で通学する「少年」の、三日間の出来事が書かれている。この文章を読んで、あとの問いに答えなさい。（15点）

注①架橋には、ちょうど真ん中に操作室があって、大型の船が入り江に入るときに水平可動する仕組みになっていた。その操作室の屋根に風見と風力計が取りつけてある。羽根車が勢いよく回転する日は、白ウサギの(あ)跳躍に似た波が海面を走る。すると、紺野《こんの》先生の受け持つ生徒のひとりが、必ず学校を休んだ。

少年は、岬の一部をちぎって投げたような、1目と鼻の先にある小さな島に住んでいた。しかし、波が荒い日は渡し船が通わず、少年は島から一歩も出ることができないのである。ひと家族しか住んでいない小さな島で、定期船はなく、渡し船は少年の祖父が注②操舵《そうだ》する。

「先生、あの卵、あすには孵《かえ》るかもしれませんね。」

「そうだね、そろそろだから。」

学校の飼育器では、人工孵化《ふか》をしている注③チャボの卵が、もうすぐ孵るはずだった。祖父の船で島へ帰る間際《まぎわ》、2少年はしきりに翌日の天候を気にしていた。暮れなずむ天《そら》は、うす紫と注④藍《あい》に(い)そまり、たなびく夕もやを突き抜けて火炎の帯が一筋走っている。無線から、快晴だが強風であるとの予報が流れた。春の海風は気まぐれで、風向きは安定しない。少年の祖父も予想がつかないと苦笑いした。

強風ならば、渡し船を出せないだろうとも言い、かたわらの少年は浮かない顔をして帰りの船に乗りこんだ。紺野先生は自分の下宿に少年を泊めてもよいと提案したが、彼の祖父は、孵化の場面に立ち合うのと同じくらい、望みが叶《かな》わないことを辛抱する気持ちも大事だと少年を諭した。夕闇のなか、注⑤群青《ぐんじょう》の注⑥水尾《みお》をひいて船は島へ向かった。

翌朝、紺野先生は早起きをした。入り江の架橋にある風向計のことが気になった。南西風が吹きつけ、勢いよく回転している。雲ひとつない快晴だったが、海面には白い角のような波が見えた。少年が案じていたとおり、船は渡れそうもない。次に、学校の理科室へ(う)いそいだ紺野先生は、飼育器の卵のようすを観察した。何ともいえないが、紺野先生の勘では今日中に孵化しそうである。その足で高台の気象観測所まで行き、岬の突端にあって見晴らしもよいその場から、少年の住む島を眺めた。

ⓐつないである船が見える。近くに人影があるように思い、観測所の双眼鏡を借りてのぞいた。やはり、あの少年がいる。鞄《かばん》を手に、落ちつかないようすで船の付近を行きつ戻りつしている。注⑦舫《もや》い杭《ぐい》の近くに取りつけた風力計は、ちぎれて吹き飛ばされそうだった。風が強い。そこへ少年の祖父も姿を見せて、ふたりで何やら話をしている。じきに並んで家のほうへ歩きだした。

飼育器の卵をずっと見守ってきた親代わりの生徒たちにとって、孵化の場面に立ち合うことは、どんなにか満足を覚えることだろう。あれほどの強度を持った殻を、まだ目もあかないひな鳥が、渾身《こんしん》の力をこめて毀《こわ》すのである。強風のために入り江の架橋も閉鎖され、遠回りを余儀なくされた生徒たちは、いつもより遅れて登校してきた。

その朝、飼育器の卵から、ひな鳥の鳴く声が聞こえた。皆がほかの授業を受けているときは紺野先生が見守っている。殻にひびが入ったら、知らせに行くと(え)やくそくをした。その紺野先生のところへ、無線機を使った通信が入った。

MEMO

大切なことはメモしておこうネ！

2020年度

解 答 と 解 説

《2020年度の配点は解答用紙集に掲載してあります。》

＜数学解答＞

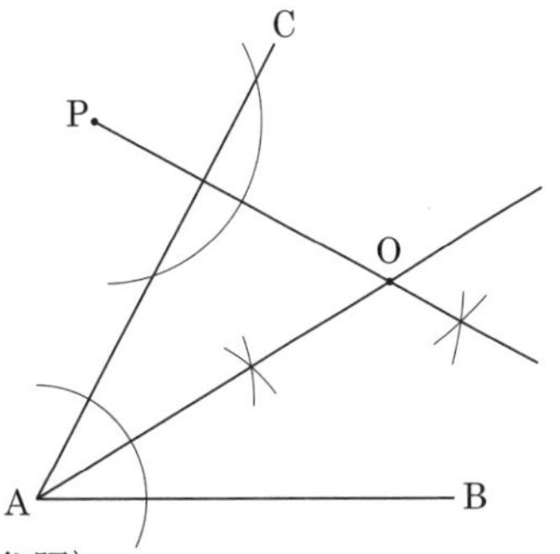

1 (1) ア -19　イ $5a-2b$　ウ $\dfrac{5x-13y}{14}$
エ $9\sqrt{7}$　(2) 23　(3) $x=-3,\ x=7$

2 (1) 右図　(2) 144　(3) $\dfrac{11}{15}$

3 (1) 7　(2) $\boxed{10} \leqq a \leqq \boxed{16}$

4 すべての大人の入館者数115人，子どもの入館者数68人
(方程式と計算の過程は解説参照)

5 (1) 辺FG，辺GH　(2) 6　(3) $\dfrac{16}{3}$

6 (1) $y=-\dfrac{12}{x}$　(2) $-7a$　(3) $\dfrac{17}{13}$(求める過程は解説参照)

7 (1) 解説参照　(2) $\dfrac{9}{4}$

＜数学解説＞

1 (数・式の計算，平方根，式の値，二次方程式)

(1) ア **四則をふくむ式の計算の順序は，乗法・除法→加法・減法** となる。$5+(-3)\times8=5+(-24)=5-24=-19$

イ $(45a^2-18ab)\div9a=(45a^2-18ab)\times\dfrac{1}{9a}=45a^2\times\dfrac{1}{9a}-18ab\times\dfrac{1}{9a}=\dfrac{45a^2}{9a}-\dfrac{18ab}{9a}=5a-2b$

ウ $\dfrac{x-y}{2}-\dfrac{x+3y}{7}=\dfrac{7(x-y)-2(x+3y)}{14}=\dfrac{7x-7y-2x-6y}{14}=\dfrac{7x-2x-7y-6y}{14}=\dfrac{5x-13y}{14}$

エ $\dfrac{42}{\sqrt{7}}=\dfrac{42\times\sqrt{7}}{\sqrt{7}\times\sqrt{7}}=\dfrac{42\sqrt{7}}{7}=6\sqrt{7}$，$\sqrt{63}=\sqrt{3^2\times7}=3\sqrt{7}$　より，$\dfrac{42}{\sqrt{7}}+\sqrt{63}=6\sqrt{7}+3\sqrt{7}=9\sqrt{7}$

(2) **乗法公式 $(a+b)^2=a^2+2ab+b^2$** より，$a=\dfrac{7}{6}$のとき，$(3a+4)^2-9a(a+2)=(3a)^2+2\times3a\times4+4^2-9a\times a-9a\times2=9a^2+24a+16-9a^2-18a=6a+16=6\times\dfrac{7}{6}+16=7+16=23$

(3) 2次方程式$x^2+x=21+5x$　整理して，$x^2-4x-21=0$　たして-4，かけて-21になる2つの数は，$(+3)+(-7)=-4$，$(+3)\times(-7)=-21$より，$+3$と-7だから　$x^2-4x-21=\{x+(+3)\}\{x+(-7)\}=(x+3)(x-7)=0$　$x=-3,\ x=7$

2 (作図，角度，確率)

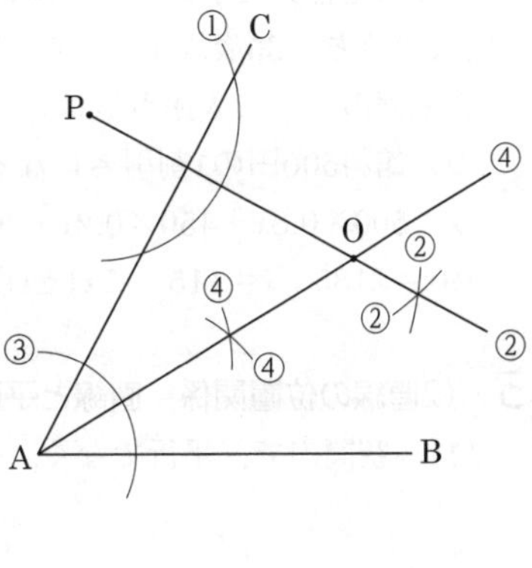

(1) (着眼点) **角をつくる2辺から距離が等しい点は，角の二等分線上にある**から，円Oが2つの辺AB，ACの両方に接するということは，円の中心Oは∠BACの二等分線上にある。(作図手順)次の①～④の手順で作図する。① 点Pを中心とした円を描き，辺AC上に交点を作る。② ①で

作ったそれぞれの交点を中心として，半径の等しい円を描き，その交点と点Pを通る直線(点Pを通り辺ACに垂直な直線)を引く。　③　点Aを中心とした円を描き，辺AB，AC上に交点を作る。④　③で作ったそれぞれの交点を中心として，交わるように半径の等しい円を描き，その交点と点Aを通る直線(∠BACの二等分線)を引き，②で引いた点Pを通り辺ACに垂直な直線との交点をOとする。

(2)　**おうぎ形の中心角の大きさは弧の長さに比例する**ことと，おうぎ形の弧の長さは底面の円周の長さに等しいことから，(おうぎ形の中心角の大きさ)$=360^\circ\times\dfrac{2\pi\times2}{2\pi\times5}=144^\circ$

(3)　6枚のカードから同時に2枚引くとき，引き方は全部で　(1，2)，(1，3)，(1，4)，(1，5)，(1，6)，(2，3)，(2，4)，(2，5)，(2，6)，(3，4)，(3，5)，(3，6)，(4，5)，(4，6)，(5，6)の15通り。このうち，引いたカードに書いてある2つの数の**公約数**が1以外にもあるのは，1の約数は1，2の約数は1と2，3の約数は1と3，4の約数は1と2と4，5の約数は1と5，6の約数は1と2と3と6だから，＿＿を付けた4通り。求める確率は　$\dfrac{15-4}{15}=\dfrac{11}{15}$

3 (資料の散らばり・代表値)

(1)　資料の値の中で最も頻繁に現れる値が**最頻値**。問題の表1を雨が降った日数ごとに整理すると，4日降った日が1月の1回，6日降った日が2月の1回，7日降った日が3月と5月と10月と12月の4回，10日降った日が4月と7月の2回，13日降った日が11月の1回，15日降った日が8月の1回，16日降った日が9月の1回だから，最頻値は7日。

(2)　資料の最大の値と最小の値の差が**分布の範囲**。6月に雨が降った日数のa日を除いた月ごとの雨が降った日数の範囲は，最大の日数が16日，最小の日数が4日で，$16-4=12$日だから，aがとりうる値の範囲は，$4\leqq a\leqq16$。**中央値**は資料の値を大きさの順に並べたときの中央の値。月数は12で偶数だから，雨が降った日数の少ない方から6番目と7番目の日数の**平均値**が中央値。$4\leqq a\leqq7$のとき，6番目の日数も，7番目の日数も7日で，中央値$=\dfrac{7+7}{2}=7$日となり，問題の条件に合わない。$a=8$または9のとき，6番目の日数は7日，7番目の日数は8日または9日で，中央値$=\dfrac{7+8}{2}=7.5$日，または中央値$=\dfrac{7+9}{2}=8$日となり，問題の条件に合わない。$10\leqq a\leqq16$のとき，6番目の日数は7日，7番目の日数は10日で，中央値$=\dfrac{7+10}{2}=8.5$日となり，問題の条件に合う。以上より，aがとりうる値の範囲は，$10\leqq a\leqq16$である。

4 (連立方程式の応用)

(方程式と計算の過程)　(解答例)すべての大人の入館者数をx人，子どもの入館者数をy人とする。

$$\begin{cases}x+y=183\\500\times0.8x+450\times0.2x+300y=76750\end{cases}$$

これを解いて，$x=115$，$y=68$　(補足説明)すべての大人の入館者数と子どもの入館者数の関係から　$x+y=183\cdots$①　この日のすべての大人の入館者数x人のうち，65歳以上の人の割合は20％であったから，65歳以上の大人の入館者数は$0.2x$人，65歳未満の大人の入館者数は$x-0.2x=0.8x$人。また，大人のうち，65歳以上の人の入館料は，大人の入館料500円の1割引きになるから，$500\times(1--0.1)=450$円。この日の入館料の合計の関係より　$500\times0.8x+450\times0.2x+300y=76750$　整理して　$49x+30y=7675\cdots$②　②−①×30より　$19x=2185$　$x=115$　これを①に代入して　$115+y=183$　$y=68$

5 (2直線の位置関係，直線と平面の位置関係，線分の長さ，体積)

(1)　空間内で，平行でなく，交わらない2つの直線は**ねじれの位置**にあるという。辺AEとねじれの位置にある辺は，辺BC，CD，FG，GHの4辺。このうち，辺BC，CDは平面ABCD上にあり，辺FG，GHは平面ABCDに平行である。

(2)　△HELで**三平方の定理**を用いると，$HL^2=HE^2+EL^2=4^2+2^2=20$　△DHLで三平方の定理を用いると，$DL=\sqrt{DH^2+HL^2}=\sqrt{4^2+20}=6$cm

(3)　四角形AFGDは長方形であり，△AEFは**直角二等辺三角形で，3辺の比は1：1：$\sqrt{2}$** だから，$AF=AE\times\sqrt{2}=4\sqrt{2}$ cm　辺EH，FGの中点をそれぞれI，Jとすると，四角形MIJNは正方形であり，点Pから線分MJへ垂線PKを引くと，線分PKは，四角形AFGDを底面とする四角すいPAFGDの高さである。△PKMは直角二等辺三角形で，3辺の比は1：1：$\sqrt{2}$ だから，$\sqrt{2}\,MP=PK$より，$PK=\dfrac{MP}{\sqrt{2}}=\dfrac{1}{\sqrt{2}}=\dfrac{\sqrt{2}}{2}$cm　以上より，四角すいPAFGDの体積は　$\dfrac{1}{3}\times AD\times AF\times PK=\dfrac{1}{3}\times4\times4\sqrt{2}\times\dfrac{\sqrt{2}}{2}=\dfrac{16}{3}$ cm^3

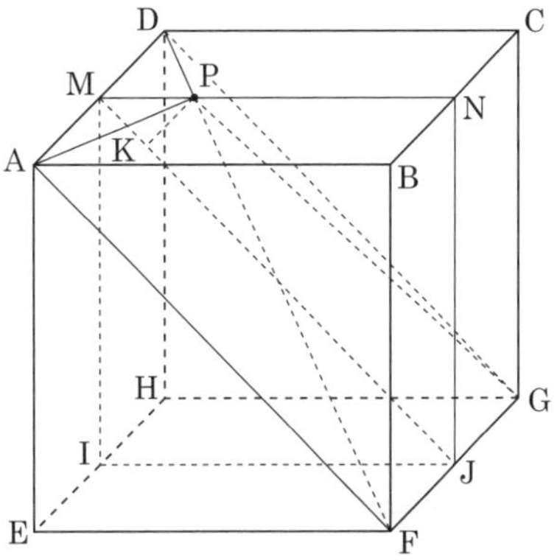

6 (図形と関数・グラフ)

(1)　**yがxに反比例する**とき，xとyの関係は$y=\dfrac{a}{x}$と表せる。$y=\dfrac{a}{x}$は点A(2，−6)を通るから，$-6=\dfrac{a}{2}$　$a=-12$　よって，曲線①をグラフとする関数のxとyの関係は$y=\dfrac{-12}{x}=-\dfrac{12}{x}$と表せる。

(2)　関数 $y=ax^2$において，$x=-5$のとき$y=a\times(-5)^2=25a$，$x=-2$のとき$y=a\times(-2)^2=4a$　よって，xの値が−5から−2まで増加するときの**変化の割合**は，$\dfrac{4a-25a}{-2-(-5)}=\dfrac{-21a}{3}=-7a$

(3)　(求める過程)　(例)A(2，−6)，D(2，8)，F(−4，12)より，$\triangle FAD=\dfrac{1}{2}\times\{8-(-6)\}\times\{2-(-4)\}=42$　B(−4，16a)，C(3，9a)より，直線BCの式は　$y=-ax+12a$　よって，E(2，10a)だから，台形BFDEの面積は，$(ED+BF)\times$高さ$\times\dfrac{1}{2}=42$　より，$\{(10a-8)+(16a-12)\}\times6\times\dfrac{1}{2}=42$　$a=\dfrac{17}{13}$　(補足説明)直線AD，BFとx軸との交点をそれぞれG，Hとすると，AD//BFだから，**平行線と線分の比についての定理**より，AG：FH＝GO：HO　$FH=\dfrac{AG\times HO}{GO}=\dfrac{6\times4}{2}=12$　これより，点Fのy座標は12である。また，$\triangle FAD=\dfrac{1}{2}\times AD\times$｛(点Aの$x$座標)−(点Fの$x$座標)｝$=\dfrac{1}{2}\times\{8-(-6)\}\times\{2-(-4)\}=42$である。2点B(−4，16$a$)，C(3，9$a$)を通る直線の式は，傾きが　$\dfrac{9a-16a}{3-(-4)}=-a$　なので，$y=-ax+b$とおいて点Cの座標を代入すると，$9a=-a\times3+b$　$b=12a$　よって，直線BCの式は $y=-ax+12a$ である。

7 (円の性質，相似の証明，線分の長さ)

(1)　(証明)(例)△BCFと△ADEで，仮定より，∠ACB＝∠ACE…①　$\overset{\frown}{AE}$の**円周角**は等しいから，∠ACE＝∠ADE…②　①，②より，∠ACB＝∠ADEだから，∠BCF＝∠ADE…③　仮定より，$\overset{\frown}{BC}=\overset{\frown}{CD}$だから，$\overset{\frown}{BC}$と$\overset{\frown}{CD}$の円周角は等しいため，∠CDF＝∠CBF…④　また，仮定より，AC＝ADだから，∠ACD＝∠ADC…⑤　$\overset{\frown}{AB}$の円周角は等しいから，∠ACB＝∠ADB…⑥　①，⑥より，∠ACE＝∠ADB…⑦　また，∠DCE＝∠ACD−∠ACE…⑧　∠CDF＝∠ADC−∠ADB…⑨　⑤，⑦，⑧，⑨より，∠DCE＝∠CDF…⑩　$\overset{\frown}{DE}$の円周角は等しいから，∠DCE＝∠DAE…⑪　④，⑩，⑪より，∠CBF＝∠DAE…⑫　③，⑫より，2組の角がそれぞれ等しいから，△BCF∽△ADE

(2)　1つの円で，長さの等しい弧に対する弦の長さは等しいので，$\overset{\frown}{BC}=\overset{\frown}{CD}$より，BC＝CD＝3cm　仮定より，AC＝AD＝6cm　△ACDと△DCFで，共通な角だから，∠ACD＝∠DCF…①　$\overset{\frown}{BC}$と$\overset{\frown}{CD}$の円周角は等しいため，∠CAD＝∠BDCだから，∠CAD＝∠CDF…②　①，②より，2組の角がそれぞれ等しいから，△ACD∽△DCF　AC：CD＝DC：CF　$CF=\frac{CD\times DC}{AC}=\frac{3\times3}{6}=\frac{3}{2}$cm　△BCFと△ADFで，対頂角は等しいから，∠BFC＝∠AFD…③　$\overset{\frown}{CD}$の円周角は等しいため，∠CBD＝∠CADだから，∠CBF＝∠DAF…④　③，④より，2組の角がそれぞれ等しいから，△BCF∽△ADF　BC：BF＝AD：AF　$BF=\frac{BC\times AF}{AD}=\frac{BC\times(AC-CF)}{AD}=\frac{3\times\left(6-\frac{3}{2}\right)}{6}=\frac{9}{4}$cm

＜英語解答＞

1　(1)　A イ　B イ　C ア　D ウ　(2)　質問1，5 又は five　質問2　ⓐ　learn　ⓑ　famous　質問3　heard her kind words

2　(1)　A ア　B ウ　C イ　(2)　ⓐ イ　ⓑ エ　ⓒ ウ　(3)　(例)It will be a good time to see sakura this weekend.　(4)　オ・ウ・イ・ア・エ　(5)　a long history

3　(1)　(例)We can't go without it today.　(2)　(例)You should take notes on things to do.

4　(例)I arrived in London yesterday and I am going sightseeing in this city today. I'm excited by everything I see.

5　(1)　ⓐ　sat　ⓑ　best　(2)　エ　(3)　①　(He felt)(A little)Nervous.　②　He told her about various things.　(4)　礼子さんと分かち合える話題を見つけたこと。　(5)　ウ　(6)　知らないことをたくさん話してくれたことと，興味のあることを話す機会を与えてくれたこと。　(7) エ

＜英語解説＞

1　(リスニング)

放送台本の和訳は，47ページに掲載。

2　(会話文読解問題－語句補充，和文英訳，語句の並べ換え)

(全訳)　(ジョンと由紀は公園を歩いている)

ジョン：わあ，この公園にはたくさんの桜があるね。外国から来た人たちは皆桜を見るべきだと思うよ。

由紀　：$_A$私も同感よ。桜は日本の春の象徴だわ。

ジョン：見て！　たくさんの人が木の下で桜を見て，ピクニックをしているよ。

由紀　：日本ではこの行事は花見と呼ばれているのよ。毎年多くの人たちが家族や友達と花見をするの。長い歴史がある人気の行事なのよ。だから多くの日本人は桜ⓐ(がない)春を想像できないわ。

ジョン：なるほど。この公園では桜を見るには今週末がいいね。

由紀　：私もそう思うわ。ああ，春のスイーツを見せてあげたいわ。あなたの国では見られないと思うの。B驚くわよ。行きましょう！

(デパートにて)

由紀　：見て，たくさん春のスイーツがあるわ！　例えば桜の花がケーキの上に乗せてある。その風味がいいのよ。

ジョン：Cいいの？　桜の花を食べられるとは知らなかったよ。

由紀　：桜の花が塩水に漬けられて，スイーツに使われているの。

ジョン：え，本当？　葉っぱに包まれたあの食べ物はなに？

由紀　：あれは桜餅，春に食べられる和菓子なの。あれは桜の木の葉っぱよ。日本人は何百年も桜餅を食べているの。

ジョン：たくさんの方法で春を楽しむんだね。うーん…今桜のスイーツを1つ買いたい気分だよ。

由紀　：オーケー。何を買う？　ケーキ，桜餅，そして他にもたくさんのスイーツを買えるわよ。[どのスイーツを買うか決められる]？

ジョン：いや。このデパートには売っているスイーツが多すぎるよ。僕が1つだけⓑ(を選ぶ)のは難しいよ。

由紀　：オーケー。スイーツを2，3個だけ買うのはどう？　そしてもっと春を楽しむの。この階を見て回ってⓒ(色々な)桜のスイーツを見つけましょうよ！

ジョン：嬉しそうだね，由紀。きみもいつくかスイーツを買うつもりなの？

由紀　：もちろん！　ただ花を見るだけよりもスイーツを食べる方が好きなのよ。

(1)　A　直前直後共に桜に対して肯定的な発話をしている。**agree「同意する，賛成する」** That's too bad.「お気の毒に，残念だ」　B　直前の発話からジョンにとって馴染みのないものを見に行くことがわかる。**be surprised「驚く」**　What's up?「どうしたの？」

C　直前の発話 The flavor is good. に対して「そうなの？」という聞き返しをしている。The flavor を代名詞 it にしているイがふさわしい。

(2)　ⓐ　**without ～「～なしに」**　ⓑ　**choose「～を選ぶ」**　ⓒ　**different「違った，異なった」**

(3)　<It ~ to +動詞の原形…>で「…することは～だ」の意味を表すことができる。

(4)　(Can) you decide which sweet to buy(?)　助動詞 can の疑問文は<Can +主語+動詞の原形>となる。which「どちらの，どの」は後ろに名詞を続けて which sweet「どのスイーツ」と表現できる。その後ろに to と動詞の原形を続けることで which sweet to buy「どのスイーツを買うべきか」という意味となる。

(5)　「それは長い歴史のある和菓子です」It が指しているものは直前の文の桜餅。6つ目の由紀の発話の3文目から桜餅が長年食べられていることがわかる。由紀の2つ目の発話には同じように花見も長い歴史があると述べられている。

3 (和文英訳，条件英作文)

(1)　日本語をそのまま直訳しなくても内容が伝わればいいので自分の知っている表現を使って書けるとよい。解答例は，直訳すると「今の私たちはそれなしではやっていけない」という意味で，「欠かせない」と表現したいときによく使われる。

(2)　直前に「することを忘れるのをやめるには何ができるか」と聞かれているので適切なアドバイスを考える。解答例は「するべきことをノートに書いた方がいい」の意味。

4 (条件英作文)

伝えたいこと2点を忘れずに書くこと。解答例は「(マークへ，こんにちは)私は昨日ロンドンに到着して，今日は市内を観光しています。見るもの全てにわくわくしています。(あなたの友達，友恵)」という意味。過去形や現在進行形などを考えて書くこと。**arrive**「到着する」 go sightseeing「観光をする」 be excited「わくわくする」

5 (長文読解問題・物語文－語形変化，語句補充，英問英答，語句解釈，内容真偽)

(全訳)　夏休みの間，私は4日間ボランティアとして働くために老人ホームを訪れました。

初日の午後，多くの入居者がお茶の時間を楽しんでいました。8人の入居者が食堂の大きなテーブルを囲んで座っていました。介護福祉士が私に「健，こっちへ来て。一緒に話さない？」と言いました。私は少し緊張しました。でも私はそのテーブルに行き，8人の入居者に「こんにちは，健です。初めまして」と言いました。そして，礼子さんというおばあさんの隣にⓐ(座りました)。彼女は微笑んで「こんにちは。何歳なの？　どこに住んでいるの？」と私に言いました。私は「ええと，14歳です。この老人ホームのそばに住んでいます」と答えました。礼子さんが話してくれたとき私は嬉しく思いました。そして私は彼女についていくつか質問したいと思いましたが，何を聞くべきかA わかりませんでした。それなのでB 何も聞かず，私たちは黙ったままでした。私は彼女に申し訳なく思いました。

2日目のお茶の時間，礼子さんはお茶を飲んでいました。彼女を見たとき，たくさん話をしたいと思いました。それなので彼女に色々なことについて話しをしました。しかし彼女はただ微笑んで私のことを聞いていました。礼子さんが私との時間を楽しんでいたとは思えませんでした。

次の日の午後，老人ホームの大広間の掃除を手伝いました。掃除をしているとき，入居者によって描かれたたくさんの絵を見ました。私は絵が好きだったので，絵を見るために掃除の手を止めました。その時，素晴らしい絵が私の目をとらえました。その絵の下に礼子さんの名前を見つけました。私は介護福祉士に「礼子さんの描いたこの絵は素晴らしいですね」と言いました。彼は「うん。彼女は全ての入居者の中でⓑ(一番上手に)絵を描けるんだよ」と言いました。私は礼子さんと分かち合える話題を見つけて嬉しく思いました。

最後の日に礼子さんと会いました。私は彼女に「あなたの素晴らしい絵を見ました。実は私は絵を描くのが好きなんです。あなたも絵を描くのが好きですか？」と言いました。礼子さんは「ええ，絵を描くのが大好きなのよ」と答えました。そして私は「どれくらいの期間絵を描いているのか聞いてもいいですか」と続けました。彼女は微笑んで「もちろん…40歳くらいからよ」と答えました。私たちは絵を描くことについてたくさん話をしました。私は礼子さんと話をして楽しみました。この日の終わりに彼女は「ありがとう」と言いました。彼女がなぜそう言ったのかわかりませんでした。ただ彼女のことを少しの間見ました。すると礼子さんは「あなたは私の知らないことをたくさん話してくれたわね。そして私の興味あることについて話す機会もくれたわ」と続けました。それを聞いて嬉しく思いました。私は彼女に「他の絵も見せていただけませんか」と聞きました。礼子さんは「もちろん。あなたの絵も見たいわ。また会いに来て持ってきてくれる？」と答えました。私は「問題ありません！」と言いました。私たちはお互いに笑いました。

私はボランティアとして老人ホームへ行ってとてもよかったです。近々また彼女に会います。

(1)　ⓐ　過去の話をしているので **sit**「座る」の過去形 sat。　ⓑ　well は「よく，上手に」の意味で，最上級形は best となる。<最上級+**of all**>で「全ての中で一番～>と表現できる。

(2)　Bの直後の文でお互い黙っていたとあるので，質問はしなかったことがわかる。質問をしなかったということは，A は何を聞くべきかわかっていなかったということになる。

(3)　①「健は初日に8人の入居者と話す前はどのように感じていましたか」 解答例「(彼は少し)緊張していた」第2段落第4文参照。　②「2日目に礼子さんとたくさん話すために健は何をしましたか」解答例「彼は様々なことについて話しをした」第3段落第3文参照。
(4)　3日目のことは第4段落に述べられている。最終文に嬉しかったとある。
(5)　続く礼子さんの返答からHow long「どれくらいの長さ(期間)」と聞いていると考える。**since**「～以来」
(6)　下線部のあとの礼子さんの発話をよく読みまとめる。
(7)　ア「初日に礼子さんは健を入居者8人との午後のお茶の時間に招待した」(×)　第2段落第3文参照。　イ「2日目に健は礼子さんが微笑んだので健と話すのを楽しんだと思った」(×)　第3段落第4，5文参照。　ウ「3日目に健は礼子さんに自分も絵を描くことがとても好きだと伝えた」(×)　第5段落第2文参照。伝えたのは最終日である4日目。　エ「4日目，礼子さんは健に彼の絵を見せるためにまた自分に会いに来るように頼んだ」(○)　第5段落最後の礼子さんの発話参照。

2020年度英語　放送による問題

〔放送台本〕

はじめに，(1)を行います。これから，中学生の寛太(Kanta)と留学生のジュディ(Judy)が，英語でA，B，C，Dの4つの会話をします。それぞれの会話のあとに，英語で質問をします．その質問の答えとして最も適切なものを，ア，イ，ウ，エの4つの中から1つ選び，記号で答えなさい。なお，会話と質問は2回繰り返します。では，始めます。

Ⓐ Judy:　Ah, I hope it will stop raining soon.
Kanta:　It was sunny yesterday.
Judy:　Yes. But the TV says we will have snow in the afternoon today.
Kanta:　Really? How about tomorrow?
Judy:　It will be cloudy.
質問　How was the weather yesterday?

Ⓑ Kanta:　Thank you for giving me a birthday present, Judy. I like the bag very much.
Judy:　I'm happy you like it. Oh, you're wearing a nice T-shirt today.
Kanta:　This is a birthday present from my sister. And my mother made a birthday cake for me.
Judy:　Great. But you wanted a computer, right?
Kanta:　Yes, I got one from my father!
質問　What did Kanta get from his sister?

Ⓒ Kanta:　Hi, Judy. The movie will start at 11:00. What time shall we meet tomorrow?
Judy:　How about meeting at the station at 10:30?
Kanta:　Well, I want to go to a bookstore with you before the movie starts. Can we meet earlier?

Judy: All right. Let's meet at the station fifty minutes before the movie starts.

Kanta: OK. See you tomorrow!

質問 What time will Kanta and Judy meet at the station?

D Judy: Kanta, look at this! We can see the most popular sports in each class.

Kanta: In my class, soccer is the most popular of the four sports.

Judy: Soccer is popular in my class, too. But volleyball is more popular.

Kanta: I see. And many of my classmates want to play softball. I want to try it, too!

Judy: Really? No students in my class want to play softball.

質問 Which is Judy's class?

〔英文の訳〕

A ジュディ：ああ，雨がすぐやんでくれるといいなあ。

寛太 ：昨日は晴れてたね。

ジュディ：うん。でもテレビが今日の午後に雪が降るって言ってるわ。

寛太 ：本当？ 明日はどう？

ジュディ：くもりよ。

質問 ：昨日の天気はどうでしたか？

B 寛太 ：誕生日プレゼントをくれてありがとう，ジュディ。カバンとても気に入ったよ。

ジュディ：気に入ってくれて嬉しいわ。あ，今日いいTシャツを着ているわね。

寛太 ：これは姉[妹]からの誕生日プレゼントだよ。そして母が誕生日ケーキを作ってくれたんだ。

ジュディ：すてきね。でもコンピュータが欲しかったんでしょ？

寛太 ：うん，父からもらったよ！

質問 ：寛太は姉[妹]から何をもらいましたか？

C 寛太 ：やあ，ジュディ。映画は11時に始まるよ。明日は何時に会おうか？

ジュディ：駅に10時半はどう？

寛太 ：ええと，映画が始まる前に一緒に本屋に行きたいんだ。早めに待合せられる？

ジュディ：大丈夫よ。映画が始まる50分前に駅で会いましょう。

寛太 ：オーケー。じゃあ明日ね！

質問 ：寛太とジュディは何時に駅で会いますか？

D ジュディ：寛太，これを見て！ それぞれのクラスで一番人気のスポーツがわかるわよ。

寛太 ：僕のクラスでは4つのスポーツの中でサッカーが一番人気だね。

ジュディ：私のクラスでもサッカーは人気よ。でもバレーボールの方がもっと人気だわ。

寛太 ：なるほどね。そして僕のクラスメイトの多くはソフトボールをしたいんだ。僕もやってみたい！

ジュディ：本当？ 私のクラスではソフトボールをやりたい生徒は一人もいないわ。

質問 ：ジュディのクラスはどれですか？

〔放送台本〕

次に，(2)を行います。これから，中学生の寛太(Kanta)が，英語で話をします。その話の内容について，問題用紙にある3つの質問をします。それぞれの質問に対する正しい答えとなるように，(　　　　)の中に，適切な数字や語，語句を記入しなさい。なお，先に問題用紙にある質問を2回繰り返し，そのあとで話を2回繰り返します。では，始めます。

質問1　When did Kanta begin to take guitar lessons?

質問2　What was fun for Kanta in the guitar lessons?

質問3　Why was Kanta happy when he met his mother at the town music festival?

続いて，話をします。

I like playing the guitar. When I was five years old, I got a guitar and began to take guitar lessons. My guitar teacher always said, “Let’s enjoy playing the guitar.” And she taught me a famous song. In the guitar lessons, it was fun for me to learn to play the song.

When I was seven years old, I joined the town music festival. I played the guitar in front of many people for the first time. I felt afraid, but I remembered the words of my guitar teacher. Then, I enjoyed playing the guitar. After I finished playing, I met my mother. She gave me her kind words. When I heard them, I was happy.

Now, I am continuing to practice the guitar. I hope I Will become a great guitar player.

〔英文の訳〕

質問1　寛太はいつギターのレッスンを始めましたか？

答え　彼が(5)歳のとき。

質問2　彼にとってギターのレッスンで楽しかったのは何ですか？

答え　彼はⓑ(有名な)歌を弾くのⓐ(を習う)のが楽しかった。

質問3　町の音楽祭で母に会ったときに寛太が嬉しかったのはなぜですか？

答え　(彼女の優しい言葉をきいた)から。

私はギターを弾くのが好きです。5歳の時ギターをもらってギターのレッスンを始めました。ギターの先生はいつも「ギターを弾くのを楽しもう」と言っていました。そして彼女は私に有名な歌を教えてくれました。ギターのレッスンでその歌を弾くのを習うのが楽しかったです。

7歳のとき，町の音楽祭に参加しました。初めて大勢の人たちの前でギターを弾きました。不安に思いましたが，ギターの先生が言った言葉を思い出しました。そしてギターを弾くことを楽しみました。弾き終わったあと，母に会いました。彼女は私に優しい言葉をかけてくれました。それを聞いて嬉しかったです。

今私はギターの練習を続けています。素晴らしいギター奏者になれることを願っています。

<理科解答>

1　(1)　食物連鎖(食物網)　(2)　エ　(3)　(記号)　イ　(理由)　水の深さが深いほど水圧が大きくなるから。　(4)　(マグマのねばりけ)　強い。または，大きい。(噴火のようす)　激しく爆発的。

2 (1) ①　単子葉類　②　a (接眼) 10　(対物) 40　b　ウ　③　ア　(2) ①　酸素の多いところでは酸素と結びつき，酸素の少ないところでは酸素を放す性質。　②　70　③　エ　④　酸素を使って養分からとり出されるエネルギーが，より多く必要になるから。

3 (1) ①　発熱反応　②　$Fe+S \rightarrow FeS$　③　a　㋐　塩化物　㋑　2　b　エ　(2) ①　二酸化炭素　②　a　右図1　b　20

4 (1) ①　恒星　②　周りより温度が低いから。　(2) ①　エ　②　ウ

5 (1)　ア　(2) ①　ウ　②　a (標高) 1100 (温度) 2　b　34.4

6 (1) ①　等速直線運動　②　右図2　(2) ①　ア　②　オ　③ (記号) イ　(理由) 同じ高さからはなすと位置エネルギーが等しいため，コイルを通過する速さは等しくなるから。　④　10.7

図1
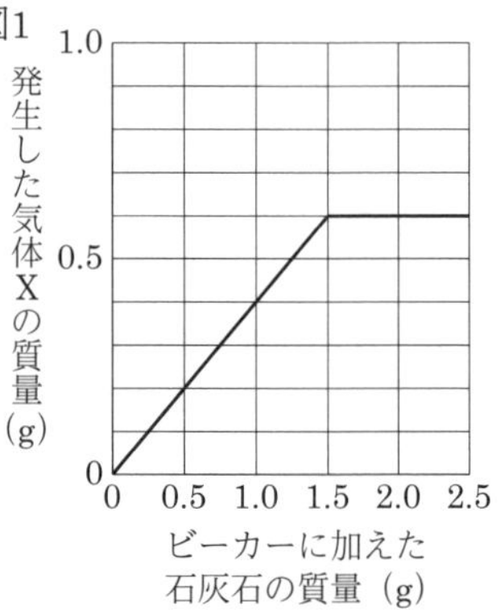

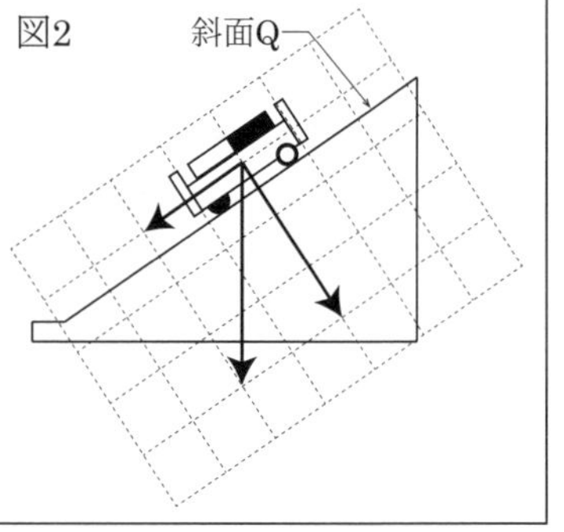

＜理科解説＞

1 (小問集合)

(1)　生物どうしにおける，食べる・食べられるという関係のつながりを食物連鎖といい，これが複雑にからみあったものを食物網という。

(2)　ろ過をするときは，ろうとのあしの長いほうをビーカーのかべにつけ，ガラス棒を使って液体をろうとに注ぐ。

(3)　水深が深くなるほど水圧が大きくなるため，水を穴から押し出す力が大きくなる。

(4)　無色鉱物が多いほど，マグマのねばりけは強くなるため，激しい噴火をするようになる。

2 (生物総合)

(1)　①　被子植物のうち，ツユクサのように平行な葉脈が見られる植物は，**単子葉類**に分類される。　②　a　**顕微鏡の倍率＝接眼レンズの倍率×対物レンズの倍率**で求める。400倍になる組み合わせは，接眼レンズが10倍，対物レンズが40倍のときである。　b　気孔は，三日月形の孔辺細胞に囲まれたすき間の部分である。　③　根から吸い上げた水は，道管を通って全身に運ばれ，気孔から水蒸気(気体)として放出される。

(2)　①　ヘモグロビンは，酸素の多いところでは酸素と結びつき，酸素の少ないところでは酸素を放す性質をもつ。動物は，この性質を利用することによって，全身の細胞に酸素を運ぶことができている。　②　1秒間に左心室から送り出される血液の体積は，64〔cm^3〕×75〔回〕÷60＝80〔cm^3〕　よって，5600cm^3の血液を送り出すためには，5600÷80＝70〔秒〕　③　食後，消化された養分を小腸で吸収し，肝臓へ一時的に運ぶ。このとき通過するエの血管が当てはまる。　④　筋肉を動かすために多くのエネルギーが必要になるため，細胞の呼吸を激しく行い大量のエネルギーを生み出す必要がある。エネルギーは，食物などから吸収した養分を分解することで得られるが，こ

の分解を行うときに，酸素が必要である。

3 (化学総合)

(1) ① 化学変化によって温度が上がる場合，その化学変化を発熱反応という。 ② **鉄原子と硫黄原子は，1：1の数の比で結合**し，硫化鉄となる。 ③ a 塩化水素→水素イオン(陽イオン)＋塩化物イオン(陰イオン)のように電離している。このうち水素イオンは，電子をもらうことで原子となり，これが2個結合して分子になる。 b ア～ウは，どれも分子をつくらない。アンモニアは，NH3の化学式で表され，分子をつくる。

(2) ① 石灰石にうすい塩酸を加えると，二酸化炭素が発生する。 ② a (発生した気体Xの質量)＝(反応前のビーカー全体の質量)＋(加えた石灰石の質量)－(反応後のビーカー全体の質量)となる。よって，ビーカーAで発生した気体Xは0.2g，Bは0.4g，C～Eは0.6gと求められる。
b 石灰石0.5gが完全に反応すると，0.2gの気体Xが発生することがわかっているので，1.0gの気体Xが発生したときに反応した石灰石の質量をxgとすると，0.5：0.2＝x：1.0　x＝2.5〔g〕 このことから，うすい塩酸のほうが完全に反応したことがわかる。実験から，うすい塩酸12cm^3と完全に反応する石灰石は1.5gであるとわかるので，2.5gの石灰石と反応するうすい塩酸の体積をycm^3とすると，12：1.5＝y：2.5　y＝20〔cm^3〕

4 (天体)

(1) ① 自ら光を出す天体を恒星という。太陽系は，恒星である太陽を中心とした天体の集まりである。 ② 太陽の表面温度が約6000℃なのに対し，黒点部分は約4000℃であり，温度が低いために黒く見える。

(2) ① 3月1日の地球は，太陽としし座の間にある。この3か月後の6月1日，**地球は90°公転**しているので，太陽とさそり座の間にある。このときの地球から，真夜中東の空に見える星座は，みずがめ座である。 ② 地球から見て，太陽と地球を結ぶ直線上に火星が重なっているときは，一日中火星を見ることができない。

5 (気象)

(1) 梅雨のころ，日本付近には東西にのびた**停滞前線**が見られる。

(2) ① 上空は気圧が低くなっているので，空気は上空へいくほど膨張する。 ② a 16℃，湿度50％の空気1m^3にふくまれる水蒸気量は，13.6〔g/m^3〕×0.5＝6.8〔g/m^3〕 この水蒸気量が飽和水蒸気量となる温度は，5℃であるから，16℃の空気が5℃になるまでに何m上昇すればよいかを求めると，(16－5)〔℃〕×100＝1100〔m〕 よって，この空気が1100m上昇すると，水蒸気が飽和して露点となる。1700mに達するためには，1700－1100＝600〔m〕より，あと600m雲をつくりながら空気が上昇することになるので，600〔m〕÷100〔m〕×0.5〔℃〕＝3〔℃〕より，山頂に達するには，露点に達してからさらに3℃上昇することになる。よって，山頂の空気の温度は5－3＝2〔℃〕 b 山頂の2℃の空気の飽和水蒸気量は5.6g/m^3。この水蒸気量は変化せず，1700m下降すると，温度は，1700〔m〕÷100〔m〕＝17〔℃〕上がるので，地点Bでの気温は，2＋17＝19〔℃〕 19℃での飽和水蒸気量は16.3g/m^3なので，$\frac{5.6[g/m^3]}{16.3[g/m^3]}\times 100=34.35\cdots$→34.4％

6 (物理総合)

(1) ① 水平面上で，一定の速さで一直線上を進む運動を，**等速直線運動**という。 ② 重力は，斜面に平行な方向と斜面に垂直な方向に分解できる。

(2)　①　誘導電流の向きは，磁石の極，あるいは磁石の動き方が変化すると，逆向きになる。CからBへ磁石がコイルを抜けるとき，S極がⓑ側からコイルに近づくが，このとき，検流計は左に振れる。また，コイルのⓐ側からN極が抜けるとき，検流計の針は右に振れる。　②　台車の運動エネルギーは，高さが低くなるほど速さが増すため大きくなるが，コイルを通過するたびに運動エネルギーの一部が電気エネルギーに変化するため，**コイル通過前よりも通過後のほうが運動エネルギーは減少している**。よって，AB間で運動エネルギーは大きく増加し，BC間でいくらか減少する。CD間では運動エネルギーは大きく減少し，Dで0となる。DC間では運動エネルギーはC点を通過したときの大きさまで大きく増加するが，CB間でコイルを通過するときに運動エネルギーがいくらか減少する。　③　AとEは高さが等しいため，水平面に達したときの台車の速さは等しい。よって，コイルに生じる電流の大きさも等しくなる。　④　白熱電球は，消費した電気エネルギーの10％を光に変え，残りの90％を熱に変換する。よって，白熱電球によって熱に変換されるエネルギーは，40〔W〕×10×60×0.9＝21600〔J〕　一方，LED電球は，消費した電気エネルギーの30％を光に変え，残りの70％を熱に変換する。よって，LED電球によって熱に変換されるエネルギーは，4.8〔W〕×10×60×0.7＝2016〔J〕　求める答えは，21600〔J〕÷2016〔J〕＝10.71…より，10.7倍となる。

＜社会解答＞

1　(1)　a　ウ　　b　法隆寺　　(2)　イ　　(3)　(例)後一条天皇の祖父として，摂政に就こうとした。　(4)　a　イ　　b　(例)借金の帳消しを要求しており，寺院がお金の貸し付けを行っていたから。　(5)　a　藩　　b　(例)江戸から遠い地に配置されており，警戒される存在であった。　(6)　ウ→イ→ア　　(7)　a　ア　　b　(例)日清戦争と比べて死者や戦費が増えたが，賠償金が得られなかったから。　(8)　(例)景気変動の影響を受けにくく，安定した税収が得られる。

2　(1)　東シナ海　　(2)　a　大分(県)　　b　エ　　(3)　a　①　シラス台地　　②　ハザードマップ　　b　ア　　(4)　(例)入荷量が少なく，価格が高い時期に出荷できる。
(5)　グラフ3　ⓑ　　図5　ⓕ　　(6)　(例)河川が短く，降った雨の多くが海に流れてしまうから。

3　(1)　イ　　(2)　ⓒ　　(3)　a　アルプス・ヒマラヤ造山帯　　b　ウ　　(4)　a　①　イスラム教　　②　(例)食に関する細かい決まりがあり，食べられるものを簡単に選ぶことができる。　b　(例)原油がとれなくなることを見越し，原油に依存する経済から脱却するため。

4　(1)　a　男女雇用機会均等法　　b　エ　　(2)　a　ア　　b　連立政権　　(3)　a　温室効果ガス　　b　(例)削減義務がない国の排出量が増えているから。　(4)　(例)人手が少なくて済むため，労働力不足への対応策になりえる。また，キャッシュレス決済が普及している国からの観光客による，消費の増加が期待できる。

＜社会解説＞

1　**(歴史的分野―日本史―時代別―古墳時代から平安時代，鎌倉・室町時代，安土桃山・江戸時代，明治時代から現代，歴史的分野―日本史―テーマ別―政治・法律，経済・社会・技術，文化・宗教・教育，外交)**

(1)　a　遣隋使を派遣したのは**聖徳太子**。ア・エは聖徳太子の死後に**大化の改新**を行った人物。イは聖徳太子とともに政治を行った人物。　b　聖徳太子が建てた**法隆寺**は，世界文化遺産に登録されている。

(2)　**天平文化**は，**シルクロード**を通じて伝わった西アジアやインドの文化を遣唐使がわが国に持ち帰ったことから，国際色豊かな文化となっている。アが江戸時代の元禄文化，ウが鎌倉文化，エが室町文化。

(3)　図2から，**藤原道長**と後一条天皇は祖父と孫の関係にあたることが読み取れる。天皇が女性や幼いときの政治代行職として**摂政**の職に就いたと考えられる。

(4)　a　傍線部④は1428年におこった**正長の土一揆**を指す。この一揆がおこった室町時代には，**馬借**や**問丸**といった運送業者が活躍した。ア…商工業者の同業者組合。ウ…京都の裕福な商工業者。エ…農村の自治組織。　b　土倉や酒屋は高利貸し(金融業)を営んでいたことから，一揆をおこした人々は借金の帳消しを要求したと考えられる。

(5)　a　大名とは，幕府から1万石以上の所領を領地(藩)として与えられた者のこと。全国の約4分の1は幕府の直轄地，残りを大名に治めさせた。幕府と藩が全国の土地と民衆を支配するしくみを**幕藩体制**という。　b　図3から，**外様大名**が江戸から遠い地域に配置されていることが読み取れることから，**譜代大名**に比べて信用の点で劣るととらえられていたと考えられる。

(6)　アの天保の薪水給与令が1842年，イが1825年，ウのラクスマンの通商要求が1792年のできごと。

(7)　a　日露戦争の講和会議が，アメリカの**ポーツマス**で開催されたことから判断する。　b　表2から，死者数，戦費ともに日清戦争を上回っていることが読み取れることから，国民の大きな負担のもとに勝利を得たことがわかる。それにもかかわらず，ポーツマス条約で北緯50度以南の樺太や南満州鉄道の経営権などを獲得したが，**賠償金がとれなかった**。ポーツマス条約の内容が国内で報じられると，**日比谷焼き打ち事件**がおこった。

(8)　グラフ1から，所得税収は，好況時には増加，不況時には減少しているが，消費税収は，消費税率の引き上げによる税収の増加を除くと，景気による増減がほとんど見られずほぼ一定であることが読み取れる。

2　(地理的分野―日本―地形図の見方，日本の国土・地形・気候，農林水産業，工業，資源・エネルギー)

(1)　日本列島は東シナ海のほか，太平洋，日本海，オホーツク海に囲まれている。

(2)　八丁原発電所の位置する大分・熊本県境付近には，世界最大級のカルデラをもつ**阿蘇山**が位置する。火山活動が活発な九州地方では地熱発電がさかんに行われており，再生可能エネルギーの一種として開発がすすめられている。

(3)　a　①　火山灰土におおわれた**シラス台地**は水もちが悪く稲作に不向きなため，九州地方南部では畑作や畜産がさかん。　②　大雨によって土石流や崖くずれ，地すべりなどの土砂災害がおこることがある。**ハザードマップ**は土砂災害や火山の噴火によっておこる火砕流，大雨や津波による浸水が予想される地域などの警戒区域を示したもの。　b　等高線を読み取ると[Y]の標高が60mほどであることがわかる。よって，「127.5」の表記のある[Z]は[Y]に比べて標高が高いことがわかる。

(4)　[B]は宮崎県。グラフ2から，宮崎県以外の都道府県からの入荷量が少ない1・2月などの宮崎県からの入荷量が多いこと，また，これらの時期のピーマン1kg当たりの平均価格が高騰していることが読み取れる。

(5)　1901年に操業を開始した**八幡製鉄所**を中心に発展をとげた**北九州工業地帯**は，かつては金属工業の割合が高かった。エネルギー革命による近隣の筑豊炭田の閉山などにより衰退したが，近年は輸出入に便利な九州北部の沿岸部を中心に自動車工場の進出が進んでいる。

(6)　表3と図6から，沖縄県の河川の長さが短いことが読み取れることから，保水力が低いことに着目する。

3　(地理的分野―世界―人々のくらし，地形・気候，人口・都市，資源・エネルギー)

(1)　南アメリカ大陸を流れるアマゾン川の河口付近，マレー半島のシンガポール付近，アフリカ大陸のギニア湾付近を**赤道**が通る。

(2)　1月や12月の気温が高く7月の気温が低いことから，グラフ4が示す都市が南半球に位置することがわかる。

(3)　a　Ⓑはインド。インドの北側の山脈とは**ヒマラヤ山脈**などを指す。**アルプス・ヒマラヤ造山帯**はユーラシア大陸南部に連なる造山帯。　b　インドが中国に次いで**二番目に人口が多い**国であることから判断する。アが中国，イがオーストラリア，エがブラジル。

(4)　a　①　サウジアラビアの**メッカ**を聖地とする**イスラム教**は，西アジアやアフリカ北部，東南アジアの一部地域などに信者が多い。　②　イスラム教では不浄であるという理由から**豚肉**を食べない習慣があるなど，食べられるものに制限が多い。わが国でもイスラム教徒が安心して入店できるハラール認証の飲食店が増えている。　b　表5から，50年以内には原油採掘のリミットが訪れてしまうことが読み取れる。また，グラフ5からは，輸出総額に占める原油の輸出額の割合が30年間で激減していることが読み取れる。

4　(地理的分野―公害・環境問題，公民的分野―憲法の原理・基本的人権，三権分立・国の政治の仕組み，時事問題)

(1)　a　問題文中の「職場での男女平等」「1985年に制定」から判断する。1999年に制定された**男女共同参画社会基本法**は，職場にとどまらず，個人の個性や能力を発揮できる社会の実現を目指すための法律。　b　新しい人権は，**環境権**のほかにも**知る権利**，**プライバシーの権利**，自己決定権があり，日本国憲法第13条により認められている。

(2)　a　国会の仕事のうち，内閣総理大臣の指名のほか法律の制定，条約の承認，予算の議決には**衆議院の優越**が適用される。イは地方議会，ウは裁判所，エは内閣の仕事。　b　**連立政権**または**連立内閣**という。これに対して，一つの政党でつくる政権は単独政権または単独内閣という。

(3)　表6は1997年に採択された**京都議定書**の内容で，発展途上国には二酸化炭素の削減義務がないことが読み取れる。また，グラフ6から，京都議定書で削減義務が課せられていない中国やインドといった発展途上国の二酸化炭素の排出量が増加していることが読み取れる。

(4)　資料1から，キャッシュレス決済の導入によって労働力が少なくて済むことが読み取れる。また，グラフ7から，生産年齢人口の割合が減少することが読み取れることから，今後の労働力不足が予想される。さらに，グラフ8から，近隣国や欧米諸国ではキャッシュレス決済比率が高いことが読み取れることから，これらの国々からの観光客が増加することによるインバウンド消費の増加が見込めることがわかる。

<国語解答>

一 問一 (あ) ちょうやく (い) 染 (う) 急 (え) 約束 問二 (例)岬からの距離が近いこと 問三 エ 問四 ア・ウ 問五 ウ 問六 (例)紺野先生が無線機の送信機を卵の近くへ置いたことで，少年だけが殻の破れる最初の瞬間に立ち合うことができたこと。

二 問一 (あ) まぼろし (い) じゅんすい 問二 ウ 問三 イ 問四 心の中の情報だけで見ている風景 問五 イ 問六 (例)(私たちは)知覚と認知の両方の過程でものを見ているが，むしろ認知の方が強く影響するから。

三 問一 エ 問二 硬貨を 問三 あらゆる人 問四 (例)ご覧になった[見られた]
問五 (例)競技の内容が具体的にわかる工夫があります

四 問一 たぐい 問二 アとオ 問三 (1) (例)機会があれば必ず訪ね寄って無事かどうかを聞いたこと。／主人の家が衰えた時にたびたび物を贈ったこと。 (2) (例)佐吉が正直なことを知って，売る人は気を配って重くして与え，買う人は気を配って軽くしてはかったから。

五 (例) 言葉の意味や使い方は，従来のものだけにこだわる必要はない。本来のものだけを大切にするべきという考えには反対だ。言葉は人々が生活するために必要な道具の一つだ。暮らし方が変われば，変わっていっても不思議はない。変化に対応していくのだ。流行があれば，すたりもする。だから、本来の意味を正確におさえておくべきではある。そのうえで、その時代に合った解釈をすればよい。

<国語解説>

一 **(小説文－情景・心情，文脈把握，文章・段落構成，漢字の読み書き，熟語，ことわざ・慣用句)**

問一 (あ) とびあがること。 (い) 「染」の部首は，き。さんずいにしない。 (う) 「急ぐ」は，送り仮名に注意したい。 (え) 「約」は総画数も確認しておこう。「糸」は六画。

問二 「少年は，岬の一部をちぎって投げたような，……小さな島に住んでいた」とあるので，**少年の住んでいる島が岬から近いところにあること**がわかる。

問三 少年が翌日の天候を気にしているのは，**保育器の中のチャボの卵が孵化しそうな**ことだ。だから，明日はなにがなんでも登校したいのである。それなのに「無線から快晴だが強風であるとの予報」を聞いたから，**明日の天候と海の状態**を気にせずにはいられない。島に住む少年は「波が荒い日は渡し船が通わず」登校できないのだから，**渡し船が出るかどうか**も気になるのだ。

問四 「物」の訓読みは「もの」，**音読みは「ブツ」「モツ」**。

問五 体言止めも比喩表現も使われていない。回想も挿入されていない。**一文が短くてテンポがよく，臨場感を感じさせるというのが適切な説明**だ。

問六 少年のことばから，**「殻の破れる最初の瞬間に立ち合った**のはぼくだけ」だということがわかる。みんなが羨む理由である。卵をずっと見守ってきた親代わりの生徒たちにとっては，だれもが立ち会いたかった瞬間だったのだ。それを少年だけが出来たのは，紺野先生の行動に拠る。**「紺野先生は送信機を卵のすぐ近くへ置いて生徒たちを呼びに行った」**のだ。それで，少年だけが殻を破る音を聞けたのである。

二 **(論説文－大意・要旨，文脈把握，内容吟味，段落・文章構成，漢字の読み書き，品詞・用法)**

問一　㋐「幻」の偏は，いとがしら。右のつくりを「刀」にしない。㋑は，余計なものが少しも交っていない様子。「純」は，いとへん。「粋」は，こめへん。

問二　□以降は，その前の「私たちのまなざしは世界をニュートラルに知覚するようにできていない」ということを詳しく説明する内容だ。その「歪めて見ている」度合いには差があることを，**言わずもがなであるのを承知の上で「程度の差はあるが」と前置きしている**のだ。従って，「言うまでもなく」の意味の「もちろん」を補えばよい。

問三　「ない」は，三通りの品詞で識別する。助動詞・形容詞・形容詞の一部だ。**「ない」の上に「は」もしくは「が」を補って意味が通れば自立語の形容詞，通らなかったら付属語の助動詞**である。また，**「きたない」「つまらない」といった，形容詞の一部分の「ない」**もある。波線「ない」は，上に「は」を入れると意味が通じないので助動詞だ。選択肢イ「安定しない」も同じである。選択肢アは上に「が」があっても意味が通るので形容詞，ウは形容詞の一部，エは上に「は」があっても意味が通るので形容詞。

問四　本文における「夢」の説明は，「この心の中の……」で始まる段落に，「夢は視覚的な光のインプットは全くなく，心の中の情報だけで見ている風景」とあるので，ここから指定字数で抜き出す。

問五　本文は，はじめに**「月」という一般的な現象**で錯視について示し，日常生活の中のことや夢という**具体例を挙げて説明**している。そして，**「見る」という行為は錯視であり半分は想像によってできているという主張を展開している**のである。他の選択肢の不適切な部分は，ア「読者に問いかけ」という点，ウ「答えを本文の半ばで述べ」という点，エ「前半と後半で対照的な内容」という点だ。

問六　設問にある「ものを見る時の二つの過程」とは，**「『知覚』と『認知』の二つとして捉えている」**もしくは「目や耳で知覚して捉えた情報を，脳の中で処理するプロセス」のことだ。二つの過程を経るのだが，重要視すべきなのは「心のフィルターの方が強く影響する」ということだ。つまり，**認知の方が強く作用する**のである。これが，同じものを見ても，想像によって心の認知作用が異なれば違ったものに見えてくる理由である。

三　(会話・議論・発表－文脈把握，品詞・用法，短文作成，敬語)

問一　アは「……ありますか。」と問いかけているので適切。イは「ユニバーサルデザインについて発表します。」と，テーマ(主題)を示しているので適切。ウは「この言葉には『すべての人が使いやすいように工夫された設計』という意味があります」と，説明を加えているので適切。

問二　傍線部の**述語は「形でした」で，それに対応する主語は「形式は」**である。したがって「硬貨は」とすると主語が二つになってしまうので，**「硬貨は」を「硬貨を」にして，「入れる」の目的語(修飾語)になるようにする**とよい。

問三　「あらゆる人が使用しやすいように工夫されたデザイン」というのは，ユニバーサルデザインの語句説明であり，第一段落ですでに済んでいる。

問四　「見る」を尊敬語にする。「ご覧になる」や，尊敬の助動詞を用いて「見られる」とすればよい。

問五　図1と図2は共に柔道着を着ているという点は一緒だ。相違点は，図1は正面からの静止図であるが，図2が背負い投げの様子であることだ。この背負い投げは，**柔道の競技の代表的な技で，競技の内容を具体的に示している**といえよう。具体的に示したという工夫が施されているのだ。

四 (古文－大意・要旨，文脈把握，仮名遣い)

【現代語訳】 永田佐吉は，美濃の国の羽栗郡竹ヶ鼻という所の人であり，親に尽くすことにおいては他に比較するものがいないほど優れている。また，仏を信じている。多くの貧しい人を気の毒に思い，総じて人と付き合う時には真心を持って接するので，誰がというでもなく，みんなが「仏の佐吉」という通称で呼んだ。幼い時，尾張の「紙屋なんとか」という家で召し使われていたが，休みのときは砂に書いて文字を習うことをし，また四書を習って読んだ。仕事の仲間が妬んで，読書のことを口実にして，悪い所で遊んでいるのだという事実ではない悪口を言ったので，家の主人も疑って，竹ヶ鼻に帰した。そうであってもやはり昔の恩を忘れることはなく，道中の機会があれば必ず紙屋を訪ねて寄り，主人たちが無事かどうかを聞いた。年月が経ったあと，その紙屋は手広く商売をしていたのに衰えてしまった折には，たびたび物を贈ったとかいうことである。佐吉は主人から解雇されたあとは，綿の仲買の仕事をしたのだが，秤というものを持たず，買う時は(佐吉は)買う相手に任せ，売るときは(佐吉が)売る相手に任せて売り買いしていた。後々には，佐吉が正直であることを知って，(佐吉に)売る人は気を配って重く与え，(佐吉から)買う人は気を配って秤の重りを軽くして量ったので，ながらく豊かに暮らしていたそうだ。

問一 **語中・語尾の「は・ひ・ふ・へ・ほ」は，現代仮名遣いで「ワ・イ・ウ・エ・オ」**と書く。

問二 主語はそれぞれ，アは佐吉，イは「誰となく」で世間の人，ウは「朋輩」，エは「主」，オは佐吉。

問三 (1) 「されども……安否を問ふ」と「其の家……贈りける」の部分をふまえてまとめる。

(2) 佐吉の人物像は「直なる」で正直なことである。その正直がゆえに商売の相手は「売る人は心して……軽くはかりけれ」という行動をした。それゆえに豊かに暮らせたのだ。商売相手の行動に該当する箇所の現代語訳をふまえてまとめるとよい。

五 (作文)

提示されたテーマに関して自分自身の立場が，賛成か反対かをしっかりと決める。論じているうちにあやふやになってしまうことのないようにしたい。作文の初めに**自分の立場を明確**に示し，そのあとで理由・根拠を論じるようにしよう。

MEMO

大切なことはメモしておこうネ！

解答用紙集

○月×日　△曜日　天気（合格日和）

◆ご利用のみなさまへ

＊解答用紙の公表を行っていない学校につきましては、弊社の責任において、解答用紙を制作いたしました。

＊編集上の理由により一部縮小掲載した解答用紙がございます。

＊編集上の理由により一部実物と異なる形式の解答用紙がございます。

人間の最も偉大な力とは、その一番の弱点を克服したところから生まれてくるものである。　――カール・ヒルティ――

東京学参株式会社

※ 156％に拡大していただくと，解答欄は実物大になります。

数　　学　解答用紙

受検番号		氏　名	

1

(1)	ア		イ	
	ウ		エ	
(2)			(3)	

2

(1)

図 1

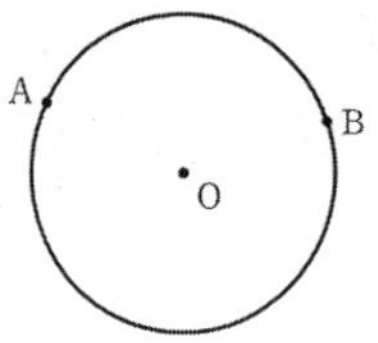

(2)		(3)	

3

（方程式と計算の過程）

（答）きゅうり　　　　本，なす　　　　本

4

(1)			
(2)	cm	(3)	cm³

5

(1)		(2)	

6

(1)

(2)　ア　　　　$\leqq a \leqq$

イ　（求める過程）

（答）$a =$

7

(1)　（証明）

(2)　　　　度

※ 152%に拡大していただくと，解答欄は実物大になります。

英　語　解答用紙

受検番号		氏　名	

1 (1) A［　］ B［　］ C［　］ D［　］

(2) 質問１（　　　　）　質問２　ⓐ（　　　　）　ⓑ（　　　　）

質問３ ＿＿＿＿＿＿＿＿ in the village.

2 (1) ⓐ［　］ ⓑ［　］ ⓒ［　］

(2) A［　］ B［　］ C［　］

(3) ［　］［　］［　］［　］［　］

(4) ＿＿＿＿＿＿＿＿

(5) ①［　］ ②［　］

(6) ［　　　　　　　　］

3

Hi, Joyce.　I'm in Nara.

Your friend,
Kei

4 (1) ⓐ（　　　　）　ⓑ（　　　　）

(2) ① ＿＿＿＿＿＿＿＿

② ＿＿＿＿＿＿＿＿

(3) ［　］

(4) ［　　　　　　　　］

(5) ［　］

(6) ［　　　　　　　　］

(7) ［　］

※ 147%に拡大していただくと，解答欄は実物大になります。

理　科　解答用紙

受検番号		氏　名	

1

(1)

(2)

(3)

(4) A

2

(1) ①

(1) ② 体表は

(2)

(3) ① a

(3) ① b

(3) ②

(4) g

3

(1) ①

(1) ② ＞　＞　＞　＞　＞

(2) ① →　→

(2) ②

(2) ③

(2) ④ a g

(2) ④ b

図７

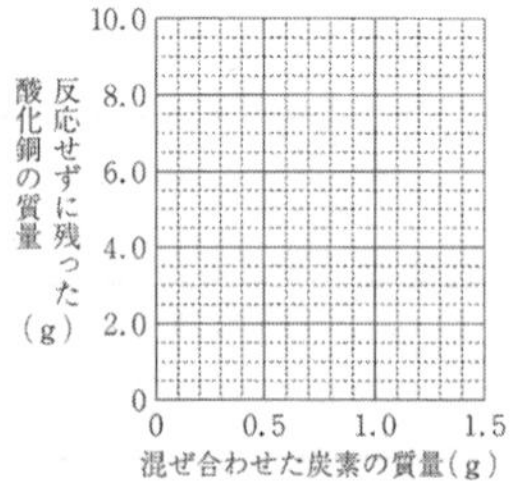

4

(1) ①

(1) ②

(2)

5

(1) ① 図10

(1) ②

(2) ①

(2) ②

6

(1) ①

(1) ② J

(2) ㋐　㋑　㋒

(3) ①

(3) ② cm/s

(3) ③ 区間

(3) ③ 理由

※ 154％に拡大していただくと，解答欄は実物大になります。

社　会　解答用紙

受検番号		氏　名	

1

(1) 名称 / 記号

(2)

(3) 記号 / ⓐ

(4)

(5) a / b

(6) a　→　→ / b

(7) 記号 / 理由

(8)

2

(1)

(2)

(3)

(4) 記号 / 県名　県

(5)

(6) a / b ① ②

3

(1) a / b　大陸

(2) a 記号 / 国名 / b

(3) a / b

4

(1) a / b

(2) a / b 動き / 記号

(3) a / b

70

静岡県公立高校　２０２４年度
※１５２％に拡大していただくと，解答欄は実物大になります。

国語　解答用紙

受検番号		氏名	

一

問一　あ　い　（する）
問二
問三　30
問四
問五
問六　60

二

問一　あ　（われて）　い　う　え　（く）
問二　と
問三　25
問四
問五　50
問六

三

問一
問二
問三
問四
問五　25

四

問一
問二　と
問三
問四

五

150
180

2024年度入試配点表（静岡県）

	1	2	3	4	5	6	7	計
数学	各2点×6	各2点×3	5点	(3)　3点 他　各2点×2 ((1)完答)	(1)　1点 (2) 2点(完答)	(2)イ　4点 他　各2点×2 ((2)ア完答)	(1)　6点 (2)　3点	50点

	1	2	3	4	計
英語	各2点×7	(1)・(2)・(5)　各1点×8 (6)　4点 他　各2点×2	4点	(1)　各1点×2 他　各2点×7	50点

	1	2	3	4	5	6	計
理科	(1),(2)各1点×2 他　各2点×2	(1),(3)①b 各1点×3 他　各2点×4	(1)①,(2)②・④a 各1点×3 他　各2点×4	(1)　1点 他　各2点×2	(1)①,(2)① 各1点×2 他　各2点×2	(1)①,(3)① 各1 点×2 (3)③ 3点 他　各2点×3 ((2),(3)③各完答)	50点

	1	2	3	4	計
社会	(2),(4),(6)a,(8) 各2点×4 (7)　3点(完答) 他　各1点×7	(3),(6)a・b② 各2点×3 他 各1点×6	(3)　各2点×2 他 各1点×5	(2)b動き　2点 (3)b　4点 他 各1点×5	50点

	一	二	三	四	五	計
国語	問一　各1点×2 問六　3点 他　各2点×4	問一　各1点×4 問五　3点 他　各2点×4	問二　1点 他　各2点×4	問一　1点 他　各2点×3	6点	50点

※ 159%に拡大していただくと，解答欄は実物大になります。

数　学　解答用紙

受検番号		氏　名	

1

⑴	ア		イ	
	ウ		エ	
⑵		⑶		

2

⑴ 図1

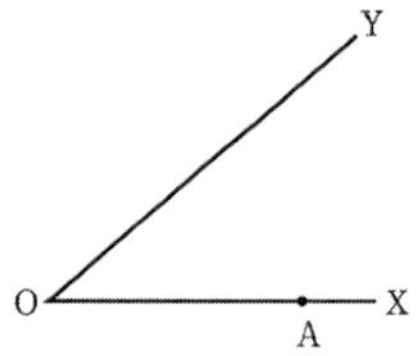

⑵ 逆

反例

⑶

3

⑴	㋐		四分位範囲	m
⑵				

4

（方程式と計算の過程）

（答）鉛筆　　本，ボールペン　　本

5

⑴		⑵	cm
⑶	cm^2		

6

⑴		⑵	

⑶（求める過程）

（答）$a =$

7

⑴（証明）

⑵　cm

※ 154%に拡大していただくと，解答欄は実物大になります。

英　語　解答用紙

受検番号		氏　名	

1 (1) A □　B □　C □　D □

(2) 質問 1 (　　　　)　質問 2 ⓐ (　　　　)　ⓑ (　　　　)

質問 3 ＿＿＿＿＿＿＿＿ after walking.

2 (1) A □　B □　C □　(2) □□□□□

(3) ⓐ □　ⓑ □　ⓒ □

(4) ＿＿＿＿＿＿＿＿

(5) ＿＿＿＿＿＿＿＿

(6) D ＿＿＿＿＿＿＿＿

E ＿＿＿＿＿＿＿＿

3 〈 To Alex 〉

〈 From Riku 〉

4 (1) ⓐ (　　　　)　ⓑ (　　　　)

(2) ① ＿＿＿＿＿＿＿＿

② ＿＿＿＿＿＿＿＿

(3) □　(4) □

(5) □

(6) □

(7) □

静岡県公立高校　2023年度

※ 154%に拡大していただくと，解答欄は実物大になります。

理　科　解答用紙

受検番号		氏　名	

1

(1)

(2)

(3)

(4) g

2

(1) ① a

b

②

③ a g

b

(2) ①

②

3

(1) ①

② a

b

③

(2) ①

②

図7

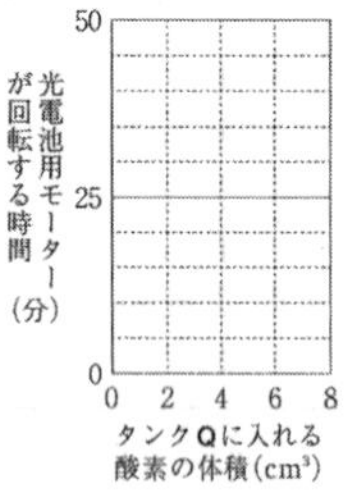

(3) cm³

4

(1)

図10

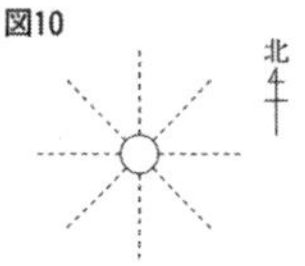

(2) ①

②

(3) g/m³

5

(1) ①

② 記号

理由

(2)

6

(1) ①

② a

b

(2) ①

②

(3) ①

② 秒後

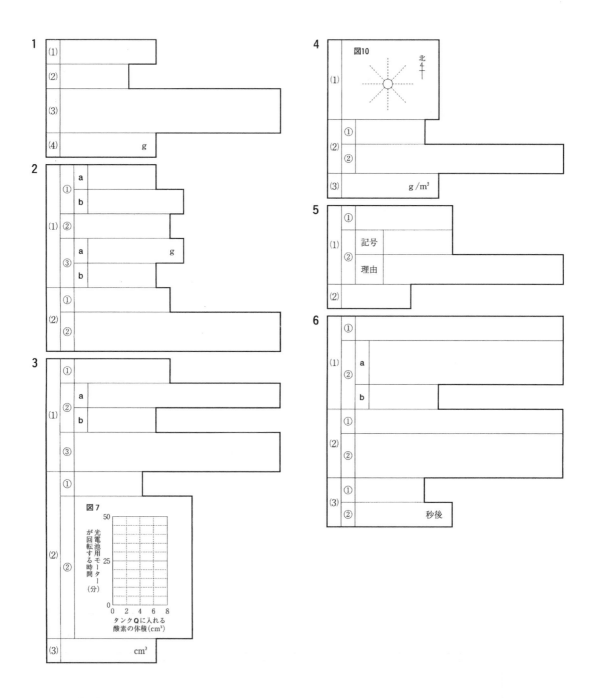

※ 159%に拡大していただくと，解答欄は実物大になります。

社　会　解答用紙

受検番号		氏　名	

1
(1)
(2)
(3)
(4) a
b
(5)
(6) a
b
(7) a
b
(8) →　→
(9) a
b

2
(1) a　県
b
(2) a
b
(3) a
b
(4) a
b 理由
土地の利用
c →　→

3
(1) a
b
(2)
(3)
(4) a
b
c

4
(1) a
b
(2) a
b
c
(3)
70

静岡県公立高校　2023年度
※154%に拡大していただくと、解答欄は実物大になります。

国　語　解答用紙

受検番号		氏名	

一

問一　あ　い　う（んで）

問二

問三

問四

問五

問六

二

問一　あ（らして）　い　う

問二

問三

問四

問五

問六

三

問一

問二

問三

問四

問五

四

問一

問二

問三

問四

五

2023年度入試配点表(静岡県)

数学	1	2	3	4	5	6	7	計
	各2点×6	各2点×3 ((2)完答)	各2点×2 (各完答)	5点	(1)　1点 (2)　2点 (3)　3点	(3)　4点 他　各2点×2	(1)　6点 (2)　3点	50点

英語	1	2	3	4	計
	各2点×7	(1)・(3)　各1点×6 他　各2点×5	4点	(1)　各1点×2 他　各2点×7	50点

理科	1	2	3	4	5	6	計
	(1), (2)各1点×2 他　各2点×2	(1)①, (2)① 各1点×3 他　各2点×4	(1)①・②b, (2)① 各1点×3 他　各2点×4	(2)　各1点×2 他　各2点×2	(1)①　1点 他　各2点×2 ((1)②完答)	(1)①, (2)①, (3)① 各1点×3 他　各2点×4	50点

社会	1	2	3	4	計
	(4)b, (6)b, (7)b, (8), (9)b 各2点×5 他　各1点×8	(1)b, (4) 各2点×4((4)b完答) 他　各1点×5	(4)b・c 各2点×2 他　各1点×5	(1)b　2点 (3)　4点 他　各1点×4	50点

国語	一	二	三	四	五	計
	問一　各1点×3 問六　3点 他　各2点×4	問一　各1点×3 問五　3点 他　各2点×4	問一　1点 他　各2点×4	問一　1点 他　各2点×3	6点	50点

静岡県公立高校　2022年度

※ 158％に拡大していただくと，解答欄は実物大になります。

数　学　解答用紙

受検番号		氏　名	

1

(1)	ア		イ	
	ウ		エ	
(2)		(3)		

2

(1) 図1

(2)		(3)	

3

(1)	日			
(2)	2010年	日	2020年	日

4

（方程式と計算の過程）

（答）　　匹

5

(1)	秒後	(2)	cm^3
(3)	cm		

6

(1)		(2)	

(3)（求める過程）

（答）$a=$

7

(1)（証明）

(2)　　度

※ 152％に拡大していただくと，解答欄は実物大になります。

英　語　解答用紙

受検番号		氏　名	

1 (1) A　B　C　D

(2) 質問1（　　　）　質問2　ⓐ（　　　）　ⓑ（　　　）

質問3　Because Kenta ______

2 (1) A　B　C　(2) ⓐ　ⓑ　ⓒ

(3)

(4) ______

(5) ______

3 (1) ______

(2) ______

4

Hello, Lucy.

Bye,
Yumi

5 (1) ⓐ（　　　）　ⓑ（　　　）

(2)
① ______

② ______

(3)　(4)

(5)

(6)

(7)

静岡県公立高校　　2022年度

※ 156%に拡大していただくと，解答欄は実物大になります。

理　　科　解答用紙

受検番号		氏　名	

1

(1)	
(2)	
(3)	
(4)	

2

(1)	①		
	②	あ	い
	③		
	④	増加	
		減少	
(2)	記号		
	理由		
(3)			

3

(1)	①		
	②		
(2)	①		
	②	あ	い
(3)	①	図14	
	②	図15	
	③	W	

図14

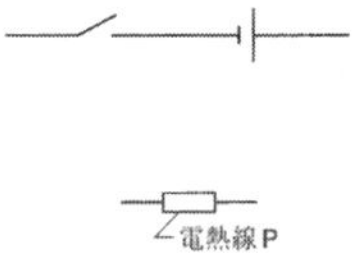

図15

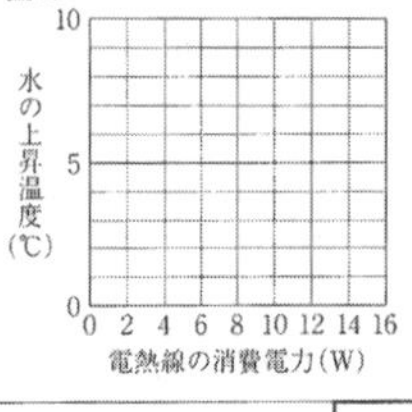

4

(1)		
(2)	①	
	②	
	③	km

5

(1)	①	
	②	
(2)	①	→ →
	②	

6

(1)	①		
	②	a	
		b	
		c	
(2)	①	g	
	②		
	③	個	
	④		

静岡県公立高校　2022年度

※ 149％に拡大していただくと，解答欄は実物大になります。

社　会　解答用紙

受検番号		氏　名	

1

(1) a

b

(2)

(3) a

b

c

(4) a

b

(5) → →

(6) a

b

(7) a

b

2

(1) a 県

b

(2)

(3)

(4)

果実の国内生産量	
果実の輸入量	

(5) a

b

(6) 記号

理由

3

(1)

(2) a

b 月 日 時

(3) a

b

(4) 記号

理由

4

(1) a 制

b

c

(2) a

b 名称

理由

(3)

70

静岡県公立高校　２０２２年度

※１５６％に拡大していただくと、解答欄は実物大になります。

国語　解答用紙

受検番号		氏名	

一

問一　あ　い　う（んで）

問二

問三

問四

問五　40

問六

二

問一　あ　い（かな）　う（めて）

問二　と

問三

問四

問五

問六　50

三

問一

問二

問三

問四

問五

四

問一

問二

問三

問四

五

150

180

2022年度入試配点表(静岡県)

数学	1	2	3	4	5	6	7	計
	各2点×6	各2点×3	(1) 1点 (2) 2点 ((2)完答)	5点	(3) 3点 他 各2点×2	(3) 4点 他 各2点×2	(1) 6点 (2) 3点	50点

英語	1	2	3	4	5	計
	各2点×7	(1)・(2) 各1点×6 他 各2点×3 ((3)完答)	各2点×2	4点	(1) 各1点×2 他 各2点×7	50点

理科	1	2	3	4	5	6	計
	(1),(2)各1点×2 他 各2点×2	(1)①・②あ・い 各1点×3 他 各2点×4	(1),(2)② 各1点×3 他 各2点×4 ((2)①・②各完答)	(2)③ 2点 他 各1点×3	(1) 各1点×2 他 各2点×2 ((2)①完答)	(1),(2)② 各1点×5 他 各2点×3	50点

社会	1	2	3	4	計
	(3)b,(4)b,(5),(6)a,(7)b 各2点×5 他 各1点×8	(3),(4),(5)b,(6) 各2点×4 他 各1点×4	(3)b,(4)理由 各2点×2 他 各1点×5	(2)a 2点 (3) 4点 他 各1点×5	50点

国語	一	二	三	四	五	計
	問一 各1点×3 問五 3点 他 各2点×4	問一 各1点×3 問六 3点 他 各2点×4	問一 1点 他 各2点×4	問一 1点 他 各2点×3	6点	50点

※ 161%に拡大していただくと，解答欄は実物大になります。

数　　学　解答用紙

受検番号		氏　名	

1

(1)	ア		イ	
	ウ		エ	
(2)		(3)		

2

(1) 図１

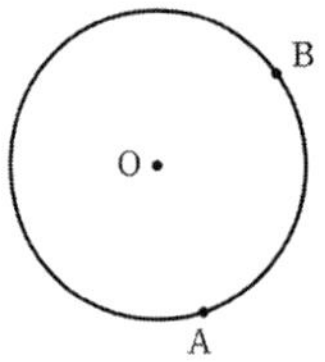

(2)	ア		イ	

3

(1)	3年１組		3年２組	
(2)	cm			

4

（方程式と計算の過程）

（答）
6月の可燃ごみ　　kg
6月のプラスチックごみ　　kg

5

(1)		(2)	倍
(3)	cm		

6

(1)		(2)	E（　　，　　）

(3)（求める過程）

（答）$a =$

7

(1)（証明）

(2)　　cm

※ 156%に拡大していただくと，解答欄は実物大になります。

英　語　解答用紙

受検番号		氏　名	

1 (1) A [　] B [　] C [　] D [　]

(2) 質問１（　　　）　質問２　ⓐ（　　　）　ⓑ（　　　）

質問３　Because ＿＿＿＿＿＿＿＿ .

2 (1) ⓐ [　] ⓑ [　] ⓒ [　]　(2) A [　] B [　] C [　]

(3) ＿＿＿＿＿＿＿＿

(4) [　][　][　][　][　]

(5) ＿＿＿＿＿＿＿＿

3 (1) ＿＿＿＿＿＿＿＿

(2) ＿＿＿＿＿＿＿＿

4

Dear Cathy.

Shota

5 (1) ⓐ（　　　）　ⓑ（　　　）

(2)

① ＿＿＿＿＿＿＿＿

② ＿＿＿＿＿＿＿＿

(3) [　]　(4) [　]

(5) [　]

(6) [　]

(7) [　]

※ 152％に拡大していただくと，解答欄は実物大になります。

理　　科　解答用紙

受検番号		氏　名	

1

(1)		
(2)		g
(3)	図1 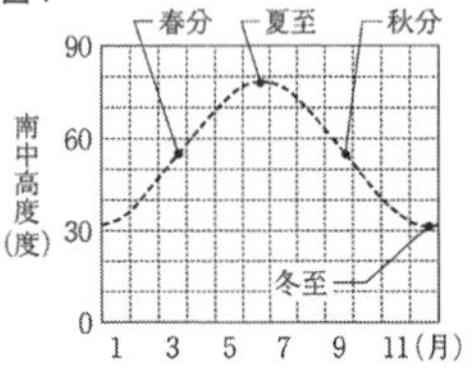	
(4)		倍

2

(1)	①			
	②	a	㋐	
			㋑	
		b	卵細胞	
			受精卵	
(2)	①	名称		
		理由		
	②			
(3)	→　→　→			
(4)				

3

(1)			W
(2)	①		N
	②		
(3)			
(4)	①		
	②	a	cm
		b	

4

(1)		
(2)	①	
	②	
	③	km/s

5

(1)	①	hPa
	②	
	③	
(2)	①	
	②	

6

(1)	①	
	②	
	③	
(2)	①	
	②	図17 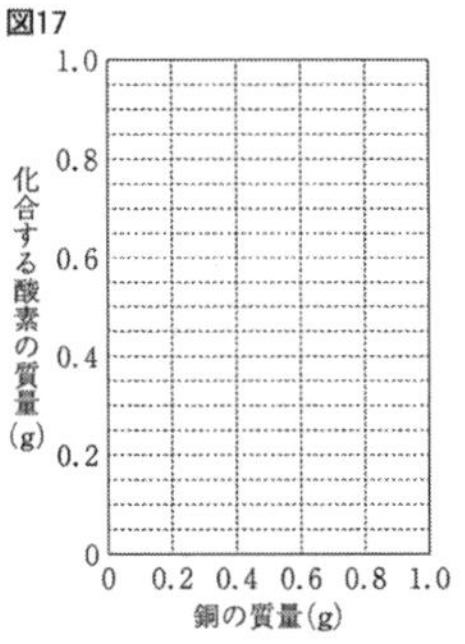
(3)	①	
	②	g

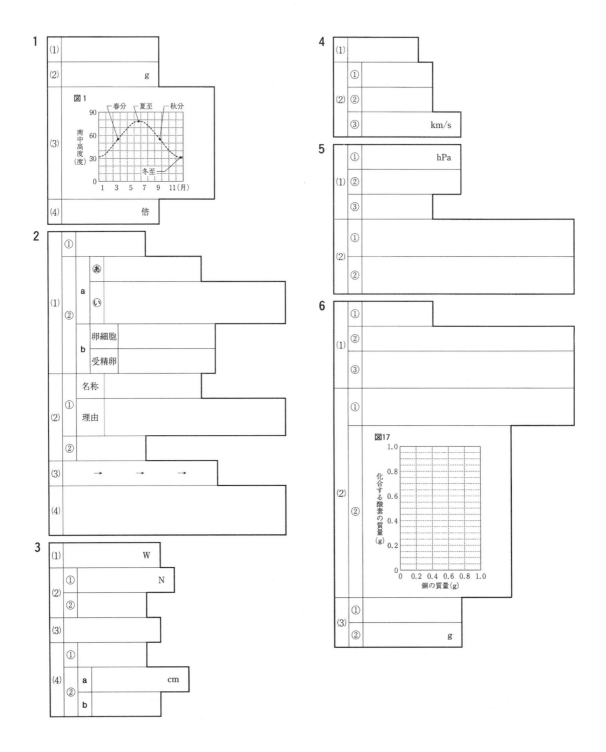

※ 159％に拡大していただくと，解答欄は実物大になります。

社　会　解答用紙

受検番号		氏　名	

1

(1) a
b
c ①
②

(2) a
b　→　→

(3)

(4)

(5) a
b 名称
内容

(6) a
b

(7)

2

(1) a
b

(2) 記号
県名　県

(3)

(4) a
b

(5) a
b
c

3

(1) a
b　大陸
c

(2)

(3) a
b

(4) a
b

4

(1) a ①
②
b

(2) a
b
c

(3)

70

静岡県公立高校　２０２１年度
※１５９%に拡大していただくと、解答欄は実物大になります。

国語　解答用紙

受検番号		氏名	

一
問一　あ　い　（り）
問二
問三
問四
問五
問六　50

二
問一　あ　（れた）　い　う　え　（われて）
問二
問三
問四
問五　60
問六

三
問一
問二　→　→　→
問三
問四
問五

四
問一
問二　と
問三
問四

五
150
180

2021年度入試配点表(静岡県)

数学	1	2	3	4	5	6	7	計
	各2点×6	(2)ア　1点 他　各2点×2	各2点×2 ((1)完答)	5点	(3)　3点 他　各2点×2	(3)　4点 他　各2点×2	(1)　6点 (2)　3点	50点

英語	1	2	3	4	5	計
	各2点×7	(1)・(2)　各1点×6 他　各2点×3 ((4)完答)	各2点×2	4点	(1)　各1点×2 他　各2点×7	50点

理科	1	2	3	4	5	6	計
	(1),(4)各1点×2 他　各2点×2	(1)②aⓘ,(2)①, (4)　各2点×3 他　各1点×5 ((1)②b,(3)各完答)	(2)②,(3),(4)① 各1点×3 他　各2点×4	(2)③　2点 他　各1点×3	(1)③　2点 他　各1点×4	(1)①・③,(3)① 各1点×3 他　各2点×4	50点

社会	1	2	3	4	計
	(2)b,(3),(6)b,(7) 各2点×4 他　各1点×10 ((2)b完答)	(4)b,(5)c　各2点×2 他　各1点×8	(4)b　2点 他　各1点×7	(1)a②　2点 (3)　4点 他　各1点×5	50点

国語	一	二	三	四	五	計
	問一　各1点×2 問六　3点 他　各2点×4	問一　各1点×4 問五　3点 他　各2点×4	問二　1点 他　各2点×4	問一　1点 他　各2点×3	6点	50点

2020年度　静岡県

数　学　解答用紙

受検番号		氏　名	

1

⑴	ア		イ	
	ウ		エ	
⑵		⑶		

2

⑴

図 1

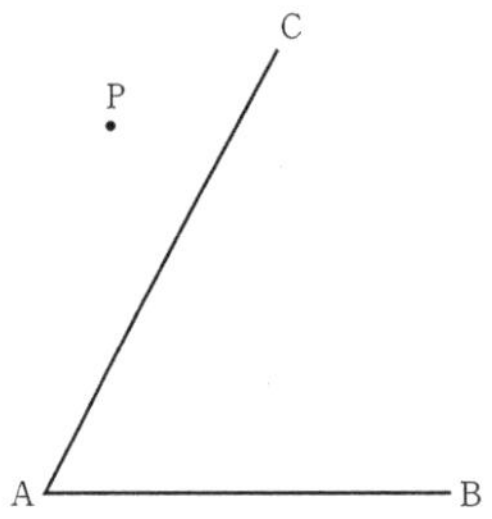

⑵	度	⑶	

3

⑴	日	⑵	□ ≦ a ≦ □

4

（方程式と計算の過程）

（答）
すべての大人の入館者数　　人
子どもの入館者数　　人

5

⑴		⑵	cm
⑶	cm³		

6

⑴		⑵	

⑶ （求める過程）

（答）$a =$

7

⑴ （証明）

⑵	cm

※この解答用紙は161％に拡大していただきますと，実物大になります。

2020年度　静岡県

英　　語　解答用紙

受検番号		氏　名	

1 (1) A　B　C　D

(2) 質問1（　　　）　質問2　ⓐ（　　　）　ⓑ（　　　）

質問3　Because he ＿＿＿＿＿＿＿＿.

2 (1) A　B　C　(2) ⓐ　ⓑ　ⓒ

(3) In this park, ＿＿＿＿＿＿＿＿.

(4)

(5)

3 (1)

(2)

4

Dear Mark,
Hello.

Your friend,
Tomoe

5 (1) ⓐ（　　　）　ⓑ（　　　）　(2)

(3) ①

②

(4)

(5)

(6)

(7)

※この解答用紙は159％に拡大していただきますと，実物大になります。

2020年度　静岡県

理　科　解答用紙

受検番号		氏　名	

1

(1)		
(2)		
(3)	記号	
	理由	
(4)	マグマのねばりけ	
	噴火のようす	

2

(1)	①		
	②	a	接眼レンズ　　倍　対物レンズ　　倍
		b	
	③		
(2)	①		
	②		秒
	③		
	④		

3

(1)	①		
	②		
	③	a	㋐　　㋑
		b	
(2)	①		
	②	a	図8
		b	cm³

図8

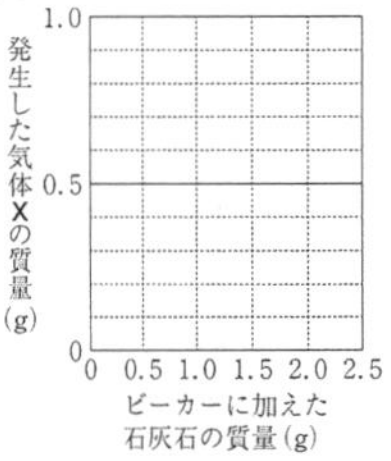

4

(1)	①	
	②	
(2)	①	
	②	

5

(1)				
(2)	①			
	②	a	標高	m
			温度	℃
		b		%

6

(1)	①		
	②	図16	
(2)	①		
	②		
	③	記号	
		理由	
	④		倍

図16

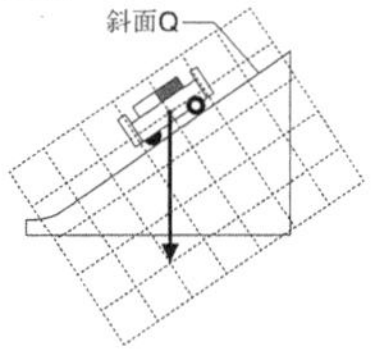

※この解答用紙は159％に拡大していただきますと，実物大になります。

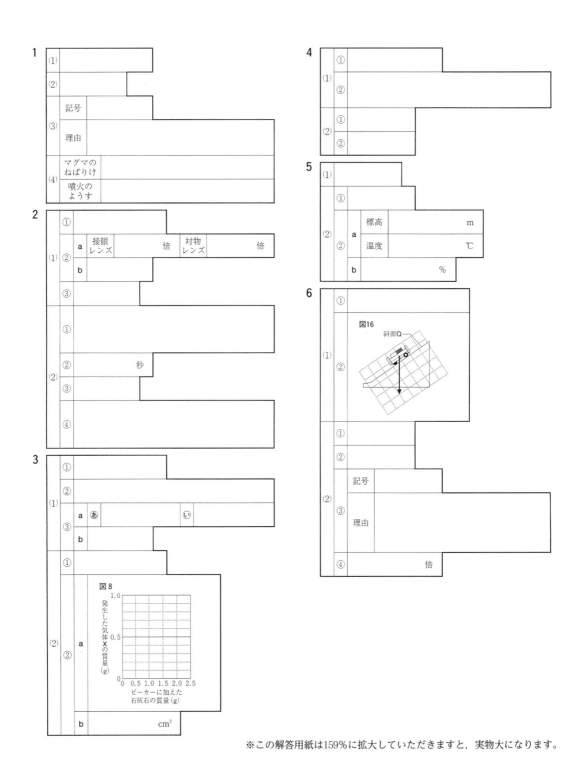

2020年度　静岡県

社　　会　解答用紙

受検番号		氏　名	

1

(1)
a	
b	

(2)

(3)

(4)
a	
b	

(5)
a	
b	

(6) →　→

(7)
a	
b	

(8)

2

(1)

(2)
a	県
b	

(3)
a	①	台地
	②	
b		

(4)

(5)
グラフ3	
図5	

(6)

3

(1)

(2)

(3)
a	造山帯
b	

(4)
a	①	
	②	
b		

4

(1)
a	
b	

(2)
a	
b	政権

(3)
a	
b	

(4)

70

※この解答用紙は159%に拡大していただきますと，実物大になります。

2020年度　静岡県

国　語　解答用紙

受検番号　　氏　名

一
問一　㋐　㋑（まり）　㋒（いだ）　㋓
問二
問三
問四　と
問五
問六　50

二
問一　㋐　㋑
問二
問三
問四
問五
問六　40

三
問一
問二
問三
問四
問五　図2には、

四
問一
問二　と
問三　(1)　(2)

五
150　180

※この解答用紙は156%に拡大していただきますと、実物大になります。

2020年度入試配点表（静岡県）

数学	1	2	3	4	5	6	7	計
	各2点×6	各2点×3	(1)　1点 (2)　2点	5点	(3)　3点 他　各2点×2 ((1)完答)	(3)　4点 他　各2点×2	(1)　6点 (2)　3点	50点

英語	1	2	3	4	5	計
	各2点×7	(1)・(2)　各1点×6 他　各2点×3	各2点×2	4点	(1)　各1点×2 他　各2点×7	50点

理科	1	2	3	4	5	6	計
	(1),(2)各1点×2 他　各2点×2	(1),(2)③ 各1点×5 他　各2点×3 ((1)②a完答)	(1)①・③,(2)① 各1点×5 他　各2点×3	(1)②　2点 他　各1点×3	(2)②b　2点 他　各1点×4	(1)①,(2)① 各1点×2　(2)③3点 他　各2点×3	50点

社会	1	2	3	4	計
	(1)a・b,(2),(4)a,(5)a, (7)a　各1点×6 他　各2点×6	(4),(5),(6)　各2点×3 ((5)完答) 他　各1点×6	(4)a②・b　各2点×2 他　各1点×5	(3)b　2点 (4)　4点 他　各1点×5	50点

国語	一	二	三	四	五	計
	問一　各1点×4 問六　3点 他　各2点×4	問一　各1点×2 問六　3点 他　各2点×4	問一　1点 他　各2点×4	問一　1点 他　各2点×3	6点	50点

MEMO

大切なことはメモしておこうネ！

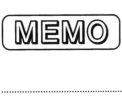

〜公立高校志望の皆様に愛されるロングセラーシリーズ〜

公立高校入試シリーズ

・全国の都道府県公立高校入試問題から良問を厳選
※実力錬成編には独自問題も！
・見やすい紙面、わかりやすい解説

数学

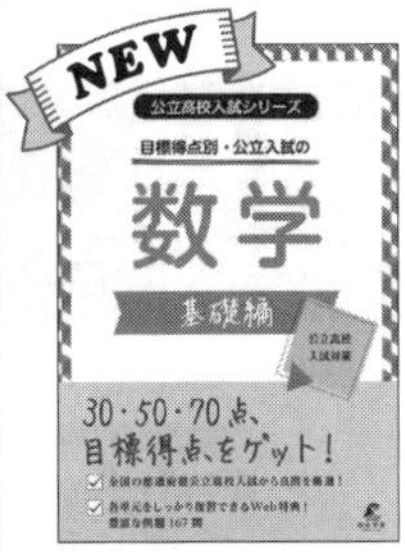

合格のために必要な点数をゲット

目標得点別・公立入試の数学 基礎編

- 効率的に対策できる！　30・50・70点の目標得点別の章立て
- web解説には豊富な例題167問！
- 実力確認用の総まとめテストつき

定価：1,210円（本体1,100円＋税10%）／ISBN：978-4-8141-2558-6

応用問題の頻出パターンをつかんで80点の壁を破る！

実戦問題演習・公立入試の数学 実力錬成編

- 応用問題の頻出パターンを網羅
- 難問にはweb解説で追加解説を掲載
- 実力確認用の総まとめテストつき

定価：1,540円（本体1,400円＋税10%）／ISBN：978-4-8141-2560-9

英語

「なんとなく」ではなく確実に長文読解・英作文が解ける

実戦問題演習・公立入試の英語 基礎編

- 解き方がわかる！　問題内にヒント入り
- ステップアップ式で確かな実力がつく

定価：1,100円（本体1,000円＋税10%）／ISBN：978-4-8141-2123-6

公立難関・上位校合格のためのゆるがぬ実戦力を身につける

実戦問題演習・公立入試の英語 実力錬成編

- 総合読解・英作文問題へのアプローチ手法がつかめる
- 文法、構文、表現を一つひとつ詳しく解説

定価：1,320円（本体1,200円＋税10%）／ISBN：978-4-8141-2169-4

理科

短期間で弱点補強・総仕上げ

実戦問題演習・公立入試の理科

- 解き方のコツがつかめる!　豊富なヒント入り
- 基礎〜思考・表現を問う問題まで
  重要項目を網羅

定価：1,045円（本体950円＋税10%）
ISBN：978-4-8141-0454-3

社会

弱点補強・総合力で社会が武器になる

実戦問題演習・公立入試の社会

- 基礎から学び弱点を克服!　豊富なヒント入り
- 分野別総合・分野複合の融合など
  あらゆる問題形式を網羅
  ※時事用語集を弊社HPで無料配信

定価：1,045円（本体950円＋税10%）
ISBN：978-4-8141-0455-0

国語

最後まで解ききれる力をつける

形式別演習・公立入試の国語

- 解き方がわかる!　問題内にヒント入り
- 基礎〜標準レベルの問題で
  確かな基礎力を築く
- 実力確認用の総合テストつき

定価：1,045円（本体950円＋税10%）
ISBN：978-4-8141-0453-6

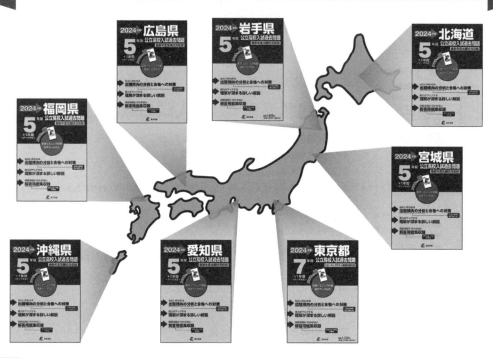

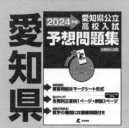

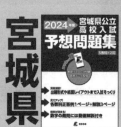

〈ダウンロードコンテンツについて〉

本問題集のダウンロードコンテンツ、弊社ホームページで配信しております。現在ご利用いただけるのは「2025年度受験用」に対応したもので、**2025年3月末日**までダウンロード可能です。弊社ホームページにアクセスの上、ご利用ください。

※配信期間が終了いたしますと、ご利用いただけませんのでご了承ください。

静岡県公立高校　2025年度

ISBN978-4-8141-3272-0

[発行所] 東京学参株式会社

〒153-0043　東京都目黒区東山2-6-4

書籍の内容についてのお問い合わせは右のQRコードから　⇒

※書籍の内容についてのお電話でのお問い合わせ、本書の内容を超えたご質問には対応できませんのでご了承ください。

2024年6月27日　初版